◆ 贵州大学民族文化与区域发展研究中心资助
◆ 贵州省高校思想政治工作中青年骨干队伍建设项目资助
◆ 贵州大学文科研究青年项目资助（项目编号：GDQN2017016）

原始崇拜之源

The Source of Primitive Worship

盛律平 著

中国社会科学出版社

图书在版编目（CIP）数据

原始崇拜之源 / 盛律平著 . —北京：中国社会科学出版社，2022.12（2023.11 重印）
ISBN 978 - 7 - 5227 - 0908 - 6

Ⅰ. ①原… Ⅱ. ①盛… Ⅲ. ①原始宗教—研究 Ⅳ. ①B933

中国版本图书馆 CIP 数据核字（2022）第 189017 号

出 版 人	赵剑英
责任编辑	党旺旺
责任校对	李　莉
责任印制	王　超

出　　版	中国社会科学出版社
社　　址	北京鼓楼西大街甲 158 号
邮　　编	100720
网　　址	http：//www.csspw.cn
发 行 部	010 - 84083685
门 市 部	010 - 84029450
经　　销	新华书店及其他书店
印　　刷	北京明恒达印务有限公司
装　　订	廊坊市广阳区广增装订厂
版　　次	2022 年 12 月第 1 版
印　　次	2023 年 11 月第 2 次印刷
开　　本	710×1000　1/16
印　　张	19.75
插　　页	2
字　　数	303 千字
定　　价	108.00 元

凡购买中国社会科学出版社图书，如有质量问题请与本社营销中心联系调换
电话：010 - 84083683
版权所有　侵权必究

自　　序

　　原始宗教信仰是令人着迷的，因为它是人类的来源处，也让我们困惑不解。

　　按照吕大吉先生在《中国宗教和中国文化探源导引》一文中的说法，原始人的宗教信仰不但是人类宗教的发端，也是人类社会各种文化形式的源泉。诚如斯言，在原始人的世界里，一切都有一种无形的力量左右着，这种力量支配着他们的生产和生活活动。那么，理所当然地，这种力量会成为他们所有活动的中心，他们所创造的一切，也理应是为了利用和服务于这种力量的。然而，这种神秘的力量到底是什么？它是如何起源的？这是所有从事原始宗教信仰研究的学者们所苦苦找寻的。

　　为了揭示这些原始信仰的起源，许多前辈学者付出了毕生的心血，也提出了诸多的理论。比如弗雷泽提出了巫术说，泰勒提出了万物有灵论，马雷特提出了前万物有灵说，涂尔干提出了图腾说，缪勒等学者提出了自然说，等等。然而，巫术、灵魂、前万物有灵的力、图腾、对自然力的崇拜又是如何起源的呢？这至今仍然是一个迷。尽管前辈学者们在论述时洋洋洒洒，言之凿凿，但他们的答案并不令人信服，以致形成了今天意见纷呈的局面。

　　跟随前辈学者的足迹，笔者尝试去揭开这些原始信仰的面纱，以让它们露出真实的面容。探寻原始崇拜的起源，当然必须从最古老最典型的民族去切入。澳大利亚素有"图腾崇拜的古典地域"之称，澳大利亚土著可以说是世界上最原始的民族；中国是文明古国，很多民族保留了大量的极具价值的原始观念"遗产"和物质"遗产"，其中有些民族的有些观念甚至比澳大利亚土著还要原始和古老。本书正是主要利用了来自澳大利亚土著和我国各民族的原始材料，在此基础上展开了对原始崇拜起源的论证。本书认为，原始崇拜是起源于男性英雄祖先尸骨再生信仰的，所有的原始崇拜其实都是对男性英雄再生祖先的崇拜，而崇拜物与男性英雄再生祖先的连接，是通过一具再生尸骨而实现的。

因为"图腾"一词几乎会出现在本书的每一章中，它的含义应该首先被揭示，所以本书先论证了图腾的本质特征——男性英雄本位性质。接着论证了澳大利亚土著的图腾圣物的本质，它是族群男性英雄祖先的一具再生尸骨，而成年仪式正是男性英雄祖先通过他的再生尸骨实现再生的礼仪。继而通过比较图腾与图腾圣物的特征，得出图腾是由图腾圣物即一具再生尸骨所派生的结论。随后，论证了灵魂信仰、十字崇拜、龙崇拜、石头崇拜、自然崇拜、神话的本质和起源。所谓灵魂，最初即指男性英雄祖先的神圣性能，由于原始的巫术思维，这种性能依附在其尸骨上永远不灭，于是尸骨上就依附有男性英雄祖先的灵魂。而十字符号呢？它其实只是男性英雄祖先再生尸骨的构形；龙的原型是一副再生尸骨，在图腾信仰下这副再生尸骨最终被动物化；石头只是男性英雄祖先再生尸骨的固化；自然物体崇拜实质上只是男性英雄再生祖先崇拜，原始人们所崇拜的自然物体都不过是其族群男性英雄祖先再生尸骨的象征，自然崇拜实质上就是图腾崇拜，在论证自然崇拜的同时也就进一步证明了图腾崇拜的起源；而神话呢？所谓不死的神，其实也就是指的男性英雄再生祖先（之灵）。

此外，本书还论证了一些汉字、人工物体崇拜和禁忌的起源。汉字方面有十、龙、且、中、帝、天、地、盘和古等字，这些汉字在起源上要么直接是一具男性英雄祖先的再生尸骨的象形，要么是与这具再生尸骨有密切的联系；人工创造物方面有梯田、桥、船和鼓等，这些人工创造物在本质上都是一具再生尸骨的象征，这是它们被崇拜的原因。原始崇拜中的禁忌，特别是对妇女和未献身者的隔离，在本质上都是为了保护男性英雄再生祖先的性能，以防止这种性能被破坏。

从更为宏观的角度来看，这就关乎文化的起源。既然本书已经论证了的精神层面和物质层面的文化都起源于男性英雄祖先尸骨再生信仰，那么就有理由认为人类的文化正是起源于此的。当然，文化是包罗万象的，本书所研究的例子仅仅是少数的文化现象，其实还有很多我想说而没有在书中说的文化现象，也是起源于男性英雄祖先尸骨再生信仰的。至于全面探究文化在起源上与男性英雄祖先尸骨再生信仰的关系，还有待于学术界同人的共同努力。谈到文化的起源，不得不谈到中国奇特的古籍《山海经》，有学者认为它记述着中华民族文明与文化的起源和发展。确实不假，在书中我们列举了很多来自《山海经》的例子，并用男性英雄祖先尸骨再生信仰对它们做出了解释。笔者认为，《山海经》中所记录的许多现象都是源出于男性英雄祖先尸骨再生信仰的，都是这一信仰的反映，也都可以从这一信仰而得到解释，本书无疑是破解《山海经》的一把钥匙。

最后，简单介绍一下本书的特点。本书从图腾切入，以男性英雄祖先尸骨再生信仰为核心，以问题为导向和线索，用大量的实例和材料论证了原始崇拜的起源。

盛律平
2022年5月

目　　录

第一章　图腾信仰的男性英雄本位特征 ……………………（1）
　　一　图腾亲属关系 ……………………………………（1）
　　二　图腾称谓的奥秘 …………………………………（4）
　　三　图腾信仰中对妇女和未献身者的隔离 ……………（10）
　　四　原始渔猎和战争中的禁忌 …………………………（13）

第二章　图腾圣物的本质和功能 ………………………………（18）
　第一节　图腾圣物——男性英雄祖先再生尸骨的象征 ………（18）
　　一　X射线骨的再生功能 ………………………………（18）
　　二　图腾圣物的本质 …………………………………（22）
　第二节　成年仪式——男性英雄祖先再生的礼仪 ……………（42）
　　一　成年仪式的类型 …………………………………（43）
　　二　成年仪式的本质 …………………………………（46）
　　三　男性英雄祖先尸骨再生信仰时代 …………………（61）
　第三节　图腾——男性英雄祖先再生尸骨的派生 ……………（63）
　　一　图腾的本质 ………………………………………（63）
　　二　图腾崇拜的起源 …………………………………（66）
　　三　图腾信仰的产生时间 ……………………………（76）
　第四节　灵魂——男性英雄再生祖先性能的表征 ……………（82）
　　一　灵魂的特性 ………………………………………（82）
　　二　灵魂的起源 ………………………………………（89）
　　三　男性英雄祖先尸骨再生信仰的特点 ………………（99）

第三章 十字、龙、石头——男性英雄祖先再生尸骨的具化 (101)

第一节 十字——男性英雄祖先再生尸骨的符号化 (101)
一 十字符号的类型 (101)
二 十字符号的意义 (108)
三 十字崇拜的起源 (111)

第二节 龙——男性英雄祖先再生尸骨的动物化 (118)
一 龙崇拜研究领域存在的问题 (119)
二 龙崇拜的起源 (124)
三 中西龙崇拜的差异 (141)
四 龙崇拜的性质及相关问题 (144)

第三节 石头——男性英雄祖先再生尸骨的固化 (145)
一 石头崇拜的起源 (146)
二 "且"字的起源 (153)
三 石棚的起源 (156)
四 杯—环印记 (160)
五 尸骨、十字、龙、石的关系 (165)

第四章 自然崇拜与图腾命名 (167)

第一节 自然崇拜——男性英雄祖先再生尸骨的迷局（一）(167)
一 天崇拜 (167)
二 树崇拜 (175)
三 地崇拜 (182)
四 火崇拜 (184)

第二节 自然崇拜——男性英雄祖先再生尸骨的迷局（二）(189)
一 水崇拜 (189)
二 山崇拜 (196)
三 鸟崇拜 (198)
四 天体崇拜 (202)

第三节　自然崇拜——男性英雄祖先再生尸骨的
　　　　迷局（三） ………………………………………… (212)
　一　蛇崇拜 ……………………………………………… (212)
　二　牛崇拜 ……………………………………………… (217)
　三　龟崇拜 ……………………………………………… (219)
　四　蛙崇拜 ……………………………………………… (222)
　五　鱼崇拜 ……………………………………………… (225)
　六　蛛、蚕、鹿崇拜 …………………………………… (228)
　七　卵崇拜 ……………………………………………… (231)
　八　自然崇拜的起源 …………………………………… (234)
第四节　"因蒂丘马"仪式与图腾命名 …………………… (237)
　一　"因蒂丘马"仪式 …………………………………… (237)
　二　图腾命名 …………………………………………… (248)

第五章　神话——男性英雄再生祖先的舞蹈 ……………… (253)
第一节　盘古神话与女娲神话 ……………………………… (253)
　一　盘古神话 …………………………………………… (253)
　二　女娲神话 …………………………………………… (268)
第二节　洪水神话和射日神话 ……………………………… (277)
　一　洪水神话 …………………………………………… (277)
　二　射日神话 …………………………………………… (287)
　三　神话的起源 ………………………………………… (301)

参考文献 ……………………………………………………… (303)

第一章

图腾信仰的男性英雄本位特征

因为图腾崇拜的物我混同性,不少学者将其视为最原始最古老的崇拜形式。笔者也认为,要研究原始崇拜的起源,应该先研究图腾崇拜的起源。那如何去研究图腾崇拜的起源呢?图腾崇拜由图腾和崇拜两个词构成,要研究图腾崇拜,首先要弄清楚图腾的本质。图腾的本质到底是什么?要回答这个问题,笔者认为,以下思路值得一试:从图腾的含义入手,去分析这些含义的关系,力求发现其中居统摄地位的原初的核心含义,然后去分析这个核心含义,从而揭示图腾的本质特征。

一 图腾亲属关系

那么,图腾具有哪些含义呢?通观学术界对图腾的研究,图腾的含义主要包括以下三个方面。

第一是亲属,即视某物象为亲属。这一含义又可以细分为两类:一是视某物象为祖源性亲属;二是视某物象为非祖源性亲属。

首先来看视某物象为祖源性亲属的情况。一些学者提到了物对人的这种祖源关系。比如,苏联学者海通认为:相信群体起源于图腾物是图腾崇拜的核心观念之一。[1] 马林诺夫斯基认为:人类对图腾物的意趣,是希望将危险、有用或可吃的品类加以控制,于是相信我们有能支配它们的能力,相信我们与它们同源,相信我们与它们存在共同的要素。[2]

---

[1] [苏] Д. Е. 海通:《图腾崇拜》,何星亮译,上海文艺出版社1993年版,第48页。
[2] [英] 马林诺夫斯基:《巫术科学宗教与神话》,李安宅译,中国民间文艺出版社1986年版,第28页。

其次来看视某物象为非祖源性亲属的情况。比如，法国社会学家涂尔干说：图腾动物被它的人类同属称为朋友、大哥。说到底，人和动物之间的关系更像把同一家族成员联系起来的关系。由于这种亲属关系，人看到图腾动物是有益的伙伴，认为可以信任他们的帮助。① 苏联学者托卡列夫认为：图腾崇拜最本质的东西是相信人类群体与某种动物存在血亲关系的观念，正是这种血缘亲属观念形成了图腾崇拜最重要的、似乎是神秘的一面。②

第二是标志，即视某物象为族群的标志。比如，维柯说："在美洲印第安人中间，图腾或图腾符号用来代表某某家族，用处和'端词'其实一样。"③ 摩尔根也说："在鄂吉布瓦方言中，有'图腾'一词——实际上往往读作'多丹'——意指一个氏族的标志或图徽；例如，狼的图形便是狼氏族的图腾。"④ 雷诺总结的12条"图腾崇拜法"中的一条便是部落和个人必须以图腾动物命名。⑤

第三是保护神，即视某物象为族群或个人的保护神。英国人朗格著的《一个印第安译员兼商人的航海与旅行》中说：野蛮人每个人都有自己的图腾，即自己所钟爱的精灵。他们相信这精灵守护着自己。他们设想图腾采取这种或那种兽类的形态，因此，他们从不杀食他们因为图腾采取了其形态的那种动物。⑥ 雷诺所总结的12条"图腾崇拜法"中的一条便是：图腾动物能够保护和警告它的部族。⑦

以上这些图腾的主要含义可分为三类：一是视某物象为亲属，二是

---

① ［法］E. 涂尔干：《宗教生活的初级形式》，林宗锦等译，中央民族大学出版社1999年版，第148页。
② ［苏］C. A. 托卡列夫：《图腾崇拜》，何星亮译，《民族译丛》1992年第4期。
③ ［意］维柯：《新科学》上册，朱光潜译，商务印书馆2017年版，第255页。
④ ［美］摩尔根：《古代社会》，杨东莼等译，中央编译出版社2007年版，第116—117页。
⑤ ［奥］弗洛伊德：《图腾与禁忌》，文良文化译，中央编译出版社2005年版，第110—111页。
⑥ ［英］埃里克·J. 夏普：《比较宗教学史》，吕大吉等译，上海人民出版社1988年版，第95—96页。
⑦ ［奥］弗洛伊德：《图腾与禁忌》，文良文化译，中央编译出版社2005年版，第110—111页。

视某物象为标志，三是视某物象为保护神。那么，图腾的这些含义是如何产生的呢？它们是同时产生的吗？有没有一个中心含义能够统摄其他含义呢？如果找出了其中居于统摄地位的含义，我们就可以以此为逻辑的起点，去分析它是如何产生和发展的。于是，我们可以继续追问：亲属、标志和保护神这几者间的关系是什么？它们间是谁决定谁呢？或者换句话说，正是因为图腾的哪一含义导致了其他含义的产生呢？我们相信，图腾的这些含义应该不是各自独立产生的，它们间应该存在源流关系。

可以来对这种关系做一个分析。首先，族群为什么要以某物象来命名呢？我们现在不知道命名对原始人们的意义何在，但这种命名应该要有一个基础。如果某种物象与族群不存在某种联系，那用这种物象来命名族群就变得不易理解，也将失去意义。那这种联系是什么？既然族群因为这种联系而用某物象为自身命名，那这种联系应该就会显现出来，并且它可能是一种重要的联系。既然这样，那我们推测：某物象与族群的亲属关系是这种命名的基础所在。正是因为某物象与族群存在亲属关系，所以族群才用该物象命名自身。其次，族群为什么会视某种物象为保护神呢？同样的，如果某种物象与族群之间不存在某种联系，那这种物象为何要保护族群呢？族群又为何会寻求这种物象的保护呢？所以我们推测：某物象与族群间的亲属关系是该族群视该物象为保护神的基础。于是，亲属关系成为了图腾最终的指向和核心要素。也就是说，正是因为图腾与族群间的亲属关系，所以氏族才将图腾视为标志和保护神。那么，接下来，我们可以试着去探讨一下这种亲属关系。

但在研究这种亲属关系之前，必须先弄清楚亲属一词的含义。我们发现，对原始人们而言，亲属一词的所指与现代社会亲属一词的所指不同。亲属关系由亲属称谓体现出来，亲属称谓属于语言的范畴，而语言不是从来就有的，是随着社会发展而发展的，是随社会的需要而变化的。多位学者的研究表明，原始氏族中的亲属称谓是有其独特含义的。

摩尔根深入研究了原始社会的亲属制度，他指出最原始的亲属称谓是群指的。他认为：波利尼西亚人的亲属制度是最原始的，在这种亲属制度下，所有的不论远近亲疏的血缘亲属，一律归纳到父母、子女、祖父母、孙儿孙女、兄弟和姊妹这几种亲属关系中的某种之内,他们不知道有其他的血缘关系。① 何星亮先生也认为最原始的亲属称谓是群指的。他对哈萨克族、柯尔克孜族和汉族的亲属称谓做了研究后认为:按老、中、幼划分三等亲属制是最古老的亲属制。也就是说,原始人们用父母的称谓来称呼老年人,用兄弟姐妹的称谓来称呼中年人,用儿女的称谓用来称呼幼年人。② 在澳大利亚土著中,其亲属称谓也具有群指性。托卡列夫对澳大利亚的亲属制度进行了研究后指出:澳大利亚人的亲属称谓,如父亲、母亲、舅父和妻子等,具有"群"的意义,它与我们的亲属称谓是完全不同的。对澳大利亚人来说,任何陌生人,在经过详细询问之后,也可以成为他们的儿子、舅父、外甥和父亲等。澳大利亚土著除了血缘亲属关系外,不知道人们之间的任何其他关系。③

可见,原始亲属称谓具有群指性的特点。它与现代社会的单指不同,它是一个复指概念,即具有"群"的意义。

二 图腾称谓的奥秘

现在,可以来探讨图腾与族群间的亲属关系了。亲属关系通过亲属称谓体现出来,那必须得先知晓原始族群是如何称呼图腾的。那接下来,我们深入世界各地各族群中去,看看人们是如何称呼图腾物体的。

托卡列夫研究了澳大利亚的图腾崇拜,他提道:澳大利亚人在同欧洲人的谈话中,力图用各种方式表达出同图腾亲近的感情。有的说:这是我的父亲;有的说:这是我的兄长或朋友、我的肉、人的一部分,等等。昆士兰人对自己的图腾动物很尊重,如果当他们在场时有人杀害图腾,他们就抗议说:为什么你杀害了这个小伙子?这是我的父亲。或者说:这是我的兄弟,你为什么把他杀害了?阿洛里加部落也很尊重图腾。有一次巴塞道打死了一条黑黄色的小蛇,阿洛里加部落的一个人对此极度伤心而叫起来,对自己的朋友道:"唉!这是

---

① [美]摩尔根:《古代社会》,杨东莼等译,中央编译出版社2007年版,第274页。
② 何星亮:《从哈、柯、汉亲属称谓看最古老的亲属制》,《民族研究》1982年第5期。
③ [苏] C. A. 托卡列夫:《图腾崇拜》,何星亮译,《民族译丛》1992年第4期。

我的兄弟被打死了。"①

在澳大利亚的某些部落中存在两性的图腾崇拜，它的实质是：部落的全体男子有自己的图腾，而全体女子也有自己的图腾。两者与通常的集团的图腾都无关。例如，在库尔奈等部落中，认为戴菊鸟是男子的图腾，蓝戴菊鸟是女子的图腾。男女把自己的性别图腾当成亲属看待，称之为哥哥、姐姐、朋友和其他等，相信自己同他们有秘密的关联。在沃托巴卢克部落里是这样表现的："蝙蝠的生命即男子的生命。"②

海通在《图腾崇拜》一书中提到了如下一些例子。

北婆罗洲的加焦人不但尊崇蛇和鳄鱼，也同样尊崇老虎，这是因为，他们认为虎是他们的亲属或部落祖先。因此，人们称它为祖父或者大哥。③

克莱曼丹人——美拉瑙人认为鳄鱼是自己的亲属。他们认为鳄鱼是他们群体中一个男子的化身。因此，他们不杀害和食用这种动物。④

委内瑞拉的奥托马克部落相信他们的祖先是石头化身的人。他们认为自己的始祖父和始祖母是两块名"高祖父"和"高祖母"的岩石。⑤

尼日利亚北部的布拉和帕比尔部落划分为父系氏族，均以动物或树命名。据他们的信仰，他们与这些动物和树存在血缘亲属关系。他们尊敬自己的图腾，认为图腾是自己的兄弟，但不认为自己出自图腾。⑥

伊博部族划分为若干部落，部落内又分部落分支和氏族。许多氏族把自己和某种动物等同起来。其中一个名为乌马戈的氏族，在伊博语言中，"乌马戈"一词意为豹的孩子。这一氏族的成员认为豹是自己的兄弟。⑦

---

① [苏] C. A. 托卡列夫等：《澳大利亚和大洋洲各族人民》，李毅夫等译，生活·读书·新知三联书店1980年版，第273—274页。
② [苏] C. A. 托卡列夫等：《澳大利亚和大洋洲各族人民》，李毅夫等译，生活·读书·新知三联书店1980年版，第289页。
③ [苏] Д. Е. 海通：《图腾崇拜》，何星亮译，上海文艺出版社1993年版，第91页。
④ [苏] Д. Е. 海通：《图腾崇拜》，何星亮译，上海文艺出版社1993年版，第91页。
⑤ [苏] Д. Е. 海通：《图腾崇拜》，何星亮译，上海文艺出版社1993年版，第97页。
⑥ [苏] Д. Е. 海通：《图腾崇拜》，何星亮译，上海文艺出版社1993年版，第111页。
⑦ [苏] Д. Е. 海通：《图腾崇拜》，何星亮译，上海文艺出版社1993年版，第112页。

原始崇拜之源

　　黄金海岸的阿散蒂人还保留了图腾崇拜的残余。他们把某种动物认作是自己的朋友或兄弟。"男人通常有两个图腾……妇女任何时候都没有自己的图腾。"①

　　阿拉伯人存在图腾崇拜。比如在哈拉尼安人中，像尊敬兄长一样尊敬狗、乌鸦和蚂蚁；西奈的阿拉伯人认为家兔是人的兄弟。②

　　此外，我们还可以从别的资料中发现如下一些例子。

　　班布蒂人只崇信氏族图腾，图腾物种多为动物，偶尔也有以植物为图腾的。人们视图腾为近亲，称之为祖父、父亲。③

　　纳西族存在图腾崇拜。据经典记载和民间传说，蛇和人是同父异母的兄弟关系，猴子与人也是同父异母的兄弟关系，而蛙和人是甥舅关系，人为甥，蛙为舅。④

　　在我国的鄂温克族，人们把熊视为图腾。他们把公熊叫和克（祖父），把母熊叫额我（祖母）。⑤

　　卡尔梅克蒙古人中的绰罗斯部族认为他们的祖先是以玲珑树为父亲，以猫头鹰为母亲。⑥

　　以上引征了世界各族群特别是澳大利亚部分族群对图腾物的称谓。仔细去分析原始族群对图腾的称谓，我们发现，原始族群并不是随便用什么称谓去称呼图腾物体的，他们对图腾的称谓其实隐藏着一个秘密。笔者推测：最初的时候，图腾群体是把图腾物体视为群体中年纪较长的男性的，而不是把图腾物视为群体中的女性的。为什么这么说呢？我们可以先对以上材料中的图腾称谓做一个分析。

　　第一，很多族群只视图腾为男性。澳大利亚的昆士兰人称图腾为小

---

① ［苏］Д. Е. 海通：《图腾崇拜》，何星亮译，上海文艺出版社1993年版，第113页。
② ［苏］Д. Е. 海通，《图腾崇拜》，何星亮译，上海文艺出版社1993年版，第120页。
③ ［苏］托卡列夫：《世界宗教简史：注释插图版》，魏庆征译，中央编译出版社2011年版，第167页。
④ 木丽春：《论纳西族的原生图腾和次生图腾》，《云南师范大学哲学社会科学学报》1991年第23卷第4期。
⑤ 中国少数民族民俗大辞典编写组：《中国少数民族民俗大辞典》，内蒙古人民出版社1995年版，第319页。
⑥ 邵梦茹：《神秘的图符》，现代出版社2013年版，第41页。

伙子、父亲、兄弟；澳大利亚的阿洛里加部落称图腾为兄弟；澳大利亚的沃托巴卢克部落视图腾为男子的生命；北婆罗洲的加焦人称图腾为祖父或大哥；克莱曼丹人—美拉瑙人认为图腾是男子的化身；尼日利亚的布拉和帕比尔部落认为图腾是自己的兄弟；伊博部族的乌马戈氏族认为图腾是兄弟；阿拉伯哈拉尼安人认为图腾是兄长；西奈阿拉伯人认为图腾是兄弟；班布蒂人称图腾为祖父、父亲；我国纳西族认为他们与图腾是兄弟或舅甥关系。以上所举的称谓和关系中，族群都是把图腾视为男性的。

第二，在性别图腾中存在视图腾为男女两性的现象。澳大利亚存在性别图腾，男女两性把它们称为哥哥、姐姐等。

第三，一些族群视图腾为男女两性。委内瑞拉的奥托马克部落视图腾为高祖父和高祖母；我国的鄂温克族称图腾为祖父和祖母；卡尔梅克蒙古人绰罗斯部族视图腾为父亲和母亲。

第四，阿散蒂人认为男人可以有多个图腾，而妇女绝对没有图腾。

通过以上分析我们发现，多数群体视图腾物体为男性，而只有少数群体视图腾物体为女性。那么，男性图腾称谓和女性图腾称谓是同时产生的吗？如果不是，最先产生的是何种称谓呢？从以上引征的材料看，原始族群视图腾物体为女性的有两种情况：一是性别图腾，在澳大利亚土著中男女两性有把性别图腾称为姐姐。二是族群图腾。委内瑞拉的奥托马克部落和我国的鄂温克族，他们有把图腾称为高祖母和祖母；卡尔梅克蒙古人绰罗斯部族，有称图腾为母亲。那这些女性图腾称谓是不是最初出现的呢？下面我们对这两种情况来逐一进行分析。

首先来看性别图腾。根据海通的研究，澳大利亚的性别图腾是晚于氏族图腾的。因为：第一，在存在两合组织（指由两个外婚氏族构成的组织——引者注）和母系分支的澳大利亚部落中，性别图腾崇拜非常罕见，并且只出现在向父系制过渡阶段的社会中。第二，没有发现既有性别图腾崇拜又保留了氏族图腾崇拜残余的部落。第三，在最原始的部落中，仅仅是在存在性别图腾崇拜的部落中才有关于性别图腾的神话，而无性别图腾崇拜的则无相应神话。若性别图腾崇拜早于氏族图腾崇拜而产生，则这种神话必然会作为残余而存在。① 从海通的论证看，说性别图腾是后出的应该是可信的。

其次来看族群图腾。多个族群有视图腾为祖母和母亲，这是把图腾视为女性的。我们要问：如果这种情况是最初出现的，那么，如何解释以下问题和现象呢？

第一，如何理解阿斯蒂人认为男人可以有多个图腾，而妇女绝对没有图腾的观念呢？既然妇女绝对没有图腾，那么就说明妇女和图腾之间没有联系。如果视图腾为女性是最初出现的，那么，女性和图腾之间必然存在联系，阿散帝人也就不会否认它们间的联系了。

第二，如果视图腾为女性是最初出现的，那么这种观念必然残留在后世中。这样，在所有的族群或者至少绝大部分族群中应该都残留有视图腾为女性的情况。但这与事实是相违背的，上文所列很多族群都只视图腾为男性。

那么，我们推测：在最初的时候，图腾群体是把图腾物体视作男性的。因为只有这样才能解释世界各族群的图腾称谓所表现出的特征。如果更进一步地分析，我们发现，对图腾物的"祖父""父亲""兄弟"称谓，不仅暗示出所指是男性，而且也暗示出他们的年纪是较长的。这样看来，最初的图腾称谓的所指，不仅仅指亲属，还指年纪较长的男性亲属。并且指的还是亲属群体，因为原始亲属称谓是具有群指性的。

而如果这是一个事实，那么，接着的问题立刻会出现：根据民族学资料，在母系氏族社会时，就已经产生了图腾崇拜，那时人类是知母不知父的。那么，母系氏族把图腾物体视为年纪较长的男性群体，这不与母系氏族社会知母不知父的情况相悖逆吗？既然不知道父亲的存在，又为什么会视图腾物体为父亲呢？这真的是母系氏族社会所存在的事实吗？视图腾物体为男性的现象是不是父系氏族社会的残留？这种现象是不是为了适应父权的需要而产生的？

要证明视图腾物体为男性的现象不是父系社会的残留，需要找出处

---

① ［苏］Д. Е. 海通：《图腾崇拜》，何星亮译，上海文艺出版社1993年版，第13—14页。

于母系社会也称图腾物体为男性的例子,哪怕一个都可以。澳大利亚土著的材料能够给我们提供这样的例证。综合来看,称图腾物体为男性的现象不是父系社会的残留,有以下几点原因。

第一,在澳大利亚各图腾群体中,普遍存在图腾群体更多把图腾物视为男性群体的现象。据豪伊特记载,澳大利亚南部和东南部诸部落通常将图腾称为"我的朋友"或"我的兄长""我的父亲",有时又称为"我们的骨肉"。① 而当时的澳大利亚诸部落处于何种历史阶段呢?学者何勤华指出:至18世纪末,以部落、胞族和氏族为主要构架的澳大利亚土著社会组织尚未达到部落联盟阶段。在澳洲东部和东南部的大多数部落是母系社会,而西北部的部落则大多是父系社会。② 法国学者列维-斯特劳斯指出:母系胞族社会主要分布于东南部(昆士兰、新南威尔士和维多利亚的南部和南澳洲的东部)的大片地区,以及西澳洲西南部的一条不是很长的海岸地带。③ 可见,处于母系氏族阶段的澳大利亚部落,比如昆士兰人,也特意强调了图腾为男性的"我的兄长""我的父亲",而没有刻意强调图腾为"我的母亲""我的姐姐"。

第二,图腾物是通过特定的仪式代代相传的。涂尔干在研究图腾崇拜时指出:"有充分的理由认为最初图腾是由母系相传的。"④ 海通也指出:"民族学资料证实了这一原理:氏族图腾崇拜是图腾崇拜的原初形式,在这种形式下,图腾按母系传承。"⑤ 何星亮先生指出:"入社仪式主要有两项内容:一是长老向新成员讲述图腾群体起源之历史和与之有关的图腾神话,使新成员树立图腾观念和图腾信仰。"⑥ 这说明图腾的传递是非常严肃和神圣的,父系氏族社会的图腾也是从母系氏族传承下来的,具有相对固定性。并且,不管是口耳相传还是文字相传,将性别

---

① [苏]托卡列夫:《世界宗教简史:注释插图版》,魏庆征译,中央编译出版社2011年版,第45页。
② 何勤华:《澳大利亚法律发达史》,法律出版社2004年版,第3页。
③ [法]列维-斯特劳斯:《图腾制度》,渠敬东译,商务印书馆2017年版,第42页。
④ [法]E. 涂尔干:《宗教生活的初级形式》,林宗锦等译,中央民族大学出版社1999年版,第139页。
⑤ [苏]Д. E. 海通:《图腾崇拜》,何星亮译,上海文艺出版社1993年版,第128页。
⑥ 何星亮:《图腾文化与人类诸文化的起源》,中国文联出版公司1991年版,第77页。

传错的可能性极小。

第三，即使先民把图腾物体指称为年纪较长的男性群体这一现象是产生于父系氏族社会，那么，也不能否定下面的事实：在父系氏族社会，先民肯定已经知道了与母亲等女性的亲属关系。那么，有的族群为何却只把图腾物体指称为男性群体呢？要知道，人由母亲所生是一个一定会观察到的且不可改变的事实，而图腾的一个主要的含义即是族群的祖先。原始人们既已认为自己出于男性，为何又不认为自己出于女性呢？

综上所述，我们做出推测：在最初的时候，母系氏族是把图腾物体指称为男性群体的，并且是指称为年纪较长的男性群体的。而指称图腾物体为女性的现象应该是后出的，它应该是为了解释图腾物体能够生人这一事实而产生的。如果这还不能说明问题，那我们接着往下看，其实还有一类事实指向了这一点。

三 图腾信仰中对妇女和未献身者的隔离

我们推测，最初，族群是视图腾为年纪较长的男性群体的。与这一点能够呼应的是，在图腾信仰中，妇女和未献身者（指未行成年礼的人）是被隔离出去的。这种隔离性主要体现在图腾仪式中。

什么是图腾仪式？图腾仪式包含哪些仪式？国内外学者的看法是不统一的。托卡列夫认为：图腾仪式有两种，繁殖图腾动物或植物的巫术仪式和表演有关图腾祖先的神话的仪式。但在这两种仪式之间往往没有截然的界线。① 海通也认为图腾仪式有两种类型：一种是以繁殖图腾为目的的"因蒂丘马"仪式；另一种是由少年进入成年时举行的"伊尼齐亚齐亚"的成年仪式。② 何星亮认为图腾仪式主要有三种：入社仪式、繁殖仪式和祭祖仪式。最早的为入社仪式，最晚的为祭祖仪式。③

可见，学界对图腾仪式的看法是不完全统一的。他们都认为图腾繁

---

① [苏] С.А. 托卡列夫等：《澳大利亚和大洋洲各族人民》，李毅夫等译，生活·读书·新知三联书店1980年版，第281页。
② [苏] Д.Е. 海通：《图腾崇拜》，何星亮译，上海文艺出版社1993年版，第64页。
③ 何星亮：《图腾文化与人类诸文化的起源》，中国文联出版公司1991年版，第77页。

殖仪式是图腾仪式。他们最大的分歧就是成年仪式到底应不应该算作图腾仪式。这个问题当我们在后文弄明白成年仪式的本质之后会得到解答。但这提醒我们，在这些概念没有得到区分之前，引用材料要特别小心，否则有可能导致论据与论题间不能对应。此处我们讨论的是图腾信仰的隔离性，为了确保论据的精准，我们只引用明确提到图腾物体的材料来加以证明。其实在成年仪式中，也大量存在对妇女和未献身者隔离的现象，但现在我们还不知道成年仪式的本质，所以此处不便引用这类材料。在我们没有正式开始对图腾仪式进行研究之前，可以先这样简单理解图腾仪式：它是与图腾物体密切相关的仪式。而这也成为我们引用图腾仪式材料的理论依据。我们发现，在这些图腾仪式中，有一个现象是值得关注的，那就是几乎所有的图腾仪式都具有隔离性，这种隔离主要是指对妇女和未献身者的隔离。

在澳大利亚存在这种隔离。据斯宾塞和纪伦说，阿兰达部落的各个图腾的一切因蒂丘马仪式有一些共同的特点：只有该图腾的成年男子成员才能参加仪式。比如阿兰达部落袋鼠图腾的因蒂丘马仪式在特别神圣的地点（奥克纳尼基拉）举行，清晨要派一个青年人去巡查一番，看周围有无妇女、儿童或别个图腾的人。① 托卡列夫指出：澳大利亚人的材料证实，图腾信仰和图腾仪式绝不是整个图腾群体成员所平等享有的财富。神圣的图腾神话仅仅享有充分权利的部落成员才知道，而对于妇女和未献身者是保密的；神圣的图腾仪式在僻静的神秘之处举行，只有首领才能主持，未献身者不得一睹；图腾食物禁忌不是对所有人都一样，图腾群体首领通常不受这种禁忌的约束。总之，图腾制度有男人和妇女之别；有献身者和未献身者之分；有首领和一般公社成员之异。②

在非洲艾冒尔人那里，我们也见到了同样的现象。艾冒尔人盛行图腾崇拜。每年要举行一次盛大的祭拜图腾的仪式，但只有成年男子才有权参加上述血祭仪式。如果参加者迟到，或者妇女偷看这种仪式，被认

---

① ［苏］C. A. 托卡列夫等：《澳大利亚和大洋洲各族人民》，李毅夫等译，生活·读书·新知三联书店1980年版，第281页。
② ［苏］C. A. 托卡列夫：《图腾崇拜》，何星亮译，《民族译丛》1992年第4期。

为是亵渎神灵，就要受到鞭打的处分。① 在我国的一些民族中也存在这种隔离。据传说，怒江白族木氏族最早的祖先是从一根木头里面出来的，他们氏族的图腾是木头，所以叫木氏族。在每年三十清晨，都要举行祭树仪式，只有全村木氏族的所有男性成员才能参加，妇女被排除在外。② 林惠祥在研究妇女的宗教地位时总结指出：图腾仪式为土人的宗教生活的要点，全部对于妇女都是禁忌。她们不但不得参加，连旁观也不能。③

看来，图腾信仰具有隔离性是一个具有世界普遍性的现象，在世界各地我们都发现了它的踪迹。它的隔离主要体现在对妇女和未献身者的隔离。这种图腾信仰的隔离性在向我们说明这样一个事实：图腾信仰主要是和男子相关的，准确地说，是和成年男子相关的。尽管妇女和未行成年礼的男孩属于群体成员，但在绝大多数情况下她（他）们被排除在外。

于是，在这里我们又发现了和图腾称谓的指称特点相同的特点。在图腾称谓上，最初图腾群体是把图腾物体视作群体中的成年男性的；而在图腾信仰中，有权参加图腾仪式的也正是群体中的成年男子。图腾称谓和图腾信仰的主体都指向了成年男子，两者在实质上都体现了对妇女和未献身者的隔离。这大概率不是一个巧合，而应该有着更深刻的含义。这说明了成年男子与图腾物体间有着紧密的联系，尽管现在我们还不知道这种联系是什么，也不知道他们是如何联系在一起的，但应该可以肯定的是，图腾信仰更多的是和族群中的成年男性群体紧密相关的。

那么，为什么要将妇女和未献者隔离出去呢？妇女和未献身者之所以被隔离，应该是出于相同的原因。那么，我们只要对为什么要将妇女隔离出去这个问题做出解释就可以了。笔者认为，要回答这个问题，必须回到原始渔猎和战争中去。因为在原始渔猎和战争中，也存在对妇女的隔离现象。

---

① 林琳：《世界奇迹之谜》（续集），广西人民出版社1988年版，第234页。
② 王进：《中国西南少数民族图腾研究》，上海三联书店2016年版，第332页。
③ 林惠祥：《文化人类学》，商务印书馆2017年版，第243页。

四 原始渔猎和战争中的禁忌

在原始的渔猎和战争中，对妇女有着各种各样的禁忌，这一点已经有很多学者进行了研究，在他们的努力下，我们对原始先民的渔猎和战争禁忌有了充分的了解。为了说明这种禁忌的普遍性，引用大量的材料加以说明是必要的。

在印第安人、加罗林群岛中的乌阿普岛民、爱斯基摩人、霍吞套特人中都存在这种禁忌：诺特卡桑德岛（加拿大西南海岸不列颠哥伦比亚的温哥华岛）上的印第安人在出海捕鱼之前必先斋戒一周，同时戒绝和妇女交往，他们认为这是捕鲸能否成功的关键。加罗林群岛中的乌阿普小岛，渔民在为期六至八周的打鱼期间严格遵守戒律，出海前后必须住在男人会所，不许以任何借口回到自己家中，甚至不得看自己妻子或任何女人的面孔。① 爱斯基摩人每年12月举行一年一度的盛大庆祝活动，一连几天展出一年中猎获的海豹、海象和白熊的膀胱。在此期间，猎人一律不得同女性发生任何关系。② 在霍吞套特人中间，谁如果杀死一只狮子、豹子、大象或犀牛，就会被看作是一位伟大的英雄，但是他事后必须在家里休息三天，任何事不做，他的妻子不得接近他，而且也要限制，只吃少许的饮食。③

在老挝也发现了这种禁忌。如果猎手们没有打到猎物，他们回来后会抱怨妻子，有时是"啪啪"几个耳光。丈夫们出猎后，妇女们头上不能擦香油脂，不能乱吃野味，都变成了谨小慎微的君子。除了每天向部落神作一次祈祷，几乎就在家里静坐操守。④

在我国的许多民族中也存在类似禁忌。比如彝族：大凉山猎人出门行猎时如路遇妇女，则俗信帮助猎人行猎的精灵"舍舍"会被吓跑，出猎不吉或不利，猎人必返。⑤ 又如广西瑶族：岭祖一带的茶山瑶，上

---

① ［英］弗雷泽：《金枝》，徐育新等译，新世界出版社2006年版，第215页。
② ［英］弗雷泽：《金枝》，徐育新等译，新世界出版社2006年版，第217页。
③ ［英］弗雷泽：《金枝》，徐育新等译，新世界出版社2006年版，第218页。
④ 王政：《〈诗经〉文化人类学》，黄山书社2010年版，第392页。
⑤ 白兴发：《彝族传统禁忌文化研究》，云南大学出版社2006年版，第144页。

山打猎时如途遇妇女，妇女必须让路回避，否则就不会猎获野兽；家里男子外出打猎时，妇女不得对着男子梳头，否则也会一无所获，空手回家，甚至打猎的人还会受伤。[1] 再如赫哲族：寡妇不能到渔船上和出网的地方去。妇女不能坐在船头。孕妇或月经期的妇女，不准到渔场中去。妇女不能坐和跨过猎枪、子弹及其他狩猎工具。[2] 还如湖南山区：猎人在出猎上路时，如果第一个遇到的是女人，那么就不能出猎，要另择吉日再出猎。[3]

这方面的例子太多了，它们遍布在世界各地。可以说，远古时在渔猎中把妇女隔离出去是一种具有世界普遍性的现象。不仅如此，在原始战争中，我们同样能看到这种隔离现象。

在克里克联盟的印第安人和其亲属部落中，战士在出发征战前三天三夜，不与妇女同居，甚至同自己的妻子也不接近。南非的巴佩迪人和巴聪加人，战士不得接近妇女，留居村里的人也都得节欲，否则战士所经之地就将荆棘丛生，战士不能赢得胜利。中婆罗洲的卡扬人，认为男人如果碰了一下织布的机子或妇女的衣服，就会在渔猎和战争中失利。印度东北部阿萨姆邦山区的一些部落，在对外进行袭击时或袭击之后，不许战士同自己的妻子同居，不能吃妇女烧煮的饭食，甚至不能与妻子说话。一次有一个女人无意中对处在战争戒忌的丈夫说了句话，事后知道了她犯的可怕罪过，吓得病死了。[4]

通过对以上材料的分析，我们发现：在图腾信仰中，妇女被隔离出去，而在狩猎和战争中，同样存在针对妇女的禁忌。图腾信仰的主体是男子，而参加狩猎和战争的主体也主要是男子。那么，既然图腾信仰的主体和禁忌都与狩猎与战争的主体和禁忌具有一致性，那么，我们有理由推测：图腾信仰是和原始狩猎和战争密切相关的。

---

[1] 《中国少数民族社会历史调查资料丛刊》修订编辑委员会：《广西瑶族社会历史调查·1》，民族出版社2009年版，第321页。

[2] 黑龙江省同江市八岔赫哲族乡八岔村志编纂委员会：《八岔村志》，方志出版社2017年版，第176页。

[3] 徐杰舜：《汉族民间风俗》，中央民族大学出版社1998年版，第41页。

[4] ［英］弗雷泽：《金枝》，徐育新等译，新世界出版社2006年版，第210页。

那为什么在原始渔猎和战争中妇女会被隔离出去呢？弗雷泽做了推测：他们的动机是迷信，恐怕按巫术交感原则与妇女亲近将染上女性的软弱和怯懦。同样，有些未开化民族想象战士如果同产褥期中的妇女发生性关系则身体虚弱、武器软弱。[①] 弗雷泽的推测是有道理的，对材料的分析利于支撑这个推测。我们来看，在诺特卡桑德岛，那里的印第安人如果没有在出猎前斋戒，则捕鲸可能会失败；在老挝，猎人没有捕获到猎物，则会把原因归咎于妻子；在我国彝族，如果路遇妇女，则对猎人不吉利；在广西瑶族，如果妇女违反禁忌，则猎人可能受伤；克里克联盟的印第安人认为，村人如果违反禁忌，则战士将不能取得战争的胜利；中婆罗洲的卡扬人认为，男人如果碰了一下织布的机子或妇女的衣服，就会在渔猎和战争中失利。显然的，这些例子都说明了一个这样的事实：如果男性出猎无所收获或受伤，则是因为受妇女的影响。而男性为什么会出猎无所收获和受伤呢？这样归因是较为合理的：因为男性身上的性能和力量被破坏了而变得软弱无能。

我们已经指出了狩猎和战争中对妇女实行禁忌的原因。因为图腾信仰与原始渔猎和战争的紧密联系，也因为图腾信仰与成年男性紧密联系在一起，所以我们推测：图腾信仰中的对妇女的隔离有着相同的原因，即惧怕破坏成年男性身上的力量。当然，这还只是一个推测，因为我们现在只知道图腾与成年男性密切相关，二者之间到底是什么关系还不明朗，等到后文揭示图腾起源的时候，这个问题会得到明确的答案。

以上，我们指出了图腾信仰与原始狩猎和战争的密切关系。这样，我们的论证就和一些学者的观点"巧遇"了。普列汉诺夫说：图腾崇拜，是在原始狩猎生活的基础上产生的。这种宗教意识促成并加强了原始猎人与某几种动物之间的某些关系，使狩猎社会的生产力得到极大的增长。[②] 托卡列夫也说：大多数的图腾都是动物，其中包括最古老的胞族图腾。这一事实是狩猎民族物质生活条件的反映，许多学者也看到了

[①] [英]弗雷泽：《金枝》，徐育新等译，新世界出版社2006年版，第210页。
[②] [苏]普列汉诺夫：《普列汉诺夫哲学著作选集》第3卷，生活·读书·新知三联书店1962年版，第395页。

这一点。B. 安克尔曼最准确地阐述了这一思想，他指出：对动物的形象思维是狩猎群体的心理特征，也是图腾崇拜的心理基础。① 何星亮先生也指出，最早的图腾是动物，这表明图腾观念的发生与狩猎生产密切相关。在旧石器中期的文化遗址中，发现有大量的各种动物遗骸，这说明旧石器中期和早期相反，已经是狩猎起着主导作用而采集退居次要地位，因此，"这种以狩猎为主、采集为辅的经济生活，必然会反映到原始人的意识中"。②

以上几位学者都提到了图腾信仰与狩猎经济的密切关系，他们多认为图腾信仰是狩猎经济的反映。但是，他们给出的论证依据是不同的，几位学者的论据有一个特点，即都是从动物即客体一面立论的。比如B. 安克尔曼，我们可以这样来理解他的理论：因为对动物的形象思维是图腾崇拜的心理基础，所以，图腾崇拜是狩猎经济的反映；何星亮先生的理论可以这样来理解：因为最早的图腾是动物，所以图腾观念与狩猎密切相关。他们似乎认为因大多数的或最早的图腾是动物，而人与动物的关系是狩猎生活的反映，所以图腾信仰是狩猎经济的反映。因为现在我们还没有揭示图腾信仰的真正起源，所以不便在此对这些观点进行评论。但我们的观点是与此不同的，我们之所以认为图腾信仰与原始渔猎和战争密切相关，是从主体一面来说的，即从图腾的称谓和图腾信仰的主体一面来讲的。换句话说，他们强调的是动物，而我们强调的则是人。

现在，可以对本章来做一个简单的总结。从分析图腾称谓入手，我们发现，最初时母系氏族是视图腾物为族群中的成年男性群体而不是女性群体的；从图腾信仰中具有世界普遍性的对妇女和未献身者的隔离现象入手，我们发现，图腾信仰的主体是成年男性；从原始渔猎和战争中对妇女的隔离现象入手，我们发现图腾信仰与原始渔猎和战争密切相关，并推测两者中都存在的对妇女进行隔离的原因也是一样的，即都是怕破坏成年男性身上的力量。那么，图腾信仰的一个显著特征就是男性

---

① ［苏］C. A. 托卡列夫：《图腾崇拜》，何星亮译，《民族译丛》1992年第4期。
② 何星亮：《图腾文化与人类诸文化的起源》，中国文联出版公司1991年版，第192页。

英雄本位。确实，从我们的分析可知，图腾是与男性英雄密切相关的。

　　以上，我们揭示了图腾信仰的男性英雄本位特征，但对这一特征的揭示却引出了更大的疑问：知母不知父且以女性为世系的氏族社会为什么会将图腾物体视作男性群体呢？在不知道父亲的存在的情况下，他们为什么会认图腾物体为父亲呢？图腾物体又是如何与男性英雄联系在一起的呢？要回答这些问题，必须对一个关键因素做出正确的解释：图腾圣物。而这正是下一章我们所要讨论的问题。

第二章

图腾圣物的本质和功能

第一节 图腾圣物——男性英雄祖先再生尸骨的象征

前章我们提出图腾信仰具有男性英雄本位特征，指出图腾是与男性英雄密切相关的。那么，它们间到底是一种什么样的关系？解决这个问题的钥匙就在图腾圣物身上，对图腾圣物的正确解释是揭示它们间关系的基础。不过在对图腾圣物做出解释前，我们必须先讨论一个重要的更为基础的话题：尸骨再生信仰。只有揭示了尸骨再生信仰的意义，才能彻底弄明白图腾圣物的本质。

一 X射线骨的再生功能

死亡，是一个古老而永恒的话题，也是一个普遍的话题。但在死亡观念上，原始人和现代人不同，原始人相信人和物是永远不死的，即使暂时因特殊情况死亡，也还是会再生的。在他们的观念中，整个世界就是一个复生的世界，人类和动植物永远处在"死亡—再生"的轮回之中。在原始人看来，再生的方式不止一种，但有一种再生方式是具有世界普遍性的，那就是：从一具尸骨再生。原始人相信人死后可以从一具尸骨而获得再生。就目前我们所知，这种尸骨再生信仰突出体现在原始岩画和神话中。

首先是岩画。

在贺兰山岩画中，发现有一些这样的岩画：许多动物身上刻有交叉的横条纹、竖条纹或漩涡纹，整体看像是动物的骨骼和肌肉。人体则用头、脊骨和四肢躯干构成,有的还在脊骨两侧刻画出肋骨,像是一幅骨架(见图2-1)。学术界把这种岩画的风格称为"X射线风格""透视风格""骨架风格"等。所谓X射线风格的岩画,是指在岩画制作中,将动物造型或人体造型用一种如同在现代X光机的显示屏上看到的透视图那样,只见骨骼不见肌肉,将动物造型或人体造型表现为骨架风格的艺术作品。①

图2-1 贺兰山岩画中X射线风格的人体形象

这种X射线风格的岩画分布十分广泛。据贺吉德先生研究:这种类型的岩画在旧石器时代晚期和我国新石器时代马家窑文化半山类型的彩陶中都有发现。在美洲西海岸、澳大利亚、欧亚草原大陆以及阿拉斯加爱斯基摩人、新圭亚那土著的岩刻、绘画作品中,这种X射线风格的形象更是不胜枚举,是一种非常普遍的世界性文化现象。②盖山林先生在阐释半山彩陶盆内人像时指出:这是一种所谓X光式的图像。这种图像在古代曾得到过世界性的流布。自旧石器晚期便在旧世界出现,后来一直延伸到新大陆。他同时指出:远古流行于世界许多地方关于萨满教性质岩画的"骨架"画法,还不完全表现在对类人形的画法上,同时也表现在动物岩画的表现上。③

那么,分布如此广泛的X射线风格岩画,它到底具有什么样的内含呢?原始人们为什么要将人和动物的一副尸骨刻画出来呢?关于这一点,不少学者都表达了几乎相同的观点:在原始人看来,X射线骨是具有再生功能的。

---

① 贺吉德等:《贺兰山贺兰口岩画》,宁夏人民出版社2017年版,第73页。
② 贺吉德等:《贺兰山贺兰口岩画》,宁夏人民出版社2017年版,第73页。
③ 盖山林:《世界岩画的文化阐释》,北京图书馆出版社2001年版,第286页。

在澳大利亚的岩画和树皮画中，也发现了绘出鱼刺的鱼。其表现手法多样，有的完全图案化。为什么只画骨不画肉呢？学者说：这是希望超现实力量让骨架附上新肉，达成"再生"。原住民作者自述道：这才是"完整的"鱼，肉体灵魂全有了。"你们的画，只有外形，那算什么呢？"画人不画骨，也不是"人"。这是死，更是生，是生命的完整形态。① 张光直先生提到：因为骨架状态是向母体子宫回入的象征，因此骨架状态又象征"死者再生"。佛斯特指出古代中美文明中巫术信仰宇宙观的一个特征，是相信人与其他动物的生命本质存在于骨骼之中，因此人兽死后均由骨骼状态重生。② 汤惠生先生也认为：原始人之所以对骨头如此重视，是因为在他们看来，人和动物的灵魂都寄居在骨头里，通过骨头便可以再生出生命。③

以上几位学者都指出：原始人相信，骨是人和动物的灵魂所在，生命可以从骨头中实现再生，骨架状态是象征着主体死亡后的再生的。从旧石器时代开始就普遍分布在世界范围内的这种信仰，我们可以把它叫作尸骨再生信仰。其实，除了岩画外，尸骨再生信仰还突出反映在世界各民族的神话等材料中。

其次是神话。

埃及神话说：奥西里斯国王的弟弟塞特为了取代他而将其斩为数段扔进尼罗河中。奥西里斯的妻子伊西斯悲痛之下将他的碎尸收集起来。她的哭声感动了太阳神，于是太阳神派阿努比斯等神前来相助。他们把奥西里斯的残肢断体合在一起，用麻布包起来，形成古埃及历史上第一个木乃伊。然后，通法术的伊西斯念出咒语："这是我的哥哥，来吧，让他们托起他的头，来吧，让我们接上他的骨，来吧，让我们复原他的肢……奥西里斯，醒来吧！"伊西斯给奥西里斯注入生命的气流，奥西里斯复活了，成了冥界的国王和审判神。④

聂茨人民间口头创作的一个流行故事说，要把打死的敌人的尸体切

---

① 萧兵：《美人鱼：性、生命与死亡的意象》，上海文艺出版社2007年版，第124页。
② 张光直：《中国考古学论文集》，生活·读书·新知三联书店1999年版，第141页。
③ 汤惠生：《青藏高原古代文明》，三秦出版社2003年版，第380页。
④ 赵立行：《世界文明史讲稿》，复旦大学出版社2017年版，第39—40页。

成许多段，向尸体的各关节处塞进干草，以使身体的各部分不能再连接起来复活。①

《尼桑萨满》传说：尼桑去阴间追魂时遇到了自己死去多年的丈夫，丈夫要求尼桑救活自己。尼桑说："你死亡已多年，你的骨头已经发黑，皮肉早已腐烂，肋条也已全断，你是按期回到阴间，救活你难上加难。"②

达翰尔族传说：一对婆媳居住在黑龙江上游，媳妇叫"雅僧萨玛"，她的丈夫早年亡故。她经过神仙指点，具有死而复活的本领。她能往返于人世与阴世之间，使冤死的人重新活过来。她去往阴间救达勒达巴音的儿子的时候，遇见了她的亡夫在地狱里劳动。她的亡夫求她救活自己。雅僧萨玛庄重地告诉他，你已经死了好多年，且尸体已经腐烂了，我确实不能救活你。③

从以上的例子可以看出来，原始人认为：人是可以从他的骨头实现再生的。不止是人，动物也是可以从它的骨头实现再生的，这可从以下的例子看出来。

北欧神话《托尔的巨人国之旅》载：来自神域的洛基和托尔坐着由两只名叫咬齿者和磨齿者的羊拉的战车造访一家农舍，托尔取出匕首杀了他的两只羊食用。第二天，托尔用羊皮包裹起了羊骨头，高喊一声："咬齿者，还原成一。"瞬间，咬齿者站起来咩咩叫着吃草去了。托尔又喊道："磨齿者，还原成一。"磨齿者痛苦地站了起来。原来昨晚有一人吃羊肉时嚼碎了它的腿骨。④

蒙古《格萨尔王传》中有这样一个传说：格萨尔小时候给叔父家放牧，每天杀头牛犊烤着吃，吃完后把各个骨节重新装进剥下的筒皮中一排，又变回活的牛犊。他的堂哥为了戳穿他的"萨满术"，有意将一块尾巴骨藏起来，牛犊就变回短尾巴牛犊。结果小格萨尔受到叔父的严

---

① 张碧波等：《中国文化考古学》，黑龙江人民出版社2011年版，第207页。
② 乌丙安：《神秘的萨满世界——中国原始文化根基》，三联书店上海分店1989年版，第112页。
③ 《达斡尔资料集》编委会等：《达斡尔资料集》第8集，民族出版社2008年版，第250—251页。
④ [英]尼尔·盖曼：《北欧众神》，胡婧译，江苏凤凰文艺出版社2018年版，第129—131页。

厉惩罚。①

英属哥伦比亚的夸扣特尔印第安人认为,一条鲑鱼被杀后,它的灵魂就回到鲑鱼国去了。因此他们精心把鱼的骨头和内脏都扔进海里,为的是让鲑鱼复活。如果他们烧掉骨头,鲑鱼就没有了魂魄,也就不可能死而复生了。明纳塔里印第安人也有这样的信念,他们相信那些杀死后去了肉的野牛骨头会长出新肉而重新复活,到来年6月就可长胖供宰杀了。②

从以上这些材料可见,在原始人看来,只要人和动物的尸骨保持完好无损,则只需把二者的尸骨拼接起来,就可以实现人和动物各自的再生。但如果尸骨遭到破坏,或者尸骨因时间久远而发黑,则人很难从这具尸骨而复活了。这样看来,原始人认为要想从一具尸骨实现再生,就必须保证尸骨的完整度和新鲜度,否则再生就将变得不再可能。

以上主要从岩画和神话两个方面讨论了尸骨再生信仰。从 X 射线风格的岩画和尸骨再生主题的神话在世界范围内的广泛公布来看,从旧石器时代晚期开始,在原始人中就普遍产生了尸骨再生信仰。并且,这种信仰非常强烈,它深深地植根在原始人们的心灵深处,以至于它通过各种外在的形式表现出来。那么,我们不禁要问,原始人们的尸骨再生信仰为何会如此强烈?人能够从尸骨再生对于他们来说到底具有什么样的实际作用?这具再生尸骨对原始人的价值何在?它难道仅仅是原始人的刻画和神话中的叙述吗?我们接下来要讨论的主题——图腾圣物将对这些问题做出回答。

二 图腾圣物的本质

何谓图腾圣物?学界一般认为,图腾圣物是图腾象征物。托卡列夫在谈到图腾圣物时说:图腾崇拜还有一个显著的特点,就是使用神圣的图腾象征物,比如丘林噶。③ 海通认为:努尔通札和瓦宁加"都作为图腾的象

---

① 吴礼权等:《修辞研究》第一辑,暨南大学出版社2016年版,第251页。
② [英] 弗雷泽:《金枝》,徐育新等译,新世界出版社2006年版,第499—500页。
③ [苏] C. A. 托卡列夫等:《澳大利亚和大洋洲各族人民》,李毅夫等译,生活·读书·新知三联书店1980年版,第277页。

征物"。① 何星亮认为："图腾圣物即图腾象征物。"② 且不管图腾圣物到底是不是图腾象征物，我们先以此概念为基础来进行讨论。在澳大利亚土著中，对图腾圣物的崇拜几乎到了无以复加的地步。我们就以澳大利亚土著的图腾圣物来展开讨论。主要采用分析的方法，尝试搞清楚图腾圣物的特征，从而揭示图腾圣物的本质。

（一）图腾圣物的外在特征

法国学者涂尔干在论及澳大利亚土著的图腾圣物时，提到了三种圣物：丘林噶（churinga）、努尔通札（Nurtunja）、瓦宁加（Waninga）③何星亮先生也说：在澳大利亚，图腾圣物主要有三种，丘林噶（churinga）、瓦宁加（waninga）和努尔通札（nurtunja）。④ 显然，两位学者所指的三种图腾圣物指的是同样的事物，那我们就从这三种图腾圣物开始谈起。

丘林噶 丘林噶是什么样的呢？托卡列夫对此有描述：丘林噶主要是称呼各种尺寸（8—15厘米或更长）的椭圆形石片和木块，上面通常饰有由同心圆和半圆、螺旋线、平行线和点构成的独特图画。⑤ 他同时给出了丘林噶的图片（图2-2）。⑥ 弗雷泽亦对丘林噶有过描述：奥兰塔人的丘林噶（churinga），是椭圆的或细长光滑的石头，或是厚木条，长短不一，有几英寸短的，也有5英尺左右长的。它们上面刻有不同的代表图腾的图案。但这些图案都很平常，有圆圈、曲线、螺线和点，丝毫没有用图画表现自然物体的意图。⑦

---

① ［苏］Д. Е. 海通：《图腾崇拜》，何星亮译，上海文艺出版社1993年版，第76页。
② 何星亮：《图腾文化与人类诸文化的起源》，中国文联出版公司1991年版，第84页。
③ ［法］E. 涂尔干：《宗教生活的初级形式》，林宗锦等译，中央民族大学出版社1999年版，第125—130页。
④ 何星亮：《图腾文化与人类诸文化的起源》，中国文联出版公司1991年版，第84页。
⑤ ［苏］C. A. 托卡列夫等：《澳大利亚和大洋洲各族人民》，李毅夫等译，生活·读书·新知三联书店1980年版，第277页。
⑥ ［苏］托卡列夫：《世界宗教简史：注释插图版》，魏庆征译，中央编译出版社2011年版，第48页。
⑦ ［英］詹·乔·弗雷泽：《永生的信仰和对死者的崇拜》，李新萍等译，中国文联出版公司1992年版，第64页。

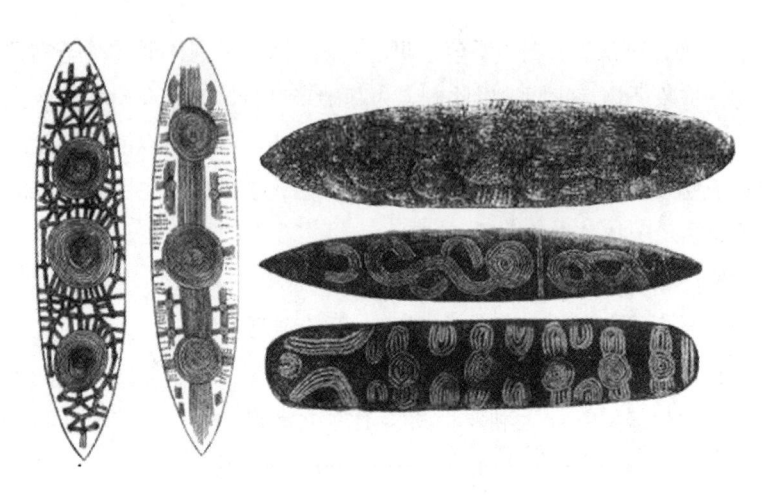

图 2-2　丘林噶

努尔通札　努尔通札是什么样的？"主要是一根垂直的支柱，这根支柱由一根长矛、或由捆在一起的数根长矛、或简简单单由一根杆子制成。周围用以头发做成的细绳或带子绑上一束茅草。然后还要再环绕着支柱、或者把支柱从上到下、纵列并行地缚上鸟的绒毛。顶端用鹰隼的羽毛装饰。而且，这还只是最普通、最典型的形式，根据各种特殊的情况，它还有各种各样的变化形式。"在另一些情况下，努尔通札呈十字交叉形或 T 形，没有中心支柱的情况较少见。[①] 可见，努尔通札的外形可以是 1 字形、十字形、T 字形等。

瓦宁加　瓦宁加又是什么样的呢？瓦宁加就"更不止一种惟一的样式了。把瓦宁加简化成最基本的组成部分，它也是由一根垂直的支柱构成，这根支柱由一根一尺多长的棍棒或几米长的长矛制成，上面有时绑着一根、有时绑着两根横杆（有时这种横杆的数目是三个，见该页注释——引者注）。如果是一根横杆，它的样子就像个十字架。再以一些用人发或用负鼠皮、袋狸皮制成的细绳斜向对角地穿过十字架横杆和中轴两端之间的空间，这些细绳相互排得很紧，这样，构成了一个菱形

---

① ［法］E. 涂尔干：《宗教生活的初级形式》，林宗锦等译，中央民族大学出版社 1999 年版，第 130 页。

形状的网。当有两个横杆时，这些细绳从一根缠到另一根，再从那里连到支柱的顶端及最底部，有时上面还盖上一层相当厚的绒毛，把它们遮起来不让人看到。这样，瓦宁加的外表就成了一面真正的旗帜"。① 可见，瓦宁加的外形可以是十字形、干字形、丰字形等。

通过以上的介绍，我们知道了澳大利亚土著的三种图腾圣物的形貌特征。但有一点需要指出来，学者们对努尔通札和瓦宁加的认识不完全一致，有的认为它们是不同种类的圣物，有的则认为它们是同一种圣物。比如，涂尔干认为努尔通札和瓦宁加是两种不同的圣物，除了外在形状确实有些不同之外，他们所属的部落亦不完全相同。他说：努尔通札可以在北部阿龙塔人和与他们最接近的毗邻部落中看到，而瓦宁加只在阿龙塔人、乌拉本纳人与洛里查人中有。② 但托卡列夫持不同的观点，他认为："'瓦宁加'（即'努尔通札'）……其体硕大，或为杆状，或呈'十'字形，或为菱形。"③ "'瓦宁加'和'努尔通札'——即用饰有绒毛和羽毛的棍棒和长矛做成盾形、十字形、菱形等各种形状的物件。这些物件或插入土中，或戴在头上作为特殊的头饰。"④

那么，努尔通札和瓦宁加到底是不是同种物体呢？这个问题将在下文得到解答。

（二）图腾圣物的内在特征

对于图腾圣物，仅仅了解它们的外在形貌特征是远远不够的，更重要的是它们的内在特征。通过比较研究，我们发现以上三种图腾圣物均有如下内在特征。

祖先关联性 无论是哪一种图腾圣物，都是和祖先密切相关的。弗雷泽在谈到丘林噶时指出：每个祖先都被认为在旅途中带着一根或几根

---

① ［法］E. 涂尔干：《宗教生活的初级形式》，林宗锦等译，中央民族大学出版社1999年版，第130—131页。
② ［法］E. 涂尔干：《宗教生活的初级形式》，林宗锦等译，中央民族大学出版社1999年版，第130页。
③ ［苏］托卡列夫：《世界宗教简史：注释插图版》，魏庆征译，中央编译出版社2011年版，第47页。
④ ［苏］C. A. 托卡列夫等：《澳大利亚和大洋洲各族人民》，李毅夫等译，生活·读书·新知三联书店1980年版，第279—280页。

条状物和一些石头，这些石头和木条都与携带他们的男人或女人的灵魂有密切的联系，妇人和男人都有他们的丘林噶。这些半人的祖先死后就会进入地下，而把他们的神圣的石头和木条留在原地。① 涂尔干指出："按斯宾塞与吉伦的说法，丘林噶是祖先灵魂的居住处。"② 倍松在谈到丘林噶时指出：澳洲人相信在这些木石中隐藏着他们祖先的灵魂。③ 丘林噶用在献身仪式上。当首次给献身者观看他的丘林噶时，有一位长老对他说："这是你的身体，这是你的灵体。"④

努尔通札和瓦宁加也是和祖先密切相关的。在行成年礼时，人们把初入社者带到为这场合竖起的努尔通札脚下，对他说："这是你父亲的努尔通札，用它已造就出许许多多的年轻人了。"神话中说，在传说中的远祖时代，在部落的属地上各处来来去去的是只由同一种图腾的人构成的群体，这些群体中的每一个都带有一个努尔通札。当他们停下来宿营时，在他们分散开来去打猎之前，都要把他们的努尔通札竖在地上，在它们的顶端把丘林噶悬挂起来。⑤

圣洁性 丘林噶在任何时候都是最圣洁的，没有任何其他东西在宗教地位与尊严方面超过它。当它作为阿龙塔人的名字时，也是禁止向外人泄露的。即使不得已要说出来，也必须保持低声和悄声。妇女和还没有参加宗教生活的年轻男人不能接触甚至不能看见丘林噶。只有在入社礼仪全部完成后，年轻人才能接近它。还有一些人被认为是只有经过多年考验之后才能接近它。⑥

在澳大利亚中部的部落里，尽管每个妇女都有他们的丘林噶，但她

---

① [英] 詹·乔·弗雷泽：《永生的信仰和对死者的崇拜》，李新萍等译，中国文联出版公司1992年版，第64页。
② [法] E.涂尔干：《宗教生活的初级形式》，林宗锦等译，中央民族大学出版社1999年版，第129页。
③ [法] 倍松：《图腾主义》，胡愈之译，上海文艺出版社1990年版，第18页。
④ [苏] C.A.托卡列夫等：《澳大利亚和大洋洲各族人民》，李毅夫等译，生活·读书·新知三联书店1980年版，第279页。
⑤ [法] E.涂尔干：《宗教生活的初级形式》，林宗锦等译，中央民族大学出版社1999年版，第131页。
⑥ [法] E.涂尔干：《宗教生活的初级形式》，林宗锦等译，中央民族大学出版社1999年版，第125—126页。

被禁止看见这一圣物,否则将被杀死或被烧火棍弄瞎眼睛。事实上,除了老年妇女,妇女们都不知道有这种东西的存在。① 丘林噶被保存的地方隐秘而神圣。这些珍藏室周围是野兽的避难所,只要它们逃到这里,就没有猎人会伤害它们。生长在这里的植物也是神圣的,禁止以任何方式摘取或砍伐。一个敌人只要躲在圣地范围之内,就不会受到追赶者的伤害。甚至连正对杀人犯紧追不舍的不顾一切的复仇者,也不敢在这块圣地上向对方动手。②

努尔通札和瓦宁加也是圣洁的。涂尔干指出:它们出现在众多的重要礼仪中,是宗教崇敬的对象,完全类似于丘林噶那样受人尊重。人们在制作它们和把它们竖立起来的时候都是极其庄重的,入社者应该抱吻努尔通札。③ 倍松提到:举行大仪式时,人们都在此杆下会合。当一个少年加入图腾时,必先到努尔东谢(即努尔通札——引者注)面前,拥抱着那杆子。④

含赋崇高品质和超级力量 图腾圣物被认为蕴含着崇高品质和超级力量,并能把这些品质和力量通过适当形式赋予本图腾的成员。弗雷泽提到:在原始人的眼里,这些平淡无奇的木条和石头成了向活人传达死人的美德和力量的最有力的工具。例如,在战斗中,这样的木条和石头能使它的拥有者勇敢并百发百中地打中目标,而且能使他的敌人失去这些能力。当两个人打架时,一旦一方知道对方持有出生石或出生木条,而他自己没有这个东西时,他就注定会丧失信心并以失败而告终。再如,当一个人生了病,他会从圣石上面刮下一点粉末调入水中喝下,他认为这会使他变得强壮。⑤ 弗雷泽进一步提到:它们不仅能在战斗中削

---

① [英]詹·乔·弗雷泽:《永生的信仰和对死者的崇拜》,李新萍等译,中国文联出版公司1992年版,第65—66页。
② [英]詹·乔·弗雷泽:《永生的信仰和对死者的崇拜》,李新萍等译,中国文联出版公司1992年版,第67页。
③ [法]E.涂尔干:《宗教生活的初级形式》,林宗锦等译,中央民族大学出版社1999年版,第131页。
④ [法]倍松:《图腾主义》,胡愈之译,上海文艺出版社1990年版,第18—19页。
⑤ [英]詹·乔·弗雷泽:《永生的信仰和对死者的崇拜》,李新萍等译,中国文联出版公司1992年版,第66页。

弱敌人，还能发挥许多其他的作用。它能魔术般地使食物增多。例如，当一个草籽图腾的人希望草籽增加以供其他图腾的人吃时，他就来到储藏所，取出几个神圣木条或石头，在上面涂上红赭石粉，用小鸟的羽毛加以装饰，同时口中一直念着咒语。然后，他将这些东西放在一起摩擦，使羽毛四处飞舞。这样，羽毛就被认为是附上了木条和石头的魔力，能够使草籽高产。[1]

涂尔干提到：丘林噶有各种神奇的属性：接触它就能够治好创伤，特别是割礼的伤口；它对疾病也有同样的效力；它还能促使胡子长长；它把巨大的力量赋予由它保证其正常繁衍的图腾物种，它给予人力量、勇气、坚持不懈的精神，而反过来削弱他的敌人，使他的敌人沮丧、虚弱。[2]

努尔通札和瓦宁加无疑也蕴含有这种精神、品质和力量。当在成年礼上，入社者去拥抱和亲吻努尔通札时，就是一种和这种力量结合的象征。当在入社典礼上，人们说努尔通札已经造就了许许多多的年轻人的时候，这就是一种崇高精神、品质和超级力量的表征。

内蕴力量需适时唤醒　在澳大利亚土著那里，图腾圣物所蕴含的崇高精神、品质和超级力量不是一直放射散发的，而是需要隔一定时间或者在仪式举行前去激活和唤醒。弗雷泽提到：人们不时来访问这些部落的储藏室，取出丘林噶加以检查，并将它们用干燥的红赭石粉或木炭细心地擦抹。[3] 涂尔干讲道：人们照料丘林噶，给它涂油、擦拭、磨光它。[4] 托卡列夫说道：人们在举行隆重的图腾仪式时，时时把丘林噶从储藏处取出来，恭敬地细细观看，用手抚摸，用赭石著色。[5]

---

[1]　［英］詹·乔·弗雷泽：《永生的信仰和对死者的崇拜》，李新萍等译，中国文联出版公司1992年版，第70页。

[2]　［法］E. 涂尔干：《宗教生活的初级形式》，林宗锦等译，中央民族大学出版社1999年版，第127页。

[3]　［英］詹·乔·弗雷泽：《永生的信仰和对死者的崇拜》，李新萍等译，中国文联出版公司1992年版，第69页。

[4]　［法］E. 涂尔干：《宗教生活的初级形式》，林宗锦等译，中央民族大学出版社1999年版，第128页。

[5]　［苏］C. A. 托卡列夫等：《澳大利亚和大洋洲各族人民》，李毅夫等译，生活·读书·新知三联书店1980年版，第278页。

(三) 图腾圣物的外在本质

我们已经分析了图腾圣物的外在和内在特征,现在可以来分析图腾圣物的本质了。图腾圣物的本质包括外在本质和内在本质,外在本质指的是图腾圣物是什么的问题,内在本质指的是图腾圣物的核心价值问题。但要想弄清楚图腾圣物的本质,下面几个问题是必须要搞清楚的。

第一,图腾圣物的原型到底是什么?确定是图腾物体吗?图腾崇拜和图腾圣物都具有世界普遍性,图腾圣物的原型也应该是具有世界普遍性的物体,只有原型具有普遍性,以之为基础的艺术形态才可能具有普遍性。

第二,前文我们已经明确指出了澳大利亚三种图腾圣物在用途和内在特征上的一致性。在用途上,它们都用在重大仪式特别是成年礼上。在内在特征上,它们都具有四种同样的性质。那么,按理,它们应该具有同种性质的外在特征。但实际上呢?努尔通札和瓦宁加我们可以认为它们是具有同种性质的外在特征,可为什么丘林噶和二者的差别如此之大呢?

第三,图腾圣物对图腾群体的意义何在?为何图腾群体视图腾圣物为整个群体的生命?

现在,我们一一来对这三个问题进行解答。

按前文引征的一些学者的观点,图腾圣物是图腾物体的象征物。但很多学者并没有给出这种说法的根据,只有在涂尔干那里有较详细的论证过程。所以,我们不得不从涂尔干那里开始我们的讨论。

在谈到丘林噶时,涂尔干指出:丘林噶与俗物的区别,是因为在它之上刻或画上了图腾的标记,正是这种标记赋予丘林噶神圣性。[①] 在谈到努尔通札时,涂尔干认为:"人们在制作努尔通札时赋予它一种意义,在整个仪式期间它都保持这含义。"[②] 在谈到瓦宁加时,涂尔干说:"把瓦宁加的横杆绑在中轴上的各种不同颜色的细绳都不是按制作者的

---

① [法] E. 涂尔干:《宗教生活的初级形式》,林宗锦等译,中央民族大学出版社1999年版,第128—129页。
② [法] E. 涂尔干:《宗教生活的初级形式》,林宗锦等译,中央民族大学出版社1999年版,第134页。

想法任意决定的；而必须具有依照传统严格规定的形状，在土著人的头脑中这就代表图腾。"所以，涂尔干认为："丘林噶、努尔通札、瓦宁加的宗教性只来自于它们本身带有的图腾标志。"①

很明显，在涂尔干看来，图腾圣物是图腾物体的象征物，因为图腾圣物上刻画有图腾标记，而这也正是图腾圣物宗教性的来源。我们来理一下思路，涂尔干的目的是要证明图腾圣物的宗教性是来源于图腾圣物上的图腾标记的。为此，他要证明图腾圣物上面刻画有图腾标记。为了证明这一点，他给出的主要论据是：图腾圣物在制作的过程中被刻画上了图腾标记。

但是，不得不说，涂尔干的证明是不够严谨的。图腾圣物在制作的过程中真的被刻画上了图腾标记吗？托卡列夫指出：丘林噶上的图腾图形和图案，"尽管与图腾并无任何相似之处，却仍被视为图腾之象征"。"就外观而论，'瓦宁加'与图腾绝无相似之处。"②确实，丘林噶先不谈，单讲努尔通札和瓦宁加，从外形上讲，它们是由木条制成的"1"字、"十"字、"干"字、"丰"字形等形状，和图腾物的形状真的关系不大，它们怎么会与图腾物联系在一起？

另外一些来自澳大利亚土著的材料加深了我们对"图腾圣物是图腾象征物"这一观点的怀疑。托卡列夫指出："同一形体的'瓦宁加'，可适用于不同的图腾；然而，一经用于同某种图腾有关的仪式，即与该图腾结下不解之缘，再不可用于同其他图腾物种有关的仪式。"③ 这里明确指出刚成品的瓦宁加是通用的，这就意味着在制作瓦宁加的过程中并没有加入图腾的标记和图案。瓦宁加与图腾的结合是在图腾仪式上完成的，而不是在制作过程中实现的。这就与上面涂尔干所言的瓦宁加代表图腾的说法矛盾了。在涂尔干那里，图腾的意义是在制作瓦宁加的过

---

① [法] E. 涂尔干：《宗教生活的初级形式》，林宗锦等译，中央民族大学出版社1999年版，第132页。
② [苏] 托卡列夫：《世界宗教简史：注释插图版》，魏庆征译，中央编译出版社2011年版，第47页。
③ [苏] 托卡列夫：《世界宗教简史：注释插图版》，魏庆征译，中央编译出版社2011年版，第47页。

程中赋予的，而来自托卡列夫的材料却明确指出瓦宁加的图腾意义是在仪式过程中赋予的。

另外，斯宾塞和纪伦提到："两个努尔通札可能有完全一样的外表，然而却表示两种根本不同的东西，如树胶树和鸸鹋。"[1] 如果图腾意义是在制作过程中赋予的，那么，不同图腾的努尔通札的成品应该是不同的。既然努尔通札完全一样，又怎么会代表根本不同的两种东西？那么，努尔通札包含的图腾意义确实应该是在仪式中赋予的。这样，经过一定的仪式后，即使是外表相同的努尔通札，也就变得与图腾联系在一起了。

我们不能小看图腾圣物的图腾意义的赋予方式问题，这涉及图腾圣物和图腾物体的关系问题。如果图腾意义是在图腾圣物的制作过程中赋予的，那么，图腾圣物可能是以图腾物体为原型来制作的，那就可以说图腾圣物是图腾的象征物。但如果同样的图腾圣物可以代表不同的图腾，图腾圣物的图腾意义只是在图腾仪式中被赋予，那么可以说，图腾圣物可能未必就是图腾的象征物，而可能是一种别的物体的象征物。沿着这一思路，如果图腾圣物不是图腾的象征物而是别的物体的象征物，那么，它会是什么物体的象征物呢？我们一再强调，因为图腾圣物在全世界的普遍性，所以它的原型也必然是具有世界普遍性的。从图腾圣物的外在特征入手去分析，或许会给我们答案。

先从努尔通札和瓦宁加入手，因为这是两个最具体的圣物，有它们独特的外在特征。它们的形状是："丨"字形、"十"字形、"干"字形、"丰"字形等类似形状。这会是什么呢？联系前文所讲的具有世界普遍性的尸骨再生信仰，结合图腾圣物的"祖先关联性"等内在特性，我们做出综合判断：这难道不就是一幅人的骨架形状吗？这难道不就是"X射线风格"的"岩画"吗？只是岩画是图画，而此处的圣物则是形体。两件圣物的基本构件是"一"和"丨"。"一"在这里代表的是肋骨，而"丨"则代表的是脊柱。这个"十"形的构架正是一具尸骨的

---

[1] ［法］E. 涂尔干：《宗教生活的初级形式》，林宗锦等译，中央民族大学出版社1999年版，第134页。

主体结构。既然能把尸骨画在岩石和树皮上，难道就不能把尸骨制作成形吗？在澳大利亚土著的心目中，或许后者比前者的需求更强烈一些，因为这是他们在各种重要仪式中必须用到的。前文讲道，"X射线风格"的岩画具有世界普遍性，并且在澳大利亚也发现了这种风格的岩画和树皮画。因此，我们完全有理由认为，努尔通札和瓦宁加其实就是人的尸骨的象征。联系上文所说的两种圣物的内在特征，我们推测：这两种圣物可能就是澳大利亚土著祖先的尸骨的象征物，而不是图腾的象征物。

这个结论迫使我们去思考丘林噶的原型问题，丘林噶是图腾物体的象征物吗？从理论上讲，三种圣物在用途和内在特征上的一致性，要求它们在外在形态性质上也必须具有一致性。事实上也确实是这样的。据斯宾塞和纪伦指出，有一些丘林噶外表没有任何图纹，但是数量比较少。① T. G. H. 斯特莱罗也提到这一点，他曾看到过阿兰达南部的丘林噶是一些"朴拙的木片……上面未绘标记，厚厚地涂上一层凹凸不平的红赭石和油脂的混合颜料"。② 既然存在没有任何图形的圣物丘林噶，那就说明丘林噶上面的图形是可有可无的，即使没有图形也不影响它作为圣物而存在，没有图形也不影响它发挥圣物的功能。那这只能这么解释：它的圣性与图形无关，它可能不是图腾物体的象征物。

那么，从整体上看，丘林噶是由木条和石头制成的，它代表什么呢？列维－布留尔在谈到丘林噶时也指出："这是一些个体的体外灵魂；是祖灵的媒介，也许还是这些祖先本人的身体；这是图腾本质的精华，是生命力的贮藏器。"③ 列维－斯特劳斯认为："每一个丘林噶不管什么形状都代表某一祖先的身体，它一代一代地庄严地授予被认为是这位祖先托身的活人。"④ 按照卡尔·施特雷劳的说法，澳大利亚人认为丘林噶是人的第二个身体，"由此可见，每人都有两个身体：一个是血

---

① ［法］E. 涂尔干：《宗教生活的初级形式》，林宗锦等译，中央民族大学出版社1999年版，第125页。
② ［法］列维－斯特劳斯：《野性的思维》，李幼蒸译，商务印书馆1987年版，第272页。
③ ［法］列维－布留尔：《原始思维》，丁由译，商务印书馆2011年版，第98页。
④ ［法］列维－斯特劳斯：《野性的思维》，李幼蒸译，商务印书馆1987年版，第272页。

肉的身体，另一个是石块的或木头的身体。"① 他又提出：丘林噶被看作是祖先尸体的图形或这尸体本身。②

这样，我们应该可以做出推测：丘林噶可能不是图腾物体的象征物，而是再生尸骨的象征物。现在我们再来看它上面的图形，就比较好解释了。这样来解释图腾圣物与图腾物体之间的关系更为合理：有的丘林噶上面确实刻画有图腾物体，但这样做的目的是让图腾物体获得图腾圣物上面的精神和力量。但即使是这样，也不影响丘林噶的整体性质。按照部分服从整体的原则，丘林噶上面的图案决定不了丘林噶的性质，在丘林噶上面刻画图腾物体可能是为了黏附丘林噶的神圣性。

因此，按我们的推测，努尔通札和瓦宁加与图腾物体无关。而有的丘林噶上面确实刻画的有图腾物体，但这点不能证明丘林噶是图腾物体的象征，丘林噶在整体上是尸骨的象征。这样，澳大利亚的三种圣物在外在形态性质上也达到了一致。不过，我们要对施特雷劳等学者的观点做出修正。施特雷劳等学者认为丘林噶仅仅是祖先的尸体，这还没有认识到丘林噶的真正本质。其实，丘林噶不是祖先的尸体，而是祖先的尸骨的象征，并且是祖先的再生尸骨的象征。尸体是易腐烂的，而尸骨则不然，是可以长久存在的。木头和石块也是不易腐烂的而可以长久存在的。尸骨是长形的，而木条和石块也是长形的，这是它们象征和被象征的基础。

这些石头和木头，每个祖先在旅途中都携带着；当祖先死了进入地下后，会把这些石头和木头留在原地；这些石头和木头与他们祖先的灵魂相关，是灵魂的媒介是居所，其中隐藏着祖先的灵魂。这样的石头和木头，说它是族群祖先的一副再生尸骨的象征是较合理的。那么，自然的，图腾圣物的宗教性也不是来源于图腾标记，而是来自再生尸骨。但我们依然可以叫它图腾圣物，因为圣物终将在仪式中与图腾群体紧密结合在一起，圣物也只对图腾群体才具有实际意义。从这个意义上说，图

---

① ［苏］C. A. 托卡列夫等：《澳大利亚和大洋洲各族人民》，李毅夫等译，生活·读书·新知三联书店1980年版，第278页。
② ［法］E. 涂尔干：《宗教生活的初级形式》，林宗锦等译，中央民族大学出版社1999年版，第129页。

腾圣物也可以叫图腾群体的象征物。

在澳大利亚，我们看到了祖先尸骨的三种象征形态：瓦宁加、努尔通札、丘林噶。在这三种圣物间加以比较，我们发现：从瓦宁加的一般外形看，它是具象的，和一幅尸骨的外形基本相似。从努尔通札的一般外形看，它是半具象的，可以简单到只有一根长矛。从丘林噶的一般外形看，它是最抽象的，以致成了一根木条或一块石头。那么，一具再生尸骨是如何从具象演变到抽象的呢？在阿兰达部落及邻近部落的神话中，他们的远祖是每人随身带着一具努尔通札的。尽管是神话中的内容，但我觉得这一点据理是可以相信的。那么，我们可以这样推测：在最开始时，部落成员是随身携带着真的人体骨架的，因为真正的人体骨架的神圣性是最高的。这一点在塔斯马那亚人那里还能见到，他们的脖子上常常带着手骨头、脚骨、颌骨，有时甚至带着已故亲属的颅骨，这是预防一切疾病的护身符。① 但由于祖先的骨架有限，后来，发展为每人随身携带一具木制骨架；再到最后，为了更方便地利用尸骨的性能，演变出最具抽象形态的丘林噶。

这样，我们清楚了祖先尸骨由具体到抽象的演变过程中的具体形态。究其原因，这是由于澳大利亚各部落所处的社会阶段不同导致的。考察澳大利亚的多数学者都承认，阿兰达部落是澳大利亚诸部落中最发达的部落之一。② 所以，阿兰达部落的尸骨象征物——丘林噶是相对抽象的，而周边部落相对落后，所以它们的尸骨象征物是相对具象的。

(四) 图腾圣物的内在本质

这样，我们就揭示了澳大利亚三种图腾圣物的外在本质。现在，只剩下最后一个问题没有解答了，就是图腾圣物对图腾群体的意义和价值问题。这个问题我们前面已经有所提及，现在来对它做一个全面的总结，以期揭示图腾圣物的内在本质。

它是氏族的灵丹妙药。在神话中，澳大利亚祖先总是在打猎前把图

---

① [苏] C. A. 托卡列夫等：《澳大利亚和大洋洲各族人民》，李毅夫等译，生活·读书·新知三联书店1980年版，第366页。

② [苏] Д. E. 海通：《图腾崇拜》，何星亮译，上海文艺出版社1993年版，第176页。

腾圣物立起来，以确保狩猎成功；在战争中，它被用来增强本图腾群体成员的勇气和力量，同时削弱敌人的士气和力量，并能确保百分之百击中目标；在生活中，它被用来使动物和植物繁殖，它被用来治疗各种疾病，它被用来使胡须增长；在成年仪式上，它被用来造就年轻人，它被用来治疗割礼的伤口。总之，它是氏族包医百病的灵丹妙药。

它是氏族的最高机密。它们藏在妇女和没加入图腾组织的男人不知道的储藏室里。这些神圣的珍藏室一般是多岩山丘上荒凉地带的小山洞或裂缝。它的入口处被用石头精心而狡猾地堵住，不露一点人工堆砌的痕迹。过路行人丝毫也不会怀疑在这些倒塌的乱石背后竟藏着整个部落最宝贵的财产。[①] 妇女们甚至都不知道这种东西的存在。确实，图腾圣物是不轻易示人的。一个年轻男子即使通过了成年礼的考验，但如果他显露出轻浮的性情，则又要等许多年才能了解图腾圣物的秘密。[②]

它是氏族的宝贵财富。整个氏族的命运和丘林噶紧密联系在一起。失去丘林噶是一场灾难，是这个群体可能遭到的最大的不幸。当把丘林噶借给氏族以外的某个群体时，这是一件真正让大家伤心的事。在两个星期中，这个图腾群体中的人哭泣、哀叹，身上涂满白黏土，如同他们失去了某个亲人。丘林噶是一项集体的财富，是氏族的圣约柜。[③] 当部落神圣的储藏室遭白人抢劫一空时，他们就要把透露神圣地点给白人的叛徒杀死，并在驻地上哭上两个星期，哀悼他们的损失。同时还在身上涂上白黏土，这是他们哀悼死者的标志。他们相信这些木条和石头与它们以前的和现在的主人的灵魂联系在一起。自然他们希望得到这些东西越多越好，并把它们视为无价之宝和一种精神力量的蓄库。[④]

它是氏族的最高禁忌。图腾圣物绝对不能让妇女和未献身者看见，

[①] ［英］詹·乔·弗雷泽：《永生的信仰和对死者的崇拜》，李新萍等译，中国文联出版公司1992年版，第67页。

[②] ［英］詹·乔·弗雷泽：《永生的信仰和对死者的崇拜》，李新萍等译，中国文联出版公司1992年版，第68页。

[③] ［法］E. 涂尔干：《宗教生活的初级形式》，林宗锦等译，中央民族大学出版社1999年版，第128页。

[④] ［英］詹·乔·弗雷泽：《永生的信仰和对死者的崇拜》，李新萍等译，中国文联出版公司1992年版，第69—70页。

否则后果就是刺瞎眼睛或执行死刑。年轻人参加完成年礼后，会赐予一个与圣物有关的名字，这个名字绝对不能跟外人提起。即使不得已必须提起，也要保持低声和轻声。

那族群为什么把图腾圣物看得如此重要呢？这要看图腾圣物对族群的价值和作用何在。我们看到，在原始人们的心目中，图腾圣物上面的精神、品质和力量对族群来说是实用的，它能够对原始人们的生产、生活各个方面发挥积极的重大影响，甚至可以说是这种性能维持了族群的生存和发展。那么，这种性能可能才是核心所在。这样，我们必须追问，这种精神、品质和力量来自哪里？可以对图腾圣物上面的性能来做一个分析。

第一，我们已经指出，图腾圣物在本质上是一具再生尸骨。原始人既然认为人能够从一具尸骨再生，那么，这具尸骨理应具有再生力。确实，我们在图腾圣物上看到了这种再生能力。比如，它能够造就年轻人；它能够使胡须长长；它能治疗割礼的伤口；它能够使动植物繁殖。这些都可视为再生力的体现。

第二，图腾圣物上除了再生力之外，还有勇气、美德和精神，以及另外一些力量，比如狩猎能力，比如它能确保百分百击中目标。那这些美德、勇气、精神和力量又是来自哪里呢？一些学者提供的材料给了我们启示。弗雷泽指出："代表着某一个前辈的，被视为具有这个人的一部分灵魂的木条和石头（指丘林噶——引者注）已经很接近偶像了。"[①]这就说明在澳大利亚土著看来，丘林噶是代表着前辈的。涂尔干也提到："丘林噶与发明创造它的祖先实际上是一回事；有时丘林噶和祖先使用同一个名字。当人们使牛吼器（指丘林噶——引者注）发出响声时，便认为自己听到的是祖先的声音。"[②]这说明澳大利亚土著眼中的丘林噶就代表着创造它的祖先。

这里有必要说明一下，经过我们分析认为，图腾圣物上面的再生力

---

① ［英］詹·乔·弗雷泽：《永生的信仰和对死者的崇拜》，李新萍等译，中国文联出版公司1992年版，第69页。
② ［法］E. 涂尔干：《宗教生活的初级形式》，林宗锦等译，中央民族大学出版社1999年版，第315—316页。

是来自尸骨本身而不是来自代表尸骨的人的。在我们看来，尸骨本身和尸骨所代表的人是有区别的。但是澳大利亚土著却把丘林噶等同于它所代表的祖先，这应该是一种原始巫术思维的体现。用弗雷泽的话说，这种思维方式遵循两个定律：一是接触律，二是相似律。也就是说，原始人会把互相接触过的东西看成总是保持接触，也会把彼此相似的东西看成是同一个东西。① 这样的话，因为人与他的尸骨如此紧密地联系在一起，可能澳大利亚土著会认为二者没有区别而混同为一。这方面的两个较好的例证是：宾—宾格部族和澳大利亚的卡彭塔利海湾各部族拿死人的尸体作为"圣餐式"的仪式，企图通过食用死者的肉而继承他的性能。② 奥兰塔人把死人的头发割下做成魔术腰带。这是一件宝贵的财产，只有男人们去参加战斗和追赶准备用巫术杀死的敌人时才佩戴它。他们认为这腰带具有神奇的功效，它能使佩戴它的人具有死者即头发的主人身上的好战品质。它能使佩戴它的人在杀敌时百发百中，同时还能破坏敌人的刺杀准确度。③ 在这里，原始人就将死尸等同于活人了。那么，在后文的论述中，如果不做特别说明，我们将顺着原始的人思维，直接将图腾圣物上面的性能说成是来自祖先的。并且，在尸骨再生信仰时代，任何人的尸骨都具有再生力，但有些人身上的崇高的品质、精神和勇气等却是超群脱俗的。从这一点来讲，将这种神圣性能说成是来自人的也是比较合理的。

既然丘林噶上面的神圣性能是来自祖先的，那么，我们就需要从人身上去寻找这种神圣的性能。同时，这也确证了图腾圣物不是图腾象征物。因为如果图腾圣物是图腾的象征物，那么，丘林噶上面的神圣性能应该是来自图腾的。既然丘林噶上面的神圣性能是来自人的，那它当然不是图腾的象征物。另外，如果丘林噶上面的神圣性能真的是来自图腾标记的，那又如何理解澳大利亚人通过食死者的肉获得神圣性能呢？又

---

① ［英］弗雷泽：《金枝》，徐育新等译，新世界出版社2006年版，第16页。
② ［法］沙利·安什林：《宗教的起源》，杨永等译，生活·读书·新知三联书店1964年版，第80页。
③ ［英］詹·乔·弗雷泽：《永生的信仰和对死者的崇拜》，李新萍等译，中国文联出版公司1992年版，第103页。

如何理解他们认为死者的头发具有死者的神圣性能呢？难道死者的神圣性能也是来自他身上刻画的图腾标记吗？如果是这样的话，把图腾标记刻画在自己身上就可以了，那样能获得更强的神圣性能，还有什么必要去食死者的肉和利用他的头发呢？

那么，什么样的人具有这样的神圣性能呢？有一点可以肯定：这样的人不是指女性。因为在图腾圣物崇拜中，女性是被隔离出去的。如果这种神圣性能来自女性，女性的被隔离就变得无法理解。那么，这样的人只能是男性。那什么样的男性才具有这样的神圣性能呢？什么样的男性身上的这种力量才如此重要呢？笔者认为，这种力量还是得从狩猎和战争中去寻找，这种人就是指的在狩猎和战争中表现杰出的男性英雄。为什么这么说呢？原因如下。

第一，前文已述，何星亮先生提到，在旧石器中期的文化遗址中，发现有大量的各种动物遗骸，这说明旧石器中期和早期相反，已经是狩猎起着主导作用而采集退居次要地位。那么，狩猎成功与否就关系着原始人的生存和发展，这凸显了狩猎对原始人的重要作用。

第二，在原始狩猎—采集生活中，只有在狩猎和战争中才更需要这种无上的精神、品质和力量。同时，这种无上的精神、品质和力量也更多地在狩猎和战争中表现出来。因为采集相对于狩猎而言，由于劳动对象、手段、环境等的差别，所面临的危险要小得多，所需要的能力也较低，自然也就较少会表现出无上的精神、品质和力量。

第三，图腾圣物上面依附的能力本身指向了在狩猎中表现突出的人物。比如，斯宾塞和纪伦指出：丘林噶也传给猎人对于相应的动物的某种权利，比如，人们有更多的机会获取羚袋鼠。[①] 又如，澳大利亚土著在分散开来去打猎之前，要把悬挂有丘林噶的努尔通札竖在地上，这应该是为了狩猎有获而采取的行为。所有这些，可以推测是因为猎人生前具有较强的狩猎或猎获某种动物的能力，所以在他死后，这种能力仍然依附在了尸骨上，努尔通札和丘林噶作为尸骨的象征物，自然具有这种能力。

---

① ［法］E. 涂尔干：《宗教生活的初级形式》，林宗锦等译，中央民族大学出版社1999年版，第149页。

既然狩猎主导着原始人的生活，狩猎和战争关乎族群的存亡，图腾圣物上面的力量是来自从事原始狩猎和战争群体的。那么，在原始社会，从事狩猎和战争的主要是哪个群体呢？来自澳大利亚的材料给了我们答案：狩猎和采集一样，需要专门化和特殊的训练。因此这两个生产部门有十分明显的分工：狩猎是男子的职业，采集是女子的职业。孩子和少年跟随着妇女。① 在战争中，澳大利亚阿兰达部落中专门负责复仇的武装队伍"阿特宁加"也是由男子组织成的，而老人、妇女和儿童一般是被安置在另一边。②

这就说明，狩猎和战争基本上是男人的事。这也说明，图腾圣物上面的力量是来自男人的。那它是来自哪部分男子呢？这就要看决定原始人狩猎成功的要素是什么？列维-布留尔指出，在原始人看来，要想使狩猎成功，必须在狩猎前、中和后期施予一系列的巫术，并且他们认为这才是确保狩猎成功的必要条件。否则，即使猎人再怎么灵巧，如果没有经巫术仪式赋予神秘力量，则狩猎是不可能成功的。③ 而这些巫术，在一般情况下是群体的首领或杰出者予以实施和遵守的。所以，原始人特别重视首领和杰出者的作用。

关于群体中的首领和杰出者的作用，有很多的例子可以证明。张守节《史记正义》引《龙鱼图》曰："蚩尤没后，天下复仇乱。黄帝遂画蚩尤形象以威天下。天下咸谓蚩尤不死，八方万邦，皆为弭服。"足见首领的力量何其巨大。在原始人看来，连杰出猎人的画像都具有超级力量。为了迫使鹿在需要的地点出现，巫师在一根立于适当位置的杆子顶上升起某位著名的猎人和巫师的画像，因为画像具有这个猎人的力量。④ 既然杰出猎人具有无上力量，那么狩猎就必须听从他们的安排。在南非的原始人中就有这样的情况。李文斯通手下一个人因为通"象

---

① [苏] C. A. 托卡列夫等：《澳大利亚和大洋洲各族人民》，李毅夫等译，生活·读书·新知三联书店1980年版，第227页。
② [苏] C. A. 托卡列夫等，《澳大利亚和大洋洲各族人民》，李毅夫等译：生活·读书·新知三联书店1980年版，第250—251页。
③ [法] 列维-布留尔：《原始思维》，丁由译，商务印书馆2011年版，第252—253页。
④ [法] 列维-布留尔：《原始思维》，丁由译，商务印书馆2011年版，第255页。

医"而被认为是猎队的首领。他走在队伍前面窥察动物，一切都由他决定。如果他决定袭击象群，其他人就勇敢地跟上去；如果他拒绝袭击象群，谁也不敢冲上去。① 正因为杰出猎人具有无上力量，所以他必须遵守严格禁忌。在新几内亚的土人那里，捕海牛和海龟的准备工作是极为复杂和漫长的。预先决定一个首领，从这时起这个首领就变成贝拉加（belaga）（神圣的）了。这次猎捕的成功取决于这位首领严格遵守海牛网的各种规矩。②

因为杰出者具有如此伟大的力量，所以原始人千方百计想获得他们身上的这种力量。如何获得这种品质和力量呢？据我们所知，至少有以下几种方式：吃食杰出者的身体；祭祀杰出者；保存杰出者的身体部位。

先看第一种方式。原始人认为吃掉勇敢者的血肉或特定的部位，就可以获得杰出者的力量。东南非一个山居部落的由年轻人组成的行会，入会仪式的一项，是要把勇敢、智慧和其他素质灌注到新入会的人身上。凡是勇敢的敌人被杀时，他的肝是勇敢的部位，耳朵是智慧的部位，前额是忍耐力的部位。这些部位被烧成灰烬，然后用牛角把灰保存起来。在割礼上，把灰和其他成分一起搅拌后给青年吃下。这样，敌人的力量、勇气、智慧和美德就传给了青年。③ 山居的巴苏陀人杀死一个很勇敢的敌人时，立即把他的心挖出来吃掉，他们认为这样会使他们打仗时有勇气和力量。④ 澳大利亚东南部的色多拉和恩加里戈部落的武士，常吃掉敌人的头和脚以获得敌人的素质和勇气；新南威尔士的卡米拉罗伊人，常吃掉勇敢者的肝和心以获得对方的勇气；西里伯斯中部托拉基部族，喝敌人的血、吃敌人的脑以获得勇气；菲律宾群岛的伊塔隆人，喝敌人的血和吃他们的后脑、内脏以获得勇气。⑤

再看第二种方式。原始人认为，通过祭祀的方式获得这种力量。列维－布留尔给我们提供了一个这方面的例子：韩（Hahn）问他在草原

---

① ［法］列维－布留尔：《原始思维》，丁由译，商务印书馆2011年版，第259页。
② ［法］列维－布留尔：《原始思维》，丁由译，商务印书馆2011年版，第266页。
③ ［英］弗雷泽：《金枝》，徐育新等译，新世界出版社2006年版，第474页。
④ ［英］弗雷泽：《金枝》，徐育新等译，新世界出版社2006年版，第474—475页。
⑤ ［英］弗雷泽：《金枝》，徐育新等译，新世界出版社2006年版，第475页。

上遇见的一位纳马奎族（Namagua）妇女："你在这儿干什么呀？"她回答说："我的朋友，不要笑我。我在遭难呀；旱灾和布希曼人（Bushmen）毁了我们许多母绵羊和公牛，所以我来到我那个在打猎中死去的父亲的坟上。我来这坟上祷告和哭泣；父亲会听见我的声音，看见我的眼泪，他会帮助我那个出去捕鸵鸟的丈夫。"①

再看第三种方式。有些原始部族常在杰出首领死后保存他的部分身体部位，并奉为部族的至宝。巴隆加人的穆罕穆巴就是一个绝好的例子。巴隆加人每个小氏族里的穆罕蒙巴（mhamba）是一件神圣的东西，它是由一代代首领的指甲、头发和胡须以及身体的可以保存的部分掺和公牛粪而制成的团，一代首领死后便制成一个团，如此代代相传，团也越来越大。天比族的穆罕蒙巴大约有一英尺长。这个有无比功效的护身符乃是全民的至高无上的宝贝。这是一个除非死绝了断不能落入敌人手中的东西。如果军队打败了，必须逃跑，则穆罕蒙巴的保存者第一个逃跑，只有彻底歼灭了部族的全部军队，才能从他手里把这个神圣的标志夺去。② 查理·麦卡锡爵士在1824年被亚山蒂人杀死后，据说他的心被亚山蒂人的首领吃掉以获得勇气，而他的骨头被长期保存在库马西，作为全国礼拜的对象。③

我们发现，穆罕蒙巴与澳大利亚的图腾圣物是如此相似，两者在实质上都代表一种无上精神、品质和力量。在巴隆加人那里，这种无上的精神、品质和力量是来自杰出的首领，巴隆加人认为它不随首领的死亡而消失，在首领死后，它仍然会依附在首领的部分身体部位上。这显然是一种巫术思维。那么，依此类推，在澳大利亚土著那里，这种无上的精神、品质和力量显然也是来自他们群体中的杰出人物，只是它是依附在杰出人物死亡后的尸骨上。这显然也是一种巫术思维。至于查理·麦卡锡爵士的被保存下来全国礼拜的骨，则几乎就是澳大利亚土著的图腾圣物了。

---

① [法] 列维-布留尔：《原始思维》，丁由译，商务印书馆2011年版，第451—452页。
② [法] 列维-布留尔：《原始思维》，丁由译，商务印书馆2011年版，第281—282页。
③ [英] 弗雷泽：《金枝》，徐育新等译，新世界出版社2006年版，第475页。

综合以上分析，我们得出结论：澳大利亚图腾圣物上依附着的无上的精神、品质和力量主要是来自在狩猎和战争中表现突出的特别是牺牲的男性群体的，而这些人多是族群的首领。当这部分男性群体牺牲后，这种精神、品质和力量依然依附在他们的尸骨上永远不灭。正是这种精神、品质和力量，维持了原始群体的生存和发展，决定了他们的生死存亡。所以，它才显得至关重要，原始群体才迫切需要继承和发展它，希望它世世代代在群体中传接下去，以保群体永远兴旺发达。对于族群来说，只有这种性能才是最为重要的，这种性能是他们所真正所需和终极目的所在。所以，我们就可以说，澳大利亚的图腾圣物在实质上代表着他们的男性英雄再生祖先的无上精神、品质和力量。

有一点要解释一下：为什么一定要是牺牲的男性群体呢？因为在原始人类看来，随着人的衰老，身上的精神、品质和力量也会随之消逝。澳大利亚凯蒂什人和翁马杰拉人就认为老人丧失了以往的能力就不能再享有原来的那种威望。① 并且，在上面所举的例子中，人们确实也是通过吃食在战斗中死亡的勇士的身体部位来获得这种无上的精神、品质和力量的。那位纳马奎族的妇女，也是向她那位在狩猎中死去的父亲祈求帮助的。

但是这里还有问题没有得到解决。我们说努尔通札和瓦宁加等圣物实质上是一具"X射线"骨，在原始人看来，这是一具具有再生能力的骨骼。但到目前为止，我们只看到了这一具尸骨的伟大性能，并没有看到这具尸骨是如何实现再生的。其实，这个秘密就隐藏在澳大利亚土著的成年仪式中。

第二节 成年仪式——男性英雄祖先再生的礼仪

澳大利亚土著的成年礼应该是世界上最古老的成年礼。鉴于成年礼的世界普遍性，对它的研究具有非常重要的意义。揭示了澳大利亚土著

---

① ［法］E. 涂尔干：《宗教生活的初级形式》，林宗锦等译，中央民族大学出版社1999年版，第267—268页。

的成年礼的本质，也就揭示了世界各族群成年礼的本质。成年仪式的本质是什么？它是怎样起源的？这是本节需要探讨的问题。

一 成年仪式的类型

为了弄清楚澳大利亚的成年礼的本质，对其进行较全面的描述是必要的。笔者认为，可以把成年礼分为两类：一是与图腾信仰相关的；二是与图腾信仰无关的。

首先，来看澳大利亚与图腾信仰相关的成年礼。托卡列夫指出：澳大利亚中央部落成年礼仪式的特点，是它们同图腾信仰密切联系在一起。具体表现在：那些讲给献身男孩听的神圣传说和表演给他们看的仪式，都是关于"图腾祖先"功绩的故事。① 那我们就从澳大利亚中央部落的成年仪式来开始讨论。

澳大利亚中部阿拉巴纳部落的成年仪式如下。

人们把男孩突然捉住并带到正有女子跳舞的男子的宿地，男孩被蒙上了眼睛躺在地上。早上的时候，人们把男孩带进丛林。祖父带男孩去拜访并邀请本部落的各群体人员参加仪式。伴随的男子们在路上表演图腾仪式给男孩看，这是他生平第一次看到这种仪式。日落后，割包皮仪式开始进行。手术由祖父和舅父一起来做，而男孩则躺在由三个"父亲"组成的"活"的手术台上。手术后，一个哥哥把男孩带到丛林里，把一件古老的小板——响板（哗啷棒，英文名叫 bull-roarer）交到他手里，并交代这块小板是绝对不能让妇女和儿童看见的。当割礼的伤口没有痊愈时，男孩就留在森林里，并打猎且把猎物与老人分享。然后，男孩被秘密带到营地，妇女们是绝对不允许看到男孩的。

一段时间后，这个男孩会给观看神圣的图腾仪式。此后，会被告知自己已经是男人而不再是男孩了。清晨，男孩会被迫跪在铺满了青树枝的篝火堆上的烟当中。最后，男子会被在背上割破四条到八九条不等的条纹，这些条纹将终身留着伤疤。此后，男子就可以娶妻和成为男子团

---

① ［苏］C. A. 托卡列夫等：《澳大利亚和大洋洲各族人民》，李毅夫等译，生活·读书·新知三联书店1980年版，第230页。

体中的一员了。①

澳大利亚中部阿兰达部落的成年仪式如下。

在仪式前，男孩被放在露天，在妇女的帮助下，脸上身上会被擦拭油脂。此后，男孩不许再跟妇女和女孩玩耍，并被穿透鼻中隔。接着，为期约十天的割礼进行。这时举行各种仪式，仪式的意义会被解说。仪式由老年人或成年男子领导，妇女和儿童必须回避。手术完后，会给男孩看一件未献身者不能观看的圣物，即一块木板。木板的意义会得到解释，但必须对妇女和小孩保密。手术后，男孩会引导到离宿处很远的森林中，会被领导者告知一系列禁忌，比如不能吃某些食物，不能顺女子的路走，等等。一段时间后，男孩回到宿地，几个男子轮流咬他的头以使头发长得更好。

再过五六个星期，要再行割礼，同样伴随着仪式，但有些仪式妇女可以参加。一般男孩会把飞来去器抛向母方的图腾中心所在地，以表示自己已经成为男子汉了。最后，男子要经过一个持续几个月的"恩格乌拉典礼"，这是为一大批献身者举行的，全部落男子参加。这期间，连续举行图腾宗教仪式，以教训献身者，并向他们解释这些仪式的秘密。最后，是火的考验，即献身者躺在滚烫的篝火堆上的烟中，以持续四五分钟。②

从与图腾信仰的相关性上看，以上仪式主要是在仪式过程中渗入了图腾神话和传说。这一类成年仪式可以说是与图腾信仰相关的。

还有一类成年仪式是与图腾信仰无关的。

其中一类与精怪相关。弗雷泽把成年礼称为"死亡与复活的礼仪"。澳大利亚中部的安玛特杰拉部落的成年仪式。这个部落的妇女和儿童相信献身者是被一个名叫特旺伊利卡的精怪杀死然后又使之复活的。在行割礼之后，父亲就给献身者一根神杖，并对他说，他的灵魂已与远祖连通。典礼后，献身者会退居丛林休养割伤。这期间他必须转动

---

① [苏] C. A. 托卡列夫等：《澳大利亚和大洋洲各族人民》，李毅夫等译，生活·读书·新知三联书店1980年版，第231页。

② [苏] C. A. 托卡列夫等：《澳大利亚和大洋洲各族人民》，李毅夫等译，生活·读书·新知三联书店1980年版，第232—234页。

"牛吼",否则天神就要把他攫走。澳大利亚宾宾加部落中的妇女和儿童也认为是一个名叫卡塔加林那的精怪在成年礼上吃掉献身者又让他复活,而成年仪式中的"牛吼"就是这个精怪发出来的。另外,在阿努拉部落的成年礼中,人们认为:一个叫格那巴亚的精怪吞吃了献身者然后吐出来,孩子便成了举行过成年礼的成人。①

另一类与神和献身仪式的创立者等相关。托卡列夫在指出澳大利亚东部和东南各部落的献身仪式的特点时指出:从报道材料来看,东部和东南各部落的成年礼与图腾信仰没有关系,却与信仰上天的强大的神、献身仪式的创立者和保护者有关系。②

可以用维拉久里部落的献身仪式的例子来加以说明。

部落的首领和老人们商量好仪式时间后,一些男子拿着树枝去召集妇女和孩子们,他们一边唱着专门的歌一边把妇女和孩子安置在篱笆后,而献身的男孩坐在篱笆内。突然一群青年从森林中出来,用神秘的响板敲打着地面,旋转着系在绳子上的小板发出声响来吓唬妇女。这时,监护者迅速把献身者带入了森林,不让妇女窥看。

在森林里,男孩要进行一系列的仪式和训练。给他们擦涂红赭石和穿上毛皮斗篷。从一棵树上剥下一条螺旋形的树皮,这象征着从地上到天上的道路。在地上画上成年礼的庇护者独脚"达拉穆鲁纳"等的图形。教导男孩不要说谎,不能害怕,而应像男子汉一样,特别禁止他们接近妇女,向献身者解释仪式的秘密且要他们保守这些秘密,否则必须处死。

然后进行的是拔齿仪式。巫师走向男孩,让他张开嘴,压住上牙床,用自己的下牙扳掉他的上门牙。如果牙齿勉强才能拔掉,那么,就认为这个男孩同姑娘们玩得太多。

接着,在男孩面前表演一系列的哑剧并举行各种各样的仪式。男孩和成年人回往新的宿地,在路上禁止把一切告诉未献身者。在新的住宿

---

① [英]弗雷泽:《金枝》,徐育新等译,新世界出版社2006年版,第645页。
② [苏]C. A. 托卡列夫等:《澳大利亚和大洋洲各族人民》,李毅夫等译,生活·读书·新知三联书店1980年版,第230—231页。

地，献身者的母亲和姐妹装作不认识他的样子，并用树枝打他们。男孩又重新逃回森林，他们必须在那里逗留一整年。不许他们重回宿地，也不准他们接近妇女，不能吃大袋鼠等一些动物的肉。只有当老人确信献身者完全服务和严格遵守了禁忌的时候，才决定让他们回到住宿地。经过一段时间之后，对他们取消了限制，他们就可以同妇女说话和吃以前禁忌的食物。①

二　成年仪式的本质

以上为男孩的成年仪式的两种类型。对这两种类型的成年仪式的描述是粗略的，但即使如此，我们发现多数部落的成年仪式都具有如下特点：第一，献身者必须与妇女、儿童长期隔离，不能吃某些食物；第二，都会出现具有神圣性的物体，比如响板、神杖等；第三，都会出现毁伤仪式，比如拔除牙齿等；第四，传演部落的信仰和传说；第五，都具有某些在形式上类似的仪式，比如阿拉巴纳部落在男子背上割破条纹，阿兰达部落的男子轮流咬献身者的头，等等；第六，一些部落在成年仪式的最后献身者还要经受火的考验。

如何来解释成年仪式的这些特点呢？学术界对成年仪式的认识是极不一致的。

一些学者认为成年仪式是教育性的。海通认为：成年仪式反映的是原始人由少年向狩猎者的转变过程。② C. A. 托卡列夫也认为成年仪式的主要内容是教育性的，是为了在献身者身上培养出一个成年男子猎人所应具有的品质。③

一些学者认为成年仪式是死亡与复活的礼仪。弗雷泽认为：孩子到了青春期后会举行成年礼，这样做的目的是假装杀死孩子又使他复活，

---

① ［苏］C. A. 托卡列夫等：《澳大利亚和大洋洲各族人民》，李毅夫等译，生活·读书·新知三联书店1980年版，第234—236页。
② ［苏］Д. E. 海通：《图腾崇拜》，何星亮译，上海文艺出版社1993年版，第226页。
③ ［苏］C. A. 托卡列夫等：《澳大利亚和大洋洲各族人民》，李毅夫等译，生活·读书·新知三联书店1980年版，第229页。

以便将孩子的灵魂转入其图腾。① 这些仪式的本质似乎就是杀死受礼者的人身,待他回生时则换成动物的生命。② 列维-布留尔说:在成年礼中,最重要的是在新行成年礼的人与神秘的实在之间建立互渗,这些神秘的实在就是社会集体的本质、图腾、神话祖先或人的祖先,是通过这个互渗来给新行成年礼的人以"新的灵魂"。③

有的学者认为成年仪式是认亲仪式。比如,何星亮先生认为:成年仪式实质上是一种认图腾为亲属或祖先的仪式。由于图腾动物有时"不遵守"作为亲属和祖先的职责而伤害了自己的亲属,原始人便以为没有郑重庄严地履行认图腾为父母、兄弟或祖先的仪式,于是便产生了每一个人达到一定年龄后都必须举行的隆重的认亲仪式,以求得图腾动物的保护。④

那么,成年仪式的本质到底是什么呢?我们认为,必须从成年仪式的共同特征入手去分析和研究,只有揭示了成年仪式的各种特征的本质,才能最终揭示成年仪式的本质。

(一) 禁忌的原因

成年仪式的第一个显著的重要特征就是它的禁忌性,主要是对妇女和未献身者的隔离。在成年仪式中,这些隔离主要体现在两个方面:一是仪式中出现了圣物,这个圣物是绝对不能让妇女和未献身者看见的;二是献身者也需要与妇女和儿童保持距离。托卡列夫指出,成年仪式的几个基本成分之一是:使献身者与妇女儿童长期隔离,而使他与男子和老人接近。⑤ 这里似乎存在两类禁忌,即对圣物的禁忌和对献身者的禁忌。它们在内容上几乎都主要是将妇女和儿童隔离出去,那它们的原因相同吗?

先来看对圣物的禁忌。

---

① [英] 弗雷泽:《金枝》,徐育新等译,新世界出版社 2006 年版,第 644 页。
② [英] 弗雷泽:《金枝》,徐育新等译,新世界出版社 2006 年版,第 650 页。
③ [法] 列维-布留尔:《原始思维》,丁由译,商务印书馆 2011 年版,第 395 页。
④ 何星亮:《图腾仪式的类型及其形成的原因》,《黑龙江民族丛刊》1990 年第 3 期。
⑤ [苏] C. A. 托卡列夫等:《澳大利亚和大洋洲各族人民》,李毅夫等译,生活·读书·新知三联书店 1980 年版,第 229 页。

> 原始崇拜之源

涂尔干探讨过圣物禁忌的原因。他认为：这些禁忌的目的在于防止纯圣事与不纯圣事、吉祥的圣事与不吉祥的圣事发生任何关系。[①] 人们只能在摆脱自己身上一切世俗的东西的条件下，才能与圣物建立密切的联系。[②] 在这里，涂尔干认为禁忌的目的是将圣、俗两界隔离开来。笔者认同这种观点。但为什么要将圣、俗两界隔离开来呢？涂尔干的解释是：因为圣性是具有传播性的，比如，祖先所居住的南雅树是神圣的，那么，停留在上面的鸟也变得神圣的；与丘林噶接触的人或物也能被圣化；蛇图腾的圣性能传播到它的所在地、水洞和水中。[③] 所以："按照圣物的这种奇特的传播性，一个俗物对它不管是有形的还是精神上的极轻的接触或接近都足以把宗教力量从所在之处吸引出来；另一方面，又因为宗教力量只有在不违背自己的本性的情况下才能释放出来，所以为了保持圣界和俗界远远分开和相互不妨害的状况，有必要采取一系列的措施。这就是为什么不仅要禁止俗人触摸圣物，而且也不许他们看圣物和听它发出的声音，以及为什么这两种生活不应该在思想意识中混淆起来的原因。"[④] 笔者理解此处涂尔干的意思应该是：圣性是具有传播性的，俗物能够轻易将它的圣性吸引出来，而俗物对圣性的吸引是不符合宗教力量的本性的，所以必须将俗物与圣物隔离开来，以防止二者的相互妨碍。

笔者的疑问是：既然圣性具有传播性，俗物也能够吸引出圣物里面的宗教力量。那么，当妇女与丘林噶接触的时候，自然也会将其中的圣性吸引出来。而一旦这种吸引实现，那么，妇女也会变得具有圣性。那妇女为什么看一眼丘林噶就会被用烧火棍弄瞎眼睛呢？一个已经吸引圣性的人还要接受处罚是不太让人能够理解的。并且，对于族群来说，让

---

① ［法］E.涂尔干：《宗教生活的初级形式》，林宗锦等译，中央民族大学出版社1999年版，第332页。
② ［法］E.涂尔干：《宗教生活的初级形式》，林宗锦等译，中央民族大学出版社1999年版，第340页。
③ ［法］E.涂尔干：《宗教生活的初级形式》，林宗锦等译，中央民族大学出版社1999年版，第351页。
④ ［法］E.涂尔干：《宗教生活的初级形式》，林宗锦等译，中央民族大学出版社1999年版，第352—353页。

妇女和未献身者吸引圣性不是更好吗?那样族群的力量会变得更为强大,又有什么必要将其隔离出去呢?

这样一来,圣物禁忌的原因有进一步去探究的必要。要搞清楚这种禁忌的原因,必须从圣物的本质入手。在第二章中,我们指出图腾圣物是男性英雄祖先再生尸骨的象征,它上面的神圣性能是来自男性英雄祖先的,它在本质上代表着来自男性英雄祖先的无上的精神、品质和力量。那么,可以推测:图腾圣物禁忌的实质是对男性英雄祖先神圣性能的禁忌。如果这个推测属实,那么:

第一,对男性英雄也应该存在禁忌。确实,我们发现了这种禁忌。比如,对首领就存在禁忌。原始人们认为首领具有魔力,他本人或凡他所触及的一切东西,都是不能随意触碰的,否则会导致严重的后果。比如,东非的努巴人,相信他们进入祭司王的住宅便会死亡;如果有人坐在祭司王选定的为他自己使用的石头上,此人在一年以内就要死亡;新西兰毛利酋长丢失了火绒匣,有几人见到了它并用它点着烟斗抽烟,结果当他们听说那是酋长的匣子的时候,一个个都吓死了。[①] 还有,在第一章中,我们提到了在原始狩猎和战争中对猎人和战士也存在这种禁忌,猎人和战士是被严格与妇女隔离开来的。

第二,男性英雄本身不必遵守这种禁忌。确实,我们发现了这种现象。比如在阿拉巴纳部落中,割礼手术是由祖父和舅父一起做的,手术台也是由三位"父亲"组成的,圣物也是由一个哥哥交到男孩手中的;在阿兰达部落中,成年仪式的领导者是老成人或成年男子,咬男孩头皮的也是几个男子,在第二章也提到在成年仪式上丘林噶是由长老授给献身者的;在安玛特杰拉部落,是父亲交给献身者一根神仗。这就说明,成年男子或老年人是可以接近图腾圣物的。因为如果他们本就具有图腾圣物的部分性能,当然就没有必要对自身实施禁忌了。

看来这个推测是有道理的。那么,为什么要对男性英雄的神圣性能进行禁忌呢?既然我们已经推测禁忌的实质是对男性英雄的神圣性能的禁忌,那么,我们就可以从以男性英雄为禁忌对象的渔猎和战争禁忌中

---

① [英]弗雷泽:《金枝》,徐育新等译,新世界出版社2006年版,第204—205页。

去分析禁忌产生的原因。在第一章中，我们分析了在渔猎和战争中对妇女隔离的原因，它可能是因为原始人们认为妇女能够破坏男性的神圣性能。确实，通观那些禁忌的例子，我们发现它们的一个特点：如果违反了禁忌，则会破坏男人的能力，要么导致男人出猎一无所获，要么导致男人在狩猎和战争中受伤，甚至可能导致战争失利。这就说明了妇女是对男性英雄的神圣性能具有破坏力的。

这样，我们的解释与涂尔干的解释恰恰相反。禁忌确实是为了使圣、俗两界隔离开来，但隔离的原因不是因为圣性具有传播性，而是因为它具有易被破坏性。正是因为俗物能够轻易破坏圣物的圣性，所以，必须把俗物与圣物隔离开来，以防止圣性被破坏。而老年人、男性英雄和首领因为本身具有这种神圣性能，所以没有太多必要将他们与圣物隔离开来。

那么，接着我们要问，在成年仪式中，献身者难道不会破坏图腾圣物的圣性吗？圣性为何可以传播到献身者身上？献身者在参加成年仪式之前，也是属于未献身者，为什么旁观的未献身者不能接受圣性，而身处成年仪式中的献身者却可以接受圣性呢？

这就要谈到成年仪式中对献身者的禁忌了，应该正是这些禁忌使献身者与旁观的未献身者不同。在仪式开始前就把献身者与妇女和儿童隔离开来是有原因的，笔者猜测它的意义在于净化，即使献身者远离妇女和儿童的"污染"而得到净化。只有献身者得到彻底的净化，才能和宗教力量接近，不然献身者就和未献身者及妇女一样，只会破坏这种宗教力量。另外，还有一类仪式应该也有着同样的意义。比如，在阿拉巴纳部落的成年仪式中，参加献身仪式的男孩在仪式前会被蒙上了眼睛；在维拉久里部落，献身的男孩在仪式前要被篱笆圈禁起来。这些仪式可能都是为了使献身者得到净化而为接受圣性做准备的。

至此，我们讨论了成年仪式中的一个重要的问题，即对妇女和未献身者的隔离问题。这是所有男性成年仪式的一个基本的共同点，也可以说是成年仪式的一个基本前提。我们也对妇女和未献身者进行隔离的原因进行了推测，认为它是为了保护圣物的圣性不被破坏。那么，在成年仪式中，为什么要保护圣物的圣性不被破坏呢？这涉及成年仪式的第二个特点，也是成年仪式的核心问题。

（二）圣物的作用

我们业已提到，几乎在所有的成年仪式中都有圣物的存在，都会出现一个圣物的呈现仪式。在阿拉巴纳部落中，是哥哥把一块古老的响板交到弟弟手中。在阿兰达部落中，会给献身者观看一件圣物——一块木板；在安玛特杰拉部落中，父亲会给献身者一根神杖，这根神杖能使献身者与远祖相连，并且献身者要转动"牛吼"；在宾宾加部落中，精怪也会发出"牛吼"声；在维拉久里部落中，人们用响板敲打地面，并从树上剥下一条象征连接天地道路的螺旋形的树皮。

那么，这些圣物的意义何在？回答这个问题，首先必须搞清楚这些圣物到底是什么。其实，这些木板、神杖、牛吼器，就是我们所说的图腾圣物。比如阿拉巴纳部落的响板，英文名 bull-roarers。这个响板叫祭神响板，汉语译为"牛吼器"。① 这个响板还出现在我们上文所列举的宾宾加等多个部落中。那么这个响板是什么呢？涂尔干明确提道："丘林噶是真正的牛吼器。"② 在阿兰达部落的成年仪式中，神圣的木板是未献身者不能看见的，木板的意义也必须对妇女和小孩保密，所以它应该与木制的丘林噶具有同样的性质。安玛特杰拉部落的神杖和维拉久里部落的螺旋形的树皮，可以把它理解成简化版的瓦宁加，应该是人体脊柱的象征。

另外，在宾宾加等部落中的成年仪式中，是精怪吃掉献身者并使之复活，并且"牛吼"也是由这个精怪发出来的。这些精怪和牛吼其实也是代表祖先的。这一点弗雷泽给我们做出了解释，他说：新几内亚的所有氏族，对于在成年礼中割除包皮时吞噬受割青年的怪物以及把那木制"牛吼"发出的无害的响声当作怪物的怒吼，四种语言中有三种语言所说的"牛吼"与怪物的字眼，也都是死人的鬼魂或幽灵的意思。那第四种语言即凯族人的语言，怪物一词的另一意思是"祖父"。因此

---

① ［法］列维-布留尔：《原始思维》，丁由译，商务印书馆2011年版，第45页。
② ［法］E. 涂尔干：《宗教生活的初级形式》，林宗锦等译，中央民族大学出版社1999年版，第125页。

可见，成年礼中吞吐受礼者的怪物都是被作为有威力的鬼怪或祖先的神灵来看待的。①

那么，这些图腾圣物出现在成年仪式中的目的是什么呢？在安玛特杰部落中，神杖的意义是十分明显的，即能够与远祖相连。维拉久里部落的那条螺旋形的树皮，是连接天地的道路。这个圣物出现之后不久便说男孩应像男子汉一样，所以它也具有丘林噶的意味。而多个部落的成年仪式中出现的丘林噶呢？也是把献身者与祖先联系起来的神圣之物。我们在前面介绍图腾圣物的祖先的相关性时说道，丘林噶上居住着祖先的灵魂。在阿兰达部落中，当首次给献身者观看他的丘林噶时，长老会对献身者说这是你的身体和灵体，这说明献身者的灵体与丘林噶上居住的灵体是同一的，献身者就是祖先灵体的再生。对于圣物努尔通札也是一样，在成年仪式中，人们会把献身者带到努尔通札脚下，对他说：这是你父亲的努尔通札，用它已造就出许许多多的年轻人。这就说明这许许多多的年轻人其实都是由"父亲"创造出来的，是"父亲"的再生形式。

所以，我们推测：在成年仪式中，献身者是被看作祖先的再生形式而存在的。正是在圣物呈现仪式之上，来自祖先的无上的精神、品质和力量依附在献身者身上之后，献身者才由少年变成了成年男人。或者，我们可以换一个说法，即祖先的灵依附在献身者身上从而使其由男孩变成了男人。所以，从内在一面来说，献身者与祖先具有同一性，是祖先的活生生的化身，他们间的差别只是外表的不同而已。那为什么这种转变必须通过图腾圣物来实现呢？因为图腾圣物本质上是一具再生尸骨，祖先的灵是依附在尸骨上的，它必须通过这具尸骨才能实现灵的传递以达成再生。

说献身者是祖先的再生形式，是有其依据的。在维拉久里部落中，在成年仪式的后期，献身者的母亲和姐妹装作不认识他的样子并用树枝打他。托卡列夫提到：在澳大利亚某些部落中，男孩献身之后，便取一个新名字以代替旧名字，这象征他开始了新的生活。②涂尔干提到：参

---

① ［英］弗雷泽：《金枝》，徐育新等译，新世界出版社2006年版，第646页。
② ［苏］C. A. 托卡列夫等：《澳大利亚和大洋洲各族人民》，李毅夫等译，生活·读书·新知三联书店1980年版，第237页。

加完成年仪式后，献身者被成年男人的社会接纳，能参加各种礼仪了，他具有了圣性。如此全面的变化常常代表了第二次降生。人们认为到那时为止，过去那个世俗的年轻人已不存在了，成年礼上的神杀死了他，一个全新的人取代了这个死者的位置。[1] 弗雷泽讲道：据说，就在此刻，这个年轻人死去了，原来的他不复存在了，另一个人代替了他。他以一种新的形式再生了。[2]

因此，笔者认为：成年仪式的本质是再生的礼仪，其目的是实现祖先在献身者身上的再生。与其把这种仪式叫成年仪式，还不如称之为再生仪式。通过对成年仪式的各环节进行分析，我们发现：祖先的再生是成年仪式的核心，成年仪式中所有的环节都是为了实现祖先的再生而设计的。比如，我们已经介绍的成年仪式中对妇女和未献身者的隔离，就是为了保护源自祖先的圣性——无上的精神、品质和力量不被破坏。在我们下面将要讨论的成年仪式的诸环节中，我们同样会发现，其目的也是实现祖先的再生。

（三）毁伤的目的

我们发现，在成年仪式中，当圣物被呈现在献身者之前或者之后，往往还会进行另一种仪式。这种仪式的表现多样，并且往往与圣物呈现仪式紧密联系在一起，但它们主要是前后相随的关系，即这类仪式主要在圣物呈现仪式之前。这种紧密关系体现在许多部落的成年礼中。在阿拉巴纳部落中，先进行的是由祖父和舅父进行的割礼，之后才把圣物呈现给献身者；在阿兰达部落中，也是在割礼后，圣物才会被呈现给献身者观看；在安玛特杰拉部落中，也是割礼后才进行圣物呈现仪式。但在维拉久里部落中，两种仪式的前后关系反过来了。代替割礼的是拔齿仪式。在该部落中，似乎拔齿仪式是在圣物呈现仪式之后才进行的。另外，在维多利亚西南部的部落中，代替拔齿仪式的是拔胡子仪式。在马里巴勒部落中，也没有拔除牙齿的习俗，而是相邻的两个部落根据预先

---

[1] ［法］E. 涂尔干：《宗教生活的初级形式》，林宗锦等译，中央民族大学出版社1999年版，第342页。

[2] ［法］爱弥尔·涂尔干：《宗教生活的基本形式》，渠敬东等译，商务印书馆2011年版，第49页。

的约定迫使双方献身的少年厮打，直到流血为止。①

如何解释这类仪式呢？涂尔干认为，割去阴茎包皮等残酷的礼仪都是为了使生殖器官具有特殊的能力。因为男子只有在成年礼之后才能结婚，这就说明礼仪给了他特殊的功效。性的结合涉及一种可怕的力量，而礼仪则可以获得能够接近这种力量的能力，毁坏一个器官，就获得一种圣性，这一系列的消极或积极礼仪都是为了获得躲避灾难的能力，否则，他无法抵御这种力量。②

笔者不赞成涂尔干的说法。因为圣性并不是从毁坏器官中获得的，而是从圣物那里获得的。那毁坏生殖器官和牙齿等的意义何在呢？从内容上看，这类仪式主要有：割去包皮，拔除牙齿，拔去胡子，厮打流血，等等。笔者猜测：这类仪式应该具有同样的意义，它的意义是为了"杀死"献身者。因为只有"死"才能"生"，这跟割韭菜是一个道理，只有把原来的韭菜割掉了，新的韭菜才会生长出来。维拉久里部落的例子指向了这一点。在该部落中，如果巫师勉强才把男孩的上门齿拔掉，就认为这个男孩同姑娘玩得太多。这里就有用男孩的牙齿代表男孩的未成熟的生命的意味。

那么，"杀死"献身者之后，如何检验祖先在男孩身上的再生结果呢？阿拉巴拉部落的例子对说明这一点是有利的。在部落中的成年仪式中，割礼的伤口没好的献身者要一直待在森林里。过了一段时间之后，人们就会告诉献身者他自己已经不是男孩而是男子汉了。赞比亚北部的恩登布人，男孩在行割礼前要被安置在林中，等割礼伤口愈合后才返回村子。此时，他再生成功了，全身涂上白色黏土，表示他是新生的人。③ 考撒部落受割礼的人也是在割伤愈合后宣布他成为部落的勇士和男子汉。④ 从这些例子来看，似乎割礼的伤口愈合后再生才能成功。前

---

① ［苏］C. A. 托卡列夫等：《澳大利亚和大洋洲各族人民》，李毅夫等译，生活·读书·新知三联书店1980年版，第236页。

② ［法］E. 涂尔干：《宗教生活的初级形式》，林宗锦等译，中央民族大学出版社1999年版，第346—347页。

③ ［美］马文·哈里斯：《文化人类学》，李培茱等译，东方出版社1988年版，第325—328页。

④ 徐腾：《人生的逆袭：逆境英雄曼德拉传奇》，中国言实出版社2013年版，第11页。

文提到图腾圣物的功能时，提到了它的神奇力量，它不仅能够治愈伤口，而且还对割礼的伤口特别有效。这反映出原始人们可能是通过割礼的愈合与否来检验祖先再生的结果的。

这里还有一个疑问需要澄清。既然我们推测毁伤仪式是为了"杀死"献身者以便更好地实现祖先在其身上的再生，那么，这类仪式不是应该在圣物呈现仪式之前就进行吗？确实，在我们所举的大多数部落中都是这样的。但在维拉久里部落中，毁伤仪式是在圣物呈现仪式之后进行的。也确实，按现代人的思维，只有先死才能后生。但是原始人们可能并不这么认为。既然原始人们认为成年的生命是祖先再生的结果，那么，人就是可以同时存在两个生命。这样的话，早一点还是晚一点"杀死"献身者的不成熟的生命就变得不那么重要，重要的是真正"杀死"它，以确保祖先在献身者身上再生成功。

（四）戏剧的内涵

在成年礼中，还有一类重要的仪式是必须讨论的。托卡列夫提到：几乎所有的部落都在举行少年成年礼时举行表演图腾神话的仪式。为了促使少年深信神圣的图腾传说的真实性，在献身者面前表演真正的戏剧、哑剧，它们的意义则由长老们予以解释。①

这类图腾神话戏剧表演可分为两类：一类是献身者观看的，另一类是献身者参与其中的。弗雷泽指出：在每次的接纳仪式中，年轻人有资格观看一部分关于部落祖先的传说的戏剧表演。直到他经过了最后的接纳仪式程序，他才能自由地观看或参加这一系列的传说表演或公开的历史戏剧表演。②

第一类图腾戏剧是演给献身者观看的，这类仪式我们有机会再予以讨论。此处只讨论第二类戏剧表演，即由献身者自己参与的表演。因为这类戏剧与成年仪式的联系更为紧密。

据斯宾塞和纪伦，澳大利亚阿兰达部落袋鼠图腾的图腾神话戏剧是

---

① [苏] C. A. 托卡列夫等：《澳大利亚和大洋洲各族人民》，李毅夫等译，生活·读书·新知三联书店1980年版，第287页。
② [英] 詹·乔·弗雷泽：《永生的信仰和对死者的崇拜》，李新萍等译，中国文联出版公司1992年版，第85页。

这样表演的：献身者男孩乌尔加坐下观看，他看到在他前面侧身躺着一个化了妆的人，这个人是一只"野狗"。在仪式场地另一边，一个化了妆的人叉开腿站着，双手都拿着桉树枝，头戴一个小瓦宁加，它是某种图腾动物的神圣标记。这个人摇着头，像在物色什么东西，并时时发出像袋鼠所叫的声音。他就在扮演袋鼠。"狗"忽然往上看到了"袋鼠"，它开始吠叫，并用四肢奔跑，穿过"袋鼠"腿间，躺在他身后，而他则转过头去看它。然后"狗"又在"袋鼠"的腿间奔跑，但这一次被捉住了，而且被重重地抖动几下。同时，"袋鼠"做出一种样子，好像把"狗"的头按在地上碰击，而"狗"则像是因痛而嗥叫。这些动作重复做几次，最后"袋鼠"好像打死了"狗"。停一些时候，"狗"又四肢着地，跑到乌尔加坐的地方，并躺在他身上，然后老"袋鼠"跑来躺在他们两个上面，这样乌尔加必须负担起两个男子的重量，历时约两分钟。当表演者起来后，乌尔加还躺着。长老们告诉他，这个表演的是阿尔切林加时期发生的事件，当时属于野狗图腾的人去攻击袋鼠图腾的人，而被后者打死了。放在袋鼠头上的东西是瓦宁加，它是一件圣物，绝不能当着妇女和儿童的面讲到它。它属于袋鼠的图腾，而实质上就是袋鼠的代表者。当这些都对献身者说明之后，便把他带回到他用树枝搭成的棚子里去，而男子们继续间断地唱着歌，唱个通宵。[①]

如何解释这类戏剧呢？托卡列夫认为，这类仪式是追求着一种认识和教育的目的。[②] 这是值得商榷的。笔者认为，这个仪式的关键内容是："狗"和"袋鼠"跑到献身者乌尔加坐的地方并躺在他的身上，历时约两分钟，当"狗"和"袋鼠"爬起来时，乌尔加还躺在地上。这些行为代表什么呢？弗雷泽的说法给了我们启示，他在解释成年礼时指出：成年礼的常见做法是假装杀死孩子或使孩子昏迷不醒，原始把昏迷不醒视同死亡。孩子极端昏厥后苏醒过来，可以说是身体机体的逐渐恢复，然而原始人则解释为这是从孩子的图腾身上输入了新的生命。所以

[①] [苏] C. A. 托卡列夫等：《澳大利亚和大洋洲各族人民》，李毅夫等译，生活·读书·新知三联书店 1980 年版，第 287—288 页。

[②] [苏] C. A. 托卡列夫等：《澳大利亚和大洋洲各族人民》，李毅夫等译，生活·读书·新知三联书店 1980 年版，第 288 页。

这些成年礼的本质，就其假装死亡与复活的现象来看，可以说是人与其图腾交换生命的礼仪。①顺着弗雷泽对这类成年礼的理解，可以推测："狗"和"袋鼠"持续躺在乌尔加身上约两分钟，甚至二者起来后，乌尔加还持续躺着。这个比较长的过程，只是为了将"狗"与"袋鼠"的性能贯注到乌尔加身上。这样，献身者也就成了图腾祖先的再生形式。这样的例子是很多的，但笔者不得不借用澳大利亚以外的例子来加以说明。努特卡·桑德的印第安人的王在拔枪假装杀死王子后，由披着狼皮戴着狼头面具的人背着王子走向远处，王子得以复生为狼。英属哥伦比亚的尼斯卡印第安人各氏族经受成年礼的青年，总是由人扮演的各氏族的图腾动物背送回来，表明献身者复生为图腾动物。②在这些例子中，献身者总由图腾动物背送回来而复活，那可以猜测这个"背"字是富有深意的，它代表的可能是性能的贯注。与"背"字一样，"躺"也是代表大面积接触的词。那么，在原始人看来，"躺"也可能代表性能和生命的贯注。

那么，仪式前面"狗"与"袋鼠"的反复斗争又代表什么呢？那可能代表了他们都具有战斗的勇气，而这种勇气正是献身者所需要的。从整个戏剧的结构来看，仪式前面的战斗部分只是为了给后面的再生部分作铺垫的。还有一个问题必须解释，在戏剧中，"狗"是"袋鼠"的敌人，身为袋鼠图腾的青年为何要贯注自己的敌人"狗"的性能呢？或许大家还记得，我们在前文讲到图腾圣物的内在本质时，举了很多族群吃食勇敢的敌人的器官以获取勇气的例子，此处应该与之有着同样的意义。

在这里，有一点是值得特别注意的。我们看到，从再生形式上讲，除男性英雄祖先通过图腾圣物在献身者身上实现再生之外，图腾物体也可以实现在献身者身上的再生，只是二者的实现方式不同。这又说明了图腾和图腾圣物是具有一致性的。我们讲道，图腾具有男性英雄本位特征，原始人是视图腾为男性英雄的。鉴于图腾与男性英雄的密切联系，

---

① ［英］弗雷泽：《金枝》，徐育新等译，新世界出版社2006年版，第644页。
② ［英］弗雷泽：《金枝》，徐育新等译，新世界出版社2006年版，第649—650页。

我们猜测：和图腾圣物再生一样，图腾再生在本质上也可能是男性英雄的再生，二者只是在形式上存在差别。当然，我们目前还不知道图腾是如何起源的，所以这个还只是一种猜测。当我们明白了图腾的起源之后，这个问题自然就会有答案了。

（五）文身的意义

还有一类仪式在成年礼中具有普遍性，尽管它们的内容不完全相同，但从表现形式看，似乎可以把它们归入同一类型。例如阿拉巴纳部落的割条纹仪式，阿兰达部落的咬头皮仪式。这类仪式的意义和目的何在呢？我们具体来看。

在阿拉巴纳部落的成年礼中，献身者会被在背上割破四条到八九条不等的条纹，这些条纹是会终身留着伤疤的。要弄明白这些条纹的意义，必须先把这些条纹的具体形状搞清楚。托卡列夫在别处对此有所描述：这些条纹更多的是表明成年礼的通过，通常是横贯胸部的水平的平行线或分布在身上各处的短线。① 涂尔干对此有更具体和详细的介绍："对乌拉本纳人来说，新入社者要在某一指定的时刻脸贴着地面躺在地上，所有在场的成年男子要使劲地打他；然后，在他的脊柱两侧划 4—8 个刀口，在颈背中线上划一个刀口。"根据豪维特的记叙，在迪埃里人那里有类似的做法。② 除此之外，人们还把类似的图案刻在飞来去器和各种日常用品上，有些物件上的颜色是白色的。③ 可见。这类图案在澳大利亚土著的心中具有十分重要的意义。

这类条纹的意义何在？根据以上各位学者对这些条纹的描述，我们发现，由这些条纹组成的图案大约就是一个"丰"字的形状。比如乌拉本纳人在献身者的背脊两侧划 4—8 个刀口，在颈背中线划一个刀口。这个图案与人体的脊柱加肋骨组成的图案比较相似，这可能就是图腾圣

---

① ［苏］C. A. 托卡列夫等：《澳大利亚和大洋洲各族人民》，李毅夫等译，生活·读书·新知三联书店 1980 年版，第 345 页。

② ［法］E. 涂尔干：《宗教生活的初级形式》，林宗锦等译，中央民族大学出版社 1999 年版，第 345 页。

③ ［苏］C. A. 托卡列夫等：《澳大利亚和大洋洲各族人民》，李毅夫等译，生活·读书·新知三联书店 1980 年版，第 346 页。

物努尔通札和瓦宁加的形状。所以,可以推测:人们在献身者背上割上条纹,就是为了让祖先的性能依附在献身者身上。换句话说,就是为了实现祖先在献身者身上的再生。刻画在飞来去器和日常用品上的条纹,有一些是白色的,这可能是人体骨头的颜色。将这些条纹刻画在上面的用意,应该是为了使武器和用品依附上祖先的性能,从而增强武器和用具的性能。

另外,在阿兰达部落中,会进行咬头皮仪式,几个男子会轮流咬献身者的头。在瓦拉蒙加人那里,这种行动应该由具有秀发的人来执行。[①] 这类仪式的目的是什么呢?涂尔干说:这种行动是为了头发的生长。[②] 可以推测:它的目的与在献身者背上割上条纹的目的是一样的。我们注意到,在阿兰达部落,咬头皮的仪式是由男子执行的。根据成年仪式对妇女和未献身者的隔离性,这些男子应该是已经通过成年仪式的。那么,男子身上就具有来自祖先的无上的精神、品质和力量。男子通过咬献身者的头皮,就实现了把这种性能传递给献身者的目的。瓦拉蒙加人由具有秀发的人来执行咬头皮仪式,笔者猜测他们可能认为具有秀发的人身上的来自祖先的性能更强烈些,由他执行仪式会更多地把性能传递到献身者身上。我们在前文讨论图腾圣物的功能讲道,图腾圣物具有使胡子长长的能力。同理,它也应该具有使头发长长的能力。那么,在有些原始人看来,秀发可能具有检验再生成效的功用。

(六)篝火仪式

最后,我们来简单讨论一下篝火仪式。在有些部落的成年礼的最后阶段,存在篝火仪式。比如,在阿拉巴纳部落的成年礼的最后,献身者要跪在盖了青树枝的篝火堆上;在阿兰达部落成年礼的最后,献身者要持续躺在滚烫的篝火堆上的烟中四五分钟。这类仪式的目的何在呢?

弗雷泽对火的含义有比较全面的研究,他指出,火具有两种象征意义。第一,火象征太阳,具有促进增殖的效力。第二,火是清洗性的手

---

① [法] E. 涂尔干:《宗教生活的初级形式》,林宗锦等译,中央民族大学出版社1999年版,第345页。
② [法] E. 涂尔干:《宗教生活的初级形式》,林宗锦等译,中央民族大学出版社1999年版,第345页。

段，它通过烧毁或消除可以导致疾病和死亡、威胁一切生物的物质的或精神的有害因素，而净化人畜与作物，他举了很多例子来说明这一点。① 感兴趣的读者可以看看。那么，火在这里到底具有什么样的意义呢？在我们没有深入讨论火的本质之前（后文会讨论），不能妄加揣测。但这应该不影响我们对成年礼的本质所做的判断。一是从篝火仪式在成年仪式中所处的阶段来看，它一般是处于最后阶段的，它应该不对成年礼的本质起决定作用；二是从火的含义来看，它要么能促进增殖，要么具有净化作用。如果火在成年仪式中是促进增殖的含义。那么，篝火仪式可以理解为是了进一步促进祖先性能在献身者身上的贯注而设计的。如果火在这里是净化的含义，那么篝火仪式则可以理解为是为了进一步对献身者进行净化而设计的，净化献身者也是为了更好地实现祖先性能在献身者身上的贯注。

　　至此，我们已经对澳大利亚成年礼的共同特点提出了自己解释。对澳大利亚成年礼的整个过程，笔者的理解是：在成年礼的开始阶段的一类仪式，比如隔离、斋戒、亲近老人等，目的是对献身进行净化，以便不破坏圣物的性能；在圣物呈现仪式之前（少数在后面）的一类仪式，比如割包皮、拔除牙齿、拔掉胡子等，目的是将献身者的"原我""杀死"，以便嫁接祖先的性能或生命；圣物呈现仪式，是为了将祖先的性能转移到献身者身上，或者说是为了实现祖先在献身者身上的再生；圣物呈现仪式之后的仪式和戏剧，比如烟熏和图腾戏剧表演等，则要么是为了对献身者进行再次净化，要么是为了使祖先性能再次依附在献身者身上，以便使来自祖先的性能或生命得到巩固和生长。

　　所以，笔者认为，从成年礼的这一系列环节来看，它们确实是围绕"祖先再生"这个中心去展开的。"祖先再生"是成年礼的核心，而图腾圣物又是核心的核心。因此，成年仪式应该不是教育性的，仪式中的各种"考验"也应该不是真正的考验。它也应该不是认图腾为亲属的仪式。成年仪式的本质应该是男性英雄祖先的再生仪式，因为图腾圣物是男性英雄祖先再生尸骨的象征。从根源上讲，男性英雄的再生是通过

---

① ［英］弗雷泽：《金枝》，徐育新等译，新世界出版社2006年版，第600—605页。

一具再生尸骨来实现的，没有这具尸骨则无法实现再生，因为男性英雄祖先的灵是依附在尸骨上的。所以，我们推测：成年礼是起源于尸骨再生信仰的，是诞生于旧石器时代晚期的。

澳大利亚的成年礼，反映出原始人们对青年成长过程所持的观念。在现代人看来，青年成年后，在身体上和精神上变得成熟，与成年前的幼稚迥然不同，这是青年自然成长和心理发展的结果。但是在澳大利亚土著看来，青年在成年前和成年后是两个不同的生命。他们认为成年后的青年之所以是成熟的，是因为祖先在其身上再生的结果。澳大利亚土著的成年仪式体现的是男性英雄祖先尸骨再生信仰。如果说岩画和神话等艺术形式记录了尸骨再生信仰，那么，成年仪式则记录了男性英雄祖先尸骨再生信仰。

另外，有一点需要说明一下，澳大利亚土著也为女子举行成年仪式，但其仪式简单得多，这方面的研究成果和记载都很少。[①] 所以，对女性的成年仪式的内涵，我们没有办法做出判断。据理，女性的成年仪式也应该多少具有男性成年仪式的意味，但根据女性在图腾圣物崇拜中被隔离出去这一点来说，女性在原始人的宗教生活中基本上是无足轻重的。关于这个问题，我们在后文中还会再度提及。

三 男性英雄祖先尸骨再生信仰时代

以上我们主要讨论了澳大利亚土著的成年仪式，也部分涉及了印第安人的成年仪式。我们知道，成年仪式是具有世界普遍性的。按理来说，应该所有的成年仪式都具有同样的起源，不然成年仪式的普遍性不太能让人理解。前文已述，尸骨再生信仰是具有普遍性的。X 射线风格的岩画遍布世界各地，再生神话在各大洲流传，这些都是很好的例证。从尸骨再生信仰的普遍性和影响的深刻性来看，这种信仰具有世界范围的共时性和历时性。应该说，在远古时期，存在过这样一个时代，可以把它叫作尸骨再生信仰时代。那时人们普遍认为人和动物能够从一具尸

---

① [苏] C. A. 托卡列夫等：《澳大利亚和大洋洲各族人民》，李毅夫等译，生活·读书·新知三联书店 1980 年版，第 237 页。

骨而实现各自的再生。但是，在成年仪式中，我们看到的是男性英雄祖先尸骨再生信仰，这种信仰也应该是具有世界普遍性的。并且，这种信仰有其自身的特征，它不是男性英雄祖先自由地、独立地再生，而是族群让一个或多个男性英雄祖先通过成年仪式在整个族群的成年人身上实现再生。澳大利亚很多部落把氏族的起源归之于两个甚至一个祖先。[①]这样看来，即使是男性英雄祖先，也不是个个都能实现在族群成员身上的再生的。

那么，我们要问？难道人类的再生是可以选择的吗？为什么不让女性再生呢？其实这也好理解，既然澳大利亚人认为丘林噶上居住着祖先的灵魂，那么，选择了哪一个人的丘林噶，就选择了哪一个人的灵魂。而要想让这个人的灵魂实现再生，原始人认为只需要完成成年仪式所规定的一套完整的礼仪，就可以把他的灵魂嫁接在任何献身者身上而实现再生。从这点来讲，原始人们确实可以随心所欲地实现任何人在族群成员身上的再生。那什么人能够被选择在族群成员身上实现再生呢？他们选择的标准，应该是族群的利益。凡是能够让族群变得更强大的灵魂，就让他再生；否则就不让他再生。有些男性英雄本身既具有无上的品质和精神，又具有强大的力量，所以要让他再生以让族群的成员变得高尚、勇武和强大。这是我们所看到的丘林噶都具有无上的精神、品质和力量的原因。那为什么不让妇女再生呢？因为尽管妇女的尸骨确实也具有再生力，但妇女是软弱的，如果让她的灵魂嫁接到族群成员身上，将会削弱族群的力量，那对族群来说不外乎是一场灾难。

现在我们来简单做一个总结，同时理一下思路。本章我们指出了成年礼的本质是男性英雄祖先的再生礼仪，整个成年礼是为了实现男性英雄在献身者身上的再生而设计的。仪式中的再生方式有两种方式，一是通过图腾圣物实现再生（这是主要的），二是通过图腾实现再生。这又说明了图腾与图腾圣物的一致性。其实，通过前几章的论述，我们发现图腾和图腾圣物的一致性还体现在以下几个方面：二者都和族群的男性

[①] [法]爱弥尔·涂尔干：《宗教生活的基本形式》，渠敬东等译，商务印书馆2011年版，第339页。

英雄相关；在二者的信仰中都存在对妇女和未献身者的隔离。这都说明了图腾与图腾圣物确实是高度一致的。那么，它们间到底是什么关系呢？它们间到底是如何联系在一起的呢？这是下一节要解决的问题。

第三节 图腾——男性英雄祖先再生尸骨的派生

现在，可以来研究图腾崇拜的起源了。这是图腾崇拜最为核心的问题，也是最复杂难解的问题。这个问题的答案直接决定着对图腾崇拜诸多方面的理解。国内外很多知名的学者都研究过这个问题，提出的理论多达几十种。海通、托卡列夫和何星亮先生在其著作中都对这些理论有所介绍，此处不再赘述。要研究图腾崇拜的起源，就必须首先研究图腾的本质。

一 图腾的本质

为了研究图腾的本质，就需要研究与图腾有关的主要信仰。因为之前讨论图腾圣物的时候我们基本上没有离开澳大利亚，而图腾信仰又与图腾圣物崇拜密切相关，所以，讨论图腾时我们仍然主要立足于澳大利亚来进行。那么，关于图腾的信仰主要有哪些呢？

图腾称谓 在第一章时，我们讲到，图腾信仰是具有男性英雄本位特征的。最初，图腾群体是视图腾为群体中年纪较长的男性的。这反映在他们对图腾的称谓上，比如，称图腾为祖父、父亲、哥哥、兄弟。如果进一步分析，我们会发现这些称谓其实隐含着更深刻的含义。它们包含有两类亲属关系：一种祖源性亲属关系，比如祖父和父亲称谓；另一种是非祖源性亲属关系，比如哥哥和兄弟称谓。

图腾禁忌 图腾群体把图腾视为圣洁之物，采取了一系列的措施把它隔离开来。就我们已经见到的，主要是在图腾仪式中把妇女和未献身者隔离开来，只有成年男子才能主持和参加图腾仪式。如果妇女旁观或者偷看，就认为是亵渎神灵，会受到鞭打等处分。另外，人们还禁止杀食图腾等。比如弗雷泽指出：图腾保护人们，而人们则以各种不同的方式来表示对它的爱戴。如果它是一种动物，那么，即禁止杀害它；如果它是一种植物，那么禁止砍伐或收集它。①

图腾圣餐　图腾圣餐是一种图腾仪式的一部分，是指在举行一年一度的仪式的时候，图腾群体成员分享图腾食物。这种仪式上的图腾食物被认为是必须吃的，但只能吃少许，如果不吃或许吃多了，都会丧失对图腾的权力。②原始人们为什么要吃食图腾呢？何星亮先生认为：在原始人看来，用图腾的血和肉做成圣餐，可巩固群体和图腾的关系，并可重新获得图腾的威力。③王勇先生认为：原始部族的人之所以吃图腾动物，最主要的原因就是他们认为吃了图腾动物以后，其所具有的智慧和力量就能转移到自己身上来。④

图腾功能　图腾是部族和个人的保护神。罗思指出：在杜利河边，一个土人临睡前和早上起床后，要以或大或小的声音念他以之为自己命名的动物的名字。目的是使他在狩猎中更灵巧和幸运，或者预防他可能从那种动物那里遭到的危险。比如，一个以一种蛇类为图腾的人，如果他经常做这种祈祷，他就可以不被咬伤。⑤史米斯指出：在上达令，土著把图腾物体刻在盾牌上；泰普林等学者指出：图腾物体会在狩猎中指导人们出击，在出现危险时发生警告；霍维特指出：就动物而言，图腾物体不仅要对人进行保护并担当它的庇护者，还要通知它可能出现的危险以及躲避危险的方式。⑥倍松指出：澳洲土著有个人图腾，是说每人都和某种兽类发生联系，此人遵守禁忌，此兽类即为此人的保护者。⑦新南威尔斯的部落便相信各人的图腾都会警告族人离凶就吉。那里的袋鼠族当敌人临近之时，他们的图腾——袋鼠便发出警告，叫他们准备迎

---

①　[奥]弗洛伊德：《图腾与禁忌》，文良文化译，中央编译出版社2005年版，第113页。
②　[苏] C. A. 托卡列夫等：《澳大利亚和大洋洲各族人民》，李毅夫等译，生活·读书·新知三联书店1980年版，第284页。
③　何星亮：《图腾文化与人类诸文化的起源》，中国文联出版公司1991年版，第237页。
④　王勇等：《中国世界图腾文化》，时事出版社2007年版，第39页。
⑤　[法] E. 涂尔干：《宗教生活的初级形式》，林宗锦等译，中央民族大学出版社1999年版，第148页。
⑥　[法]爱弥尔·涂尔干：《宗教生活的基本形式》，渠敬东等译，商务印书馆2011年版，第150、185、218页。
⑦　[法]倍松：《图腾主义》，胡愈之译，上海文艺出版社1990年版，第26页。

敌，免为敌人所乘。①

图腾再生 图腾具有再生能力。在上一章我们讲到，在成年仪式上，图腾物体也能够在献身者身上实现再生。弗雷泽说成年礼有使孩子的灵魂转入其图腾的意味，是用动物的生命换成孩子的生命。另外，海通指出："图腾祖先投胎转生为图腾群体的成员的信仰在澳大利亚相当普遍地存在着。"②澳大利亚人相信，妇女有时看到一闪即逝的袋鼠就能怀孕，并把这只袋鼠看作是真正的图腾祖先的化身。③

以上是与图腾有关的主要信仰。我们发现，这些信仰和图腾圣物崇拜非常相似。之前我们曾简单提及过这些相似之处，现在不妨将二者做一番全面的比较，看看它们的相同之处有哪些，又是在何种程度上相似。

第一，祖源性。我们知道，图腾圣物其实是男性英雄再生祖先尸骨的象征，在澳大利亚土著看来，图腾圣物与男性英雄祖先是无异的；而图腾呢？也具有男性英雄本位特征。并且，在对图腾的称谓中，就有祖源性称谓，比如图腾群体称呼图腾物为祖父和父亲。显然，图腾群体也是把图腾物当作祖先看待的。这就说明，图腾圣物和图腾都具有祖源性。

第二，禁忌性。在图腾圣物崇拜中，我们发现了对妇女和未献身者的禁忌，图腾圣物崇拜的主体是成年男子；而在图腾信仰中，我们同样发现了对妇女和未献身者的禁忌，图腾崇拜的主体也是成年男子。这就说明，图腾圣物和图腾的禁忌是几乎相同的。

第三，功能性。图腾圣物上面具有无上的精神、品质和力量，它是氏族精神力量的蓄库。图腾圣物也是氏族的保护神，它能够增强本图腾群体成员的勇气和削弱敌人的力量；它能确保狩猎成功；它能确保百分之百击中目标。而图腾呢？图腾具有强大的力量，人们通过图腾圣餐获得这种力量；图腾也是族群的保护神，它能够在狩猎中指导人们出击，它能够预警危险。这说明图腾圣物和图腾在功能性上具有一致性。

第四，再生性。图腾圣物是男性英雄祖先再生尸骨的象征，它具有

---

① 王进：《中国西南少数民族图腾研究》，上海三联书店2016年版，第57页。
② [苏] Д. Е. 海通：《图腾崇拜》，何星亮译，上海文艺出版社1993年版，第56页。
③ [苏] Д. Е. 海通：《图腾崇拜》，何星亮译，上海文艺出版社1993年版，第59页。

再生能力，族群成员是它的再生。而图腾呢？同样具有再生能力。在成年仪式中，图腾动物能够实现在献身者身上的再生；在一些部族的信仰中，图腾祖先能够投胎转生为图腾群体成员。这说明图腾圣物和图腾都具有再生力。

通过以上四个方面的比较，我们发现，图腾与图腾圣物具有一致性，并且是高度的一致性。这种高度的一致性让我们不得不做出这样的推测：图腾与图腾圣物具有同样的本质，与图腾圣物一样，图腾应该在本质上也代表着一种无上的精神、品质和力量。那么，这种性能从何而来呢？

二　图腾崇拜的起源

我们看到，图腾与图腾圣物具有高度一致性。那么，它们的一致性是如何产生的呢？这就涉及二者的关系。这种高度的一致性对二者的关系做出了规定，它们之间必然是如下关系中的一种：第一，图腾产生图腾圣物，图腾圣物是图腾的派生；第二，图腾圣物产生图腾，图腾是图腾圣物的派生；第三，图腾圣物和图腾互不相干，它们都是第三方因素的派生。那么，它们到底是哪一种关系呢？这就要求我们必须继续深挖和比较图腾圣物崇拜和图腾信仰。

（一）图腾圣物不是图腾的派生

图腾圣物与图腾的关系，我们在第二章时已经论证过。当时我们指出：图腾圣物不是图腾的象征物，因为图腾圣物上面的神圣性能不是来自图腾而是来自人的。其实，还有一些现象和材料也能支撑这个结论。鉴于这些现象和材料的重要性，不妨挖掘出来以强化这个论证。

我们看到，对图腾圣物和图腾都存在禁忌，并且对二者的禁忌几乎是相同的。那么，我们可以通过比较对二者的禁忌性的强弱来推测二者的关系。如果对谁的禁忌越严格，就说明谁的神圣性越强。因为禁忌的目的在于保护圣性，圣性越强的物体就越应该受到严格的保护。如果一个物体的圣性较弱，保护的意义也就不大了。那我们就来比较一下对图腾圣物和图腾的禁忌，看到底谁强谁弱。

首先来看对图腾圣物的禁忌。对图腾圣物，妇女和未献身者是禁止观看的，妇女看见将被杀死或被弄瞎眼睛。丘林噶保存在极其隐秘的地方，甚至除了老年妇女外其他妇女都不知道这种东西的存在。保存丘林噶的珍藏室的隔壁都是野兽和杀人犯的避难所，圣地范围内的植物也是禁止摘取或砍伐的。

其次来看对图腾的禁忌。对图腾确实也存在严格的禁忌，但这种禁忌相较对图腾圣物的禁忌要弱一些。倍松提到："食物的禁忌，在澳洲部落人民中间，有许多种的不同。例如，'水的部落'就不准随便饮水。如饮水时必须由属于别一佛赖德里的人代为汲取。"[①] "阿龙泰和罗里柴人中间有以月为图腾的，就禁止瞧看月亮过久，不然此人必死于敌人之手。"[②] 我们看到，尽管水的部落不能接触水，而却可以通过第三者而接触；尽管月亮氏族也确实不能随意视看月亮，但也只是不能看得过久。更有甚者，在某些情况下，图腾动物也是可以杀食的。例如在达令河流域，杀害图腾是不应该的，但如果别的人杀害了它，则可以吃它的肉。[③] 在阿兰达部落及其近亲部落中，不完全禁止吃图腾的肉，可以有限量地食用。瓦拉孟加部落的澳大利亚人，在一定的情况下毫不迟疑地杀死自己的图腾动物。[④]

通过对图腾圣物和图腾的禁忌的比较，我们发现对图腾圣物的禁忌更强一些。这就说明，图腾圣物的神圣性比图腾的神圣性更强一些。别的一些材料也指向了这一点。比如，涂尔干指出：在祭礼的礼仪中，是丘林噶和努尔通札处于首位，而图腾动物只在极例外的情况下才在这种场合出现。[⑤] 这也说明图腾圣物的神圣性比图腾的神圣性更强一些。因为澳大利亚的成年仪式需要将神圣性传递到群体成员身上，它对神圣性的要求是最高的。这就说明：图腾圣物不是图腾的派生，因为派生物的

---

① [法] 倍松：《图腾主义》，胡愈之译，上海文艺出版社1990年版，第19页。
② [法] 倍松：《图腾主义》，胡愈之译，上海文艺出版社1990年版，第20页。
③ [苏] C. A. 托卡列夫等：《澳大利亚和大洋洲各族人民》，李毅夫等译，生活·读书·新知三联书店1980年版，第274—275页。
④ [苏] C. A. 托卡列夫等：《澳大利亚和大洋洲各族人民》，李毅夫等译，生活·读书·新知三联书店1980年版，第275页。
⑤ [法] E. 涂尔干：《宗教生活的初级形式》，林宗锦等译，中央民族大学出版社1999年版，第141页。

神圣性按理是要比被派生物的神圣性更强的。这也同时说明，图腾有可能是图腾圣物的派生物。

（二）图腾圣物和图腾不是第三方因素的派生

前文，我们指出了图腾圣物不是图腾的派生物，这就否定了两者间三种关系的第一种关系。那么，是不是存在一个第三方因素，派生出了图腾圣物和图腾呢？

如果真的存在一个第三方因素派生了图腾圣物和图腾，那么，它肯定既派生了图腾圣物又派生了图腾。而图腾圣物的本质是男性英雄祖先的再生尸骨，那也就是说，这个第三方因素既派生了男性英雄祖先的再生尸骨又派生了图腾。如果这个假设是成立的，那么，这个第三方因素是如何派生男性英雄祖先的再生尸骨的呢？我们已经指出，在原始思维下，澳大利亚土著是把男性英雄祖先的再生尸骨和这具尸骨所代表的人混同为一的。他们认为，男性英雄祖先再生尸骨的神圣性能就是来自祖先本人的。那么，这个问题又可以换成：这个第三方因素是如何派生出男性英雄祖先的呢？

族群的男性英雄祖先的神圣性能由一个第三方因素派生而出？那这个第三方因素应该是一个什么样的因素？从内容上来说，它必须具有所有族群的男性英雄祖先的神圣性能。否则，族群的男性英雄祖先又如何会由它派生而具有它的神圣性能呢？这样的第三方因素是不可想象的，笔者无法确认它到底是什么。那就意味着不存在这个第三方因素。

另外，我们还可以从逻辑上来推导一下这个第三方因素。我们假设存在这样的一个第三方因素，它既派生出图腾圣物，又派生出图腾。因图腾圣物的神圣性是来自男性英雄祖先的，而图腾是包罗万象的物。那就等于说，这个第三方因素既派生出男性英雄祖先，又派生出物。那么，这个第三方因素的来源就只有两个：一是男性非英雄祖先；二是女性。男性非英雄祖先不可能派生出男性英雄祖先的神圣性能，而妇女是图腾圣物崇拜中被隔离的对象，也不可能派生出男性英雄祖先的神圣性能。这也说明，不存在第三方因素。

（三）图腾是男性英雄祖先再生尸骨的派生

至此，我们已经否定了图腾圣物与图腾间的第一种、第三种关系。

那么，就只剩一种关系了，那就是：图腾是男性英雄祖先再生尸骨的派生。这样的话，我们可以试着去寻找男性英雄祖先再生尸骨与图腾间的派生与被派生的关系的证据材料。当然，我们已经指出，原始人们是将尸骨代表的人与尸骨混同为一的。那么，我们同样可以去试着寻找男性英雄与图腾间的这种派生与被派生的关系的证据材料。确实，我们发现了双方的这种关系的证据材料。

首先来看男性英雄与图腾间的关系。

在澳大利亚尤因部落，"图腾被认为是人的某个部分"，并且是在其胸腔里的。① 克莱曼丹人—美拉瑙人认为：他们的图腾鳄鱼是他们群中一个男子的化身。哈萨克古老部落基马克部相信部落祖先出生于一座名叫约克的山，视为"母亲山"，哈萨克人"相信山是英雄祖先的躯体"。② 人出于山，山在这里具有图腾的意义。羌族人崇拜白石，见白石如见父母，白石具有图腾意味。③ 据羌族的多个传说，英雄放羊小伙为了救护寨人而变成了一块白石；④ 男性英雄勒夏因与魔鬼搏斗力竭而死，死后也变成了一块白石。⑤ 在这里，第一个例子显示出图腾是由人派生出来的；第二个例子显示出图腾是由男子派生而出的；第三个例子显示出图腾是由英雄祖先的身体派生出来的（英雄祖先多是男性）。第四个例子显示出图腾是由男性英雄派生出来的。从这几个例子来看，男性英雄与图腾之间存在派生与被派生的关系。

其次来看男性英雄再生尸骨与图腾间的关系。

澳大利亚南部和东南部诸部落有时称图腾为"我们的骨肉"。我国莫尔格河的鄂温克人，把图腾叫"嘎勒布勒"，即"根骨"之意。⑥ 虎

---

① [法]爱弥尔·涂尔干：《宗教生活的基本形式》，渠敬东等译，商务印书馆2011年版，第349页。
② 李德洙等：《中国民族百科全书》14，哈萨克族、柯尔克孜族、塔吉克族、塔塔尔族卷，世界图书出版西安有限公司2015年版，第194页。
③ 李建中：《羌族的白石神话与白石信仰》，《神话研究集刊》2019年第1期。
④ 焦虎三等：《祖灵声纹：羌族口头艺术的叙事、表演与文本》，西南交通大学出版社2018年版，第297页。
⑤ 焦虎三等：《祖灵声纹：羌族口头艺术的叙事、表演与文本》，西南交通大学出版社2018年版，第298—299页。
⑥ 《鄂温克族简史》编写组：《鄂温克族简史》，内蒙古人民出版社1983年版，第97页。

是我国纳西族的图腾，过去，纳西族的统治者以虎为"根骨"。① 瑶族的祖先是一只神犬，该族文书《盘王券牒》载："评皇券牒，其来远矣。瑶人根骨，即系龙犬出身。"② 在侗族地区，有一些家族认为其祖先与牛同源，属于"笨腊国、腊秀想、南荡门"，即"牛的根骨"；③侗族有的家族以蛇为自己的祖先，被认为是"腊笨随"，意为"蛇种"，即"蛇的根骨"。④ 凉山彝州德昌县欣东拉打村阿姆金古家（氏族）自古以来认为是老虎的后代，谚语说"阿达提莫乌都茨其"，意为虎的骨头和虎血统。又说："我骨是虎造，我血是虎造。"⑤ 在满族创世神话《天宫大战》中，虎、豹、熊、鹿、蟒、蛇、狼、野猪、蜥蜴、鹰、江海牛鱼和百虫，都被认为是生息在创世神"巴那姆赫赫"身上的魂骨，用这些魂骨编织战裙，具有无敌神威。⑥

以上这些族群都视图腾为骨，那么，这个骨到底是指谁的骨？是人类的骨还是动物的骨？初一看，这里的骨应该是指的动物的骨。但是笔者认为，这是指的人的骨。理由如下。

第一，人骨与图腾存在联系。比如，有的族群视图腾为祖先的骨的象征。竹是彝族的图腾，他们用竹、葫芦、黑梨木、马樱花木等做祖先的灵牌。其送灵诗《指路经》说："野草做神佛，樱花做手足，山竹做骨骼。"学者巴莫曲布嫫指出：竹、葫芦和黑梨木等都存在图腾背景，"在彝人心目中都是祖先之'骨'的象征而加以崇拜和敬奉。"⑦ 有的族群视图腾为制造人骨的材料。孟加拉榕树受到各地的普遍崇拜，它常被当作宇宙树。斯勒语中有一神话讲到人的骨骼是用孟加拉榕树创造的。⑧ 凉山彝族认为"我骨是虎造"。这两个例子都具有图腾与人骨同一的意味，即人骨是图

---

① 曹振峰：《神虎镇邪》，社会科学文献出版社1998年版，第199页。
② 苍铭：《云南民族迁徙文化研究》，云南民族出版社1997年版，第164—165页。
③ 张国云：《贵州侗族服饰文化与工艺》，苏州大学出版社2011年版，第133页。
④ 杨筑慧：《中国侗族》，宁夏人民出版社2011年版，第276页。
⑤ 龙倮贵：《彝族图腾文化研究》，云南民族出版社2013年版，第66页。
⑥ 过伟：《中国女神》，广西教育出版社2000年版，第201页。
⑦ 巴莫曲布嫫：《鹰灵与诗魂：彝族古代经籍诗学研究》，社会科学文献出版社2000年版，第658页。
⑧ 鲁刚等：《世界神话辞典》，辽宁人民出版社1989年版，第637页。

腾，图腾是人骨。有的族群认为图腾是源出于始祖的骨的。葫芦也是彝族的图腾。滇东南彝族阿哲支系创世史诗《爱佐与爱莎》说：雾神和瘴仙生的胖儿子叫冬德红利诺，他是始祖神，"他的骨骼上，长出了葫芦……葫芦金黄色，开始把话讲"。[①] 骨骼上长出葫芦，这可能性不大。这应该是一个象征表达，意即图腾是源出于始祖的骨的。澳大利亚一些部落称图腾为"我们的骨肉"，而不说"我们是图腾的骨肉"，这也意味着，在他们看来图腾是源出于人的骨肉的。满族神话《天宫大战》中直接将各种物象视为创世神身上的骨头，这也说明了图腾是源出于人骨的。

第二，图腾应具同源性。图腾信仰具有世界普遍性，那么，世界各地的图腾应该有着同样的起源。这样，所有有关图腾起源的观念应该能够融会贯通。那么，如果各族群视图腾为骨的骨是指动物的骨，那又如何理解澳大利亚土著所认为的图腾是人的一部分的观念呢？那又如何理解克莱曼丹人—美拉瑙人所认为的图腾是群体中一个男子的化身的观念呢？又如何理解图腾出于英雄祖先的躯体的观念呢？又如何理解图腾是由男性英雄死后所变的观念呢？只有把这个骨理解为人的骨，我们所列举的所有有关图腾起源的观念才能融会贯通。因为巫术思维，所以原始人会将人与他的尸骨混合同一。这样，在原始人看来，图腾就既能起源于人，又能起源于他的尸骨。

第三，如果这里的骨是人的骨，能够解释图腾圣物崇拜和图腾信仰的一致性和差异性。我们看到，图腾圣物崇拜和图腾崇拜在祖源性、禁忌性、功能性和再生性上面都具有一致性。图腾圣物的本质是男性英雄祖先的再生尸骨，如果图腾也是这具尸骨的派生，那么，它们理应在这些方面具有一致性。并且，图腾的性能也确实是应该比图腾圣物的性能弱的。

第四，如果这里的骨是人的骨，族群的一些图腾观念能够得到很好的解释。比如，图腾祖先观念和图腾禁忌观念。

首先来看图腾祖先观念。上文所列举的多个族群都认为图腾是自己的祖先，同时也把图腾视为骨。这就说明族群持有这样的观念：图腾既

[①] 杨耀程：《"一带一路"视阈中滇西跨境民族文化交流与发展研究》，民族出版社 2019 年版，第 63—64 页。

是族群的祖先又是骨。澳大利亚的成年仪式能够解释这个观念，整个族群都是男性英雄祖先尸骨的再生，那么，男性英雄祖先的尸骨本身就是族群的祖先。图腾如果是这样的尸骨，自然就成了族群的祖先。那么，图腾就实现了物、骨和祖先三者的统一。

其次来看图腾禁忌观念。图腾禁忌有一个特点：男性英雄不必太遵守这种禁忌。比如，在图腾食物禁忌方面。人们认为吃食图腾动物和植物是严重的亵渎圣物的行为，但是那些宗教地位极高的老年人却可以不总是服从这种禁忌。① 此外，图腾群体首领通常也不受图腾食物禁忌的约束。② 如果图腾本来就是男性英雄祖先再生尸骨的派生，那么，图腾禁忌和图腾圣物禁忌其实是同样性质的禁忌，它们都是对男性英雄祖先神圣性能的禁忌。这样，图腾群体的首领和老年人确实没有必要遵守这种禁忌，因为他们本身就具有这种神圣性能。

第五，如果视图腾为骨的骨是指的动物的骨头，那就意味着图腾源出于动物的骨。这就意味着动物的骨应该具有图腾所具有的性能。比如，图腾具有祖源性，那么，动物的骨也要能够生出人来。目前笔者还没发现原始人中有这样的信仰。从第二章我们对尸骨再生信仰的讨论来看，尸骨再生信仰是人和动物的骨分别再生出人和动物，而不是跨界再生。这就说明，这里的骨不是指的动物的骨，而是指的人的骨。

那么，既然有些族群将图腾视为祖先的骨，也有族群认为图腾源出于始祖的骨，而将图腾视为男性英雄祖先的再生尸骨确实也能很好地解释图腾信仰。那么，我们就有充分的理由认为：图腾是男性英雄祖先再生尸骨的派生，图腾是起源于男性英雄祖先尸骨再生信仰的。那么，图腾的性质就由男性英雄祖先的尸骨的性质决定，图腾也应该具有和图腾圣物一样的实质，它在本质上也应该代表着一种来自男性英雄祖先的无上的精神、品质和力量，这种性能才是族群的真正所需和最终目的所在。那么，图腾信仰就应该具有男性英雄祖先尸骨再生信仰的基

---

① ［法］E. 涂尔干：《宗教生活的初级形式》，林宗锦等译，中央民族大学出版社1999年版，第333—334页。
② ［苏］C. A. 托卡列夫：《图腾崇拜》，何星亮译，《民族译丛》1992年第4期。

本特征。

现在，不妨来推测一下图腾产生的过程。可以认为是这样的：男性英雄再生祖先牺牲或蒙难后，人们认为其精神和力量附着在其再生尸骨上永远不灭。那么，与男性英雄祖先的再生尸骨接触或类同的物体，也会被认为依附有再生尸骨的这种精神和力量。于是，这些物体就成了图腾。所以，图腾物体与男性英雄再生祖先是同一的。

图腾为什么是因与男性英雄祖先再生尸骨接触或类同而产生的呢？因为这符合原始人的思维特点。原始人的思维主要是巫术思维，他们会把互相接触过的东西看作永远保持接触，也会认为相似的物体看成是同一个物体。换句话说，物体因与再生尸骨接触或类同而变得与再生尸骨同一，物体上也依附有来自再生尸骨的神圣性能，于是该物体就变成了图腾。

先来看接触关系。因接触某物而与某物变得同一，这对原始互渗思维的人来说是再正常不过的。前文我们所举的澳大利亚土著把尸骨与尸骨所代表的人混同为一的例子，就能说明这一点。可以再举一例加以说明。澳大利亚人认为自己有出生石和出生树，他们称为"南加树"和"南加石"。他们认为每个人和他的南加树或南加石之间存在一种明确的关系。那棵树或石头，或任何停在上面的动物或鸟禽对他来说都是神圣的，不能随便打搅。[①] 证明因接触关系而成为图腾的一个比较有力的例子是：袋鼠图腾在举行"因蒂丘马"仪式时，"他们把袋鼠的粪用一些袋鼠非常爱吃的草包起来。并由于这个原因，这种草就属于袋鼠氏族的图腾范围了"。[②] 这个例子说明了特定的草是因接触而成为图腾范围的。

因为接触关系而成为图腾的例子非常少，因为接触关系是虚无缥缈的，且具有偶然性，除非文献中有记载，否则它很容易被遗忘，它也不容易被历史传承和保留下来。

再来看类同关系。为了更好地理解原始思维下的"同类相生"原

---

① [英]詹·乔·弗雷泽：《永生的信仰和对死者的崇拜》，李新萍等译，中国文联出版公司1992年版，第65页。
② [法]E.涂尔干：《宗教生活的初级形式》，林宗锦等译，中央民族出版社1999年版，第365页。

则，我可以借弗雷泽所举的一个例子来说明。当一位奥吉布威印第安人企图加害于某人时，他就按照那仇人的模样制作一个小木偶，然后通过伤害这小木偶去伤害仇人。① 显然，在原始人看来，偶像与其原型是同一的。图腾与男性英雄祖先再生尸骨间的类同关系也是同样的，图腾不过是再生尸骨的"偶像"。那么，图腾与再生尸骨间的类同关系具体是怎样的呢？限于篇幅，无法详尽地描述。不过笔者可以先举几个例子来加以说明。上文我们谈道，竹是彝族的图腾，彝族有用竹来象征祖先的骨。那竹与祖先的骨类同在何处呢？我们来看，竹竿呈节状，而人的脊柱也是呈节状的；竹竿上长出竹枝，而人的脊柱上也"长"出肋骨。这就是竹与骨的类同之处。在原始人们心目中，竹是男性英雄祖先再生尸骨的"偶像"，它与再生尸骨是同一的。那么，竹就成了图腾。这只是其中一例，也是图腾与尸骨间的类同关系表达得较直白的一例。但图腾与尸骨间的类同关系并不总是这么直白的。比如，彝族以老虎为图腾，他们认为"我骨是虎造"。但从外形看，老虎与尸骨是比较难以找到共同点的。那么，老虎是如何成为彝族的图腾的呢？

　　这要看彝族是如何崇拜虎的。南华、楚雄一带的罗罗彝族祭祖时以绘有黑色虎头的葫芦瓢象征自己的祖先，彝族小孩也普遍戴虎头帽，老人穿虎头鞋。② 这就说明，虎头能够象征祖先，且虎头也确实在人们的心目中占有特殊的地位，那虎崇拜的"玄机"可能在虎头上。虎头有什么奥秘呢？满族将虎称作"妥勒痕"，满洲先民原始氏族以"妥勒痕"命名部落之号。氏族萨满以"妥勒痕"头上中间贯通的三条黑色横纹，作为萨满行驶着宇宙、天地、人之间沟通的崇拜形象。③ 这说明了虎头的玄机在其头上的三条横纹。那这三条横纹代表什么呢？学者白玉芳提供了一张图片（图2-3），在图片的左侧是萨满神像。这一张图片能够揭示这三条横纹的意义。笔者认为，萨满神像本质上就是一具"X射线"风格的人体画。看到了萨满神像腹部的"丰"字了吗？这个"丰"字其实是人体肋骨加

---

① ［英］弗雷泽：《金枝》，徐育新等译，新世界出版社2006年版，第17页。
② 楚雄彝族自治州彝族辞典编辑委员会：《楚雄彝族自治州彝族辞典》，云南民族出版社1998年版，第313页。
③ 白玉芳：《生命·生命》，上海社会科学院出版社2015年版，第200页。

脊柱（胸骨）的形状的简化形式，也就是澳大利亚的图腾圣物瓦宁加和努尔通札。而在图片右侧老虎的额头上，也有一个"丰"字。正是这个"丰"字，使原始人们把虎视为了祖先，并产生了对虎的崇拜。

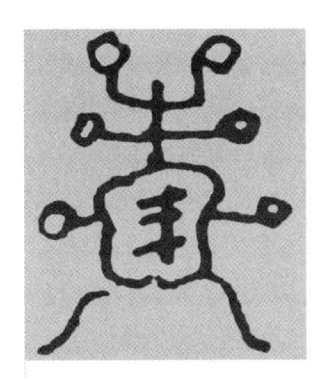

图2-3 萨满神像（富育光收集）与东北虎头上的黑纹

图片来源：图片采自白玉芳《生命·生命》，上海社会科学院出版社2015年版，第200页。

那读者可能会问，虎头上的"丰"字不等于虎，人们为什么会视虎为祖先呢？这是现代人的思维才会提出来的问题，别忘记了这是原始人的观念，我们得用原始思维去理解才行得通。依照巫术思维的特点，可以这样去解释：因为老虎身上有祖先的骨的形象，所以，虎就变得与这形象同一。于是：虎等于祖先的骨。这样，原始人们就自然会视虎为祖先的骨，也就会视虎为族群的祖先。这应该也是很多族群视图腾物体为祖先的骨的原因。

以上，我们讨论图腾物体与尸骨间的两类类同关系。一类是图腾物体的整体与尸骨类同，另一类是图腾物体的部分与尸骨类同。这已经穷尽了图腾物体与尸骨类同的所有关系，所以，笔者相信，在因类同关系产生的图腾中，所有的图腾物体应该都是在这两类关系上与尸骨类同着的。这是原始人们把图腾物体视为祖先并对其进行崇拜的原因所在。关于图腾物体与尸骨间的更多的更为复杂的类同点，在后文我们会进行详细地讨论。但是现在，我们只要知道图腾是男性英雄祖先再生尸骨所派生的和它们间是如何类同的就可以了。

在明白了图腾的起源之后，族群以图腾作为标志等的含义就能够得到解释，由于涉及的内容较多，我们将用一章内容进行解释。接下来，我们来探讨一下图腾信仰是何时产生的。

三 图腾信仰的产生时间

我们已经知道，图腾信仰是起源于男性英雄祖先尸骨再生信仰的。男性英雄祖先尸骨再生信仰属于尸骨再生信仰。根据多数学者的意见，尸骨再生信仰产生于旧石器时代晚期。那么，是不是意味着图腾信仰也产生于旧石器时代晚期呢？

笔者相信，尸骨再生信仰不是突然产生的。尸骨再生信仰的产生，说明人类已经开始思考自身的来源问题。原始人是如何思考这个问题的呢？这基本上只能靠猜测。首先，尽管每个人是由母亲而生的这点是显而易见的，但是女性并不一定会生育，有的妇女可能终身不育，有的妇女可能短时间内就生几个小孩，而有的妇女则可能要很长时间才生小孩。最初，原始人们搞不清楚这其中的道理，于是认为生育不是女人的原因。其次，族群中的后辈与先辈在外貌、性格和气质等方面的相似性，使原始人直观地觉得先辈与后辈之间存在某种联系。最后，人死后尸骨能够保持较长时间不腐，且一具尸骨的骨头数量较多。于是，在这几个因素的共同作用下，持物我混同思维的原始人在思考自身来源的时候，人可以从他（她）的尸骨再生出多个后代的观念。

那么，男性英雄祖先尸骨再生信仰是不是与尸骨再生信仰同时产生的呢？当尸骨再生信仰产生的时候，男性英雄祖先肯定也会从他的尸骨自由地再生，这是无疑义的。但是，男性英雄祖先尸骨再生信仰不是男性英雄祖先自由地再生，而是族群对男性英雄有选择性的一对多性质的再生。它是一种自主利用男性英雄的力量为族群服务的行为，同时原始人也发展出了一整套仪式为男性英雄祖先的再生服务。这可以说是思维上的一个突破。所以，男性英雄祖先尸骨再生信仰应该是会晚于尸骨再生信仰而产生的。但是，由于生产力低下，男性英雄祖先身上所具有的无上的精神、品质和力量正是原始群体所迫切需要的，这是原始群体得以存在和延续的基础。这种内在的需要会迫使原始人积极思考如何去利用这种力量。所以男性英雄祖先尸骨再生信仰应该也不会比尸骨再生信仰晚太久产生。

图腾信仰是男性英雄祖先尸骨再生信仰的派生。当图腾信仰产生的时候，原始人肯定已经产生了物我混同的思维观念。因为男性英雄祖先尸骨再生信仰的基础之一，就是原始人必须将尸骨与尸骨所代表的人混同。那么，就可以说，图腾信仰是与男性英雄祖先尸骨再生信仰同时产生的。因为当男性英雄祖先尸骨再生信仰一诞生，原始人就会将男性英雄祖先的再生尸骨与之接触或类同的物象混同。

那么，图腾信仰是何时产生的呢？

人类越发展，思维越发达，这是一条规律。在原始人去思考自身的来源以至于诞生尸骨再生信仰之前，应该还存在一个无暇或未曾思考自身来源的阶段。那么，在尸骨再生信仰产生之前，应该也存在尸骨信仰。比如，在法国东南部圣沙拜尔附近的山洞中，就发现有一具比较完整的尼安德特人的男性骨架。在我国，也发现有马坝人的化石，那是一中年男性的部分头骨。尼安德特人和马坝人都被认为是生活于旧石器时代中期的。① 原始人们保存尸骨，可能就是尸骨信仰的反映。当然，这种尸骨信仰是指的男性英雄祖先尸骨信仰，因为其他人的尸骨不具有神圣性能，当然不会对它产生崇拜，也就不会保存其尸骨。那么，既然存在尸骨信仰，就说明原始人已经将人的尸骨与人混同。这就说明，在原始人中已经产生了物我混同的原始思维。那么此时，与男性英雄祖先尸骨接触和类同的物象，也应该会具有这具尸骨的性能。而这些物象我们也可以把它们称之为图腾，因为图腾的本质是来自男性英雄祖先的神圣性能。那么，我们必须分两个阶段来讨论图腾信仰的产生时间。

第一阶段：前尸骨再生信仰阶段。在这一时段，尸骨不具备再生力，尸骨再生信仰还没有诞生。但是，依然存在图腾观念，只是彼时的图腾物体，只依附有纯粹来自男性英雄祖先的精神、品质和力量，而不具有再生能力。自然的，族群也不会认为自己源出于尸骨和图腾，群体也不会视尸骨和图腾为祖先。此时，族群的成员与男性英雄祖先的关系

---

① 李昆声：《云南考古学通论》，云南大学出版社2019年版，第35—36页。

可能是非祖源性亲属关系，那么，族群有可能会视图腾为非祖源性亲属。这一阶段的图腾信仰，可以称为力量图腾信仰。

这一阶段的图腾是有其证据支撑的，我们可以从以下两个方面来讨论。

第一，从图腾称谓上看。前文我们已经指出，各族群对图腾的称谓有两类：一种是非祖源流性，如称图腾为兄弟和大哥；另一种是祖源性亲属，如称图腾为父亲和祖父。我们发现，一些族群的图腾称谓只有非祖源性的，比如西奈的阿拉伯人，他们称家兔是兄弟；一些民族的图腾称谓既有祖源性的又有非祖源性的，比如北婆罗洲的加焦人，他们称虎为祖父或大哥。那么，对图腾的非祖源性称谓是如何产生的呢？有一种可能是：它们产生于前尸骨再生信仰时代，那时族群的成员不视男性英雄祖先为"父亲"，而只视其为兄弟。

第二，从图腾信仰上看。尼日利亚北部的布拉和帕比尔部落，均以动物或树命名。据他们的信仰，他们与这些动物和树存在血缘亲属关系。他们尊敬自己的图腾，认为图腾是自己的兄弟，但不认为自己出自图腾。这个例子就符合我们对前尸骨再生信仰阶段的图腾观念的理解。这两个部落也可能没有发展出尸骨再生信仰，那他们的图腾信仰就可能一直停留在前尸骨再生信仰阶段。

第二阶段：尸骨再生信仰阶段。这一时段的图腾观念是复杂的。因为尸骨已经具有了再生能力，所以图腾物体上不仅依附有男性英雄祖先的精神、品质和力量，而且还具有再生能力。族群也可以是源出于尸骨和图腾的，群体会视尸骨和图腾为祖先，于是会称图腾为父亲或祖父。所以，可以把这一阶段的图腾信仰称为再生图腾信仰。第二阶段的图腾观念在内容上包含了第一阶段的图腾观念，在时间上是后出的，它覆盖了第一阶段的图腾观念，这使得第一阶段的图腾观念很难被揭示。为了便于阐述，如果没有特别说明，以后我们所说的图腾信仰都是指尸骨再生信仰阶段的图腾信仰。

那么，图腾信仰产生于何时呢？先来看第二阶段，只有明白了尸骨再生信仰阶段的再生图腾信仰的产生时间，我们才好去分析前尸骨再生信仰阶段的力量图腾信仰的产生时间。再生图腾信仰是男性英雄祖先尸骨再生信仰的派生，而男性英雄祖先尸骨再生信仰的一个显著特征是存在图腾圣物。所以，我们可以根据图腾圣物出现的时间去判断再生图腾信仰的产生时间。

在旧石器时代晚期的马格德林文化期，就发现了图腾圣物丘林噶，上面刻画有鱼的骨骼形状。① 法国南部之 Mas d'Azil 洞出土的彩色砾石，上面纹样极多，或为线条，或为圈点，或作动物形象，颇似图腾记号。伯特（M. Piette）断定为旧石器终期的象形文字。岑家梧则视彩砾为史前图腾民族使用之丘林噶。② 托卡列夫也认为马斯·德·阿齐尔洞穴发现的涂色砾石相当于澳大利亚的丘林噶。③ 这就说明，图腾圣物是发现于旧石器时代晚期的，也就说明了再生图腾信仰是产生于旧石器时代晚期的。

那么，前尸骨再生信仰阶段的力量图腾信仰又是产生于何时呢？前文已经指出，这一时段的图腾信仰，人们仅仅只认为图腾上依附有男性英雄的精神、品质和力量，而不会认为群体源于图腾物体。要探究力量图腾信仰的产生时间，我们还是得借助考古资料。但因为时间的久远，要说明这一点的难度更大一些。

在属于旧石器时代中期的莫斯特文化中，发现了动物的骨骼。比如，在阿尔卑斯山区的彼得斯赫勒洞穴和德拉亨洛赫洞穴中，发现有大量洞熊遗骨，其中一些并叠置有序。在法国南部多尔多涅省的雷居尔迪洞穴中，熊骨与尼安德特人的墓葬相伴而存。④

学者对这一现象的看法很不一致。有食物储备说、狩猎巫术说、图腾崇拜说、堆叠熊骨防御风寒说，等等。⑤ 何星亮先生把它解释为图腾

---

① 朱狄：《原始文化研究——对审美发生问题的思考》，生活·读书·新知三联书店 1988 年版，第 334—335 页。
② 岑家梧：《图腾艺术史》，学林出版社 1986 年版，第 78 页。
③ [苏] 托卡列夫：《世界宗教简史：注释插图版》，魏庆征译，中央编译出版社 2011 年版，第 32 页。
④ [苏] 托卡列夫：《世界宗教简史：注释插图版》，魏庆征译，中央编译出版社 2011 年版，第 26—27 页。
⑤ [苏] 托卡列夫：《世界宗教简史：注释插图版》，魏庆征译，中央编译出版社 2011 年版，第 27 页。

崇拜，认为熊骨是人们以熊为圣餐后留下的，而食熊是为了获得熊身上的勇气和力量。① 笔者认同这种解释。堆叠有序的熊骨肯定是人们刻意为之，而这样做可能是因为其上依附有来自族群男性英雄祖先的无上的精神、品质和力量，人们认为这些力量于己有利，所以才把熊骨堆放整齐以示尊重和日后利用。

在苏联乌兹别克斯坦切舍—塔什洞穴中，发现有一小孩骨骼，头骨周围安放有六对山羊角，排成一圈。于锦绣先生认为，人墓与兽墓相伴而存，是人与兽具有同一血缘关系的表现。② 何星亮先生认为，处于旧石器时代中期的这处墓葬，反映的是图腾陪葬的习俗，有北美印第安奥马哈水牛氏族的巫师所说的"汝既来自兽界，返诸兽界吧"的意味，表明墓主的图腾为山羊。③ 笔者认为，这处墓葬反映了力量图腾信仰，但不同意这是同一血缘关系的反映，也不同意这是生之于兽返之于兽的反映。主要原因有两点。

第一，生之于兽和人兽同一血缘反映的是再生图腾信仰。图腾的性质由男性英雄祖先的尸骨的性质决定，只有当尸骨具有再生力的时候，图腾才具有再生力。生之于兽说明图腾是具有再生力的。但是多位学者指出，男性英雄祖先尸骨再生信仰是产生于旧石器时代晚期的。而该处墓葬是处于旧石器时代中期的，在那时应该还没有产生再生图腾信仰。人与兽具有同一血缘关系，也要求人与兽具有共同的祖先，它的基础也是再生图腾信仰。所以，当再生图腾信仰还没有产生的时候，人兽具有同一血缘关系的观念也不会产生。

第二，原始人们不会让小孩返之于兽。我们知道，图腾的本质是一种来自男性英雄祖先的无上的精神、品质和力量。而小孩呢？在图腾圣物崇拜和图腾信仰中，小孩是被隔离的对象，因为它会破坏这种神圣的性能。如果让小孩返之于兽，那将破坏图腾的力量。这一点在墓葬中反映出来。在寺洼、卡约、辛店、齐家诸文化和半山——马厂文化的墓葬

---

① 何星亮：《图腾文化与人类诸文化的起源》，中国文联出版公司1991年版，第25页。
② 于锦绣等：《灵物与灵物崇拜新说》，宗教文化出版社2006年版，第56—57页。
③ 何星亮：《图腾文化与人类诸文化的起源》，中国文联出版公司1991年版，第24—27页。

中皆有用白石或砾石随葬的情况，但是小孩的墓不见随葬白石。① 上文我们已经指出白石具有图腾意味。那这就说明，原始人们不希望小孩返之于图腾。

那么，如何解释这种现象呢？伊·伊·斯克沃尔措夫-斯捷潘诺夫的观点或许可以作为一种可信的解释：尼安德特人的墓葬，无非是表明原始人将死者视为病人，予以安顿。② 那么，依照他的观点，应该把山羊角视为一种强大的力量，把山羊角与小孩葬在一起，是为了让小孩获得这种强大的力量从而痊愈。无论怎么说，将小孩和山羊角安放在一起，是一种力量的对比，将其意图解释为希望力量从强者（山羊角）传导给弱者（小孩）是比较合理的。

综合以上材料来看，前尸骨再生信仰阶段的力量图腾信仰可能是产生于旧石器时代中期的。

另外，这或许也有利于我们揭示葬俗的起源。葬俗到底是不是起源于灵魂不死观念？这是存在争议的。③ 通过我们对前尸骨再生信仰阶段的尸骨信仰和图腾信仰的研究，我们发现葬俗在起源上可能是与灵魂不死观念无关的。人们之所以妥善处理某些死者，可能是因为其身上具有无上的精神、品质和力量，而这恰恰是群体所需要的。于是，人们小心保存好他们的尸骨，以表示对这种力量的敬重，同时也能更好地利用这种力量为己服务。以至于当葬礼产生的时候，不具备强大性能的个体也被排除在葬礼之外。比如，澳大利亚土著并不为低龄的儿童举行宗教丧礼仪式。④ 按照我国的传统礼仪，没有举行加冠礼的幼婴及少年死后不能像成人那样举行丧礼。⑤ 我国的纳西族，未成年人死后不能葬在氏族

---

① 沈仲常等：《白石崇拜遗俗考》，《文博》1985年第5期。
② ［苏］托卡列夫：《世界宗教简史：注释插图版》，魏庆征译，中央编译出版社2011年版，第24—25页。
③ ［苏］托卡列夫：《世界宗教简史：注释插图版》，魏庆征译，中央编译出版社2011年版，第24页。
④ ［法］E. 涂尔干：《宗教生活的初级形式》，林宗锦等译，中央民族大学出版社1999年版，第265页。
⑤ 周元侠等：《兰陵礼俗文化研究》，山东人民出版社2013年版，第33页。

的公共墓地。① 从这点来看，图腾信仰或许是与葬俗一体发源的，因为存在男性英雄祖先的尸骨信仰就要求妥善保存好尸骨，而存在男性英雄祖先的尸骨信仰就应该存在图腾信仰。

第四节 灵魂——男性英雄再生祖先性能的表征

灵魂观念存在于世界诸多民族之中，它和图腾观念一样具有世界普遍性。要搞清楚灵魂观念的来源，还是必须从灵魂观念本身入手。只有弄清楚了灵魂的特性，才好进一步去研究它的起源和发展。

一 灵魂的特性

提到灵魂研究，当然不能不提及英国学者泰勒先生。泰勒对灵魂有深入的研究，他对灵魂的特性做了描述：灵魂是不可捉摸的虚幻的人的影像，按其本质来说虚无得像蒸汽或阴影；它赋予个体以生命和思想；它独立地支配着人的意识和意志；它能够离开肉体并快速转移位置；它大部分是无法感觉的；它显示物质力量，看起来像或醒或睡的人，离体后像类似肉体的幽灵；它在人死后继续存在于肉体上；它能进入别人、动物甚至物体内以支配和影响它们。②

泰勒对灵魂的特性的描述是比较全面的，他收集了从古至今的世界范围内的大量的证据来证明他的万物有灵论。诚然，几乎可以肯定的是，世界上很多民族都存在灵魂观念。但是，从笔者所掌握的资料来看，并不是每一个人都有灵魂的（详后）。并且，泰勒的万物有灵论也遭到了很多学者的批评。看来有重新对灵魂观念及其起源进行研究的必要。为了弄清楚灵魂的来源，有必要对灵魂的主要特性加以研究。但灵魂观念非常复杂，在微观层面，不同的民族有着不同的灵魂观。我们很难给出灵魂的确定的具有纯粹普遍意义的特性，只能说给出的这些特性

---

① 严汝娴等：《永宁纳西族的母系制》，云南人民出版社1983年版，第141—142页。
② ［英］泰勒：《原始文化：神话、哲学、宗教、语言、艺术和习俗发展之研究》，连树声译，广西师范大学出版社2005年版，第351页。

是适用于大多数民族的。

(一) 生源性

灵魂的第一个特性,是它的生源性,即它是生命之源和力量之源。荣格研究了灵魂一词的起源,他说:Seele(灵魂)这个词跟英语中的 soul(灵魂)一样,来自哥特文的 saiwala 以及古代德文的 saiwalö,它们都与希腊文中的 aiolos 一词相关,意思是流动的、多彩的、彩虹色的。希腊语中的 psyche(心理)一词还有蝴蝶的意思。另一方面,saiwalö 又与斯拉夫语中 sila 一词有关,它的意思是力量。这些联系可以揭示 seele 这个词的本义是一种生命力。①

在日本,灵的定义之一是支配肉体的存在。魂的定义有三,一是掌管精神的存在;二是灵魂;三是元气和精神。灵司肉体,魂司精神。灵魂的定义有二,一是独立于肉体的存在;二是宿于肉体之内发挥精神作用的存在。灵魂是一种精神实体,它能从肉体分离,死后不灭。它宿于人体之内,掌管着人的肉体和精神,成为生命和精神的原动力,是具有强烈附着性和游离性的超自然力量。② 古代埃及人有多个关于灵魂的概念,其中一个叫"卡",卡具备生命力的含义。③ 我国景颇族关于灵魂的一种说法是:男人有 6 个魂,女人有 7 个魂。其中第一魂叫作"秋龙木",是人的精神和力量的源泉,为 6 个魂中最重要的一魂。④ 在新平花腰傣的观念中,一个人的身体中有数十个灵魂。众多的灵魂中,如果偶尔失散一两个,人体不会有什么明显的不舒适反应,但如果失散了三个以上,可能就会有明显地不舒服的感觉,失散得越多,病情越严重。灵魂就像一个人的内在生命力,所有的灵魂都在,则人的生命力达到最旺值,灵魂离开肉体越多,生命力越弱。⑤

---

① [瑞士] 荣格:《未发现的自我》,张敦福等译,国际文化出版公司 2007 年版,第 242 页。
② 蔡荷等:《香艳面纱下的"真我":解读千年〈源氏物语〉》,九州出版社 2014 年版,第 116 页。
③ 张赫名:《古代埃及的王权演变与丧葬习俗》,方志出版社 2016 年版,第 17—18 页。
④ 刘刚等:《景颇族文化史》,云南民族出版社 2002 年版,第 136 页。
⑤ 原源:《精神世界里的欢愉:云南边境民族的民间信仰》,云南大学出版社 2015 年版,第 26 页。

前辈学者的研究和民族学的资料都指向了这一点：在功能方面，灵魂是一种精神和力量，生命因它而充满活力。

（二）再生性

灵魂的第二个特性，是它的再生性。澳大利亚的土著相信死人的灵魂不会毁灭，在或长或短的时间内，灵魂就会以人形再生。① 西非沿岸的土人认为：克拉是在人出生以前，大概作为一大串人的克拉而存在的，人死后它仍将继续自己独立地存在，它或者是进入一个新生儿或动物的身体，或者将作为西萨或者作为没有住址的克拉而徘徊于宇宙间。通常，西萨总是力求返回人体中，重新变成一个克拉，它甚至企图利用其他克拉暂时不在的机会以侵占它的地盘。当一根灌木折了开始枯萎，则它的所谓克拉就进到那个实生的灌木里或进到根里，而灌木鬼则到阴间去了。同样的，当杀死绵羊的时候，则这绵羊的所谓克拉就进到新生的绵羊羔里面去，而绵羊鬼则到阴间去为人鬼服务。② 在萨满灵魂观念中，有转生魂的观念，它是最后离开人体使人死去的魂灵，有再获得新生的能力。又称转世魂，就是脱离死者的魂另行投胎转世。赫哲族人称这种魂为"费雅库"，是由专司投胎转生的神创造的。鄂温克族有"命运魂"一说，鄂温语称为"马因"，它是主宰人未来的吉凶祸福的。今生做了好事，即可以转生到生活富裕的家里，作恶则转生为家畜或动物。③

（三）它格性

灵魂的第三个主要特性，即灵魂的它格性。这是说在灵魂的存在方式上，它既以人的形式存在，也能以物特别是动物的方式呈现，即灵魂既被人格化，又被物格化。

灵魂能以人的形式存在。有些案例说，灵魂具有和躯体一样的外观。灵魂一旦脱离肉体，它的生活就完全和人类似了：吃、喝、打猎，

---

① ［英］詹·乔·弗雷泽：《永生的信仰和对死者的崇拜》，李新萍等译，中国文联出版公司1992年版，第74页。
② ［法］列维-布留尔：《原始思维》，丁由译，商务印书馆2011年版，第85—86页。
③ 乌丙安：《神秘的萨满世界——中国原始文化根基》，生活·读书·新知三联书店上海分店1989年版，第124页。

等等。① 在澳大利亚阿兰达部落，人们称精灵为"伊隆塔里尼亚"，人们认为这些精灵具有人形，它们住在山洞里，像活人一样的生活，打猎和吃禽兽的肉。②

灵魂也能以动物的形式存在。温哥华岛上的土著认为，活人的灵魂能够进入别人和动物的体内，并且能从那里自由地出来；西北美洲的印第安人认为，死人的灵魂转移到熊的身上；北美印第安人中的普加坦人避免惊扰某些接受了他们领袖灵魂的小林鸟；易洛魁人在埋葬的那一天会放飞一只鸟，以便让它带走灵魂；几内亚人认为在墓地附近发现的猿猴体内含有死人的灵魂。③

灵魂也能够以植物的方式存在。在婆罗洲的达雅克人中可以听说住在树干中的人的灵魂；孟加拉邦的桑塔尔人认为，善良的灵魂可以进入果树；④ 刚果部落认为一个人生病时，灵魂离开了躯体，术士总是说已经成功追到了病人的灵魂，现已躲入某棵果树的树枝之内。人们便劈断那灵魂所藏的树枝，把树枝和病人并排放在一起，术士念起咒语，灵魂就返回人的体内了。⑤

灵魂还能够以无生物的方式存在。弗雷泽给我们提供了很多例子，略举几例：墨格拉的国王尼撒斯头顶中间有三根紫色或金黄色的头发，命运注定什么时候拔去了这三根头发，这位国王就要死亡。后来国王的女儿扯下了他父亲头上的那三根生命所系的头发，这位国王便死了。希腊的一则民间故事说：一个男子把自己的全部力量储存在他头上的三根金色头发里。他妈妈拔掉了那三根头发，他就变得非常虚弱，后来被敌人所杀。一个日耳曼人的故事说：有一个妖怪叫作没魂人，他把灵魂藏

---

① [法]爱弥尔·涂尔干：《宗教生活的基本形式》，渠敬东等译，商务印书馆2011年版，第331页。
② [苏]С. А. 托卡列夫等：《澳大利亚和大洋洲各族人民》，李毅夫等译，生活·读书·新知三联书店1980年版，第304页。
③ [英]泰勒：《原始文化：神话、哲学、宗教、语言、艺术和习俗发展之研究》，连树声译，广西师范大学出版社2005年版，第414—416页。
④ [英]泰勒：《原始文化：神话、哲学、宗教、语言、艺术和习俗发展之研究》，连树声译，广西师范大学出版社2005年版，第417页。
⑤ [英]弗雷泽：《金枝》，徐育新等译，新世界出版社2006年版，第186页。

在一个匣子里,这个匣子放在红海中的一块岩石上。有个士兵得到了那个匣子,把灵魂拿出来扔了出去,那个妖怪当即倒地死了。①

（四）居所多样性

灵魂的第四个特性,是它的居所具有多样性,即灵魂既在我们身边,又在离我们较远的地方,也在离我们很远的地方。它似乎可以遍布在我们周围的一切场所。

一些澳大利亚土著认为,死人的灵魂继续在故土上闲荡,比如深谷的水池、旷野孤独的大树、萌冷之地的大岩石。在乌兰马加部落的领地,人们认为黑蛇人的鬼魂聚集在某个水池边的岩石里,或藏在干枯河床的河边胶树林里。②

在澳大利亚,人们关于灵魂的住地的观念各不相同,灵魂的住地在地上和天上间徘徊。按库林人的意见,死人的阴灵或徘徊于地上,或上天去了;库尔奈人也主要认为灵魂住在天上;③ 密西西比河边的纳切斯人和佛罗里达的阿帕拉奇人认为太阳是死去的领袖和勇敢者们的光明的住所;瓜依库鲁人认为领袖和巫师们的住宅在月亮里面;托克劳群岛的波利尼西亚人把月亮看作是死去的当权者和长官们的天国。④ 中澳洲土著通常认为星星是住在大河两岸的居民们的营火,现代人根据流传下来的神话把这条大河称之为银河系。⑤

（五）超能性

灵魂的第五个特性,是它的超能性,即灵魂具有超级能力,能够保护和帮助人们,特别是自己的后代。甚至在很多时候,它具有不可思议的未卜先知的能力。

---

① ［英］弗雷泽:《金枝》,徐育新等译,新世界出版社2006年版,第623—625页。
② ［英］詹·乔·弗雷泽:《永生的信仰和对死者的崇拜》,李新萍等译,中国文联出版公司1992年版,第61页。
③ ［苏］C. A. 托卡列夫等:《澳大利亚和大洋洲各族人民》,李毅夫等译,生活·读书·新知三联书店1980年版,第306页。
④ ［英］泰勒:《原始文化:神话、哲学、宗教、语言、艺术和习俗发展之研究》,连树声译,广西师范大学出版社2005年版,第462页。
⑤ ［英］詹·乔·弗雷泽:《永生的信仰和对死者的崇拜》,李新萍等译,中国文联出版公司1992年版,第105页。

澳洲喔角巴路族的部落认为他们死去的亲属能在梦中拜访并保护他们。一名马加拉旺人说他的父亲在梦里出现并警告他注意安全，否则他将被杀死。这个人相信这是对他生命的拯救，后来他来到了梦见他父亲的地方，他没有继续朝前走，而是转身往回走。这样，可能在那里等候他的敌人就捉不到他了。另一个人说他死去的叔叔出现在他梦中，教他治病防妖的魔法。切培拉部落也相信男性祖先能拜访睡觉的人并向他们传授辟邪的魔法。① 在固伦吉马拉部落里，死去的祖父或父亲的阴灵托梦给自己的孙子或儿子，告诉他防御疾病或巫术所必需的防御魔力。②

（六）差等性

灵魂的第六个特性，是它的差等性。这个差等性讲的是灵魂因人而异，不同的人的灵魂具有不同的性质。它表现在许多方面，既有男女的性别差别，又有成年人和未成年人的年龄差别，还有巫师和平民的能力差别。

有些原始观念认为只有男人才有灵魂，妇女和小孩没有灵魂。但持有这样的观念的族群已经不多见了。澳洲格楠基（Gnanji）部落的灵魂观很特别。这些野蛮人否认妇女死后还有活着的灵魂。他们说当一个妇女死后，她的一切就完了。另外，他们认为，男人死后灵魂还活着，并在大地上游荡和拜访前辈早先驻扎的地方，直到雨水浸透他的骨头，他就注定将通过妇女重新投胎。③ 有些部落认为小孩也一样没有灵魂，在道森考察过的部落中就是如此。道森说："四五岁以下的小孩既无灵魂也无来生。"④ 在我国的永宁纳西族，人们认为未成年者没有灵魂，但成年人具有灵魂。⑤ 澳洲潘尼发勒人认为，每个人都有一种留在心脏的

---

① ［英］詹·乔·弗雷泽：《永生的信仰和对死者的崇拜》，李新萍等译，中国文联出版公司1992年版，第104页。
② ［苏］C. A. 托卡列夫等：《澳大利亚和大洋洲各族人民》，李毅夫等译，生活·读书·新知三联书店1980年版，第304页。
③ ［英］弗雷泽：《永生的信仰和对死者的崇拜》，李新萍等译，中国文联出版公司1992年版，第60页。
④ ［法］爱弥尔·涂尔干：《宗教生活的基本形式》，渠敬东等译，商务印书馆2011年版，第331、365页。
⑤ 严汝闲等：《永宁纳西族的母系制》，云南人民出版社1983年版，第141—142页。

叫"尼盖"的魂。在父亲死之前,他的孩子们没有尼盖魂。①

有些原始观念认为老人和巫师能够看见灵魂,妇女和儿童看不见灵魂。昆士兰贝佛角的土著认为自然界的一切精灵都是死人的灵魂,这些精灵一般在夜晚离开他们居住的森林和山洞。勇敢的老人能看见它们并和它们交谈,从它们口中得到危险的警告,妇女和儿童害怕鬼魂,他们从来看不见鬼魂。②阿兰达部落的精灵"伊隆塔里尼亚",通常是无形的,但巫师能看见他们。③在西非,人的灵魂在他的依附者死后变成精灵,能够留在尸体旁边,但只是巫师能够看得见它。在芬兰,死人的精灵只有萨满巫师看得见,其他人看不见。④

(七)肉体相关性

灵魂的第七个特性,是它和肉体的相关性。在原始人看来,灵魂和肉体的关系是盛衰与共的。不仅灵魂的离去会伤害到肉体,对肉体的伤害也会伤害到灵魂。老年人一旦年老昏聩,就不能在盛大仪式上发挥作用,也就不再被人们尊重了。人们认为身体的衰弱会传给灵魂。⑤澳大利亚人在杀死敌人之前,割下尸体右手的大拇指,为的是这个被杀死的敌人变成敌对的精灵之后,不能用它那伤残了的手投掷灵矛和作为凶恶的精灵在世上游荡,从而消除其害。黑人们害怕死前长期卧病,因为他们担心到另一个世界成为衰弱者和消瘦者。西印度农场的奴隶以自杀来摆脱奴役和回归故乡,但白人农场主从自杀的奴隶身上割下头和手,以使别的活着的奴隶相信死并不能使他们得到解放,农场主能够在未来的生活中伤残他们的灵魂。中国人惧怕砍头,因为世上的人失去身体的哪

---

① [英]詹·乔·弗雷泽:《永生的信仰和对死者的崇拜》,李新萍等译,中国文联出版公司1992年版,第94页。
② [英]詹·乔·弗雷泽:《永生的信仰和对死者的崇拜》,李新萍等译,中国文联出版公司1992年版,第95页。
③ [苏]C.A.托卡列夫等:《澳大利亚和大洋洲各族人民》,李毅夫等译,生活·读书·新知三联书店1980年版,第304页。
④ [英]泰勒:《原始文化:神话、哲学、宗教、语言、艺术和习俗发展之研究》,连树声译,广西师范大学出版社2005年版,第364页。
⑤ [法]爱弥尔·涂尔干:《宗教生活的基本形式》,渠敬东等译,商务印书馆2011年版,第332—333页。

一部分，他到新世界也是同样的没有哪一部分。①

以上我们已经重点讨论了灵魂的几个性质：生源性、再生性、它格性、居所多样性、超能性、差等性以及和肉体的相关性。鉴于灵魂问题的普遍和复杂性，我们不可能穷尽灵魂的所有特性和有关灵魂的所有例子，以上所举概括的特性和所举的例子应该已经能够帮助说明一些问题了。

二 灵魂的起源

泰勒对灵魂的起源做出了经典的回答，他的解释至今仍然在影响着众多的学者。他认为：原始哲学家着力思考两类问题。第一，是什么构成生和死的肉体之间的差别，是什么引起清醒、梦、失神、疾病和死亡？第二，出现在梦幻中的人的形象究竟是怎么回事？蒙昧哲学家大概会由此做出显而易见的推论：每个人都有生命，也有幽灵。两者都同身体有密切的关联，生命是使身体能感觉、思想和活动的原因，而幽灵则构成了身体的第二个"我"。因此，生命和幽灵都是可以与肉体相分离的。生命离开，则肉体失去感觉或死亡。幽灵也可以远离肉体而存在。在此基础上，原始的哲学家不难进一步发问：既然这两者本身就是肉体所固有的，那么，它们为什么不是彼此固有的？为什么它们不是同样的灵魂的表现？因而，它们被看作是彼此结合在一起的。结果为大家所熟知的灵魂概念就产生了。②

在《原始文化》第十一章《万物有灵观》中，泰勒在批判了诸多学者否认灵魂的观点的基础上指出：在最近能够了解的一切种族里都发现有对神灵的信仰。关于缺乏这类信仰的报道，或者是属于古代的部族，或者是属于记叙多少有些不完备的现代民族。③ 在此"万物有灵"的基础上，泰勒认为应该"简单地把神灵信仰判定为宗教的基

---

① ［英］泰勒：《原始文化：神话、哲学、宗教、语言、艺术和习俗发展之研究》，连树声译，广西师范大学出版社2005年版，第368—369页。
② ［英］泰勒：《原始文化：神话、哲学、宗教、语言、艺术和习俗发展之研究》，连树声译，广西师范大学出版社2005年版，第350—351页。
③ ［英］泰勒：《原始文化：神话、哲学、宗教、语言、艺术和习俗发展之研究》，连树声译，广西师范大学出版社2005年版，第341—348页。

本定义"。①

（一）泰勒灵魂观的困境

泰勒的观点一出，拥护者有之，反对者亦有之。比如，弗雷泽就用这个理论来分析一些灵魂现象。在分析了澳洲东南部的一些部落的祖先在梦中帮助后代的案例后，他得出结论说：这些概念来源于原始的梦幻，几乎所有的野人都相信梦幻的真实性。他们不能区分梦境和清醒状态的关系，因此，当他们梦到死去的亲属或朋友时，他们相信这些亲属和朋友还是在某地以某种方式活着。这样，梦境就成了肉体死后灵魂犹生信仰的根源。并认为这解释了鬼魂为什么是在夜晚而不是在白天出现，因为人们做梦主要是在夜晚而不是在白天。②

无疑的，"万物有灵"确实是一种比较普遍的信仰，关键是这种信仰的来源问题，它真的是主要来源于梦境吗？法国社会学家涂尔干和布留尔分别在他们的著作《宗教生活的基本形式》和《原始思维》中对这种理论进行了有力地批判。

笔者认为，假如灵魂观念是原始的哲学家受梦的启发思考而得来的，那么，下面这些问题将很难解答。

第一，澳洲格楠基部落认为女人没有灵魂；有些部落认为小孩没有灵魂和来生。潘尼发勒人认为在父亲没死之前，无论男孩和女孩都没有"尼盖"魂。综合这些信仰看，似乎灵魂是成年男人的专利。难道做梦是成年男人的专利吗？女人、小孩都不做梦吗？

第二，昆士兰贝佛角的土著认为，老人能够看见灵魂，但妇女和儿童不仅看不见灵魂，并且还害怕它们。阿兰达部落认为只有巫师能看见无形的精灵。泰勒自己也举了一些只有巫师和萨满能看见灵魂的例子。老人、巫师和萨满是具有强大力量的人，而妇女和儿童被认为不具有这种力量。在原始人看来，似乎只有力量强大的人才能看见灵魂。但无论力量强大还是弱小的人，无疑都是会做梦的。

---

① ［英］泰勒：《原始文化：神话、哲学、宗教、语言、艺术和习俗发展之研究》，连树声译，广西师范大学出版社2005年版，第347页。

② ［英］詹·乔·弗雷泽：《永生的信仰和对死者的崇拜》，李新萍等译，中国文联出版公司1992年版，第104—105页。

第二章 图腾圣物的本质和功能 ◂◂◂◂◂

第三，我们知道，肉体与灵魂是荣衰与共的。那么，灵魂的离去会导致肉体的伤害可以理解，因为睡眠时人确实像"死亡"了一样。但很多民族都相信对肉体的伤害能够导致对灵魂的伤害，这又如何理解呢？难道身体有伤残的人梦中的自我都是具有同样的伤残的吗？难道长期卧病的黑人梦中的自己也都是病怏怏的吗？既然肉体的伤害能够导致灵魂的伤害，那么，灵魂为什么能够在身体死亡之后继续存在下去呢？

第四，我们知道，灵魂能够从人体迁移在动物、植物和无生物中是一种普遍的信仰。泰勒说这种信仰跟死后灵魂继续存在的观念没有关系，联系中魔状态和崇拜偶像这样一些论题来讨论它是适当的。① 他认为灵魂定居的观念是人们为了解决以下问题而产生的：解释人的怪异的错乱，为把恶魔驱入任何旁的体内而摆脱纠缠，为方便对某种精灵进行崇拜而将它作为神使定居在物体里。② 但问题是，解决以上问题的思路有很多种，为什么答案一定是要将灵魂定居到人或物的体内呢？怪异的错乱为什么一定要是恶魔附体才能解释？摆脱恶魔为什么一定要将其驱入别的物体内？方便对精灵进行崇拜为什么一定要将其驱入别的物体的体内吗？并且，恶魔和精灵何以能被驱入别的物体内呢？人们何以就想出灵魂迁移说来解决这些问题呢？它的思想基础在哪儿呢？这些问题都有待进一步地解答。

第五，不同部落的人的灵魂的居所是不同的。灵魂的居所有水池、大树、岩石、天上、月亮、太阳和星星，等等。如果灵魂是来自梦的启示，那灵魂应该是永远生活在梦者熟悉环境里的。泰勒也承认这些问题难以回答。他说：假设死人的灵魂继续活着，那么这些灵魂居住的地方在哪里？为什么有的地方人们认为灵魂住在地上，而有些地方则认为灵魂住在地下、天空。对这个问题常常很难回答。原始的神学者们在自己面前有一个为选择使死人安息的地点的完整世界，并且完全享有这种自

---

① [英]泰勒：《原始文化：神话、哲学、宗教、语言、艺术和习俗发展之研究》，连树声译，广西师范大学出版社2005年版，第411页。
② [英]泰勒：《原始文化：神话、哲学、宗教、语言、艺术和习俗发展之研究》，连树声译，广西师范大学出版社2005年版，第505页。

·91·

由的选择。① 在灵魂的居所问题上,泰勒认为这完全是原始神学者们的随心所欲的选择,没有任何已有的思想基础存在,这是有点勉强的。

第六,灵魂具有超强的甚至是未卜先知的能力,他们往往能够在梦中给后代以预警,能够教子孙们防妖治病,传授他们魔法。由梦而起源的灵魂能具有这些能力吗?

对于以上这些关于灵魂的问题,受梦启发而得出的灵魂是比较难以做出解答的。这就说明,灵魂观念可能不是起源于梦的,而是另有其思想基础存在。如果这个思想基础能够较好地解释灵魂观念的特性,那么,灵魂观念就可能是起源于它。

(二) 灵魂的实质

现代人认为没有灵魂,但原始人却言之凿凿。要想对灵魂观念做出解释,那就要首先知道原始人们认为他们的灵魂是如何而来的。到目前为止,我们已经知道,在澳大利亚成年仪式中,是男性英雄祖先的灵魂嫁接到献身者身上而使献身者具有了灵魂。成年仪式是具有世界普遍性的,它们应该具有同样的含义。这就可以说,人的灵魂中的一个是来自于男性英雄祖先的。但其实在澳大利亚土著中,还有一种灵魂来源的信仰,就是婴儿魂的信仰。为了对婴儿魂信仰进行探究,对其进行描述是必要的。

婴儿魂信仰在澳大利亚是普遍存在的。在阿拉巴纳部落,来自"文加拉"时代的祖先体内的婴儿魂"迈-奥尔利"经常地投胎转生为人,每一个部落的成员都是这些婴儿魂的化身。这些婴儿寄居在图腾的灵魂中。② 在阿兰达部落,阿尔切林加时代的祖先无论在何处进入地下,都会在那儿留下一块石头或是一棵树。这些叫作"南迦"的石头和树是代表着英雄祖先的躯体的,有的水洞也有着同样的意义。这些石头、树木和水洞里都有名叫"拉塔葩"的胎儿,它能使妇女怀孕。此外,阿兰达还存在第二种投胎的方式,祖先把一个小丘林噶投掷到路过

---

① [英] 泰勒:《原始文化:神话、哲学、宗教、语言、艺术和习俗发展之研究》,连树声译,广西师范大学出版社2005年版,第455页。
② [苏] Д. Е. 海通:《图腾崇拜》,何星亮译,上海文艺出版社1993年版,第56—58页。

的妇女身上，它进入妇女的身体后就变成人形。据斯特莱罗说，这个小丘林噶是祖先的躯体，就跟南迦是一样。① 海通也指出，在阿兰达部落，当妇女经过图腾中心时，丘林噶上面的"婴儿魂"会进入妇女体内投胎转世。人死以后，其灵魂便返回图腾中心，等待着再次投胎转世。②

婴儿魂信仰是一种什么信仰呢？我们看到，在阿兰达部落中，这些婴儿胚胎有两个来源。有依附在丘林噶上面的，也有依附在石头、树和水洞里的。丘林噶本质上是男性英雄祖先的再生尸骨，从这点来看，婴儿魂是依附在再生尸骨上的。那石块、树和水洞呢？它们是代表着男性英雄祖先的躯体的。从这点可以知道，它们实际上是图腾。这与阿拉巴纳部落的婴儿魂寄居在图腾中是一致的。而图腾的实质也是男性英雄祖先的再生尸骨。那么，所有来源的婴儿魂其实都是依附在男性英雄祖先的再生尸骨上的。这就说明，婴儿魂信仰实际上也是男性英雄祖先尸骨再生信仰。那女性也是男性英雄祖先的再生吗？在阿拉巴纳人的信仰中，婴儿魂"迈－奥尔利"重新投胎时，会改变性别。例如，当"迈－奥尔利"化身为基拉拉瓦图腾的男子，在这一男子去世后，其"迈－奥尔利"又重新投胎转生为马图里图腾群的女子。③ 这或许就是原始人对女性的来源所做的解释。

这样，我们就发现了第二种男性英雄祖先尸骨再生信仰。和成年礼的男性英雄祖先直接再生为成年人不同，这种信仰是男性英雄祖先直接再生为婴儿的。成年仪式体现的是男性英雄祖先在所有成年献身者身上的再生，而婴儿魂信仰体现的是男性英雄祖先在族群每一个成员身上的再生。应该说，婴儿魂信仰是较成年再生礼后出的。因为成年再生礼反映出原始人们在那时还没有认识到人的成长过程，割裂了人成长的各个阶段，否认人的成长的连续性和规律性。而婴儿魂信仰是一种思维和观念的进步，它肯定了人是从婴儿成长而来的，这也就肯定了人的成长的

---

① ［法］爱弥尔·涂尔干：《宗教生活的基本形式》，渠敬东等译，商务印书馆2018年版，第340—343页。
② ［苏］Д. Е. 海通：《图腾崇拜》，何星亮译，上海文艺出版社1993年版，第58页。
③ ［苏］Д. Е. 海通：《图腾崇拜》，何星亮译，上海文艺出版社1993年版，第57页。

▶▶▶▶▶ 原始崇拜之源

连续性。尽管这种信仰还坚持人的出生是再生的结果，但相较成年再生礼仪，确实是很大的进步了。并且，还可以进一步认为，婴儿魂信仰是在成年再生仪式的基础上发展而来的。既然男性英雄祖先的灵魂能够给献身者一个成年的生命，那这个灵魂为什么不能赋予族群后代一个"婴儿"的生命呢？

那婴儿魂信仰是何时起源的呢？考古材料有助于我们做出判断。在法国洛塞尔洞穴发现了一件妇女裸体浮雕，乳房突出，腹部隆起，右手高举牛角，左手抚触腹部。于锦绣先生认为，这是图腾祖先灵借妇女生殖器进行转化的例子。一般认为这是奥瑞纳文化中晚期之间的作品，距今大约已有两万五千年的历史。并且，类似丰乳隆腹的"维纳斯"女神雕像在欧洲多处都有发现，均为旧石器时代晚期的作品。① 此类维纳斯女神雕像符合婴儿魂信仰的特征，据此可推断婴儿魂信仰也是起源于旧石器时代晚期的。

婴儿魂信仰也是具有世界普遍性的，它不仅见于澳大利亚绝大多数地方，还见于美洲。② 也见于欧洲。其实也还见于我国，比如女娲抟土造人的神话应该也是婴儿魂信仰的反映。这样，我们就见到了人的灵魂的两种具有世界普遍性的来源。除此之外，笔者没有发现灵魂的第三种来源。那么，要想研究灵魂的起源，就只需要研究这两类灵魂的来源就可以了。而这两类灵魂的来源其实都是一样的，他们都来自男性英雄祖先的再生尸骨。这与某些族群所持有的灵魂观是一致的。如塔利河畔的部落说，灵魂没有骨骼。③ 这种观念的产生，可能是因为灵魂是脱胎于骨骼的，那它就应该没有骨骼。那男性英雄祖先的再生尸骨上面的灵魂是来自哪里呢？再生是男性英雄祖先本人的再生，它是通过灵魂的传递而实现的。那这个灵魂肯定是指的男性英雄祖先本人的灵魂。那么，灵魂的起源问题就变成了：男性英雄祖先是如何拥有灵魂的？他的灵魂为

---

① 于锦绣等：《灵物与灵物崇拜新说》，宗教文化出版社2006年版，第93页。
② ［法］爱弥尔·涂尔干：《宗教生活的基本形式》，渠敬东等译，商务印书馆2018年版，第346页。
③ ［法］爱弥尔·涂尔干：《宗教生活的基本形式》，渠敬东等译，商务印书馆2018年版，第332页。

何会依附在他的尸骨上？我们只要对这两个问题做出回答就可以了。

从灵魂的特性我们看到，灵魂是虚无缥缈的，它也具有强大的性能。综合灵魂的各种特性发现，灵魂与男性英雄祖先的神圣性能非常相似。根据斯宾塞和纪伦的说法，正是祖先的灵魂赋予了丘林噶特性。① 灵魂在这里也是被理解为祖先的神圣性能的。那我们可以试着把灵魂理解为男性英雄祖先的神圣性能，看看是否能够对灵魂的特性做出合理的解释。

第一，灵魂具有生源性和超能性，它是生命之源和力量之源，生命因它而充满了活力，如果失去它，生命将枯萎。灵魂能护佑自己子孙后代，给他们预警，教他们防妖除魔的本领。男性英雄祖先的神圣性能也具有这样的性质。他通过成年仪式和婴儿魂，将自身的神圣性能贯注到所有族群成员身上，赋予族群成员精神和勇气，教授他们狩猎的本领，是族群的保护神。这些神圣性能成了所有族群成员的生命之源和力量之源。

第二，灵魂具有再生性。西非沿岸土人的克拉是作为一大群人的克拉而存在的；在萨满教的观念中，有转生魂的观念。男性英雄祖先的神圣性能也具有这样的性质。在成年礼和婴儿魂信仰中，都是男性英雄祖先反复再生出成多个族群成员，按斯宾塞和纪伦的说法，世代赋予新生儿以生命的灵魂，其数量是不会增加的，它们反复投胎导致怀孕和生育。② 这种再生的过程实质上是男性英雄祖先神圣性能的传递过程，所以，这种神圣性能也是具有再生性的。

第三，灵魂具有它格性。它能以人的形式存在，也能够以动物和植物甚至无生物的形式存在。男性英雄祖先的神圣性能也具有这些特点。首先来看灵魂能够以人的形式存在，男性英雄祖先的神圣性能本身就是来自人的，它当然能够以人的形式存在；其次来看灵魂能以物的形式存在，通过图腾信仰，男性英雄祖先的这些神圣性能被图腾物体赋予，自然的，这些神圣性能就能够以物的形式存在。

---

① ［法］E. 涂尔干：《宗教生活的初级形式》，林宗锦等译，中央民族大学出版社1999年版，第129页。
② ［法］爱弥尔·涂尔干：《宗教生活的基本形式》，渠敬东等译，商务印书馆2018年版，第337页。

第四，灵魂具有居所多样性。它能够居住在石头、大树、水池、太阳和月亮等物体上。男性英雄祖先的神圣性能也具有这样的性质。这些性能是通过图腾来实现居所多样的，在阿兰达部落中，石头、大树、水池是代表英雄祖先的躯体的，它们实质上是图腾。同理，太阳、月亮、星星等灵魂的居所也可以理解为图腾。在我们所举的例子中，太阳和月亮都是领袖、勇敢者、巫师、当权者、长官们的住所，这些人都具有男性英雄祖先的意味。所以，灵魂的居所应该不是像泰勒先生所说的那样是神学者们的随心所欲的选择，它是以图腾信仰为基础的。

第五，灵魂具有差等性。有些族群认为妇女和小孩是没有灵魂的，并且，她（他）们看不见灵魂和害怕灵魂，而老年人和巫师能够看见灵魂。男性英雄祖先的神圣性能也具有这样的性质。在前尸骨再生信仰阶段，尸骨上和图腾上都依附有男性英雄祖先的神圣性能，那么，男性英雄祖先就存在灵魂。而妇女和小孩本身不具备神圣性能，自然也不存在神圣性能的分离，所以妇女和小孩没有灵魂。在尸骨再生信仰时代，男性英雄祖先通过成年仪式把这些神圣性能传递到成年的献身者身上，而不是传递到儿童身上，所以小孩就没有神圣性能，也就没有灵魂。在图腾圣物崇拜中，妇女和小孩因为会破坏神圣性能而是被隔离的对象，违禁可能要被刺瞎眼睛。所以她（他）们害怕这些神圣性能，于是就害怕灵魂，并且看不见灵魂。老人和巫师本身具有神圣性能，他们能接近男性英雄祖先的神圣性能，自然是能够看见灵魂的。

第六，灵魂具有与肉体相关性。它可从人体分离；也与肉体密切相关，对肉体的伤害也会造成对灵魂的伤害，身体的衰弱也会传导给灵魂。男性英雄祖先的神圣性能也具有这样的性质。这些神圣性能能够从男性英雄祖先分离后，依附在尸骨和图腾物体上。这种性能本身来自男性英雄祖先，那么男性英雄祖先的身体的变化肯定也会影响他本身的性能的变化。那么，灵魂就是可从男性英雄祖先的身体分离的，也是与男性英雄祖先的肉体相关的。但是，我们所说的灵魂的与人体分离性和与肉体相关性，是针对所有人而言的，而不是只针对男性英雄祖先而言的。那又如何解释呢？男性英雄祖先的神圣性能是通过成年仪式和婴儿魂实现在族群成员身上的传递的。这样，每个成员都具有来自男性英雄祖先的神圣性能，那这种神圣性能自然就能从每个人身上分离出去，每个人的身体变化也自然会导致其神圣性能的变化。所以，灵魂就能够从每个人身上分离出去，也与每个人的肉体相关。

这样，在我们把灵魂理解为来自男性英雄祖先的神圣性能的情况下，比较好地解释了有关灵魂的特性。一种理论是不是正确的，当然要看它是否能够对现象做出合理的解释。因此我们推测：灵魂是起源于男性英雄祖先的神圣性能的，它是男性英雄祖先神圣性能的概括化和概念化。男性英雄祖先的神圣性能是丰富的且抽象的，为了描述、表达和沟通的目的，它需要被概括化和概念化。但是，今天我们所见的灵魂概念所表达的灵魂观念不是"一蹴而就"的，而是一步一步发展演变出来的。现在，可以对灵魂的起源和发展演变过程做一个推测。因为灵魂的实质是男性英雄祖先神圣性能的表征，而对男性英雄祖先神圣性能的崇拜主要是通过尸骨信仰和图腾信仰体现出来，那我们可以分两个阶段来讨论这个问题。

第一，前尸骨再生信仰阶段。这一时段，男性英雄祖先已经具有了灵魂。其灵魂的产生，是因为他的神圣性能能够从自身分离出去的结果。因为尸骨与人的紧密联系，所以原始人把尸骨与人混同，所以他的神圣性能能够依附在尸骨上，于是他的尸骨上就具有他的灵魂；因为图腾信仰，他的神圣性能也依附在图腾物体上，所以图腾物体上也有他的灵魂。图腾的实质是祖先的尸骨，所以灵魂其实只依附在尸骨上。这也好理解，男性英雄祖先去世后，就只有他的尸骨才是与男性英雄祖先本身最为相关的。这种神圣性能的分离是灵魂产生的基础，什么时候这种分离发生，则什么时候产生灵魂。看来，灵魂从一诞生开始就具有强大的性能，就是和男性英雄祖先的肉体密切相关的。但是，在此时段内，只有男性英雄祖先才具有灵魂，其他人是不具有灵魂的。根据力量图腾的产生时间推测，男英雄祖先应该在旧石器时代中期就已经具有灵魂了。

第二，尸骨再生信仰阶段。这一时段，由于男性英雄祖先尸骨再生信仰，依附在尸骨和图腾物体上的男性英雄祖先的灵魂实现了在所有族群成员身上的反复传递。也就是说，所有人都是具有男性英雄祖先的神圣性能即灵魂的。在前一时段的灵魂所具有的性能的基础上，灵魂新增了生源性和再生性的特性，灵魂开始具有了不死的性质。我们今天所见到的灵魂观念应该是在男性英雄祖先尸骨再生信仰诞生时即旧石器时代晚期基本定型的。

现在，可以做一个简单的总结。笔者认为，灵魂是起源于男性英雄祖先的神圣性能的。这种性能因为尸骨信仰而与男性英雄祖先分离依附在其尸骨上，又因为图腾信仰而与尸骨分离并依附在图腾物体上，继而，因为男性英雄祖先尸骨再生信仰，这种性能实现了在族群全体成员身上的再生。灵魂的性质随着这种性能的变化而变化，始终与这种性能的特点保持一致，由这种性能的性质和特点决定，可以说是这种性能的复身和影子。

这就解释了为什么澳大利亚的两个甚至一个英雄祖先的灵魂可以再生出整个部落，因为祖先尸骨上的神圣性能是可以无限次被利用的，那尸骨上的灵魂自然也是无限多的，它可以实现一对多模式的再生。我们也就能理解为什么澳大利亚人要制造丘林噶和不时地用红赭石和油脂等物擦拭丘林噶了。在前文论及再生神话的时候我们讲道，实现再生的必要条件是尸骨的完整度和新鲜度。可能在原始人看来，只有尸骨保持完整和新鲜，尸骨所代表的人的神圣性能才会依附在尸骨上面，尸骨上才会具有灵魂，再生才有可能。那么，澳大利亚人之所以制造丘林噶，应该是为了让祖先的神圣性能即灵魂有"尸骨"可以依附。而不时擦拭丘林噶的意图，应该就是为了使这具"尸骨"保持新鲜，以便丘林噶上面能够充满祖先的神圣性能即灵魂。红赭石和油脂都能象征生命，因为红赭石与血液的颜色一致。人死后血液会流失，油脂也会干枯，二者确实具有"保鲜"的作用。

这样看来，灵魂是因男性英雄祖先的神圣性能而生的，它可能并不是受梦的启发而产生的。关于灵魂的起源，涂尔干也提出了一个很有创见的看法：灵魂就是化身在每个个体中的图腾本原。[①] 什么是图腾本原呢？涂尔干认为：氏族的神和图腾本原，都只能是氏族本身而不能是别

---

① ［法］爱弥尔·涂尔干：《宗教生活的基本形式》，渠敬东等译，商务印书馆2018年版，第338页。

的东西。① 涂尔干所说的灵魂与我们提出的尸骨再生信仰阶段的灵魂具有相似性，只是需要把图腾本原理解成为男性英雄祖先的神圣性能而不是氏族。

三 男性英雄祖先尸骨再生信仰的特点

至此，我们已经讨论了男性英雄祖先的两种再生方式，成年仪式和婴儿魂信仰，并对再生的主体——灵魂进行了探讨。这两种再生方式是具有世界普遍性的，这可以从后世的一些族群的观念反映出来。比如，南西伯利亚的突厥人，把一个宗族或一个部落看成是一具骨骸；② 我国傣族人认为自己居住的村落共同体"曼"，犹如一个人的身体；③ 纳西族《丽江木氏宦谱》中所载的束、叶、买、何四个母系氏族的名称，被记载为四个男子。④ 这些观念带给我们的疑惑，澳大利亚土著的成年仪式和婴儿魂信仰能够帮助消除。族群是男性英雄祖先的一具尸骨的再生。那么，难道族群不就是一具骨骸吗？难道不就是一个人的身体吗？难道不就是一个男子吗？这就说明，南西伯利亚的突厥人、傣族人和纳西族可能都曾经经历过男性英雄祖先尸骨再生信仰。事实上，这种信仰不仅具有普遍性，还对后世产生了深远的影响。现在，我们有必要对这些信仰的特征进行归纳总结，以便为后面的论述打下基础。综合来看，男性英雄祖先尸骨再生信仰具有如下特点。

第一，再生性。成年仪式再生出的是成年人，并且主要是成年男性，女性的成年仪式非常简单，它是无足轻重的。婴儿魂再生出的是整个族群。这种再生是一个或几个祖先再生出整个族群。

第二，护佑性。族群是男性英雄祖先的再生，这种再生通过灵魂的传递来实现，而灵魂实质上指的是男性英雄祖先的神圣性能，灵魂的传

---

① ［法］爱弥尔·涂尔干：《宗教生活的基本形式》，渠敬东等译，商务印书馆2018年版，第286页。
② 张峋：《台州文物考论》，上海古籍出版社2016年版，第181页。
③ 何少林：《中国少数民族大辞典·傣族卷》（上），云南民族出版社2014年版，第341页。
④ 严汝娴等：《永宁纳西族的母系制》，云南人民出版社1983年版，第32页。

递实质上是神圣性能的贯注。所以,男性英雄祖先对整个族群具有护佑性。因此,护佑性与再生性是一致的。

第三,禁忌性。主要是对妇女和未献身者的禁忌。禁忌的原因,主要是为了不破坏男性英雄祖先的神圣性能。所以,禁忌性和护佑性是一致的,正是因为男性英雄祖先具有神圣性能,所以他能够护佑族族,也正是因为这种神圣性能,所以他需要被禁忌。

以上三种性质是男性英雄祖先尸骨再生信仰的主要特征,这三种性质是一个统一体,彼此联系,不可分割。此外,因为图腾信仰在后文也会经常出现,所以也有必要在此做一个说明。我们已经指出,图腾是男性英雄祖先再生尸骨的派生,所以图腾信仰的特征与男性英雄祖先尸骨再生信仰的特征是一致的。它也一样具有再生性、护佑性和禁忌性。

第三章

十字、龙、石头——男性英雄祖先再生尸骨的具化

第一节 十字——男性英雄祖先再生尸骨的符号化

原始十字符号,有两个特点:一是在时间上具有久远性,在近10万前年,已经发现了十字符号的契刻;[①] 二是在地域分布上具有广泛性,西方考古学家薛曼尔(E. Simmel)说:十字为古代一切民族所尊崇的记号。[②] 十字符号如此久远和普遍,它到底具有什么样的本质呢?又是如何起源的呢?这是本节所要探讨的问题。

一 十字符号的类型

为了研究清楚十字符号的本质,弄明白它的形态是非常必要的。十字符号有多种形态,为了描述的方便,我们来给它们做一个简易的分类,大概可以分为以下几个基本型号:"1"字形、"十"字形、"T"字形、"X"字形、"丰"字形、"米"字形、"田"字形、"古"字形、"早"字形、"呆"字形、"丂"字形,等等。在笔者看来,这些类型的符号都可以称为十字符号,因为它们有着同样的本质,有着同样的起源。下面分别来介绍。

[①] 王东:《文化创新论:中国文化从何而来,向何而去》,吉林人民出版社2015年版,第11页。
[②] 薛曼尔:《神之由来》,郑绍文译,出版社不详,出版时间为1936年,第114页。

"1"字形　"1"字形十字架是由一根竖立的线条构成的。荣格在谈到万字符的来源时说：在基督教之前的时代，一个简单的竖直立柱，有时被称为十字架。①"1"字形符号为什么能被称作十字架，笔者将在后文中做出解释。

"十"字形　"十"字形十字架有几种：拉丁十字架，圣彼得十字架，希腊十字架，马耳他十字架，等等。

拉丁十字架的特点是：横线短、竖线长，交叉点靠近竖线的上方。这种形态的十字架是如何演变而来的呢？据王鹤鸣等人编写的《中国寺庙通论》，罗马式教堂建筑的结构，是从古罗马时代的巴西利卡式演变而来。随着宗教仪式日趋复杂，在祭坛前扩大南北的横向空间，其高度与宽度都与正厅对应，因此，就形成了一个十字形平面，横向短、竖向长，交点靠近东端。这叫作拉丁十字架，以象征耶稣钉死的十字架。②

圣彼得十字架的特点与拉丁十字架正好相反，是拉丁十字架的倒置。圣彼得因为传教而被罗马皇帝尼禄迫害，最后被钉上十字架殉道。现在该十字架已成为撒旦崇拜的标志。③

希腊十字架的特点是：十字的横线和竖线长度相等，从4世纪开始被普遍使用。象征《圣经》福音传至世界各地。④ 各国的红十字会正是用的这个标志。

马耳他十字架的特点是：四个方向由四个等长的"V"字形构成，四个"V"字构成了八个尖角，是医院骑士团及马尔他骑士团所使用的符号，也是第一次十次军东征时所使用的十字。⑤

"T"字形　这种十字架称圣安东尼十字架，图形来自希伯来文的最后一个字母，后被转换记于希腊文中。"隐修主义之父"圣安东尼被

---

① [瑞士] C. G. 荣格：《梦的分析》（下），董建中等译，长春出版社2014年版，第43页。
② 王鹤鸣等：《中国寺庙通论》，上海古籍出版社2016年版，第531页。
③ [英] 布鲁斯—米特福德等：《符号与象征》，周继岚译，生活·读书·新知三联书店2014年版，第178页。
④ [英] 布鲁斯—米特福德等：《符号与象征》，周继岚译，生活·读书·新知三联书店2014年版，第178页。
⑤ 李季：《欧洲雕刻纹样》，北京希望电子出版社2015年版，第2页。

钉死在这种十字架上。①

"X"字形 这种类型的十字架称为圣安得鲁十字架。相传，圣安得鲁最终是在这种十字架上被处死的，X形十字后面成为了他的象征。今天的苏格兰和牙买加国旗上都有这种十字标志。②

"丰"字形 "丰"字形及在其基础上的变种十字架比较多，有教皇十字（图3-1）、俄东正教十字（图3-2）、洛林十字（图3-3），等等。

教皇十字仅由教皇使用，由一根竖线和三条横线组成，三根横线代表授予教皇权威的三方：天、地、教廷。在教廷举行游行时，教皇头上会佩戴这种标志；东正教十字由三条横线和一条竖线构成，最下面的一横是倾斜的，向上倾斜的部分代表天堂的方向，而向下倾斜的部分代表地狱的方向，它象征拯救与诅咒的平衡；洛林十字由一竖两横三根线条构成，英法战争时，法国民族英雄圣女贞德曾使用该符号。③

图3-1 教皇十字　　图3-2 东正教十字　　图3-3 洛林十字

"米"字形 基于"米"字形结构的十字符号有君士坦丁十字和受洗十字等。君士坦丁十字原是希腊文"基督"的两个开头字母"X"和"P"组合而成，后被君士坦丁大帝用在军旗上，因而得名。④ 受洗

---

① 张旭：《高贵的象征：纹章制度》，长春出版社2016年版，第88页。
② ［英］布鲁斯—米特福德等：《符号与象征》，周继岚译，生活·读书·新知三联书店2014年版，第178页。
③ ［法］布鲁斯—米特福德等：《符号与象征》，周继岚译，生活·读书·新知三联书店2014年版，第179页。
④ 张旭：《高贵的象征：纹章制度》，长春出版社2016年版，第88页。

十字是古希腊两个"十"字的重复结构，多用于受洗仪式。①

"田"字形 这类型十字的特点是外围封闭，里面形成从中心向外部伸展辐射的线条，线条多少不等，线条有时会突破封闭圆环。亚述人中有这样的十字架（图3-4），他们的国王常把这样的十字架挂在脖子上。在埃及人中，发现有一种常见的十字架（图3-5），它常常与太阳轮结合在一起，为太阳提供四个轮辐，荣格说万字符有可能源于这种十字架。在那不勒斯发现有这样的十字符号（图3-6），据称是由一位崇拜普里阿普斯的祭司所佩戴。②

图3-4 亚述人十字符　　图3-5 埃及人十字符　　图3-6 那不勒斯十字符

"古"字形 这类型的十字符号基于古字的架构构成。比如卡马尔格十字（图3-7），源自法国南部卡马尔格地区，由十字、锚和中心三部分组成，分别代表忠诚、希望和爱；③在古代陶器上也出现了这种结构的十字符，它是由十字符和带光芒的盘状物构成的（图3-8）④；在我国扬州发现有叙利亚文景教徒墓碑，上面就有莲花十字符号，其也是古字形的（图3-9）。⑤

---

① 赵鑫珊：《墓地是首雕塑诗：对欧洲墓地雕塑的艺术思考》，百花文艺出版社2013年版，第168页。

② [瑞士] C.G.荣格：《梦的分析》（下），董建中等译，长春出版社2014年版，第39—44页。

③ 赵鑫珊：《墓地是首雕塑诗：对欧洲墓地雕塑的艺术思考》，百花文艺出版社2013年版，第170页。

④ [瑞士] C.G.荣格：《梦的分析》（下），董建中等译，长春出版社2014年版，第39—40页。

⑤ 孙育兵：《人类莲花文明：世界花朵象征符号研究》，中国财富出版社2017年版，第96页。

第三章 十字、龙、石头——男性英雄祖先再生尸骨的具化

图3-7 卡马尔格十字　　图3-8 古代陶器上的十字　　图3-9 莲花十字

"早"字形 这种类型的十字符号是与"早"字的结构类似的。比如科普特十字,圣马克将基督教传入埃及之后,早期的埃及基督教开始使用这个符号(图3-10)。凯尔特十字被圆环包裹,是爱尔兰基督教的象征(图3-11)。① 鲍德温(Baldwin)提供了一些这种类型的十字架(图3-12)。②

图3-10 科普特十字　　图3-11 凯尔特十字　　图3-12 环柄十字及其变体

"呆"字形 "呆"字形十字符号是类似于"呆"字的结构的,鲍德温(Baldwin)提供了一些例子(图3-13)。③

图3-13 环柄十字及其变体

---

① [法]布鲁斯—米特福德等:《符号与象征》,周继岚译,生活·读书·新知三联书店2014年版,第178页。
② [瑞士]C.G.荣格:《梦的分析》(下),董建中等译,长春出版社2014年版,第41页。
③ [瑞士]C.G.荣格:《梦的分析》(下),董建中等译,长春出版社2014年版,第41页。

"卐"**字形** 这类符号有两种,一种是"卐",另一种是"卍"。北魏时期的佛学家将"卍"读成万字,玄奘将其读成德字,武则天于长寿二年(公元693年)将其读音统一同"万"字。① 在公元前3000年前后的地中海国家,万字符被发现于特洛伊的最低地层(图3-14),后来,万字符变得更复杂些,在末端有了螺旋形(图3-15)。②

图3-14 见于特洛伊最底地层的十字

图3-15 末端带螺旋形的十字

以上介绍主要利用的是国外的材料。但实际上,十字符号在我国的考古文物上多有出现,并且时间非常久远,符号形态非常丰富。贺古德等学者指出:中国的十字符最早出现在距今6080—5600年的西安半坡仰韶文化的彩陶刻符中(图3-16);在距今5800—4000年前的马家窑文化的彩陶中,十字符作为彩陶的彩绘多有所见(图3-17)。③ 在马厂类型的四大圈纹中,也发现有十字符号(图3-18和图3-19)。④ 姜继斌等学者指出:出土文物表明,中国早在7000年前就有十字符号和卍字符号。⑤

---

① 杨颂:《洛书中的智慧:中华智慧人生九宫秘商探微》,知识产权出版社2012年版,第66页。
② [瑞士]C.G.荣格:《梦的分析》(下),董建中等译,长春出版社2014年版,第42页。
③ 贺吉德等:《贺兰山贺兰口岩画》,宁夏人民出版社2017年版,第79页。
④ 此二图采自郭廉夫等:《中国纹样辞典》,天津教育出版社1998年版,第74页。
⑤ 姜继斌等:《古典社会治理学杰作〈老子〉评析》,经济日报出版社2015年版,第53页。

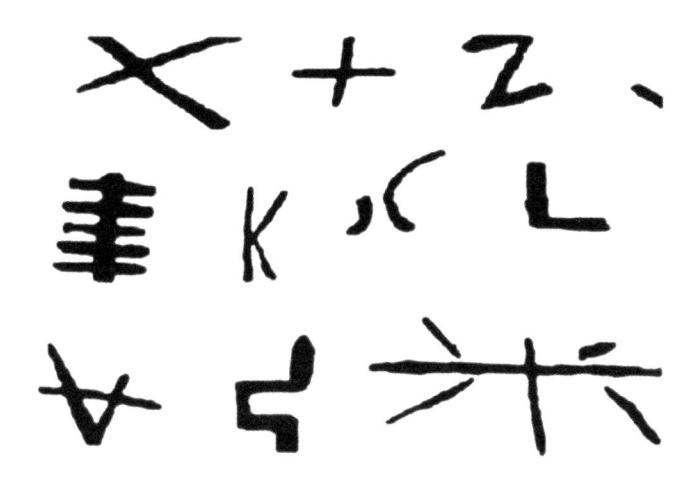

第三章 十字、龙、石头——男性英雄祖先再生尸骨的具化

图 3-16 西安半坡仰韶文化彩陶十字刻符

图 3-17 马家窑文化彩陶十字刻符

图 3-18　马厂类型四大圈纹

图 3-19　马厂类型四大圈纹

以上介绍了十字符号的类型和形态。可以看出，十字符号的样式是十分丰富的，在形态上更是各有特色，不同民族的十字符号在具体细节上各有其特色，没有一个统一的模式和标准。

二　十字符号的意义

研究清楚了十字符号的类型和形态后，我们要着手研究十字符号的意义了。只有弄明白人们为什么要使用十字符号和在什么意义上使用十字符号，我们才能明白十字符号的本质。综合各种材料来看，十字符号的意义是多种多样的，主要具有以下几种含义：复活、永生、灵魂通道、吉祥、辟邪、权威,等等。

在埃及,十字架具有令人复活的能力。在 12 世纪的浅浮雕中,一位女神把有柄十字架送到一位已经死去的国王的鼻孔前,铭文是:我给你生命,稳定、纯净,如拉神般永恒。这种十字架也被递给活人,作为生命力的标志。依据布拉瓦茨基的说法,十字架被用于古埃及的神秘仪式中,已被接纳者固定在十字架上,并被置于基奥普斯金字塔上三天。在第三天的早晨,他被带至一个廊台的入口,在那里,在某个时辰,初生太阳的光线布满该获准许候选者的脸上,他醒来,被奥西里斯及智慧之神透特所接纳。在象形文字体系中,借助有柄十字架而形成的表意符号(发音 ankh),表示生命、活着,而且象征复活,从而象征永生,它被称为生命之匙。在希腊,十字形符号代表生命女神。在墨西哥,有柄十字被称为生命之树。依据阿兰维的说法,美洲的十字架象征世界树、生命之树和我们的肉身之树。在法国,T 字形十字架也是生命和生殖的工具。对于十字符号,荣格说:我们再次发现它是生命之树,而且象征永生。①

在罗马,十字架同样具有使人复活的能力。耶稣就是因十字架而复活的。最初的基督徒是十分憎恶十字架的,《约翰启示录》称十字架为野兽的标记,当时十字架是处死奴隶和基督徒的刑具。但公元 313 年罗马皇帝君士坦丁规定基督教为国教,十字符号开始受到普遍崇拜。7 世纪出现了耶稣被钉死在十字架上受难的形象。② 但不管怎么样,正如奥斯本指出的:耶稣再生或复活的基本要素总归是十字架上的受难,如果你想要复活,就必须先被钉到十字架上。由于耶稣被钉上十字架,我们才得以脱壳而出,才能复活再生。③ 我们看到,至少在罗马,十字架是具有双重含义的,一面是死亡,一面是再生。在东正教十字架中,我们同样看到了复活和诅咒的双重性。其两水平横线和一斜横线象征拯救与诅咒的平衡。为什么十字架在这里具有双重含义呢?我们将在后文解答。

---

① [瑞士] C. G. 荣格:《梦的分析》(下),董建中等译,长春出版社 2014 年版,第 40—51 页。
② 汪建川:《古今神秘现象全记录》,内蒙古大学出版社 2004 年版,第 36—37 页。
③ [美] 奥斯本:《坎贝尔生活美学:从俗世的挑战到心灵的深度觉醒》,朱侃如译,浙江人民出版社 2017 年版,第 147 页。

马耳他十字有八个尖角,"八"这个数字在基督教中含有再生的意义,也寓意耶稣从受难周到复活的八天时间。①"米"字形的受洗十字,也有八根辐射出去的线条,也有获得重生的意义。② 同时,万字符号也是佛教、苯教、景教和梵天派等专用的神圣符号,表示永恒常在、坚固不变等意。③ 藏族把"卐"编织在座垫、地毯和马垫四周,藏语称这种图案为"雍仲扎日",意为"永固长城"。他们有时将这个符号连环绘在建筑物上,意为"永恒牵手"。④

十字符号具有灵魂通道的意义。我国彝族人认为,他们的祖先在北方,人死后返回祖先生活的地方,他们制作的用于送祖灵升天的旗帜"纳觉额"上,就综合了"十"和"卐"两种图纹。十字具有引导、保护祖灵升天的功能。⑤ 郭庆丰先生指出:在民俗生活当中,剪纸、刺绣、雕刻的图式构成,驱鬼、送病、送葬、送寒衣、请神、走秧歌、建筑、出行等行为都是在十字的结构上开始和在十字路口来进行和最后完成的。十字在民间之所以如此重要,是因为它在空间上给人们的精神生活指引了一条甚至多条仿佛可以前往另一世界的途径。民俗观念里生死之间的生命,还有往来的灵魂,它们都是通过十字路口,或者十字的符图出入的。⑥ 日本学者指出:古时候,人们相信道路交叉的地方容易出现魔物。有一种解释说,这是因为十字路口是阴阳两界的交界处。⑦

十字符具有强大的力量,它是吉祥的符号,它能护佑人民。在西方,人们相信十字符可以抵挡邪恶,快速画十字的手势可以驱赶恶魔,用粉笔草草写个十字也有这样的功效。⑧ 据说圣安东尼十字架有趋吉避

---

① 张旭:《高贵的象征:纹章制度》,长春出版社 2016 年版,第 87 页。
② [法] 布鲁斯—米特福德等:《符号与象征》,周继岚译,生活·读书·新知三联书店 2014 年版,第 179 页。
③ 吴均:《吴均藏学文集》,中国藏学出版社 2007 年版,第 30 页。
④ 杨知勇:《西南民族生死观》,云南教育出版社 1992 年版,第 98 页。
⑤ 喻仲文:《先秦艺术思想史》,武汉大学出版社 2017 年版,第 35 页。
⑥ 郭庆丰:《一纸两界的装置——窗棂格子》,陕西人民美术出版社 2012 年版,第 110 页。
⑦ [日] 水木茂:《妖怪大全》,王维幸译,南海出版公司 2017 年版,第 460 页。
⑧ [英] E. H. 贡布里希:《秩序感——装饰艺术的心理学研究》,范景中等译,湖南科学技术出版社 1999 年版,第 273 页。

凶的功能。① 十字符号是战神和太阳神的表征；尼罗河黑人经常为男性的脑袋理出万字形发型。② 玛雅人用两根交叉的棍子观察规定的点，埃及人用十字标记尼罗河洪水的高度以预测农业的收成，古金文中有在人的头顶绘制十字图形。③ 在土家族，"十"字符号叫"日阿都介"。他们在很多场会用到"十"字符号。比如，当小孩要外出时，土家人会用烟锅灰在小孩子的额头到眉心中间画上一个"十"字，以护佑小孩平安。④ 在我国彝族，流行一种四方八虎"卐"字挑花图案，图案中间和四周都挑有"卐"字符号，人们把这个符号作为永远吉祥的象征加以保存和运用。在纳西族《东巴经》文本里经常出现"卐"字符号，纳西语称之为"额"，意为善和吉祥。⑤

三　十字崇拜的起源

研究了十字符号的形态和意义后，我们可以探讨十字崇拜的起源了。学术界对这个问题的看法可谓是百家争鸣，但我们暂且搁置不顾，先直接根据我们对十字符号形态和意义的把握去探讨其起源，然后再去研究学术界的看法及其形成原因。

从形态上和功能上，十字符号都具有图腾圣物的特征。另外，美洲的十字架象征世界树、生命之树和我们的肉身之树。这里的肉身之树，其实就是指的世界树，前文我们举过斯勒人有人的骨骼是宇宙树的材料所创造的观念。十字架既然能够象征我们的肉身之树，也说明十字架是起源于我们的肉身的。所以，笔者认为，十字符号应该就是族群男性英雄祖先的一具再生尸骨的符号化。

现在，我们可以试着用这个理论去解释十字崇拜现象，看看是否能够解释得通。

---

① 刘夫德：《上古史发掘》，陕西人民出版社2010年版，第293页。
② ［瑞士］C. G. 荣格：《梦的分析》（下），董建中等译，长春出版社2014年版，第47、50页。
③ 王冬梅：《建筑文化学六义》，合肥工业大学出版社2013年版，第79页。
④ 张伟权：《探珠拾贝——长江流域的文字与嬗替》，长江出版社2014年版，第149页。
⑤ 杨知勇：《西南民族生死观》，云南教育出版社1992年版，第98页。

前文讲道,十字形态最简单的类型是一根竖桩。从人类的尸骨很容易产生出这种形态,当尸骨的手脚完全并拢的时候,就是一个"1"字形;并且,人的肋骨也是"1"字形。在苏美尔文字中,"ti"就是肋骨,也是生命。[①]《旧约·创世记》说:神趁亚当睡着了的时候,从他身上取下一条肋骨造就了一个女人。亚当说:这是我骨中的骨,肉中的肉,可以称她为女人,因为她是从男人身上取出来的。《旧约》中的这一则简短的神话,实在能够说明很多东西。它说明"1"确实是一个十字符号,因为它具有再生能力,能够再生出人;它也说明了人类最早的祖先是男性英雄再生祖先,神话中亚当是男性,女人是出于男人而不是出于女人;同时,它证明了尸骨具有再生的能力,在原始观念中,人不过是一具尸骨的再生。

再来看十字符号的其他形态。"十"字形、"T"字形、"X"字形、"丰"字形、"米"字形、"古"字形、"早"字形、"呆"字形、"卐"字形,等等。这些形态难道不正是一具尸骨的变化形态吗?我们可以将一具尸骨摆放出上面所说的任何一种形态。因为人去世后,尸骨的呈现姿态是多样的。而人类的手脚都有骨节,是可以随意弯曲的。比如"T"字形,人体的胸骨和左右锁骨构成的是一个"T"字形;并且,人类古代有砍头颅的习俗,特别是表现勇猛的男性英雄容易被敌人砍掉脑袋,人体骨架没了脑袋后,把手伸开把脚并拢,就是一个"T"字形。又如"卐"字形和"卍"字形,人体骨架也很容易呈现这样的姿态,把人的手骨和腿骨做相应的弯曲就可以。其他的如"米"字形、"早"字形、"呆"字形等,就更容易理解了,它们与人体骨架的形状更为接近,在此不一一释说。

根据考古资料,我们发现,有些十字符号还保留了人体骨架的较完整的形态。比如"丰"字十字符,就是人类肋骨和脊柱(胸骨)组合形态的象形。在西安半坡仰韶文化彩陶十字刻符中,发现有十字符号由一根竖线和五条横线组成(图3-16);在马厂类型四大圈纹中,发现有十

---

① [美]撒迦利亚·西琴:《第十二个天体》,宋易译,江苏凤凰文艺出版社2019年版,第98页。

第三章 十字、龙、石头——男性英雄祖先再生尸骨的具化

字符由一根竖线和 8 条交叉的斜线构成（图 3-18）。又如"卐"字形，在有些符号中，它的末端是可以弯曲的（图 3-15），这和人体关节可以弯曲相似；有的末端发枝，显然还保留有手指骨和脚趾骨的形状（图 3-20）。① 再如"田"字形的十字符号（图 3-4），其特点是外围封闭，里面形成从中心向外部伸展辐射的线条。这个形态与人的一副肋骨类似。整体上看，人体的肋骨也是由中心向外辐射的。

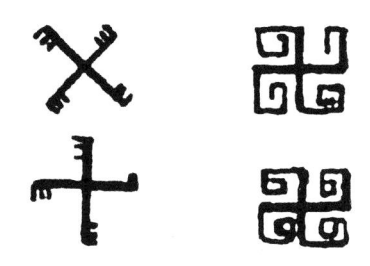

图 3-20 见于辽宁小河沿文化期的十字

以上，我们从形态和意义两个方面说明了十字符号与男性英雄祖先再生尸骨的象征与被象征的关系。现在，可以讨论学术界关于十字崇拜起源的观点了。

荣格说道：十字架不是起源于任何外部形态，而是起源于原始人的一种内在心理意象。这种意象的奇特本性，表达出生命能量的基本特质。这种生命能量不仅出现于它内部，而且出现于它的全部客体中。生命力和十字符号或者与数字 4 有关，绝对是一个非理性的事实。笔者不知晓为何它被觉察为如此一种形态；笔者仅仅知晓，十字形总是意味着神力或生命力量。②

薛曼尔（E. Simmel）认为：十字符号与人类恩人的火很有关系，因为野蛮人用以生火的器具构成一个十字。③ 丁山先生接着薛曼尔的观点

---

① 图片来自芮传明《丝路古史散论》，复旦大学出版社 2017 年版，第 254 页。
② [瑞士] C. G. 荣格：《梦的分析》（下），董建中等译，长春出版社 2014 年版，第 60 页。
③ 薛曼尔：《神之由来》，出版社不详，出版时间为 1936 年，第 114 页。

说：甲字的最古写法作十，盖即像钻燧生火的钻形。① 王锡昌先生亦有类似的观点。他在《卍字考源》一文中说道：卍即为象征钻火的符号②

高福进先生认为：日神的符号包括圆盘状、十字及其变体、日纹和日神岩画等。十字日神较为普遍地存在，它体现了最原始最简洁的意义：十字是阳光四射的简化符号形式，代表东南西北四个方向，它与昼夜及四季更替有着直接的关系。③ 何新分析了各种多样的十字符号图形后认为：这些图案具有惊人的相似之处，表明它们很可能具有一种共同的母题——太阳。它们都是太阳图案的各种简化形式和变化形式。④

罗科在《性神话》一书中，把十字符号作为性崇拜的普遍象征，认为其生殖与再生的意义在各大文明的初期均有所表现，埃及、印度、希伯来到中国都是如此，是国际通用的。⑤ 赵国华先生认为：卍字纹在马家窑文化中是蛙肢纹的抽象变形，具有象征女性生殖器的意义。⑥ 贺吉德等学者也认为十字符号是生殖的象征。一横代表阴，一竖代表阳，横竖相交，意为阴阳交接，暗指为男女交媾。⑦

以上是学界关于十字符号的意义的主要观点，现在可以对以上几类观点做一个大致的评论。

荣格的观点可以称之为心理意象论。荣格认为十字符号表达了生命能量的基本特质，但它没有外部的起源，而是起源于人的内心，是人的内心深处自动浮现出来的意象。但是这种"空中楼阁"的意象是令我们无法理解的，它肯定有一个外部的起源，心理意象肯定是对客观事物的反映。当我们不明白这种意象的起源时，只是因为这种意象的外部来源太过久远而变得扑朔迷离，但不能由此否认其具有外部来源。

---

① 丁山：《中国古代宗教与神话考》，上海书店出版社 2011 年版，第 511 页。
② 虞愚：《中国佛教文史论集》，大乘文化出版社 1980 年版，第 164 页。
③ 高福进：《太阳崇拜与太阳神话：一种原始文化的世界性透视》，上海人民出版社 2002 年版，第 62—63 页。
④ 何新：《诸神的起源》，生活·读书·新知三联书店 1986 年版，第 1—4 页。
⑤ 叶舒宪：《诗经的文化阐释——中国诗歌的发生研究》，湖北人民出版社 1994 年版，第 507 页。
⑥ 赵国华：《生殖崇拜文化论》，中国社会科学出版社 1996 年版，第 198 页。
⑦ 贺吉德等：《贺兰山贺兰口岩画》，宁夏人民出版社 2017 年版，第 79 页。

第三章 十字、龙、石头——男性英雄祖先再生尸骨的具化

薛曼尔等学者的观点可以称之为火源论。认为十字符号起源于原始时代人们生火的十字形的器具，这很难解释以下几个问题。

第一，西安半坡博物馆编的《史前研究》一书在研究了古代民族各种相异的取火方法之后指出：各民族、各地区的取火方法是不同的，这是由人们的生产经验、取材和技术水平不同来决定的。[①] 宋兆麟等学者指出：我国旧石器时代，人们多以燧石、石英、火石等石料制作工具，在打制石器时采用摔击、碰砧、石锤打制等方法的过程中，由于互相猛烈撞击石头，必然发热发光，以致出现火星。我国鄂温克人相传他们的祖先就是用两块石头击打出火星，然后用桦皮纤维引火的。[②] 既然这样，那么生火的器具的形状是多种多样的，为什么就偏偏十字形的生火器具产生了十字符号呢？为什么其他形状的生火器具不产生出与其形状类似的崇拜符号呢？

第二，既然各地区的生火方法和工具是不同的，那么，为什么会在此基础上产生具有世界普遍意义的十字符号崇拜呢？对十字符号的崇拜既然具有世界普遍性，那么，其起源应该也具有世界普遍性才对。

第三，由十字形的生火器具而产生的十字符号何以具有复活能力？又何以是生命和灵魂的通道？又何以能够护佑族群成员平安？这些问题是火源论比较难以做出解释的。

高福进、何新等学者的观点可以称之为太阳论。这类观点认为十字符号起源于太阳，十字符号只不过是太阳光线四射的象征符号。如果十字符号起源于太阳，那如何解释十字符号的诸多变体呢？比如I字形和T字形，这和太阳的形状确实关系不大，但它们都具有十字符号所具有的普遍意义。此外，十字符号所具有的灵魂通道等含义，太阳论也面临解释的困境。

罗科、赵国华等学者的观点，可以称之为生殖论。赵国华先生认为：伯希和于1907年在新疆吐勒都尔—阿库尔遗址（断代为公元750—800年）发现两块刻有符号的土坯（图3-21）。一块上面刻有男根，另一块上面刻有卍字符号。因为"卍"纹样在马家窑文化中是蛙

[①] 西安半坡博物馆：《史前研究》，三秦出版社2000年版，第434页。
[②] 宋兆麟等：《中国原始社会史》，文物出版社1983年版，第82页。

· 115 ·

肢纹的抽象变形,具有象征女性生殖器的意义。因此,这两个砖刻纹样在一处同时出土,是对男女两性生殖器一并崇拜的表现。①

图3-21 新疆古代砖刻上的男根纹和十字纹

生殖崇拜论看似有理,但有几个疑问待解。

第一,人类认识到男女交合繁殖是很晚的事情,十字符号的产生时间远远早于这一认识产生的时间。比如,澳大利亚土著并没有认识到男女交合是繁殖后代的必要条件,他们认为怀孕的直接原因在于无形的孩子的胚胎进入女子体内。②但是,澳大利亚十字形和丰字形的图腾圣物崇拜却大行其道。这又如何解释呢?

第二,如果十字符号真是生殖的象征,那么,如何解释十字符号的内涵呢?再生、永生、驱魔辟邪、护佑人民,这些内涵如何能从一个女性的生殖器衍化出来?如果十字符号是象征女性生殖器的,那么,它就有确定的意义,即生育。由生育意义较难演化出再生、永生和护佑性等意义来。

这就说明,十字符号的原初意义应该不是生殖。但是,我们也看到,有些族群确实可能将十字符号生殖崇拜化了。因为有些族群可能把

---

① 赵国华:《生殖崇拜文化论》,中国社会科学出版社1990年版,第197—198页。
② [苏] C. A. 托卡列夫等:《澳大利亚和大洋洲各族人民》,李毅夫等译,生活·读书·新知三联书店1980年版,第276页。

第三章 十字、龙、石头——男性英雄祖先再生尸骨的具化

它当作了男根和女阴的象征,这一理解可从他们所描绘的十字图符反映出来,比如上文赵国华先生所提供的图3-21,可能确实有把万字符当成女阴的倾向。又如图3-22,① 从图片上看,十字符号似乎是由男根形象和女阴形象组合而成的。这又如何理解呢?笔者认为:假如十字符号真具有生殖意义,那这也不是十字符号的原初意义,它只是后来衍化出来的象征意义,比如吐勒都尔—阿库尔遗址就是较晚的遗存。生殖意义应该是由再生意义衍化出来的,再生和生育都具有诞生生命的含义,这是前者能够衍化出后者的基础。由再生意义可以衍化出生殖意义,但由生殖意义却较难衍化出再生意义。

图3-22 由类似男女两性器官构成的十字

接下来,我们来讨论十字符号的传播问题。学界对这个问题的答案是极不统一的,但总的来说可以分为四类观点:印度传入说,中国中心说,西亚传入说,独立说。有的学者认为卍字符号是大约在两汉之际由印度借佛教传入我国的。② 有的学者持中国中心说,比如王志安等学者认为:羌族所处的位于亚欧大陆之间的甘青地区成为世界十字纹传播中心,将十字纹传播到西方以致十字纹逐步在西方各民族中流行开来。③ 有的学者持西亚传入说,比如饶宗颐先生说:"卐"字

---

① 左图来源于[美]O.V.魏勒《性崇拜》,历频译,中国文联出版公司1988年版,第293页;右图引[瑞士]C.G.荣格《梦的分析》(下),董建中等译,长春出版社2014年版,第44页。
② 高福进:《常识非常知:中外文化奇思妙问》,上海人民出版社2010年版,第171页。
③ 王志安等:《世界视野中的马家窑文化》,山西人民出版社2019年版,第414页。

符必然来自于西亚。① 有的学者持独立说，比如赵国华先生认为：中国和印度的"卍""卐"纹样乃是独立的产生的。德国学者格罗塞发现，巴西原始民族卡拉耶人装潢品上也有杂形的"卍"，这恐怕更难用传播来解释。②

那么，十字符号是传播的吗？从十字崇拜现象来看，它具有两个特点：一是具有世界普遍性；二是具有内在生命力。传播论勉强可以回答十字符号的普遍性，但如何解答十字崇拜在其所在地区的生命力？要知道，传播的东西毕竟是外来的，是很难内化为被传入地人们的深深的信仰的。当一种信仰表现出充分的生命力的时候，它一定有其自身的孕育土壤和基础。笔者认为：十字符号是族群男性英雄祖先再生尸骨的象征。这就让"十字符号是传播的吗？"这样的问题得以消解了。前文已经提到，男性英雄祖先尸骨再生信仰是具有世界普遍性的，正是从一具结构相同的再生尸骨而派生出了世界各地形态各异的十字符号，正是男性英雄祖先尸骨再生信仰的普遍性决定了十字符号的世界普遍性。应该说：从整体上讲，十字符号在世界各地是独立起源、发展和演变的。当然，我们在前文也推测，在前尸骨再生信仰时代也已经存在男性英雄祖先尸骨信仰，那么，在旧石器时代中期应该就已经存在十字崇拜了，本章开篇所提到的近十万年前的契刻十字符号，或许是一个证明。随着考古发掘的推进，世界各地应该还会有更早的十字符号呈现在我们眼前，让我们拭目以待吧！

第二节 龙——男性英雄祖先再生尸骨的动物化

龙，是一个古老的话题，又是一个全新的话题。说其古老，因为早在8000年前的辽宁阜新查海遗址中，就发现了龙形图案。③ 说其全新，是因为在龙崇拜领域，至今还存在许多基本问题没有得到解决，这说明

---

① 黄懿陆：《中国文明起源：从1.7万年前到春秋战国的易学模式》，云南人民出版社2009年版，第268页。
② 赵国华：《生殖崇拜文化论》，中国社会科学出版社1990年版，第197页。
③ 李祥石：《走进岩画》，宁夏人民出版社2014年版，第213页。

龙崇拜领域研究的潜力还很大。

一 龙崇拜研究领域存在的问题

问题是研究的先导，研究的目的是解决问题。现对龙崇拜研究领域存在的问题逐一简要论述如下。

（一）龙是否真实存在

有的学者认为龙是真实存在的，它就是远古的恐龙。王大有先生认为：龙，被古人公认为最原始的祖型，可能还是恐龙。古人以具有四足、细颈、长尾，类蛇、牛、虎头的爬行动物为龙，这可能是古人当时见到并描绘下来的某种恐龙形象。[①] 何光岳先生认为：或许在七八千年前，恐龙种类大量灭绝后，侥幸残存下来的一种稀有而具有强大威力的神奇动物——龙，被炎黄祖先华胥氏和伏羲氏等发现，而加以高度崇拜，推崇为氏族部落的神圣图腾。[②]

有的学者认为龙是想象之物。闻一多先生认为：龙是一种图腾，并且是存在于图腾中而不存在于生物界中的一种虚拟的生物。[③] 学者李埏认为：不论是龙的神性也好，物性也好，都是荒诞不经的，因为近代生物科学告诉我们，不仅现在的动物当中没有这样的怪物，就是自有人类以来，它也不曾存在过。[④]

（二）龙的原型是什么

学术界对龙的原型认识不一，总的来说，有单一说和复合说两种。单一说认为龙起源于单个物象，复合说认为龙起源于多个物象。关于这方面的成果非常之多，现分类择要列举如下。

1. 单一说

一些学者认为龙起源于蛇。

[①] 庞进：《中国龙文化》，重庆出版社2007年版，第37页。
[②] 何光岳：《龙图腾在炎黄族团的崇高地位》，《中南民族学院学报》（哲学社会科学版）1992年第2期。
[③] 闻一多：《闻一多全集3·神话编·诗经编（上）》，湖南人民出版社1993年版，第79页。
[④] 李埏：《李埏文集·第一卷，学术论文》，云南大学出版社2018年版，第438页。

闻一多先生认为：大概图腾未合并以前，所谓龙者只是一种大蛇。这种蛇的名字便叫作"龙"。后来有一个以这种大蛇为图腾的团族兼并吸收了许多别的形形色色的图腾团族，大蛇这才接受了兽类的四脚，马的头，鬣的尾，鹿的角，狗的爪，鱼的鳞和须。① 李埏先生认为：从龙的形状和特征看来，它与蛇最相类似；大概古人就是以蛇为蓝本，依照蛇的现状和特征，再附加某些想象，而塑造出来的。② 吉成名先生认为：各时期各地所流行的龙形都有一个共同的特征——蛇身，蛇身是龙的主要形貌特征。因此，蛇就是人们所赖以想象出龙的依据，龙的原型是蛇。③ 何星亮先生认为：龙是在蛇图腾基础上演化而来的，蛇在世界许多民族中是比较普遍的图腾之一。④

一些学者认为龙起源于雷电。

赵天吏《说龙》讲道：夏秋之时雷电频发，其光宛转如腾虵，先民谓之为龙；因不明其真相，遂想象其为神通广大之鳞虫之长，故能乘云升天，变幻无常。⑤ 周国荣《释"龙"》一文认为：龙，最早应该是大自然的电闪。人类语音之由来，一是自然之声，二是模拟之声。"轰隆"一词属于双声连语词，古人往往只用其中一字。所以，"轰隆"等于"隆"等于"龙"。从形象上看，雷电之闪的形象与龙的形象是一样的；从图腾崇拜来看，电闪在诸多的图腾崇拜里是渊源最早且"信徒"极广的。⑥

胡孚琛先生在《谈龙说凤》一文认为：龙的样子是那条稍纵即逝的闪电，最初传说的龙，就是兴云作雨的自然神。龙（力钟切）的读音也正是由"隆隆"的雷声谐音而来。在藏语中，龙与雷二字同义，雷就是龙的叫声。闪电的基本形象似蛇，先民只有用动物图式去把闪电

---

① 闻一多：《闻一多全集 3·神话编·诗经编（上）》，湖南人民出版社 1993 年版，第 80 页。
② 李埏：《李埏文集·第一卷·学术论文》，云南大学出版社 2018 年版，第 438 页。
③ 吉成名：《中国崇龙习俗研究》，天津古籍出版社 2001 年版，第 101 页。
④ 何星亮：《图腾与中国文化》，江苏人民出版社 2008 年版，第 466 页。
⑤ 赵天吏：《说龙》，《河南师大学报》（社会科学版）1983 年第 2 期。
⑥ 周国荣：《释"龙"》，《民俗研究》1985 年第 1 期。

装配成一个动物神,于是,龙就诞生了。①

一些学者认为龙的原型是鳄鱼。王明达先生认为龙的基调应是鳄鱼。②何新《龙的研究》一文认为：在文献中龙被描述成一种像蜥蜴的动物,而大蜥蜴就是鳄鱼。③顾自力认为龙的原型是牛;④阿尔丁夫认为龙的原型是马;⑤尹荣方认为龙的原型是松。⑥此外,还有以天象、胎儿、河马等为龙的原型的,这些学者都有其论证的过程,但限于篇幅,在此不一一展开细说了。

2. 复合说

刘城淮先生认为：龙部落主要是由尊奉蛇类（包括蜥蜴类）为图腾的氏族和尊奉马类为图腾的氏族组合成的。当综合在一块的时候,它们把彼此的图腾融化起来,便创作出了马首蛇尾的神——龙,尊之为主神,以之为称号。⑦

庞进先生认为：龙是中国古人对蛇、鳄、鱼、蜥蜴、鲵、猪、马、牛、鹿、虎、熊等动物,和雷电、云、虹霓、龙卷风、星宿等自然天象多元融合而产生的一种神物。动物崇拜和天象崇拜是自然崇拜的主要内容。龙崇拜以自然崇拜为基础,是自然崇拜的升华。⑧

杨和森先生认为：龙是一个综合的笼统的概念,所指对象很复杂,不同民族或不同地区的同一民族对龙的看法也不一致。滇西哀牢山彝族以穿山甲为龙;滇南峨山等县彝族以山壁虎（蜥蜴）为龙;四川凉山彝族以一种红色小花蛇为龙。⑨

另外,学术界一些学者认为龙崇拜的起源与原始农业有关,也可视

---

① 胡孚琛：《谈龙说凤》,《中国社会科学院研究生院学报》1987年第4期。
② 王明达：《也谈我国神话中龙形象的产生》,《思想战线》1981年第3期。
③ 中国社会科学院文学研究所等：《中国文学研究年鉴（1988）》,中国文联出版公司1992年版,第431—433页。
④ 陈秋祥等：《中国文化源》,百家出版社1991年版,第180页。
⑤ 阿尔丁夫：《华夏文化中龙的原型考》,《内蒙古社会科学》（文史哲学版）1994年第6期。
⑥ 尹荣方：《龙为树神说——兼论龙之原型是松》,《学术月刊》1989年第7期。
⑦ 杨其峰等：《曲艺与民间文学方阵·刘城淮卷》,湖南文艺出版社2000年版,第148页。
⑧ 庞进：《中国龙文化》,重庆出版社2007年版,第3页。
⑨ 吉成名：《中国崇龙习俗研究》,天津古籍出版社2001年版,第7—8页。

为一种复合论。孙守道先生认为：龙的起源，既以原始农业的发展为前提，同与农事联系的天象有关，又是原始宗教信仰、原始意识形态、原始文化艺术发达的产物，可以说是诸文明因素的一个结晶。① 蒋明智先生认为：由于中华民族农业文明的源远流长，以龙求雨的巫术信仰构成了龙文化最基础的部分。只有从龙的司雨属性及其与稻作文明的密切关系出发，来理解龙的原型及其文化内涵，才能把握中华龙文化的精髓。②

（三）龙崇拜的性质是什么

关于龙崇拜的性质，学术界分歧较大，总的来说有四种：图腾崇拜说，灵物崇拜说，广义图腾说，生殖崇拜说。

图腾崇拜说。闻一多认为龙是部族兼并时大蛇图腾吸收了许多别的图腾而形成的，他自然认为龙崇拜是图腾崇拜的。何星亮先生认为龙崇拜是图腾崇拜。因为社会组织以龙命名，奉龙为亲属或祖先，以龙作为标志或象征，存在龙图腾生育和化身信仰，所以，龙具有图腾的内涵和特征，无疑是远古时代的一个重要图腾。③

灵物崇拜说。李埏认为龙崇拜是灵物崇拜，他说：并非蛇变为图腾神物就是龙，而是蛇图腾在走完它的历史过程之后，转变而成了龙。龙崇拜已经是一种灵物崇拜，不是图腾。④ 吉成名先生认为：龙崇拜是一种灵物崇拜。灵物崇拜是人们认为某种东西具有某种或某些特殊的本领和灵性而加以崇拜，龙是四灵之一，正符合灵物崇拜的概念。而图腾崇拜一般是指人们把某种东西当作本氏族的始祖进行崇拜。古代汉族从来没有人说龙是他们的祖先，也从来没有人说他们的祖先是由龙演变而来的。所以，龙崇拜不是图腾崇拜。⑤

广义图腾说。庞进先生对龙是否为图腾持谨慎的态度，但一因有人

---

① 孙守道：《孙守道考古文集》，辽宁人民出版社 2017 年版，第 116 页。
② 蒋明智：《"熊龙"辨——兼论龙的起源与稻作文明》，《黄河文明与可持续发展》2013 年第 1 期。
③ 何星亮：《图腾与中国文化》，江苏人民出版社 2008 年版，第 461—466 页。
④ 李埏：《李埏文集·第一卷·学术论文》，云南大学出版社 2018 年版，第 440 页。
⑤ 吉成名：《中国崇龙习俗研究》，天津古籍出版社 2001 年版，第 211—218 页。

借质疑龙图腾之机别有用心地动摇龙的中华民族标志的地位,二因考古发现提供了有关龙图腾的新证据,他提出了"广义图腾说"。他它认为构成图腾的基本要素有:第一,某种自然物或天象;第二,该物被认为与族祖或族人有血缘关系;第三,该物是部族的保护神;第四,该物是部族的徽号标志。这四点,如果全部满足则是图腾,部分满足则为宽泛意义上的广义图腾。而龙恰好部分满足上述四点,所以完全够格作为中华先民崇拜的广义图腾。①

生殖崇拜说。师有福先生认为:哀牢山彝族以龙为图腾,他们每年要举行一次祭龙大典,其中有人与龙交配的象征性仪式。祭龙就是祭女性生殖器。有毕摩说,祭龙是祭荒古时代的母亲,远古祖母与龙交配生了我们的祖宗。② 杨昌鑫先生认为:楚南疆——五溪之域,民族民间世代传承的是远古对龙原生态的虔诚崇奉,根本不是将其作为图腾信奉,而是为最能生殖之"男根圣物"。敬奉它,以求云兴雨播,瑞降祥臻,人兴丁旺,家华室繁。③

(四) 中国人是不是龙的传人

无疑的,主张龙崇拜是图腾崇拜的学者肯定认为中国人是龙的传人。何光岳先生认为:龙是炎黄部落最古老的总图腾,也是中华民族的崇高徽号——龙的传人,龙的子孙和龙的国度。龙的形象具有强大的吸引力、凝聚力和战斗力,它渗透到中华各族人民的精神意识和感情生活,各行各业各族无不深深印染着龙的烙印。④ 何星亮先生认为:龙是中国历史上最为神圣的动物,是中华民族的象征。世界上不少国家都有与龙的神话传说和崇拜习俗,但唯独只有中国被称为"龙的故乡"或"龙的国家",只有中国人被称为"龙的传人"或"龙子龙孙"。中国汉族和大多数少数民族都崇拜龙。中国人作为"龙的传人",是在长期的历史积淀中形成的身份认同,它不以部分人的意志为转移,也不以西

---

① 庞进:《中国龙文化》,重庆出版社 2007 年版,第 296—297 页。
② 杨甫旺:《彝族生殖文化论》,云南民族出版社 2003 年版,第 221—222 页。
③ 杨昌鑫:《龙崇拜与生殖崇拜》,《民族艺术》1995 年第 1 期。
④ 何光岳:《龙图腾在炎黄族团的崇高地位》,《中南民族学院学报》(哲学社会科学版) 1992 年第 2 期。

方人的意志为转移。龙作为中华民族和中国的象征，是历史的选择，是中华民族的选择，是海内外华人的选择。①

但有些学者持反对意见。吉成名先生认为：现在人们自称"龙的传人"，喜欢自喻为龙，也不是说龙是他们的祖先，而是表示自己是民族文化的传承者，希望自己有本领、有出息、有作为。②

二 龙崇拜的起源

通过上面的简单介绍可以看到，在龙崇拜研究领域至少存在4个方面的主要问题没有解决，大家各执一端，各证己说。单个看，似乎大家说得都有道理。但如果综合来看，则似乎又是互相矛盾的。导致大家对这些问题持有不同看法的根源是什么？是因为大家都不确切知道龙到底是什么？这是第一位的问题，如果这个问题不解决，其他问题就无法解决。

（一）龙的原型

龙的本质是什么？这就涉及龙的原型问题。尽管学界认为龙的原型多种多样，但龙肯定是存在原型的，它不可能无中生有。一些学者也注意到了这个问题。比如王从仁先生认为：各种原始形态的龙，尽管差异明显，但有一点是共同的，即体型毫无例外均呈卷曲形状，为C形或圆形，无论是龙山文化、红山文化还是仰韶文化的遗物，莫不如是，殷商文物器具亦大多如此。③ 吉成名先生也认为各个时期各个地方所流行的龙形都有一个共同的特征——蛇身。蛇身与C形或圆形的形状类似，两位学者的看法是一致的。根据考古所见龙形，确实如两位学者所言。但两位学者对龙形的这种卷曲形状做了不同的理解，王从仁认为是中国古代"天圆地方"观念的反映，因龙象征天，所以是圆形的。④ 而吉成名先生则理解为蛇的形状。

不管学界对龙形的共同点的理解如何，但至少说明一点：龙形是存在共同点的。这个共同点是研究龙的原型的起点，揭示龙的原型还得从

---

① 何星亮：《图腾与中国文化》，江苏人民出版社2008年版，第581页。
② 吉成名：《中国崇龙习俗研究》，天津古籍出版社2001年版，第218页。
③ 陈秋祥等：《中国文化源》，百家出版社1991年版，第187页。
④ 陈秋祥等：《中国文化源》，百家出版社1991年版，第187—188页。

第三章 十字、龙、石头——男性英雄祖先再生尸骨的具化

这个共同点入手。谈及龙的原型问题,从字源的角度去分析,是一个比较好的方法。

据学者统计,龙字的甲骨文和金文有多种写法。王大鹏先生等人编著的《甲骨文常用字集字字典》提供了龙字的两种写法(图3-23)。①陈初生先生编的《金文常用字典》里提供了龙字的几种金文写法(图3-24)和甲骨文写法(图3-25)。②

图3-23 龙字甲骨文

图3-24 龙字金文

图3-25 龙字甲骨文

---

① 王大鹏等:《甲骨文常用字集字字典》,上海大学出版社2012年版,第117页。
② 陈初生:《金文常用字典》,陕西人民出版社2004年版,第984页。

> 原始崇拜之源

龙字的甲骨文，闻一多先生、朱芳圃先生谓乃巴蛇之形象，神化而为龙。[①] 闻一多认为龙形是蛇图腾吸收他图腾而成的，他把龙字的甲骨文解释为蛇的形象，当然是可以理解的。但不得不说，闻一多先生的解释是值得商榷的。从图3-23和图3-25中我们看到，龙字的甲骨文有三种基本构形：第一种构形就是"C"字形；第二种构形是一个类似"天"字形下部加一个"S"字形。第三种构形是一个类似"禹"形下部加"S"形。我们认为：

第一种构形中，"C"字形其实就是人体的脊柱。

第二种构形中，类似"天"字的形状，其实是人的胸肋和胸骨的构形。"天"字上面的"王"字形，其实就是人体的上部胸肋加胸骨的构形的简化形式；"天"字下面的"八"字形，其实是胸肋下角的形状。"天"字下部的"S"字形，其实就是人体的脊柱。其实，人体脊柱并不是笔直的，从侧面看是呈"S"形的，这是人类长期直立行走的结果，利于保持人体的直立与平衡。[②]

第三种构形中，"禹"形其实是人体的肋骨加肩胛骨的整体形状，人体的左右肩胛骨的整体构形正是▽形；而"禹"字形下面的"S"形，当然也是人体的脊柱。

总之，龙字的造字原型是人体的骨骼，其构成要素是人体的肋骨、胸骨、肩胛骨、脊柱四个部分，四个部分可全部参与造字，也可取其中几个部分组合参与造字。这是可以理解的，因为在原始人看来，人的脊柱可以代表人，人的肋骨也可以代表人，而肋骨加脊柱加肩胛骨就是一副比较完整的人体骨架，当然也能代表人。在苗族的图画文字中，龙是被当作脊柱来理解的，它的符号如图3-26所示。并且，在闽南方言中，脊椎骨统称为"龙骨"。[③] 这是不同民族对同一具再生祖先的尸骨的不同侧面的理解。另外，瑶族相信自己是龙的子孙，龙也就成为本民族的根骨。[④]

[①] 陈初生：《金文常用字典》，陕西人民出版社2004年版，第984页。
[②] 李继勇：《人体百科全书》，延边大学出版社2018年版，第138页。
[③] 王小盾：《中国早期思想与符号研究：关于四神的起源及其体系形成》，上海人民出版社2007年版，第689页。
[④] 奉恒高：《瑶族通史》，民族出版社2007年版，第25页。

第三章 十字、龙、石头——男性英雄祖先再生尸骨的具化

图 3-26 苗族"龙"的图画符号

当然,龙字所表现的骨架不是一般的人体骨架,而是尸骨再生信仰时代男性英雄再生祖先的尸体骨架。所以,龙的原型不用费力到处去探寻,它其实就在我们的男性英雄再生祖先自身身上,它其实就是男性英雄再生祖先的一副尸骨,只是这副尸骨实在是一副神奇而伟大的尸骨。

继续来看考古学上的证据。

辽宁阜新查海遗址出土了两块陶器残片,上面有浮雕的带鳞龙纹(图3-27)。王东先生对该鳞纹做了介绍:浮雕型龙纹,出土于阜新县查海遗址的房址中,为两块陶器残片。龙形浮雕于器的外表,一为龙的尾部,向上蜷曲,二为盘蜷的龙身。它们的共同特点是体宽而平,体上压印成排的月牙状窝点,共4排,已具有龙鳞纹特征。[1]

安徽省含山凌家滩新石器时代遗址出土了玉龙,其形呈"C"字形(图3-28)。《巢湖文化全书》介绍道:该玉饰灰白色,泛青。器扁椭圆形。首尾相连。龙吻部突出,头顶雕刻两角,阴线刻出嘴、鼻,阴刻

图 3-27 查海陶器龙纹 **图 3-28 凌家滩玉龙**

---

[1] 黄永健:《中华龙文化与华夏文明传承创新嘉峪关论坛论文集》,甘肃文化出版社2013年版,第8页。

圆点为眼，脸部阴线线条表现折皱和龙须。龙身脊背阴刻规整圆弧线，连着弧线阴刻17条斜线并两面对刻，似龙身鳞片，靠近尾部对钻一圆孔。玉龙两面雕刻的基本相同，通体抛光温润。①

在山西襄汾县陶寺村出土的彩绘龙陶盘（图3-29）②，李祥云先生做如下介绍：彩陶盘红边黑底，彩绘原龙纹蟠曲其中。龙的头与身体无明显界线，无颈，头与身直接衔接，颈两侧各有一后掠的短棒状物，眼睛小而圆，吻很长，利齿成排，口吐长信，身体近似乎蛇而修长，蜷曲成环状，无足，遍体鳞甲，对称成行，头后的左右两边如鱼鳍，尾部亦似鱼分作两叉。③

在河南安阳妇好墓出土了一块商代的龙形玉玦（图3-30）。杨景然先生介绍说：商代玉玦的外形卷曲，首尾相对，首部雕刻有齿纹，尾部呈卷曲状，从颈背至尾部还有凸起的呈扉棱状的脊线，象征鳞片，龙身有琢磨时留下的痕迹。④

图3-29 陶寺村彩绘龙陶盘　　　　图3-30 商代龙形玉玦

另外，何星亮先生在《图腾与中国文化》一书中提供了几幅商代中晚期的玉龙图片（图3-31、图3-32）。⑤

---

① 苏士珩：《巢湖文化全书》，东方出版社2007年版，第21页。
② 图片采自郑军等《中国传统龙纹艺术》，北京工艺美术出版社2012年版，第45页。
③ 李祥云：《祥云轩红山玉龙鉴藏与真伪辨析》，蓝天出版社2007年版，第12页。
④ 张建雄等：《国土资源探索与研究》第3卷，云南人民出版社2013年版，第226页。
⑤ 何星亮：《图腾与中国文化》，江苏人民出版社2008年版，第468—469页。

第三章 十字、龙、石头——男性英雄祖先再生尸骨的具化

图3-31 商代中期玉龙　　　　图3-32 商代晚期玉龙佩

对这些出土龙形的解释是多样的。比如对山西襄汾县陶寺村出土的彩绘龙陶盘上的龙纹，主持发掘的高炜、高天麟、张岱海先生认为：从这件龙纹的身、尾、目的形状和它口吐长信的特征看，很像蛇，但从方头、巨口、露齿看，又与鳄鱼接近。就整体看，可谓似蛇非蛇，似鳄非鳄。从而可以看出，陶寺蟠龙的模特儿，不是一种动物，而是两种或两种以上的动物的综合体。[1] 郑军等认为：龙体似蛇已得到考古发掘中实物的证实，比如山西襄汾县陶寺村出土的彩绘龙陶盘上的龙纹，就是蛇形原龙。[2] 庞进先生说道：山西襄汾陶寺遗址出土的距今五千年左右的被称作"蟠龙纹"的彩陶盘，因其龙无足，说是条彩蛇也没有什么不可以。[3]

看来，学界多根据陶寺村出土的龙形图案而把龙的原型看作蛇。但龙的原型果真是蛇吗？如果我们把图3-27至图3-32共6幅图联系起来看，发现两个明显的特点：第一，龙身特别是背脊梁部的"鳞片"都特别明显地突出，特别是在图3-28、图3-30、图3-31、图3-32这种突出感更是特别明显。图3-27尽管是平面图，但也能明显感到龙鳞的突出。第二，在图3-28、图3-30、图3-31、图3-32中，我们发现龙身上只有背脊部有突起的"鳞片"，而龙身的其余部位没有这种

---

[1] 黄永健：《中华龙文化与华夏文明传承创新嘉峪关论坛论文集》，甘肃文化出版社2013年版，第26页。
[2] 郑军等：《中国传统龙纹艺术》，北京工艺美术出版社2012年版，第45页。
[3] 庞进：《龙起东方：庞进龙文世纪新作》，重庆出版社2001年版，第162—163页。

突起的鳞片。我们知道，蛇身上的鳞片是均匀分布在全身的，并且蛇的鳞片整体处于一个水平平面，没有特别明显地突立于身体之外。

如果龙的原型确实是蛇，那么：第一，为什么不在龙身全身雕刻"鳞片"而只在背脊梁部雕刻"鳞片"？第二，龙背脊部的"鳞片"为什么会突立于龙身之外？答案是：因为玉龙的身体的原型不是蛇，而是人身体的脊柱。大家可以比较人体脊柱与龙形图案中龙的身体的异同。在脊柱的背部，左右两边都有明显对称的棘突突出。而图3-28的玉龙脊梁部的"鳞片"正是两面雕刻的；图3-29中龙身的"鳞片"也是对称成行的；至于图3-27，则更像一副脊柱的形状了。

以上我们从字源和龙形的角度说明了龙的原型是人体骨架特别是人体脊柱。但这还远远没有解决问题，至少还有两个问题需要做出说明：第一，龙的神性是如何演变出来？第二，龙的形貌为什么会结合多种动物的特点？

（二）龙的神性

先来解决第一个问题。我们已经指出了龙的原型是尸骨再生信仰时代男性英雄再生祖先的一副尸骨，那么，这个理论是否能够对龙的神性做出合理的解释呢？接着往下看。

1. 百虫之长

龙的第一个神性是百虫之长。这一神性是如何产生的呢？要回答这个问题，必须先回到澳大利亚土著中去。由于以下的事例比较重要，所以笔者打算比较详细地加以介绍。

澳大利亚乌兰马加部落里有许多图腾，也有很多由男女组成的团体。每个团体尊重一个图腾，他们相信自己都是同一图腾祖先的后代，他们从图腾那里得到共同的名字。马伦加或传说中的水蛇就是这样的一个小集团，和其他的图腾一样，人们认为，马伦加在乡间到处游荡，把一个个精灵留在不同的地点，这些单独的精灵不时地得到复活。但是，马伦加与其他图腾在一点上不同：其他图腾都是真实的东西，但马伦加却仅存在于他们的想象中。他们相信这是一条巨大的蛇，如果它能用尾巴立起来，它的头就能一直伸进天空。它住在一个湖里，尽管当地人从来没有见过它，但感觉它和在沙漠中见到的跳跃

第三章 十字、龙、石头——男性英雄祖先再生尸骨的具化

的袋鼠一样真实。

马伦加集团为马伦加举行祭典。在一次祭典中,人们筑起一条龙状的水堤,约15英尺长,2英尺高。这是一个精美的马伦加模型。人们围着它坐下,唱着关于水蛇的神秘的歌,在粗野的狂欢中,人们排成一排纵队跪在他们伟大而神秘祖先的红色象征的沙堤旁,绕着沙堤打转,不停地唱歌。一见到曙光,该图腾的人手持长矛等利器向沙堤猛烈攻击,几分钟内把他砍成碎段。这一奇特的模式是为了安抚和压迫马伦加。当它看到沙堤上制造了它的模型时,它就感到高兴;当对它的模型进攻时,能使它屈服。这样做是必要的,既能防止它跑出来危害人,又能控制它按人们的意图行事。在建造沙堤的第二天晚上,那些负责建造的老人说听到了马伦加的说话,它对人们所做的感到高兴,并将送给人们雨水。远处的雷鸣声就是他们听到的马伦加的声音。没有降雨,但过几天又听到了远处的雷声,老人说马伦加在咆哮。因为沙堤的残迹被无遮无盖的撇下。于是又砍些树枝把废墟遮盖住。以后,马伦加就不再咆哮了,没有雷声了。

在乌兰马加部落,还有别的蛇图腾,比如黑蛇和聋蝰蛇图腾。但神秘水蛇马伦加被认为是当中最重要的,它是所有其他蛇的父亲,在当地人的心目中是占统治地位的图腾。[①]

以上是弗雷泽对乌兰马加部落中的马伦加图腾的介绍。很显然,我们不得不做出这样的判断:即使在澳大利亚土著如此古老的部落中,龙就已经产生了。在这里,龙以一条传说中的水蛇的形象出现。但笔者不得不说,这条水蛇不是图腾物体。尽管它具有图腾物体的功能,比如该集体的人从它那里得到名字,并且它也在各处留下可以复活的精灵。但最关键的一点是:它被认为是其他作为图腾物体的蛇的"父亲"。这说明其他作为图腾物体的蛇是生于它的。《淮南子·地形训》云:"羽嘉生飞龙,飞龙生凤凰,凤凰生鸾鸟,鸾鸟生庶鸟,凡羽者生于庶鸟。毛犊生应龙,应龙生建马,建马生麒麟,麒麟生庶兽,凡毛者,生于庶

---

① [英]詹·乔·弗雷泽:《永生的信仰和对死者的崇拜》,李新萍等译,中国文联出版公司1992年版,第71—80页。

兽。介鳞生蛟龙，蛟龙生鲲鲠，鲲鲠生建邪，建邪生庶鱼，凡鳞者生于庶鱼。介潭生先龙，先龙生玄鼋，玄鼋生灵龟，灵龟生庶龟，凡介者生于庶龟。"从这段话看，羽、毛、鳞、介四类物都是龙所生，也反映出龙是它们的"父亲"的思想。苯教《黑白花十万龙经》也认为，世界起源于龙，龙是世界之母。[1]

龙为何会成为"父亲"呢？我们早已揭示了男性英雄祖先再生尸骨与图腾物体之间的派生与被派生的关系。更具体地说：在男性英雄祖先尸骨再生信仰时代，从功能上来看，一具尸骨与图腾物体具有等价关系。由于它们的一致性，这两者往往很难区分。但是不同的是，尸骨可以派生出各种不同的图腾物体；反过来说，所有的不同的图腾物体就是由尸骨派生的。马伦加这条水蛇既然是所有其他作为图腾物体的蛇的"父亲"，那么，它在本质上只能是一具再生尸骨。

一具再生尸骨何以被想象成一条传说中伟大的蛇呢？因为人体的脊柱呈S形，本身就很像一条蛇，这也是很多族群都以蛇为图腾的原因，在后世看来，这两者往往难以区分。这样，在男性英雄祖先尸骨再生信仰和蛇图腾信仰这双重信仰的作用上，一具尸骨确实很容易被想象成一条传说的蛇。那这条蛇又何以被想象得如此伟大呢？这是因为，在澳大利亚土著所处的时代，尽管人们还相信再生，但真正的男性英雄祖先尸骨再生信仰已经趋于消亡了。在他们看来，尸骨再生信仰时代的男性英雄祖先是无比伟大的，整个族群的生命都由这具再生尸骨所创造。并且，因为图腾信仰，再生祖先可以与物互化。在澳大利亚阿拉巴拉部落中，这个时代叫作"文加拉"时代。在阿兰达部落中，这个时代叫作"阿尔切拉"时代。在部落成员看来，那个时代的"祖先"能够随意降临世间或离开人间，他们能够根据自己的意愿化身为人或物。[2] 显然当世的人已经不具有这样的能力。正是因为男性英雄祖先尸骨再生信仰的式微，导致了尸骨再生信仰时代的人和后尸骨再生信仰时代的人在能力上的巨大差别，所以后者才会觉得前者如此伟大，所以后者才会寻求前

---

[1] 王巳龙：《藏汉"龙"文学现象比较研究》，硕士学位论文，西藏大学，2017年。
[2] [苏] Д. Е. 海通：《图腾崇拜》，何星亮译，上海文艺出版社1993年版，第49页。

者的护佑。

2. 掌管雨水

那么，面对如此伟大的能够随意从天空降临的一个巨人或一条巨龙或一具尸骨，后人会如何去想象呢？

澳大利亚土著给了我们一个答案，他们把雷鸣想象成了龙的声音。这是很自然的，因为在上古人类看来，这其实就是天的声音。如果我们今天的人没有科学知识，也很容易把雷看作天的声音。所以不止一个族群这么去想象。胡孚琛先生提到，在藏语中，雷与龙同义，雷就是龙的叫声。在黑龙江上游的鄂温克族萨满教信仰中，雷的声音被说成是雷鸟飞振时翅膀煽动的声音。蒙古族、赫哲族人认为雷是由神龙引起的，巨大的轰鸣是龙用尾巴拍出的声响。①

更为基础的是，从形的角度来讲，闪电的形状也正是一副尸骨的形状。闪电是白色的，其形态是从主干往两边分叉的；而人的尸骨也主要是白色的，其众多肋骨也从脊柱往两边分叉。所以闪电容易被想象成龙。中国古代称闪电为火龙。《左传·恒公二年》载："火龙黼黻，昭其文也。"《周易》"飞龙在天"的说法，周国荣先生认为其中"龙"应该释为"闪电"。② 据王巳龙先生指出：在藏语中，在描述与雷电相关现象时，可能使用"珠"符号，电光的藏文符号即为"珠"，汉语中"龙"的所指与藏语中动物形态的"珠"形象和属性基本重合。③ 可见藏族也把闪电称为龙。这里的闪电，应该在本质上是一具体再生尸骨的象征。

雷电具有普遍性和恒久性，普天之下，从古至今，无不有也。于是，各民族都把雷电与龙紧密地联系在一起。也正因为这样，龙字的读音才得以产生。雷的声音是"轰隆"，周国荣先生说：人类语音之由来，一是自然之声，二是模拟之声。"轰隆"一词属于双声连语词，古

---

① 乌丙安：《神秘的萨满世界——中国原始文化根基》，三联书店上海分店1989年版，第30页。
② 周国荣：《释"龙"》，《民俗研究》1985年第1期。
③ 王巳龙：《特定符号在藏文化语境中的表达研究——以"龙"（"鲁"与"珠"）为例》，博士学位论文，西南民族大学，2020年。

人往往只用其中一字。据王从仁先生的说法：从古文字音韵学角度讲，古音龙、隆相通。《左传·成公二年》载："齐侯伐我北鄙……三日，取龙。"在《史记·十二诸侯年表》中引作"齐取我隆"，可见龙、隆相通。① 所以，"轰隆"等于"隆"等于"龙"。这也就解释了为什么各民族都把龙读成"隆"音的原因。

雷电之后，紧接着的是雨。于是人们自然会把龙想象成为司雨之神。《山海经·大荒东经》云："旱而为应龙之状，乃得大雨。"郭璞注云："今之土龙本此。"《淮南子·地形训》云："土龙致雨。"高诱注云："汤遭旱，作土龙以象龙。云从龙，故致雨也。"澳大利亚马伦加集团正是制沙龙模型取悦于马伦加而得送雨水。

由于人们把雷想象成龙的声音，把闪电看作龙的形体。那么，人们会根据雷电的特点去对龙的属性做出判断。《说文解字·鱼部》释龙云："春分而登天，秋分而潜渊。"《管子·水地》云："龙生于水，被五色而游，故神。欲小则化为蚕蠋，欲大则藏于天下。欲尚则凌乎云气，欲下则入乎深泉。变化无日，上下无时，谓之神。"《论衡·龙虚篇》云："龙闻雷声则起，起而云至，云至而龙乘之。"雷电正是春分的时候开始出现，而秋分的时候则销声匿迹。当雷电出现的时候，云层聚集，则是龙凌乎云气，所以有云从龙的说法。而当雷电沉默的时候，则是龙潜渊即入乎深泉。这正反映了龙变化无日、上下无时的神性特征。

也正因为雷与龙的紧密关系，所以一些民族把雷直接想象成为龙。《山海经》云："泽中有雷神，龙身而人头，鼓其腹则雷。"《论衡·龙虚篇》云："雷龙同类，感气相致。"《说郛》卷三十一引《奚囊橘柚》云："轩辕游于阴浦，有物焉。龙身而人头，鼓腹而遨游。问于常伯，伯曰：'此雷神也。'"

3. 升天

在古代文献中，龙还是人们升天的坐骑。《易经·乾卦》云："时乘六龙以御天。"《庄子·逍遥游》云："乘云气，御飞龙，而游乎四海之外。"《史记·封禅书》云："黄帝采首山之铜，铸鼎于荆山下。鼎既

---

① 陈秋祥等：《中国文化源》，百家出版社1991年版，第188页。

第三章 十字、龙、石头——男性英雄祖先再生尸骨的具化

成,有龙垂胡髯下迎黄帝。黄帝上骑,群臣后宫从上者七十余人,龙乃上去。余小臣不得上,乃悉持龙髯,龙髯拔,堕,堕黄帝之弓,百姓仰望黄帝既上天……"

龙为什么能充当升天的坐骑呢?这又涉及另一个学术难题。从《史记·封禅书》的记载看,不是所有人都能够乘龙上天的,小臣上不去,而百姓也只能仰望。《论衡·龙虚》云:"短书言:'龙无尺木,无以升天。'"这八个字其实表达了同黄帝升天传说同样的内涵。那我们先得把这八个字的含义弄明白。但学界对这八个字的解释可谓是多种多样。王充解释说:"又曰升天,又言尺木,谓龙从木中升天也。彼短书之家,世俗之人也。见雷电发时,龙随而起,当雷电击树木之时,龙适与雷电俱在树木之侧,雷电去,龙随而上,故谓从树木之中升天也。"唐段成式《酉阳杂俎》云:"龙,头上有一物,如博山形,名尺木。"邵学海先生说:短书所说的尺木,既不是树木,也不是龙头上的博山,它应该是龙角。龙无尺木,无以升天,是说龙假如没有状如尺木的角,则不能成为神灵。[①]

学者的解释多样不一。那"龙无尺木,无以升天"到底是何意义?先来看尺木二字的含义。何谓尺?《说文》云:"尺,十寸也……从尸,从乙,乙所识也。周制寸、尺、咫、寻、常、仞诸度量,皆以人之体为法。"尺从尸会意,古人以人体作为度量长度的标准。依此说来,那尺木就是尸木。尸木可以理解为一块象征尸体的木头。那这样的尸木我们再熟悉不过了,它不正是澳大利亚土著的图腾圣物丘林噶吗?有的丘林噶就是一块长形的木板,它象征着男性英雄再生祖先的尺骨。我们已经指出,不是任何人死后都有资格具有丘林噶的,丘林噶是男性英雄祖先的专利之物。并且即使是男性英雄祖先,也不是个个都能具有丘林噶的。具有丘林噶就意味着这个祖先可以再生,阿兰达部落的"阿尔切拉"时代的祖先不是能够随意降临世间和离开世间吗?于是,我们知道了"龙无尺木,无以升天"的含义:男性英雄祖先必须通过图腾圣物即再生尸骨才能够实现再生。这也解释了为什么在黄帝升天的传说

[①] 方培元:《楚辞研究》第3集,湖北美术出版社1999年版,第9页。

中，只有黄帝和少数人可以升天，而小臣不能升天的原因。所以所谓把龙作为坐骑，"坐骑"二字在这里只是"工具"之意，不是真正的坐骑之意。这提醒我们，神话中充满了象征语言，一定要从象征的角度去解释，否则将不窥其要、不明其义。

理解了"龙无尺木，无以升天"的意思后，我们就很容易理解下面的神话传说。《后汉书·南蛮西南夷列传》云："哀牢夷者，其先有妇人，名沙壹，居于牢山，尝捕鱼水中，触沉木若有感，因怀妊，十月，产子男十人。后沉木化为龙，出水上。沙壹忽闻龙语曰：'若为我生子，今昔何在？'九子见龙惊走，独小子不能去，背龙而坐，龙因舐之。其母鸟语，谓背为九，谓坐为隆，因名子九隆。及长大后，诸兄以九隆能为父所舐而黠，遂共推为王。"同样的故事还见于《华阳国志》和《述异记》中。在这则神话传说中，木能够化龙而出。此木显然就是尺木，也就相当于澳大利亚土著的丘林噶，同样是一具再生尸骨的象征。至于《史记·补三皇本纪》中记载女登感神龙而生炎帝和《华阳国志》中记载庆都与龙合有娠而生尧等感生神话，那是另一种尸骨再生信仰的方式即婴儿魂信仰的体现。

4. 生生不息

正是因为男性英雄祖先的再生尸骨具有神圣性能，所以一些民族向龙求子。布依族还用铜铸"龙宝"，并用各种花朵装饰，视之为神物。没有生育后代的人常以重礼请"龙宝"到家中，以求生育男孩。[①] 雷山县的苗寨，每年12月举行祭龙仪式。用树干雕刻巨龙，或用竹竿编成龙身，由男子接龙进寨。接龙的沿途路上，要插上许多竹子，上面挂着纸人。巨龙进寨时，妇女们持酒相迎，每个妇女都要摘取三五个纸人回家。说是向龙求子，保佑人丁兴旺。[②] 哀牢山有些彝族信仰龙图腾，认为河或水塘里的岩石为龙图腾的象征，简称龙石。当地彝族妇女不生小孩或者生下怪胎，就要到河里或水塘洗浴，设法与龙石接触，如坐在龙石上，或者把衣服拴在上面，或者以脚踩龙石，如此这般，妇女才具有

---

① 陈长平等：《中国少数民族生育文化》，中国人口出版社2004年版，第226页。
② 游修龄：《农史研究文集》，中国农业出版社1999年版，第305页。

孕育的能力。①

龙石是什么？其实龙石与尺木一样，都相当于澳大利亚阿兰达部落的图腾圣物丘林噶。丘林噶除了木制的外，还有石制的。我们已经知道，石制的丘林噶一般是椭圆形之石或者细长光滑的石头。哀牢山彝族的龙石与之如出一辙，而布依族铜制的龙宝具有同样的内涵。二者在实质上都与图腾圣物丘林噶具有一致性。所以，感龙石而能怀孕的信仰，其实是婴儿魂信仰的反映。

这样的话，我们就能够解开"二龙戏珠"的谜团了。

"二龙戏珠"的图案变化多样。其共同点是两龙夹一珠，不同点是两龙的相对位置和珠的形象。就两龙的相对位置而言：有的龙头互相对立，有的首尾衔接，有的左右对向排列，有的上下对向排列，有的缠绕穿壁。但无论两龙怎样排列，"珠"始终是其核心所在。就"珠"的形象而言：有珍珠、玉珠、夜明珠、火球、太阳、寿桃、蜘蛛、玉璧、兽面等。② 对"二龙戏珠"的理解，学界没有达成一致。《述异记》卷上云："凡珠有龙珠，龙所吐者。"有的学者认为"珠"是毒蛇的毒液抽象出来的，二龙戏珠象征二龙交尾，可以用来辟邪御凶。③ 有的学者说"珠"是太阳的象征，两条巨龙将太阳吞进吞出，造成了白天和黑夜。④ 有的说法认为"珠"是鳄鱼、蟒蛇的卵，二龙即鳄鱼和蟒蛇，它们出于对卵的爱护所以形影不离守护。⑤

那这个"珠"到底是指什么呢？其实，"二龙戏珠"中的"珠"，就是布依族的龙宝、彝族的龙石，也就是尸骨再生信仰时代男性英雄再生祖先尸骨的象征。有两方面的证据指向了这一点。

第一，从民间故事看"珠"的含义。传说1：一位少年在打水时得到一颗璀璨的宝珠。他把宝珠放进米缸里，米就会自动涨满；放到钱柜

---

① 宋兆麟：《原始的生育信仰——兼论图腾和石祖崇拜》，《史前研究》1983年第1期。
② 可参见叶舒宪《二龙戏珠原型小考》，《民族艺术》2012年第2期。
③ 吉成名：《释二龙戏珠》，《东南文化》2003年第5期。
④ 尹国兴：《红山密码》，齐鲁书社2014年版，第233页。
⑤ 顾雪梁等：《中西文化对比·文化篇：十二生肖寓意详解》，国防工业出版社2006年版，第131页。

里，钱也会自动增多。后来，财主来抢夺宝珠。少年情急之下不小心把宝珠吞进了肚子里，顿觉口渴难耐，把江河水都喝干了。突然，少年头上冒出犄角，身上长出了鳞片，他变成龙了。① 传说2：少华山龙潭堡村有一刘姓父女。一天，女儿珠凤打井水时在水桶勾上勾着一条小黑蛇。珠凤觉得它可怜就把它放回了井里。珠凤回到家时，后面突然有一个二十来岁的小伙子说：大姐，我是渭河龙君的五太子，刚才不小心撞在水桶勾上，谢谢你搭救。说完，那小伙子掏出一颗闪闪发亮的圆珠送给珠凤，说：以后你不用再去挑水了，这是龙珠，你把它放进水缸里，水就会源源而来。珠凤一试，果真一股清泉潺潺涌起，至水缸沿便停了。②

在这两则民间故事中，龙珠具有使米自动涨满、钱自动增多和水自动上涌的能力。显然，这是一种再生能力。这种能力是从尸骨再生性能发展出来的。

第二，从龙戏珠看龙的数量。我们通常讲"二龙戏珠"，但实际上，还有单龙戏珠、三龙戏珠、多龙戏珠之分。③ 比如，山西太原北魏辛祥墓出土有三龙戏珠镜。④ 1972年，辽宁朝阳市唐韩贞墓出土了三彩龙纹三足炉，整个图案展示出绿波中三龙戏珠。⑤ 在苏州市的文庙就有明代青石制作的御路，圆心浮雕"群龙戏珠"纹。⑥ 实际上，多龙戏珠图案在古代较为多见。

多龙戏珠是多条龙围绕一颗珠。它的含义是什么呢？它说明了龙环绕在珠的旁边，一条接一条，循环往复，生生不息，连绵不绝。龙是一具再生尸骨，那它所再生的也必然是龙。正是因为"珠"的再生不息，所以才有龙的环绕成群。这正是"二龙戏珠"的本义所在。所以，人们在宅院、家具、器皿、服装等上面雕刻"二龙戏珠"图，目的是求

---

① 鞠萍：《鞠萍姐姐教你认识吉祥图案》，黄山书社2013年版，第2—3页。
② 顾雪梁等：《中西文化对比·文化篇——十二生肖寓意详解》，国防工业出版社2006年版，第131—132页。
③ 庞进：《龙起东方：庞进龙文世纪新作》，重庆出版社2001年版，第142页。
④ 田自秉等：《历代工艺名家》，大象出版社2008年版，第50页。
⑤ 阎锋等：《简明古玩辞典》，华龄出版社1992年版，第266页。
⑥ 苏州市吴中区吴地历史文化研究会：《吴中石雕技艺》，古吴轩出版社2010年版，第134页。

第三章 十字、龙、石头——男性英雄祖先再生尸骨的具化

得生命长青不终,子孙繁衍不绝,财富永有不竭,家道长盛不衰。

5. 护佑子孙

对尸骨再生信仰时代的原始族群来说,整个氏族都是某个或某些男性英雄祖先尸骨的再生。所以,氏族的祖先必然会护佑自己族群的后代。这一点我们从澳大利亚阿兰达部落的图腾圣物的功能看得非常清楚。正是基于此点,龙成了族群的保护神,同时又成了吉祥之物,具有治病和避凶的能力。

《汉书·地理志》载:"粤地,牵牛、婺女之分野也。今之苍梧、郁林、合浦、交阯、九真、南海、日南,皆粤地也。其君禹后,帝少康之庶子云,封于会稽,文身断发,以避蛟龙之害也。"应劭注云:"常在水中,故断其发,文其身,以象龙子,故不见伤害也。"《淮南子·原道训》载:"九疑之南,陆事寡而水事众。于是民人被发文身,以象鳞虫。"高诱注云:"被,剪也。文身,刻画其体,内黥其中,为蛟龙之状,以入水蛟龙不害也,故曰以像鳞虫。"文身断发何以能避蛟龙之害?学界解释不一,应劭说是为了像龙子,高诱说是为了像蛟龙之状,现代学者有的说"以迷惑龙的视觉"的,① 有的说这是"同类不相侵"。② 闻一多先生说:所谓像龙子者,我认为是这些民族以龙为图腾的遗迹。③ 段宝林先生也依此断定龙是中国古代的图腾。④ 吉成名先生反对这种说法,并说越族没有发展出图腾崇拜,这里的蛟龙是指鳄鱼。⑤

那到底文身何以能避蛟龙之害呢?据《淮南子》的说法,蛟龙肯定是虚有之物,但确实也正如吉成名先生所说不能就此就断定龙是图腾。我们已经明白:图腾物体能够"生"子,但那不过是一具尸骨能够"生"子的复写。文身能避蛟龙之害的原因,如果我们回到澳大利

---

① 仓林忠:《龙脉寻踪:中华远古文明疑辩录》,宁夏人民出版社2007年版,第55页。
② 广西壮族自治区文化厅等:《左江花山岩画研究报告集·下册》,广西科学技术出版社2015年版,第294—295页。
③ 闻一多:《大家国学·闻一多》,天津人民出版社2008年版,第176页。
④ 中国文联理论研究室:《迈入新世纪的中国文艺——中国文联2001年度文艺评论获奖奖文集》,中国戏剧出版社2002年版,第404页。
⑤ 黄永健:《中华龙文化与华夏文明传承创新嘉峪关论坛论文集》,甘肃文化出版社2013年版,第55页。

亚土著的成年礼中就会看得很清楚。在成年礼上，澳大利亚乌纳本纳人和迪埃里人在成年男子脊柱两侧划4—8个刀口。当时我们已经指出这是一副脊柱加肋骨的形状，目的是依附再生英雄祖先的性能和力量，其实这也正是原初的龙的形状。越人在身上刻画成蛟龙之形，用意也是在此，一旦身上依附有再生祖先的神圣性能和力量，自然能得到祖先的护佑而避蛟龙之害。陈华文先生认为越族的断发文身其实是一种成年礼，[①] 这是很有见地的。

在图3-28和图3-30中，我们看到玉龙上有穿孔，这说明龙是用来佩戴的；我国古代的铜镜上刻画有龙纹。这些都体现出了龙具有辟邪的功能，是吉祥的象征。关于这些方面的例子很多，此处不再引征说明。总之，龙的这些功能都是因龙是族群的再生英雄祖先而产生的，没有令人神秘和无法理解的地方。

（三）龙的形貌

下面，我们来解释龙为什么会结合多种动物的特征。先从原始人们对龙的观念谈起。苯教经典《黑白花十万龙经》中所描述的龙，是指栖息在大海、森林、沼泽、神山、古树、遗迹等地各种生灵的总称。[②] 这里的龙，是指的什么呢？其实就是指的男性英雄祖先的再生尸骨。因为图腾信仰，这具尸骨派生出了包罗万象的图腾。各种图腾物体要么是尸骨的"偶像"，要么身上天生带有这具尸骨的形象。同时，这些尸骨的"偶像"和形象上依附有男性英雄祖先的灵魂。那么，龙难道不就是栖息在各地各种生灵的总称吗？只是这个各种生灵，其实是一种生灵，就是男性英雄祖先的灵魂。

既然这样，人们会如何去想象龙呢？一方面，因为龙是一具尸骨，所以想象应该以此为原型去进行；另一方面，因为原始思维的特点，原始人们会把龙想象成为任何图腾物体，不管是该物体的整体与尸骨类同，还是该物体的部分与尸骨类同。于是乎，马伦加族群以蛇为龙；哀

[①] 陈华文：《断发文身——一种古老的成人礼俗及其标志的遗存》，《民族研究》1994年第1期。

[②] 王巳龙：《藏汉"龙"文学现象比较研究》，硕士学位论文，西藏大学，2017年。

牢山彝族以穿山甲（龙鲤）为龙；滇南峨山、新平县彝族以山壁虎（蜥蜴）为龙；四川凉山彝族以一种红色的小花蛇为龙；很多地区的汉族以鱼为龙；有些汉族以蛇或蛙为龙。① 只是，族群以单一的图腾物体为龙的现象，说明了彼时这些族群还是相对封闭的，与外族群的交往还较少。随着部落和民族逐渐形成，各族群联系交往加强。此时，各族群之间的图腾信仰开始传播互通。人们发现，各族群都具有不同形态的龙。于是，龙开始以多种形态出现。比如，在云南白族的信仰中，有母猪龙、母鸡龙、羊角龙、蝌蚪龙的名称。同时，龙又可以变化为牛、鸡、黄鳝、小蛇之类。② 在藏族的信仰中，龙泛指地下，尤其是水中的鱼、蛙、蝌蚪、蛇等动物。③

后来，随着思维的进步，人们认为只有动物才会飞翔和变化，于是龙最终被想象成了动物的形象，并综合了很多动物的特征。北宋画家董羽提出的"三停九似"画龙技法，对后世产生了深远影响。九似指的都是跟动物和人相似：头似牛、嘴似驴、眼似虾、角似鹿、耳似象、鳞似鱼、须似人、腹似蛇、足似凤。④ 尽管龙综合了很多动物的特征，但这些特征在本质上应该都只是尸骨的形象的反映。因为动物被想象为龙，毕竟只是因为它们的整体或部分与尸骨类同，只有它们身上与尸骨类同的特征才具有龙的意味。

总之，现今龙的形态是人们在男性英雄祖先尸骨再生信仰和图腾信仰双重信仰的基础上想象出来的，它的基调是一具尸骨，龙身上的各种动物的特征也都是尸骨的形象的反映。所以，现今的龙，它只是一具再生尸骨的动物化。

三 中西龙崇拜的差异

现在，来讨论一下中西龙崇拜的差异。在原型问题上，中西方的龙

---

① 牛汝辰：《中国地名文化》，中国华侨出版社1993年版，第94页。
② 陈秋祥等：《中国文化源》，百家出版社1991年版，第188页。
③ 王巳龙：《特定符号在藏文化语境中的表达研究——以"龙"（"鲁"与"珠"）为例》，博士学位论文，西南民族大学，2020年。
④ 吉成名：《中国崇龙习俗研究》，天津古籍出版社2001年版，第39页。

应该都有一样的原型。正是因为男性英雄祖先尸骨再生信仰和图腾信仰具有世界普遍性,所以龙才具有世界普遍性。

中西龙崇拜的差异很多,很多问题都值得深入研究,但我们今天只讨论中西龙崇拜的最显著的差异。郎樱先生指出:在我国汉族和南方一些少数民族的民众当中,龙被视为神圣、祥瑞的动物,龙崇拜的观念和习俗十分盛行。但我国汉民族也存在少量情节简单的屠龙故事。在我国西北少数民族地区,却把龙视为凶恶、不祥的动物,流传着大量的屠龙故事。在西方各国,龙是凶恶、残暴的象征。屠龙故事在欧洲有1000多例,其中以丹麦、芬兰、立陶宛、德国、挪威等北欧和中欧地区的屠龙故事数量最多。① 但即使在西方,龙也具有善的一面,希腊人和罗马人有时把居住在大地深处、目光锐利的龙看成是仁慈的力量。② 这充分说明了在善恶上龙是具有双重属性的。

应该说,崇龙与屠龙是中西龙崇拜的最大差异。在前文讨论十字崇拜的时候,我们已经指出十字符号不过是尸骨再生信仰时代一具男性英雄祖先再生尸骨的符号化,而龙的原型也是尸骨再生信仰时代一具男性英雄祖先的再生尸骨。这说明龙与十字是等价的。

既然龙与十字符号在本质上是同一的,那么二者在善恶性质上理应具有共同性。确实,我们也发现了它们之间的这种共同性。在善恶上,十字符号也具有双重意义。它一面代表再生,一面代表死亡。尽管西方很多国家是崇拜十字符号的,但在最初的基督徒看来,十字符号是十分令人憎恶的,是野兽的标记。俄东正教十字符号中的斜线,向上倾斜的部分代表天堂的方向,向下倾斜的部分代表地狱的方向,东正教十字象征救赎与诅咒的平衡。

另外我们发现,大体上讲,屠龙故事大量流传的地区也正是厌恶十字符号的地区。比如,早期的基督徒视十字符号为恶的象征。基督教新教主要分布在中欧、北欧和大不列颠,而流传大量屠龙故事的地

---

① 郎樱:《东西方屠龙故事比较研究》,《新疆大学学报》(哲学社会科学版)1995年第23卷第3期。
② 中国大百科全书出版社《简明不列颠百科全书》编辑部:《简明不列颠百科全书》(1—10卷)5,中国大百科全书出版社1986年版,第367页。

第三章 十字、龙、石头——男性英雄祖先再生尸骨的具化

区也正是北欧、中欧和大不列颠地区。① 东正教的十字符号体现了恶的因素，东正教主要分布在东欧和东南欧。而我们发现这些地区的人是厌恶龙的，比如俄罗斯人厌龙、怕龙，视龙为凶兆、邪恶的象征。基督教圣徒圣乔治的屠龙故事甚至被搬到了俄罗斯国徽上。在其国徽正中双头鹰胸部的红色盾牌上，圣乔治着白衣骑白马持长矛刺向一条被坐骑踏翻在地的龙。② 俄罗斯的大天使米哈依尔也是一位屠龙的大勇士。③ 希腊人也把龙看作邪恶的力量，在希腊流传着波索士的神话里也有屠龙的故事。在罗马尼亚也流传着为了得女郎为妻而屠龙的故事。④

为什么龙会有善恶之分呢？既然龙的原型是尸骨再生信仰时代男性英雄祖先的尸骨，那么，龙的善恶其实就是那个时代男性英雄祖先的天性禀赋。可以这样说，凡是龙表现出恶的一面较多的地区，其尸骨再生信仰时代的族群具有更多的外攻欲望；而凡是龙表现出善的一面较多的地区，则其尸骨再生信仰时代的族群具有更多的内守欲望。这一点可以从西方大量的屠龙故事的典型特点看出来。学者们认为19世纪中叶德国格林兄弟收集的屠龙故事具备一定的典型性，而在这些故事中，往往是一条恶龙盘旋在城外，每天要吃少女，否则会毁坏全城。⑤ 外攻带来的是战争，龙会给人留下邪恶的印象；而内守带来的是和平，龙会给人留下善良的印象。但应当指出的是，神话中的屠龙英雄其实也是龙，卡德摩斯是希腊神话中的英雄，他在屠杀了恶龙后，也变成了龙。⑥ 屠龙其实是善龙战胜恶龙。只是由于恶龙主动作恶且不容易被战胜，所以屠龙英雄才显得稀少珍贵。

所以，从总体上说，龙在西方成为恐怖的象征，是战争符号；在中

---

① 关于这些地区流传的屠龙故事，可参见郎樱《东西方屠龙故事比较研究》一文。
② 李明达等：《从中俄龙文化差异说开去》，《中国西部科技》2014年第13卷第7期。
③ [日]东山魁夷：《京洛四季：美之旅》，竺家荣译，花山文艺出版社2001年版，第83页。
④ 赵景深：《童话学ABC》，ABC丛书社1929年版，第25页。
⑤ 郎樱：《东西方屠龙故事比较研究》，《新疆大学学报》（哲学社会科学版）1995年第23卷第3期。
⑥ 王璐等：《希腊神话故事》（彩绘版），河北少年儿童出版社2014年版，第55—57页。

国则是善良的象征,是吉祥的符号。在西方,龙被用作战争的标识。在荷马史诗《伊利亚特》中,国王阿伽门农的盾牌上便装饰着一条蓝色的三头蛇,后来北欧的战士也在他们的盾牌上画龙,并把他们的船头刻成龙头形。在诺曼人征服以前的英国,龙是皇家的主要战争徽记。而在远东,龙一直保持着它的威望,被认为是行善的生物。①

中国人和西方人在性格上面的差异与此是一脉相承的。中国人善良、保守、安稳、平和,崇尚集体主义;西方人好斗、开放、冒险、激进,崇尚个人英雄主义。这些性格特征,在尸骨再生信仰时代各自的再生祖先身上就体现得淋漓尽致。

四 龙崇拜的性质及相关问题

现在,可以对龙崇拜领域的有关问题做出回答了。龙是否真实存在和龙的原型的问题已经得到解答。我们看到,龙只是一种想象之物,它不是真实存在的。但它有其原型,它的原型既不是动物,也不是植物,也不是各种自然现象,而是族群的男性英雄祖先的再生尸骨。有关龙的原型的种种理论在此就不一一评说了,读者可以自行判断。现在重点回答下面几个问题。

龙崇拜的性质是什么?从本质上说,龙是尸骨再生信仰时代男性英雄祖先的一具再生尸骨,它与男性英雄再生祖先是同一的。所以,龙崇拜实质上是男性英雄再生祖先崇拜。从龙字的甲骨文看,它直接是一副尸骨的形象,所以,它不是图腾崇拜,它是对一具再生尸骨的直接崇拜。正因为这样,所以对龙的崇拜要比对某一具体的图腾物体的崇拜在程度上更深和在广度上更远。它也不是灵物崇拜,因为它本质上崇拜的是人而不是物。它也不是生殖崇拜,澳大利亚土著中已经出现了龙崇拜,但澳大利亚人并没有认识到生育的本质。关于对这个问题的详细解释,请读者参看十字符号那一章的相关内容。

关于龙崇拜的起源。一些学者认为龙崇拜起源于原始农业和稻作文

---

① 中国大百科全书出版社《简明不列颠百科全书》编辑部:《简明不列颠百科全书》(1—10卷)5,中国大百科全书出版社1986年版,第367页。

明，这是悖于历史事实的。因为在古老的澳大利亚土著中，就已经产生了龙崇拜。而澳大利亚土著还没有学会耕地和栽种植物，照马克西莫夫的说法，澳大利亚人仍然滞留在"农业的前夕"时期。① 另外，从理论上，我们已经揭示了尸骨再生信仰时代一具男性英雄祖先的再生尸骨与雷电的关系，这才是龙具有司雨属性的根本原因。可以说，无论是从历史事实上看，还是从理论上看，龙崇拜的起源与原始农业之间没有必然的联系。

现在，来回答最后一个问题：中国人是龙的传人吗？在明白了龙的真相之后，我们的回答必须是肯定的。《史记·封禅书》中记载黄帝乘龙而升天，《史记·天官书》载："轩辕，黄龙体。"《史记·补三皇本纪》中记载女登感神龙而生炎帝；王延寿《鲁灵光殿赋》载"伏羲鳞身，女娲蛇躯"，《路史·后纪一》罗萍注引《玄中纪》曰："伏羲龙身。"《竹书纪年》载："帝尧陶唐氏，母曰庆都……赤龙感之，孕十四月而生尧于丹陵。""帝舜有虞氏，母曰握登，见大虹意感，而生舜于姚虚。目重瞳子，龙颜，大口，黑色。"《史记·封禅书》载："夏得木德，青龙止于郊。"沙壹感龙木而生；布依族和彝族都有龙宝；苗族有祭龙习俗；西藏的"鲁"是天上的龙，而"珠"也是天上的龙；② 西北新疆流传大量屠龙故事；辽宁阜新县查海遗址出土浮雕型龙纹……

可见，在中华大地上到处都有龙的身影。所以，我们有充足的理由肯定地说：从整体上看，中华民族不仅是龙的传人，更是善龙的传人。

第三节 石头——男性英雄祖先再生尸骨的固化

石头崇拜在我国古代是十分普遍的信仰。学界对这个问题的关注度也很高，但对石头崇拜的认识是不太一致的。一是在石头崇拜的起源问

---

① ［苏］C. A. 托卡列夫等：《澳大利亚和大洋洲各族人民》，李毅夫等译，生活·读书·新知三联书店1980年版，第147页。
② 王巳龙：《特定符号在藏文化语境中的表达研究——以"龙"（"鲁"与"珠"）为例》，博士学位论文，西南民族大学，2020年。

题上分歧较大；二是对石头崇拜的性质认识各异。本节试图讨论这些问题，从而提出自己的看法。

一 石头崇拜的起源

笔者认为，石头是男性英雄祖先的再生尸骨的象征，可以从以下几个方面来展开对这个判断的论证。

（一）石头具有丘林噶的性质

我们已经指出了丘林噶是男性英雄祖先的再生尸骨的象征，它的神圣性能是来源于男性英雄祖先的。那么，只需要将石头与丘林噶做一个比较，看看二者是否具有一致性就可以。

1. 石头能够生出成年人

在各族群的神话中，石头是能够生出成年人来的。哈尼族的神话说：有一天，从天上掉下三块大石头，石头炸开了，从里面跳出一个名叫阿托拉扬的顶天立地的汉子，他用箭射穿了天上的口袋，谷种、树种和飞禽走兽从口袋里撒了下来。[①] 楚雄彝族民间传说：很古的时候，天上掉下来一个石蛋，在河滩上暴晒99天后炸开，生出3兄弟，世上才有了人类。[②] 短裙黑苗传说：天地开辟时，胡加修因丈夫高加良与女儿撒扬成亲将其驱赶出门，后在寻夫途中产下十二个石蛋，其中十一个都是落地后即裂开，每个蛋壳内立刻跳出一个成年的男子来。唯最后一枚石蛋，落地后，并没有破裂，且蛋中发出人声，告以三天后蛋内才有人出来。过了三天，果然钻出一个成年男子，这十二个人都以兄弟相称。[③] 雅美人传说：古代在兰屿柏布特山上有块巨大岩石，有一天忽然像天崩地裂一样的巨响，石头裂开，里头有一个男神。[④]

从以上所举的例子来看，石头里面能够直接生成年人，并且这些成

---

① 姚宝瑄：《中国各民族神话·哈尼族 傣族》，书海出版社2014年版，第59页。
② 杨甫旺：《彝族文化的融合与变迁》，云南人民出版社2017年版，第279页。
③ 马昌仪：《中国神话学百年论文选》全2册，陕西师范大学出版总社有限公司2018年版，第231页。
④ 陈国强等：《高山族文化》，学林出版社1988年版，第231—232页。

年人还主要是成年男性。这与澳大利亚的成年仪式具有相同的特点，石头的这一功能应该是成年再生仪式的反映。

2. 石头能够被感而生人

高诱注《淮南子》云："禹母修已感石而生禹，折胸而出。"太平御览卷52引《郡国志》云："梁州女郎山，张鲁女浣衣石上，女便怀孕。鲁谓邪淫，乃放之。后生二龙。及女死，将殡，柩车忽腾跃升此山，遂葬焉。其水旁浣衣石犹在，谓之女郎山。"《太平御览》卷51引《后周书》云："高琳母尝禊泗滨，遇见一石，光彩朗润，遂持以归。是夜梦见一人衣冠有若仙者，谓其母曰：'夫人向所将来之石，石是浮磬之精，能宝持，必生令子'。其母惊寤，便举体流汗，俄而有妊。及生子，因名琳，字秀珉也。"哀牢山彝族妇女为了生育，会设法与水中的龙石接触，认为这样才具有孕育的能力。

从以上材料看，妇女能够感石而生，这应该是婴儿魂信仰的反映，石头具有丘林噶的意味。另外，从张鲁女感石而生龙这一点来看，石头也应该是一具再生尸骨的象征。

3. 石头能够保护族群

海南黎族称石头为"头替"。"头替"是很灵的，因为它的保护，村中服兵役的青年没有一人牺牲，其他外出的人也都很平安。[1] 羌族的白石能够保佑狩猎如意，也是一种强大的武器。猎人打猎时要拜祭白石，祈求狩猎顺利平安。[2] 据传说，羌民的祖先遇着强大的敌人"葛人"，梦中得到了神人的启示，用白石头打败了敌人。据另一个传说：羌人在迁徙途中遇到强大的敌人戈基人。无路可退时，天神"阿巴木比"从天上抛下三块白石，变成三座大雪山挡住了敌人，这支羌人得以平安脱险重建家园。[3] 纳西族的"东鲁"石，可以用来镇压鬼怪和镇压仇敌。中甸北地有个圣洞，里面的岩石可以驱除邪魔。纳西族最大的

---

[1] 董旭：《海南黎族的"石崇拜"》，《海南大学学报》（社会科学版）1993年第3期。
[2] ［韩］张泰范等：《神秘的白石——羌族符号崇拜的意义》，《剑南文学》（经典教苑）2013年第10期。
[3] 焦虎三等：《祖灵声纹：羌族口头艺术的叙事、表演与文本》，西南交通大学出版社2018年版，第287、295页。

保护神"三朵"是个石神,传说他面如白雪,穿白盔白甲,手执白矛,身跨白马的战将,它能够帮助纳西人在战斗中战胜敌人。① 佤族人崇拜的石头"相",可以使粮食丰产,也可以使财富增多。他们把石斧称为雷斧,认为是天神所赐之物,拥有它可以保人畜平安。在战场上,有了石斧可以避开子弹或刀枪不入。②

从以上材料看,石头具有护佑功能,这与丘林噶是一致的。并且,佤族把石斧称为雷斧,这说明石与龙具有共同性。还有,纳西族的"三朵"石神,是全身白色的,这可能是指的尸骨的颜色。据此可以推测,白石助羌族打败敌人的说法,可能是一个象征表达,即意白石给予了族人强大的精神和力量,跟澳大利亚土著认为丘林噶是精神蓄库类似。

4. 石头是禁忌的对象

佤族的"相"石,一般是不给外人看的,否则就会失去灵性。耿马县孟定镇的遮哈村中心的"老母猪石"圣石,人们不敢践踏它。在仓源县,凡是清末率领佤族抗清起义的英雄人物达巴诏接触过的石头,妇女和身体羸弱者不能接近,否则会对他们不利,比如生病或加重病情。③ 石屏县哨冲乡莫测甸等5个自然村的彝民,称神树下面的两个椭圆形的石头为龙蛋。祭龙蛋时,禁止女性参加。④ 川西南的藏族在屋脊供奉从高山捡来的白石,而这些白石神圣不可侵犯。妇女严禁上屋顶。⑤ 黎族每逢盛大节日要祭祀"头替",但只有全村的男子才能参加。⑥

从以上材料来看,对石头存在禁忌,特别是对妇女的禁忌。这与对丘林噶的禁忌是类似的。并且,彝族有将石头称为龙蛋,这反映出石与龙是具有共同性的。

从以上四个方面的比较看,石头具有图腾圣物丘林噶的性质,并且

---

① 杨福泉:《纳西族木石崇拜文化论》,《思想战线》1989年第3期。
② 赵明生:《佤族石崇拜》,《思想战线》(云南大学人文社会科学学报)1999年第4期。
③ 赵明生:《佤族石崇拜》,《思想战线》(云南大学人文社会科学学报)1999年第4期。
④ 杨甫旺:《彝族文化的融合与变迁》,云南人民出版社2017年版,第38—39页。
⑤ 平楠:《民族石崇拜文化内蕴浅论》,《乐山师范学院学报》2010年第4期。
⑥ 董旭:《海南黎族的"石崇拜"》,《海南大学学报》(社会科学版)1993年第3期。

石头与龙联系在一起,故此我们推测:石头是族群男性英雄祖先再生尸骨的象征。

(二)石头是由男性英雄转化而来的

在原始人的眼中,石头与骨头是同一的。这可从以下材料中看出来。普米族传说:他们的祖先在向南迁徙之前,把亲人的骨头和昆仑山的石头装进羊皮口袋里。骨头和石头一路指导他们克服困难前进,最终在云南宁蒗县定居下来。当人们打开羊皮口袋准备拿出亲人的骨头来掩埋时,却发现骨头和石头已经融为一体不能分割。只有把它取出供在火塘边祭祀。[①] 那是骨头变成了石头还是石头变成了骨头呢?在一些族群的传说中,石头是由英雄祖先转化而来的。彝族的锅庄石,据传说是英雄阿依迭古的化身。他死后,尸体被砍为三截,在三个地方火化立了三个墓,用三个石头作为墓的标记。彝族用三个石头支锅的习俗便源于此。人们祭锅庄时,必念阿依迭古的名字。[②] 羌族也有救助乡亲的英雄放羊小伙和除魔英雄勒夏死后变化为石头的传说。这与澳大利亚土著的信仰是一致的,阿兰达人认为,他们阿尔切林加时代的祖先进入地下时,都会在那儿留下一块石头,这石头是代表英雄祖先的躯体的。斯特莱罗指出,这些石头与丘林噶是同样的。

以上材料说明了,石头是由男性英雄转化而来的,石头应该就是指的男性英雄祖先的尸骨。从这里我们也发现,或许今天的石制墓碑,其实是代表祖先的尸骨的。

(三)石头具有尸骨的形貌

原始人们所崇拜的石头,在形貌上是具有一定的特征的。

普米族所崇拜的石头"括鲁",是长约1.5尺,宽、厚各约5寸的石条。[③] 在彝族地区,紫溪山王家村有一块求子很灵的石头,是呈倒三

[①] 普学旺:《中国黑白崇拜文化:生殖崇拜文化的深层结构探索》,云南人民出版社2011年版,第105页。

[②] 邓启耀等:《中国西部民族文化通志·节日卷》,云南人民出版社2018年版,第275—276页。

[③] 普学旺:《中国黑白崇拜文化:生殖崇拜文化的深层结构探索》,云南人民出版社2011年版,第104页。

角形（▽）的；元谋县老城乡者格村北有一块"二月八母石"，是中间凸两边低的；① 纳西族的阳神"东"和阴神"色"，是用两个自然呈三角形的白色石头表示的；② 藏族用白石在十字路口和羊肠小道的山口堆起嘛呢堆，人们路过就要祈求它的保佑，它是呈丘形的。③ 关于圣石的类型，普学旺先生有深入研究，他提到：人们崇拜的石头是有一定的选择性的，类型大概有四种：一是椭圆鹅卵石形，包含小石子；二是上尖下粗的石柱或石条；三是巨石，不讲究形状，只要巨大即可；四是白石，不讲究形状，只要是白色即可。④

这些圣石为什么具有以上的特征呢？笔者认为，它们都与一具尸骨在某些方面类同着。比如说白石，白色是尸骨的主要颜色；而巨石呢？在龙崇拜一章已经讲道，原始人们认为男性英雄祖先的再生尸骨是一具伟大的尸骨。至于上文提到的其他石头，大致都可以归入椭圆形和三角形两类，那这两类石头又是如何与一具尸骨类同的呢？要回答这个问题，还是先来看一张图片（图3-33）。这是尼安德特人与现代人的骨骼比较图。⑤ 从图中可以看到，尼安德特人的肋骨是呈圆锥形的，而现代人的肋骨则更接近n形。笔者认为：椭圆形和三角形的圣石，其实就是人体的肋骨的象征，是整副肋骨轮廓的"偶像"。理由如下。

第一，尼安德特人已经产生了尸骨信仰。尼安德特人生活的年代目前学界说法不一，有的认为他们生活在距今13万—3万年前，有的认为它们生活的年代更早。⑥ 但无论如何，在尼安德特人中间已经产生了葬俗，并且，尼人的遗骸，其位置常是头东脚西，且遗骸周围常散布有红色碎石片及工具。⑦ 这说明尼安德特人已经产生了尸骨崇拜，在其晚期甚至产生了尸骨再生信仰，那么，一副肋骨的形态应该会在符号和文

---

① 杨甫旺：《彝族文化的融合与变迁》，云南人民出版社2017年版，第279—280页。
② 杨福泉：《纳西族木石崇拜文化论》，《思想战线》1989年第3期。
③ 林继富：《藏族白石崇拜探微》，《西藏研究》1990年第1期。
④ 普学旺：《中国黑白崇拜文化：生殖崇拜文化的深层结构探索》，云南人民出版社2011年版，第113页。
⑤ 图片采自戎嘉余《生物演化与环境》，中国科学技术大学出版社2018年版，第390页。
⑥ 戎嘉余：《生物演化与环境》，中国科学技术大学出版社2018年版，第389页。
⑦ 朱天顺：《原始宗教》，上海人民出版社1964年版，第3页。

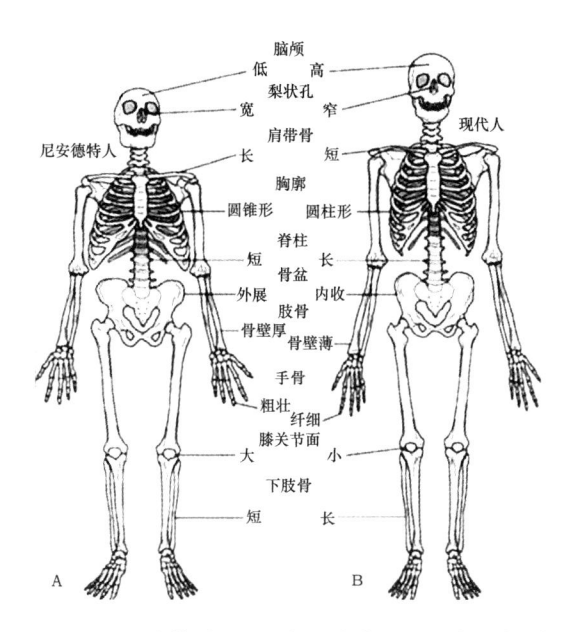

第三章 十字、龙、石头——男性英雄祖先再生尸骨的具化 ◂◂◂◂◂

图 3-33 尼安德特（A）与现代人（B）的骨骼比较

字中有所反映。

第二，在原始观念中男性英雄主要是从肋骨而生的。原始人们认为，人能够从一具尸骨而生，但男性英雄主要是从肋骨而生。很多神话和传说中都反映了这一点。《淮南子·修务训》："禹生于石，契生于卵。"高诱注云："禹母修己感而生禹，拆胸而生。契母……吞燕卵而生契，偪背而生。"《大戴礼记·帝系》曰："颛顼娶于滕氏，滕氏奔之子，谓之女禄氏，产老童。老童娶于竭水氏，竭水氏之子，谓之高緺氏，产重黎及吴回。吴回氏产陆终。陆终氏娶于鬼方氏，鬼方氏之妹，谓之女隤氏，产六子，孕而不粥。三年，启其左胁，六人出焉。"葛洪《神仙卷》卷一载："老子者，字伯阳。楚国苦县曲仁里人也。其母感大流星而有娠……生时剖母左腋而出，生而白首，故谓子老子。"

基诺族神话说：相传古时有一妇女怀胎九年另九个月。一天，她突感两肋剧痛，腹中小儿咬断她的七根肋骨自己跳出来。这是个男孩，他一手握铁锤，一手握火钳，一下子叮叮当当地敲打起来，很快就打成砍刀、弯刀等农具。从此基诺族开始使用铁器。① 壮族《姆六甲》神话说：相传姆六甲是一位创造天地和万物的女神。她没有丈夫，只要赤身裸体地爬到高山上，让风一吹就可以怀孕，但孩子从腋下生下来。②

东汉竺大力等译《修行本起经》卷上载：到四月八日，夫人（指释迦牟尼的母亲摩耶夫人——引者注）出游，过流民树下，众花开敷。明星出时，夫人攀树枝，便成右胁生，堕地行七步，举手而言："天上天下，唯我独尊，三界皆苦，吾当安之。"③ 印度《长阿含经》云：佛告比丘："诸佛常法：毗婆尸菩萨当其生时，从右胁出，地为震动，光明普照，始入胎时，暗冥之处，无不蒙明，此是常法。"④

H. R. 埃利斯·戴维斯《斯堪的纳维亚神话》讲道：第一个男人和第一个女人是从巨人始祖的左腋窝中生出来的。⑤《旧约·创世记》中，夏娃是由亚当的一条肋骨所生的。在苏美尔人的楔形文字中，"ti"就是肋骨，代表生命。

关于此类神话还有很多，此处不再一一引述。胸、胁、背、腋都是环绕肋骨的，所以以上神话在本质上应该都是肋生神话。这类肋生神话有其特点，比如老子生而白首；基诺族男孩会咬断肋骨自己跳出来；释迦牟尼生而能言能行。这些应该都是成年再生礼的反映。此类神话在世界范围内出现，说明在原始人们看来，男性英雄多是从肋骨再生出来的。既然这样，象征着再生尸骨的石头多呈现为三角形或椭圆形，也就是顺理成章的了。并且，从尼安德特人的肋骨的形状来看，人类的肋骨有一个从圆锥形向 n 形的演变过程，所以圣石应该也会相应呈现出从圆锥形到 n 形演变的中间形态。

通过以上三个方面的论述，笔者认为，石头是男性英雄祖先再生尸骨的象征，它可以说是男性英雄祖先再生尸骨的固化。石头崇拜在实质

---

① 姚宝瑄：《中国各民族神话·水族 布朗族 独龙族 基诺族 傈僳族》，书海出版社 2014 年版，第 172—173 页。
② 欧阳若修等：《壮族文学史》第 1 册，广西人民出版社 1986 年版，第 30 页。
③ 王惠民：《敦煌佛教与石窟营建》，甘肃教育出版社 2017 年版，第 7 页。
④ 恒强：《长阿含经》，线装书局 2012 年版，第 14 页。
⑤ [美] 阿瑟·科尔曼等：《父亲：神话与角色的变换》，刘文成等译，东方出版社 1998 年版，第 17 页。

第三章 十字、龙、石头——男性英雄祖先再生尸骨的具化

上是对男性祖先再生尸骨的崇拜,在形式上是图腾崇拜。关于石头崇拜的性质,学术界说法是多样的。比如,王康等学者认为:羌族的白石崇拜是灵物崇拜,白石上面依附的有神灵,代表有本身的自然形体所不具备的神奇力量。[①] 何星亮等学者认为:石神是重要的自然神之一,石崇拜起源于石头有功于人和它的与众不同,万物有灵观念产生后,石头成为石神。[②] 刘锡诚等学者认为:原始人们由穴居的事实而得出人生于山洞的观念,从而赋予石头以生殖功能,石头是具有生殖能力的母体的象征。[③] 普学旺等学者认为:石头崇拜是由母系社会向父系社会转变时,男性为了确立自己的地位而产生的,它是男性生殖力和男性英雄力量的象征。[④]

现在可对以上观点稍作评论。笔者认为,石头崇拜的本质是对人的崇拜,所以它不是灵物崇拜,也不是自然崇拜。另外,学术界比较普遍把石头崇拜视为生殖崇拜,这个判断有两个关键的疑问:一是澳大利亚人并没有认识到生育的本质,他们为什么会崇拜石头?二是如果石头是女性生殖力的象征,那么女性为什么反而会在石头崇拜中被隔离出去?这是比较让人费解的。

二 "且"字的起源

由圣石引发出的这个三角形和椭圆形,其实还关乎一个重要的学术问题,那就是"且"字的起源问题。且字是如何而来的?许多学者表达了各自不同的看法。郭沫若先生说:"是则且实牡器之象形。"[⑤] 此说学术界拥护者较多。陈梦家先生说:卜辞"祖""且"一字,《说文》云:"祖,始庙也,从示且声。""且"者实像古宗庙之形。卜辞凡宀部之字,皆与宗庙祭祀有关,而∩者宗庙之象形也,卜辞且作 ⊖ ⊖ 等形,去其中下二横固亦宗庙之形也。古之宗庙本为石室,宗庙所从之∩乃石

[①] 王康等:《神秘的白石——羌族的信仰与礼俗》,四川民族出版社1992年版,第28页。
[②] 何星亮:《石神与石崇拜》,《西藏民族学院学报》(社会科学版)1992年第3期。
[③] 刘锡诚:《石头生人:石头——母体的象征》,《民间文学论坛》1994年第1期。
[④] 普学旺:《中国黑白崇拜文化:生殖崇拜文化的深层结构探索》,云南人民出版社2011年版,第79—80页。
[⑤] 郭沫若:《甲骨文字研究》,科学出版社1962年版,第38页。

厂之形。① 张儒先生认为："且是俎的初文，本义是切肉的砧板。"② 陈初生先生认为："且"象神主牌位之形。③ 看来，学术界对且字来源的认识没有统一，有重新去探究的必要。

还是从"且"字的甲骨文和金文的字形入手。"且"的甲骨文写法为A、A。④"且"字的金文写法较多，见图3-34⑤。

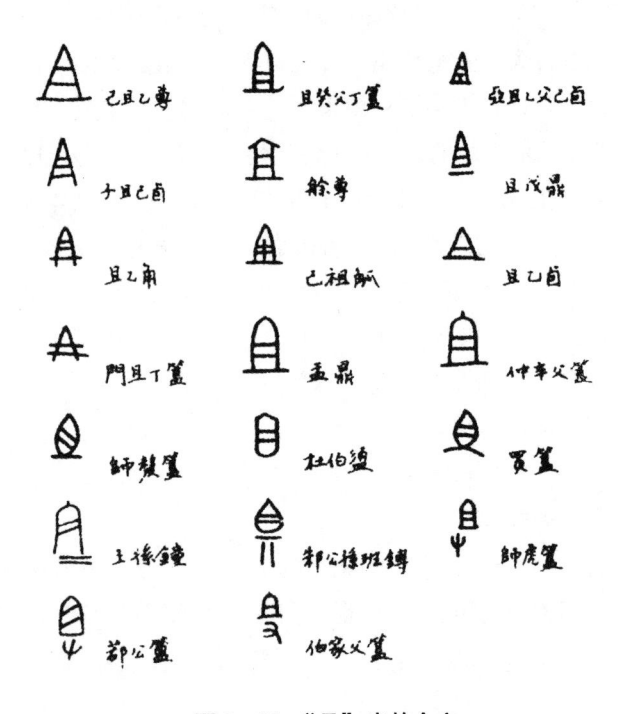

图3-34 "且"字的金文

仔细观察"且"字的甲骨文和金文，发现它们很多都是三角形和椭圆形的，这些形状是如何起源的呢？笔者认为："且"字实际上是人的肋骨加脊柱（胸骨）的整体构形的象形。理由如下。

---

① 傅杰：《二十世纪中国文史考据文录》，云南人民出版社2002年版，第634页。
② 张儒：《汉字形义溯源》，山西古籍出版社2005年版，第131页。
③ 陈初生：《金文常用字典》，陕西人民出版社2004年版，第1125页。
④ 王大鹏等：《甲骨文常用字集字字典》，上海大学出版社2012年版，第152页。
⑤ 陈初生：《金文常用字典》，陕西人民出版社2004年版，第1123页。

第三章　十字、龙、石头——男性英雄祖先再生尸骨的具化

第一，从且字的形状看。我们发现，且字的整体轮廓是多样的：有上面是椭圆形的 ▲；有上尖下粗的 ▲；有下面带一横的 ▲；有下面带两横的 ▲；有中间划一竖的 ▲；有上面冒头的 ▲；有上面加盖的 ▲；还有下面带三叉戟的 ▲。下面，我们再来看尼安德特人和现代人的一具肋骨加脊柱（胸骨）的形状。仔细观察后发现：整副肋骨的轮廓正是一个上尖中粗的椭圆形；多条肋骨与脊柱（胸骨）十字交叉；脊柱的颈椎伸出上部肋圈；左右锁骨盖住下方；下部还有二根弧形的浮肋处于游离状态，并没有与其他肋骨形成胸廓；人的脊柱是 S 形的。这就解释了 ▲、▲、▲、▲、▲、▲ 这几个"且"字的外形：▲ 是包含肋骨和脊柱（胸骨）的；▲、▲ 下面的一横和两横是指的人体的浮肋；▲ 上面伸出的部分是指的颈椎；▲ 上面的盖形是指的左右锁骨；▲ 下面的三叉戟类似弧形浮肋加 S 形脊柱的构型。另外，金文中有的"且"字的下面一横很长，但人的浮肋没这么长，这应该只是衍化的形态，因为同样发现了下面一横不长的且字，比如 ▲。这样，人体肋骨、脊柱（胸骨）、锁骨的整体形态基本上解释了"且"字的金文里的大部分字形的结构特征。

第二，从且字的含义看。《礼记·檀弓上》云："曾子曰：夫祖者，且也。"陈梦家先生也指出，在卜辞中，祖和且是同一个字。这就说明，且具有祖先的意义。

综合来看，"且"字具有祖先的意义，"且"字主要是人体肋骨加脊柱（胸骨）的构形，而原始人们认为英雄主要是从男性英雄祖先的肋骨而生的。那么，有理由认为："且"字是从男性英雄祖先的再生尸骨特别是肋骨加脊柱（胸骨）的构形而发源的，它在本质上就代表着男性英雄祖先的再生尸骨。如果这个结论是正确的，那么，我们的祖先崇拜，在最开始时崇拜的是再生祖先而不是血缘祖先。

这个结论有助于揭示金字塔的起源，看到且的金文 ▲ 字了吗？它从外形上与金字塔类似，或许金字塔与且字有着同样的起源。古埃及人认为人死后可以附在木乃伊上复活，所以他们倾心建造木乃伊和金字塔。古埃及陵墓建筑有其发展过程。最早的墓葬形式是在地上挖一个坑，再堆成一个沙堆。后来发展成官僚贵族的马斯塔巴式（立方梯

· 155 ·

形——引者注）坟墓。金字塔就是由它发展而来的。金字塔具有什么特征呢？它是梯形分层的，底座四方形，每个侧面是三角形，是一种高大坚固的角锥体建筑物。[①]

我们可以来比较一下金字塔的形状和一副肋骨的形状。从正面和背面看，一副肋骨的上半部分正是一个分层的角锥体，肋骨围成的大小不同的同心圆构成了层级。可以认为，埃及最早的坟墓形式沙堆的"n"形就是起源于一副肋骨的轮廓的，而金字塔的形状也是起源它的。直到今天，我国的坟墓也还是一个"n"形。这说明各国的坟墓形式有着共同的起源。这或许正表达了人们内心的渴望，希望能够像一副肋骨一样，再生循环，生生不息，永存于世。

三 石棚的起源

何谓石棚？就是用石搭成的棚子，但这个棚子有着独特的形状，并且这个统一形状的棚子起源久远，分布广泛。

石棚具体是什么样的呢？李剑平先生给出的解释是：古代巨石构筑物。由石板建构，坟墓形式，因此，又俗称"石坟桌"。石棚之左、右、背三面封护，构成石棚石墙，正面空敞作为墓门，顶部覆盖石板为墓顶。[②] 许玉林先生认为：石棚应是人工用整块大的盖石和壁石修建起来，露在地上的巨石建筑物。形成棚子和桌子。我国称它为石棚，国外称它为"多尔门"即桌石。[③]

石棚的分布非常广泛。学者段守虹指出：石棚在世界上分布很广，欧洲的丹麦、法国、德国、俄罗斯、荷兰、比利时、葡萄牙、西班牙、意大利，非洲的埃及、阿尔及利亚、突尼斯、摩洛哥，亚洲的叙利亚、土耳其、印度、马来西亚、缅甸、越南、日本、朝鲜以及中国都有大量发现。中国的石棚集中在东北到西南走向上，其他地方也有零星分布。尽管石棚建筑样式各有不同，石棚的形式大小不一，但其基本特征是一

---

① 周明博：《全球通史》，当代世界出版社2011年版，第18—19页。
② 李剑平：《中国古建筑名词辞典》，山西科学技术出版社2011年版，第335页。
③ 河北省文物研究所：《环渤海考古国际学术讨论会论文集》，知识出版社1996年版，第120页。

第三章　十字、龙、石头——男性英雄祖先再生尸骨的具化

致的，就是用小块石头支起巨大的石块。①

石棚的形成时间非常久远。据许玉林等学者研究，辽东半岛的石棚的形成时间应在距今约 3000 年。② 石棚的起源至今仍然是一个谜。笔者认为：石棚起源于男性英雄祖先的一具再生尸骨，这一点可以从石棚的形制和功能得到印证。

（一）从石棚的形制来看

辽宁省文物考古研究所编《辽东半岛石棚》一书中把石棚分为三类：大石棚、中石棚、小石棚，并对三类石棚做了介绍。③ 我们分别来看。

大石棚：石棚规模较大。盖石长 4—5 米，高约 2 米。盖石扁平圆角长方形，伸出壁石之外，形成大的棚檐。壁石呈梯形，下宽上窄。壁石之间向内倾，斜立，形成方塔状。

中石棚：石棚规模介于大小石棚之间。盖石长 2—3 米，高约 1.3 米。盖石近正方形，伸出四壁石外的檐棚大体相等，呈方桌状。壁石微向内倾斜。

小石棚：石棚规模较小。盖石长约 2 米，棚高仅 1 米左右。盖石为长条形或不规则形，大多与壁石平齐不出檐。

刘瑛在其硕士学位论文《试论辽东半岛石棚遗存》一文中，把石棚分为大、中、小三类。其对三类石棚特征的描述大部分与《辽东半岛石棚》一书中的描述相同。但有一点是明显不同的，即在小石棚的盖石是否出檐上有差异。《辽东半岛石棚》一书认为小石棚的盖石不出檐，但刘瑛说："据实地考察测量盖州牌坊石棚群的小石棚各壁石与盖石尺寸，小石棚仍然出檐。"④ 既然刘瑛是实地考察的结果，在这一点上我们采信她的说法。

---

① 段守虹：《巨石文化：精神与诠释》，陕西人民美术出版社 2013 年版，第 23—24 页。
② 河北省文物研究所：《环渤海考古国际学术讨论会论文集》，知识出版社 1996 年版，第 123—124 页。
③ 辽宁省文物考古研究所：《辽东半岛石棚》，辽宁科学科技出版社 1994 年版，第 68—69 页。
④ 刘瑛：《试论辽东半岛石棚遗存》，硕士学位论文，中央民族大学，2007 年。

原始崇拜之源

石棚为什么具有如此独特的形制呢？分析石棚的样式，我们发现无论大、中、小石棚都有一个共同的特点：都有盖石，盖石出檐，壁石向内倾斜。这样的形状，其实差不多就是一个金文"且"字的且字形，它是起源于人体的骨骼的。我们再来观察人体的一具骨骼，可以看到，在人体的一副上尖下宽的呈椭圆形的肋骨上面，是两根长长的锁骨。这左右两根锁骨几乎形成一个"一"字形，将呈椭圆形的肋骨罩在下面。并且，这根锁骨是伸出了肋骨的轮廓之外的。而这，与石棚的形制如出一辙。所以，石棚中的盖石，就是左右两根呈一字形的锁骨。而石棚的向内倾斜的壁石，就是上尖下宽的肋骨轮廓。可以认为，整个石棚就是模仿人体的锁骨加肋骨轮廓的综合构形而建造的。

（二）从石棚的功能来看

在辽东半岛的传说中，石棚具有再生能力，它是可以羽化成仙的，且充当了族群的保护神。

首先，石棚具有复活的能力。在鞍山市存在姑嫂石的传说：为了帮助村民治病，善良的小姑和懒惰的嫂子上山采药。在一位白发老人的指点下，小姑把仙药挖了出来。嫂子欲抢无果，把小姑推下了山崖，自己也踏空掉了下去。哥哥和乡亲们将姑嫂的尸首抬回了村里。一位白发老人告诉了乡亲们抢救的方法。乡亲们依法在山上山下各建了一个石棚。把小姑子的尸体放在山上的石棚，把嫂子的尸体放在山下的石棚。过了两天，人们都到山上石棚前，只见小姑子的脸色由白变红，慢慢睁开了眼睛。突然风雨大作，小姑子翻身爬了起来飞上天去了。嫂子也睁开眼活了，她也想飞上天去，但却变成了一只鹧鸪鸟。她望着天上的小姑子，嘴里一直叫着：姑姑——等等，姑姑——等等。直到现在这种鸟还是这样叫着。[1] 在这个传说中，石棚具有起死回生的能力。正是因为这种能力，所以人们还用石棚当墓葬的形制，以期实现再生永存。比如，辽东瓦房店市铧铜矿石棚和普兰店市双方2号石棚等数十个石棚中，都曾发现人骨和各种随葬品。[2]

---

[1] 石崧：《鞍山地名典故》，春风文艺出版社2015年版，第83—84页。
[2] 朱诚如：《辽宁通史》，辽宁民族出版社2009年版，第67—68页。

第三章 十字、龙、石头——男性英雄祖先再生尸骨的具化

其次，石棚具有护佑力。辽宁盖州石棚山石棚有一个传说：很早以前这一带多灾多难，民不聊生，人们四处逃荒。可有一天，下了一场大雾，雾后人们发现这里多了一个石棚。自此，这里年年风调雨顺，百姓安居乐业。①

综合石棚的形制和功能来看，石棚是尸骨的"偶像"；石棚也具有再生力和护佑力，这是男性英雄祖先尸骨再生信仰的反映。所以，石棚是男性英雄祖先的再生尸骨的象征。这个结论有助于我们揭示锅庄石和英国巨石阵的起源。

首先来看锅庄石。

锅庄石是如何起源的呢？彝族等民族的锅庄石，都被视为各族祖先之所在。并且，纳西族在处理死者时，要在停尸坑底放三块锅庄石，然后将尸体架在锅庄石上，完成后续手续一年后，喇嘛超度时可算出死者灵魂在什么方位转世成什么。② 这显示出锅庄石具有再生力。笔者推测：锅庄石也是男性英雄祖先的再生尸骨的象征。那么，锅庄石是如何象征着一副再生尸骨的呢？这个锅庄石有点特别，彝族的锅庄石，是由三根打制成的弯曲石头组成，类似于羊角状，每锅庄石上雕刻有花、草、树、木图样。③ 从锅庄石的外形看，它就是一个简易版的石棚。尽管锅庄石上面没有明确的盖石，但其石头是刻意制成类似于羊角的弯曲状的，三个弯曲的"羊角"实际上构成了一个平台，就类似于盖石，是盖石的简化表现形式。

其次来看英国的巨石阵。

从形制上看，巨石阵与中国的石棚不同，它是呈同心圆式排列的。巨石阵的主体是由100块巨石组成的石柱，这些巨大的石柱排列成几个完整的同心圆。其中最壮观的部分是石阵中心的砂岩圈，由高4米、宽2米、厚1米、重达25吨的30根石柱组成，上面还架有横梁，形成一

---

① 黄斌等：《箕氏朝鲜史话》，远方出版社2007年版，第101页。
② 田松：《神灵世界的余韵：纳西族：一个古老民族的变迁》，上海交通大学出版社2008年版，第249—250页。
③ 唐钱华：《宗教民俗与生存实践——凉山彝族阿都村落的民族志研究》，宗教文化出版社2014年版，第129页。

个封闭的圆圈。① 此外,有传言说,巨石阵于1901—1964年经过了大规模的修葺,将倾斜的直立石柱加固,替换了坠落的巨石。②

从用途上看,英国的巨石阵,先前被认为是天文观象台或宗教中心。但最新的研究成果表明,它可能是古代王室家族的墓地。科学家对从中发掘出来的遗骸进行了放射性碳测定,发现那里从公元前3000年巨石阵建造之初就是一处墓地。所以,负责遗址发掘工作的英国考古学家迈克·帕克·皮尔逊假设巨石阵是属于死者的场所,并且埋葬的是社会精英或王族。③

巨石阵是如何起源的呢?从形制上看,巨石阵也有盖石,并且它的立石在起初也可能是斜立的。这一点与我国的石棚是一样的,不同的是,英国的巨石阵是围成多个同心圆的。从用途上看,巨石阵也是墓葬场所,这与我国的石棚类似。鉴于巨石阵与我国石棚的多处共性,笔者推测:巨石阵应该也是起源于男性英雄祖先的再生尸骨的。人的一副肋骨不是由多个同心圆组成的吗?英国的巨石阵可能只是在更多地模仿这些同心圆。面对一副同样的尸骨,不同的民族肯定会有不同的观察视角和不同的模仿侧重点,这是完全可以理解的。并且,或许我国也存在同心圆式的石棚群呢!只是被破坏了或者还暂时没有发现。如果这个推测属实,那么,英国的巨石阵和埃及的金字塔尽管形状完全不同,但却具有同样的意义,那就是人类永恒的追求:再生,永存。

四 杯—环印记

上文讲到巨石阵的多层同心圆。其实,对多层同心圆的崇拜遍布世界各地。它以不同的形式存在,或立体的,或平面的。也以不同的视角而存在,或平视的,或下视的。

据爱尔兰学者罗尔斯顿介绍,在巨石碑上常常出现一种杯—环印记

---

① 王思程:《科学百科》,北京联合出版公司2015年版,第404页。
② 余未人:《悦游漫记:从亚鲁王到卡夫卡》,贵州人民出版社2017年版,第152页。
③ 张碧波:《民族文化学新论》,黑龙江人民出版社2011年版,第91—92页。

(图3-35)。这种印记由一组同心圆和一条从同心圆的中心孔引出的S形曲线组成。这些印记可以在英国、爱尔兰、法国布列塔尼和印度的很多地方找到。在杜帕克斯（Dupaix）的《新西班牙的纪念碑》等书中，记载了一个有趣的例子：在一块名为"凯旋之石"的圆形碑顶上，雕刻有一个中心杯形孔洞，在孔洞周围，则刻有九个同心圆，一条沟槽从中心孔洞出发，径直穿过九个同心圆环，正至石碑边缘。罗尔斯顿认为这个印记与欧洲典型的杯—环印记非常相似，它们的含义可能相同。但其究竟是什么含义，对于古文物研究者们仍然是一个谜。罗尔斯顿猜测这些印记是巨石坟墓的图标，中间的孔洞代表实际的埋葬地点，周围的同心圆则是坟墓周围通常立起的石头、坑壕以及壁垒，而贯穿同心圆环的那条沟槽则是通往埋葬地点的地下通道。①

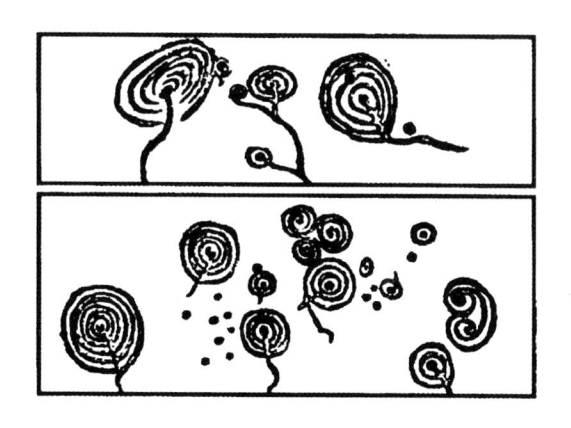

图3-35 苏格兰的杯—环印记

类似于罗尔斯顿所说的"杯—环"印记，在我国的巴丹吉沙漠岩画中就有发现（图3-36）。② 图中的两个多重同心圆都是从外圈引出一条短线的。完全封闭的，不从外圆和中心引出线条的多重同心圆，在我国贺兰山贺兰口岩画中，亦有发现（图3-37）；在澳大利亚的图腾

---

① ［爱尔兰］罗尔斯顿：《凯尔特神话传说》，西安外国语大学神话学翻译小组译，陕西师范大学出版总社有限公司2013年版，第37—38页。
② 盖山林：《巴丹吉林沙漠岩画》，北京图书馆出版社1997年版，第243页。

圣物丘林噶上也发现有此类图案（图3-38）。① 在这个丘林噶上面的图案中，是从多层同心圆的外圆引出了多条S形曲线。这一点是与杯—环印记相异的，杯—环印记的S形曲线是从同心圆的圆心引出的。

图3-36　巴丹吉沙漠岩画上的符号　　图3-37　贺兰山岩画上的图像　　图3-38　丘林噶上的图案

如何来解释这些图案呢？盖山林先生把同心圆释为云纹或水纹。②贺吉德先生认为：圆圈代表太阳；两重圆或三重圆则是对女性生殖器的赞美；两个并列的圆或两个重圆符号左右相连，则象征睾丸；四层到六层同心圆则应该理解为丘林噶上的多层同心圆的意蕴，即表示祖先、神、灵魂休息的地方。③

笔者认为，多层同心圆是人的肋骨圈，而S形的线条是人的脊柱。所谓的杯—环印记，是人体骨骼的下视图。我们看到的同心圆的中心点其实是S形脊柱的靠颈部的上端。"凯旋之石"上有九个同心圆，我们可以数一数人体肋骨圈，共有多少个。人体的肋骨左右各有12根，有两根浮肋，其余10根肋骨围成10个肋圈，并且这肋圈是梯形分层的。不管是封闭同心圆图案，还是从同心圆中心点引出S形脊柱的图案，抑或是从同心圆外圆引出S形脊柱的图案，都是人体肋骨圈的图案或肋骨圈加脊柱的组合图案。其实，杯—环印记与龙的原型是一体两面，龙的原型主要是一副肋骨加脊柱的平视图，而杯—环印记则是一副肋骨加脊

---

① 贺吉德等：《贺兰山贺兰口岩画》，宁夏人民出版社2017年版，第172页。
② 盖山林：《巴丹吉林沙漠岩画》，北京图书馆出版社1997年版，第131页。
③ 贺吉德等：《贺兰山贺兰口岩画》，宁夏人民出版社2017年版，第171—172页。

柱的下视图，二者同出一源，横峰侧岭。所以，雕刻在石碑上的杯一环印记，也是希望死者再生的意思。

其实，对一副肋圈和一根脊柱的崇拜不仅体现在平面的符号上，还体现在立体的物上。

比如葫芦崇拜。彝族《创世纪》讲道：在远古时代，洪水泛滥，从葫芦里走出一对男女，他们互相婚配，人类得以繁衍延续。① 云南哀牢山区的彝族有供奉祖灵葫芦的习俗，其家庭正壁的壁龛或供板上，通常供着一个两个葫芦，一个葫芦代表一代祖先。葫芦和祖先这两个词语都叫"阿普"。葫芦还是其保护神，当地流传"人畜清吉求葫芦，五谷丰收祈土主"的谚语。② 葫芦崇拜非常普遍。刘尧汉先生说：我国五十几个民族，大多数都有人从葫芦里出来的神话传说。③ 这么多的民族为什么都有葫芦生人的神话传说？刘尧汉《中华民族的原始葫芦文化》一文认为，葫芦象征母体，葫芦崇拜也就是母体崇拜。民族学家杨堃先生同意这一观点。④ 赵国华先生也认为葫芦是女性生殖器的象征物。⑤ 把葫芦崇拜视为女性生殖崇拜，这是可商榷的。这么说有两个方面的原因。

第一，葫芦是老祖公。何耀华先生在红河哈尼族彝族自治州的建水县发现一个葫芦崇拜的实例。一彝老至城中赶集，胸前挂一面具光亮的葫芦，问之何由？答："这是我们彝族的老祖公。"⑥ 如果葫芦崇拜是女性生殖器崇拜，那么，葫芦为什么会是彝族的老祖公而不是老祖母呢？

第二，葫芦是从骨骼上面生长出来的。还记得我们前文举的例子吧，滇东南彝族阿哲支系创世史诗《爱佐与爱莎》说：葫芦是从始祖

---

① 普珍：《中华创世葫芦——彝族破壶成亲，魂归壶天》，云南人民出版社1993年版，第27页。
② 孟慧英：《当代中国宗教研究精选丛书·原始宗教与萨满教传》，民族出版社2007年版，第463页。
③ 刘尧汉：《中国文明源头新探：道家与彝族虎宇宙观》，云南人民出版社2016年版，第32页。
④ 杨堃：《杨堃民族研究文集》，民族出版社1991年版，第508页。
⑤ 赵国华：《生殖崇拜文化论》，中国社会科学出版社1990年版，第358—359页。
⑥ 孟慧英：《当代中国宗教研究精选丛书·原始宗教与萨满教传》，民族出版社2007年版，第463页。

冬德红利诺的骨骼上面长出来的。这应该是说,葫芦是尸骨所派生出来的,它与尸骨具有共同性。

所以,葫芦崇拜应该不是生殖崇拜,而是图腾崇拜。在形态上,葫芦是人体的一副肋圈的"偶像",它应该是杯—环印记中的多层同心圆的立体视图,于是原始人们将葫芦当作了祖先的再生尸骨而加以崇拜。

又如竹崇拜。彝族传说:开天辟地的太古时代,有一个兰竹筒中爆出一个人来,他的面貌似猴类,初生出就会说话。其名叫亚槎,后来与形貌似猿的猕子配为夫妻,他们的子孙就是罗罗(彝族)。① 威宁西北一带彝族的传说:在洪水中,竹子救了女子的命。女子用石块砸开竹子,在竹节之间的空隙当中,先后蹦出5个男孩。儿子们在吃了她的一滴眼泪之后就止住了哭声,吃了两滴眼泪就会笑,吃了三滴眼泪就挣扎着要下地,跳了两跳立刻就长大成人。② 云南澄江彝族将"金竹"视为"祖神",并称其为"金竹爷爷"。③

竹子为什么能够生人?与葫芦崇拜一样,也有很多学者认为这是生殖崇拜,此处就不再一一列举了。但竹崇拜真的是生殖崇拜吗?我们看到,竹生人有一个明显的特点,就是小孩一出生就会说话,跳两跳就立刻长大成人。这是成年再生礼的反映。如果是生殖崇拜,生出来的都是软弱的婴儿。另外,前文我们也讲过了,彝族是视竹为祖先的骨骼的。所以,竹崇拜在形式上是图腾崇拜,在实质上是对祖先的肋骨加脊柱的崇拜。特别是经常被压成弧形的分节的竹竿,与人体的S形分节的脊柱非常类似,它是杯—环印记中的S的立体视图。

再如藏族的嘛呢堆崇拜。嘛呢堆的形状中,就常见用石块垒成的圆台形的石堆。这种嘛呢堆整体是呈圆锥形的,但又是分层而上,很多嘛呢堆的层数都是在5—10层,还常在顶部插上木棒。这种嘛呢堆,应该就是模仿人的一副肋圈和脊柱而建成的,其层级就是肋圈构成的层级,而顶部插上的木棒是代表脊柱上端的颈椎的。它其实就是"且"

---

① 孟慧英:《当代中国宗教研究精选丛书·原始宗教与萨满教传》,民族出版社2007年版,第462页。
② 应骥:《僰氏羌源流考》,云南大学出版社2015年版,第187页。
③ 朱文旭:《彝族文化研究论文集》,四川民族出版社1993年版,第83页。

字金文中冒头的𠙴字。如果从上空俯瞰，整个嘛呢堆就是一组中心带点的同心圆，它是杯—环印记的立体视图。

五 尸骨、十字、龙、石的关系

通过前面几章的论述，我们已经揭示了十字符号、龙和圣石的本来面目，在本质上，它们都是代表男性英雄祖先的再生尸骨的。但它们反映的是再生尸骨的各个不同的侧面。所谓横看成岭侧成峰，远近高低各不同。人们从不同的角度和侧面去观察、感知、想象男性英雄祖先的再生尸骨，于是产生了以上几种具有世界普遍性的崇拜形式。因为尸骨再生信仰，所以再生祖先和他的尸骨具有等价意义。也因为尸骨再生信仰，再生祖先才无比伟大和神秘。所以，后世之人才会千方百计地依据再生祖先的原型去想象和创造崇拜物，以求得再生祖先护佑，达到生命永存、健康平安、财富永足、幸福美满的圆满状态。我们看到：十字符号是一具再生祖先尸骨的符号化；龙是再生祖先尸骨的动物化；而石头则是再生祖先尸骨的永固化。尸骨、十字、龙、圣石实质上是"四位一体"、各有其面。正因为它们之间的"四位一体"的关系，所以它们肯定在很多方面具有相同的性质。现在，我们就对这些相同的性质进行一番梳理。

首先，从联系的角度看。

石与龙的关系。壮族《布洛陀》神话说：石蛋里的三个蛋黄生出雷王、龙王和布洛陀三兄弟。雷王留在天上，龙王进入水下，而布洛陀留在人间。[1] 广西上林县壮族人每一村寨都有一个特定的山神（石神）即龙神，他们每年都要祭祀龙山，谓之"祭龙"。[2] 在拉萨河谷一带，农人将白石安放在青稞地里，奉为保护丰收的农业神。拉萨河南岸的农人把它叫作"龙女妈妈"。[3] 在藏区，尤其是康区和安多的部分藏族，在其屋顶、门顶和窗台等地方供奉白石，他们认为高高屹立的巨大白色

---

[1] 农冠品：《壮族神话集成》，广西民族出版社2007年版，第761页。
[2] 廖明君：《壮族石崇拜文化——壮族自然崇拜文化系列研究之二》，《广西民族研究》1997年第2期。
[3] 林继富：《藏族白石崇拜探微》，《西藏研究》1990年第1期。

山石，乃是龙女、神女的化身。① 在娄烦民俗中，石与龙能够互变。传说：在娄烦有一座娘娘庙，庙里住着一老一小两个和尚。小和尚出去放羊时发现一只公羊总晚上回圈时才回群。在追踪这只公羊的过程中，突然看见山上一块白石变成了一只小白龙，与公羊玩耍。老和尚以为是个石怪，就把两把小尖刀绑在公羊角上。公羊一角把白龙顶成三段，小白龙变成三块白石滚下山坡去了。②

十字与石、龙的关系。在藏族的十字路口，都有呈丘形的嘛呢堆，人们路过时祈求保佑。在日本，大都把石敢当树立在丁字路口、三岔路口、道路拐角处或十字路口。③ 为什么要放在十字路口呢？前文我们讲到，因为古时候人们相信道路交叉的地方容易出现魔物，有一种解释说这是因为十字路口是阴阳两界的交界处。据大不列颠岛先前岛民的传说，圣乔治骑士杀死的恶龙的血流到地面形成了一个十字。现在，我们很容易解释以上的传说和现象。石本身就是一具再生尸骨，所以它能生出龙。石、龙、十字本来是一体，所以它们能够互化。十字符号作为一具再生尸骨的象征，它是生死转换的大门，是阴阳变换的枢纽，是鬼魂的聚集之所。作为族群保护神的石敢当当然要放置在十字路口，这样才能有效消灾祛病，降妖除魔。

其次，从善恶的角度看。

十字符号、龙、石既然都有着共同的本质，那么应该就有共同的善恶属性，因为它们本质上都是人。龙有善龙和恶龙，十字符号有善十字和恶十字，这两点我们已经在前文指出。那么，石有善恶属性吗？那石有恶的一面吗？在藏族的审美观念中，白色的石块是美好的化身，是善的象征，它代表着一切好的、吉祥的事物。而黑石呢，是恶魔的代名词，凡是与黑石有关的一切都被视为邪恶、污秽。传说阎王为人记功过，做一件善事多一颗白石，做一件恶事多一颗黑石。④

---

① 杨学政等：《苯教文化之旅：心灵的火焰》，四川文艺出版社2007年版，第85—87页。
② 张贵桃：《娄烦民俗中的石崇拜》，《太原日报》2008年1月22日。
③ 吕继祥：《古今民俗》，齐鲁书社2000年版，第16页。
④ 林继富：《藏族白石崇拜探微》，《西藏研究》1990年第1期。

第四章

自然崇拜与图腾命名

第一节 自然崇拜——男性英雄祖先再生尸骨的迷局（一）

本章所要讨论的自然崇拜，是指对自然物体的崇拜。通观全世界的崇拜现象，自然崇拜是在世界范围内都普遍存在的。并且，几乎全世界所有的学者都认为自然崇拜是对自然物的崇拜，事实真的是这样的吗？接下来的几章将回答这个问题。自然崇拜的对象是极为丰富的，第一节我们将讨论天、树、地、火崇拜。

一 天崇拜

天崇拜很普遍，我国很多民族都崇拜天。那么，人们为什么要祭天？各民族所崇拜的天又是什么？天崇拜又是如何起源的？这是我们要回答的问题。

（一）天崇拜的起源

研究天崇拜，还是需要从其崇拜的特征入手去分析。

1. 天具有再生力

柯尔克孜族崇拜的苍天"腾格里"是世界万物之主。天蓝色被称为"阔克"。在英雄史诗《玛纳斯》中，英雄玛纳斯的尸体经过"阔克河"后洗浴便死而复生。柯尔克孜族认为人的生命是上天给的，在《玛纳斯》中向天求子的描述比比皆是。玛纳斯也是其父向天求来的。

英雄个个能征善战，因为他们都是天的儿子。① 在东巴经《创世纪》中，纳西族始祖崇仁丽恩与天女衬红褒白夫妇成婚不育，祭天求子后生了三个儿子，他们后来分别成为藏族、纳西族和白族的首领。②

通过以上材料可以看到，天是具有再生力的，他能够让英雄复活。而各民族向天求子的结果也体现了再生的性质，柯尔克孜族和纳西族向天所求之子，个个都是英雄或首领，这具有成年再生礼的意蕴。综合两方面来看，天应该是男性英雄祖先再生尸骨的象征。

2. 天以白石和竹为象征

羌族视白石为天神。羌族宗教经典《上坛经》记载有白石成为天神的原因。传说它曾是"天神"指点羌人用以战胜敌人的锐利武器，为铭记天神功德，立白石以象征天神祭拜。③ 邓宏烈先生也指出：羌人以天神为最高的保护神，并以白石为表征，供奉在每家屋顶正中最高处和村寨附近。④ 藏族也以石白为天神。据学者陈明芳等调查：自古以来，在庙顶堡和拉乌堡的藏族地区，家家户户的屋脊正中都摆着1—3块白石，当地藏族认为白石既是天神又是家庭的保护神，可以辟邪，保一家人和睦安宁，人畜兴旺。⑤ 彝族以竹筒象征天神。大姚县彝族祭天时，要在村寨附近的山林中建造祭天棚，内供天神，以一尺多长的竹筒象征天神，竹筒内装米粒、羊毛、草根。⑥

通过以上材料可以看到，白石和竹都是天的象征。而白石和竹筒都是象征着男性英雄祖先的再生尸骨的，所以，天在这里应该也是指的男性英雄祖先再生尸骨。

3. 天具有禁忌性

纳西族以氏族为单位祭天，据茨中村纳西族老人和士贵与钟龙太等

---

① 托汗·依萨克等：《中国〈玛纳斯〉学辞典》，中央民族大学出版社2017年版，第205页。
② 赵心愚：《纳西族与藏族关系史》，四川人民出版社2004年版，第133—134页。
③ 李德洙等：《中国民族百科全书》9，彝族、哈尼族、拉祜族、羌族、普米族卷，世界图书出版西安有限公司2015年版，第589页。
④ 邓宏烈：《羌族：以"白石"崇拜为表征的多神信仰》，《中国民族报》2008年6月11日。
⑤ 钱安靖：《中国原始宗教研究及资料丛编·羌族卷》，巴蜀书社2016年版，第84页。
⑥ 中国云南彝族编委会：《中国云南彝族》，云南民族出版社2011年版，第237页。

人的回忆：每年正月举行重大祭祀活动，全村女性不准参加，只有男人才能参加且不得缺席。① 川西南的藏族在屋脊供奉从高山捡来的神圣的白石，妇女是严禁上屋顶的。对妇女的禁忌的存在，说明了男性英雄祖先是在场的。

综合以上材料看，天具有再生性、护佑性、禁忌性，同时以白石和竹为象征，所以，天应该是指的男性英雄祖先的再生尸骨。这一点，从天字的字源上也有所反映。《说文解字·一部》云："天，颠也。至高无上，从一大。"甲骨文天字为"𠀡"，完全是一个人的形状。金文的天字为"𠀤"，是一个人头上加一横。从汉字演进的逻辑看，人形之"天"字应该是最早的"天"字，金文的"天"字应该是据此演化而来的。这样看来，"天"也就是"人"，"天"是由"人"演化而来的。这个如此伟大的人，应该就是指的男性英雄再生祖先的躯体。

那问题来了，抽象的天怎么会是具体的再生尸骨的象征？原来，在原始人们的眼中，天不是抽象的而是具体的。原始人认为天是分层的。萨满教神话《天神创世·天和地》讲道：相传，天有17层；地有9层。人住的地方叫地上国，神住的地方叫天上国，魔鬼住的地方在地下，叫地下国。统管17层天、9层地和人间的，是至高无上的天神阿布卡恩都里。在阿尔泰人萨满神话中，最高的天神居住在太阳和月亮以上的最高天层，人间的萨满要想达到最高天神的脚下，必须越过七道或九道障碍，每一层天都有一道障碍。在大多数文献中，天层以7层、9层为多。在满族天神话中有天有17层的说法，在阿尔泰地方有最多达33层的说法。②

既然天是分层的，而我们看到的天又是一个弧顶，那天不就成了一且字的"且"字形了吗？这样看来，原始人们可能是根据再生尸骨的结构想象出了天的结构。我们来看，在各民族的信仰中，天的层级从7—33层不等，多是7层和9层。人体的脊柱由33块骨构成，肋圈有

---

① 邓启耀等：《中国西部民族文化通志·节日卷》，云南人民出版社2018年版，第74—75页。
② 乌丙安：《民俗文化综论》，长春出版社2014年版，第277—279页。

原始崇拜之源

10个，左右两边的肋骨各12根。从整体上看，天的层数与肋圈的个数和脊柱的节数是大致相符的。那这具尸骨为什么会被想象得如此伟大？前文我们已经讲道，男性英雄再生祖先在后世看来是无比伟大的，人们把雷想象为他的声音，那么天自然可以被想象为他的身体骨骼结构。

天是男性英雄祖先再生尸骨的象征，还可以通过天绳和天梯看出来。在各民族的天崇拜中，天神都是通过天绳和天梯往返于天界与人界的。纳西族东巴经提到，天神往返于人间天界需要攀登黄金天绳和白银天梯。① 藏族一些赞普王公把自己逝世以后的归宿说成是回到天上，将自己作为天神家族成员中的一位神灵。天神可以下界，特殊人物死了以后也可以上天成为神。这种天地相连是通过天梯来完成的。《西藏王臣记》载："传谓天赤七王迨子成长，略能骑射之时，其父等均依次攀援天绳，逝归天界。"② 在西方的故事中也有天梯，《旧约·创世记》讲道：雅各梦见一个梯子立在地上，梯子的头顶着天，上面有上帝的使者上上下下。那么，这个天绳和天梯是什么呢？其实，天绳和天梯都是指的男性英雄祖先的再生尸骨，理由如下。

第一，从天绳和天梯的象征物看。天梯和天绳是有其象征物的。在黎族那里，天是通过竹子下凡的。在东方市美孚方言的祭天习俗中，人们向天求雨时，就杀牛并将牛角挂在榕树上，牛角一边插一根竹枝，上面挂四团棉花，意思是棉花乃上天之物，而竹子则当作天梯，天神可沿着天梯下凡取走祭品。这样天就会下雨了。③ 在独龙族那儿，天梯是九道土台。独龙族神话说：昔天与地相连接，连接者为九道土台组成之梯。其时天上大地俱一种人。④ 我们已经知道，竹干是象征着再生尸骨的脊柱。而独龙族的九道土台的天梯呢，其实就是"且"字的金文，也就是藏族的嘛呢堆和埃及的金字塔，它们实际上都是主要指的再生尸骨的多层梯形同心圆肋圈。

---

① 赵心愚：《纳西族与藏族关系史》，四川人民出版社2004年版，第134页。
② 林继富：《灵性高原——西藏民间信仰源流》，华中师范大学出版社2004年版，第225页。
③ 吉明江：《东方·黎族文化瑰宝》，海南出版社2013年版，第373页。
④ 袁珂：《中国民族神话词典》，四川省社会科学院出版社1989年版，第360页。

第二，从天绳和天梯的颜色看。在纳西族那儿，对天梯有一个描述：黄金天绳和白银天梯。在藏族，也有类似的传说：止贡赞普的尸体藏在琼结的章莫章穷山上时，天上又有黄金细绳出现并且没入地下。① 这意味着天绳是黄色的，而天梯是白色的。而人体的脊柱也是黄色的。脊柱的前部和后部均有坚强的韧带，弓间韧带，连接于相邻椎骨的椎弓之间，它由弹性纤维构成，在新鲜时呈黄色，故又称黄韧带。② 至于白色的天梯呢，肋圈也是白色的，两者的颜色一致。

这样看来，原始人眼中的天绳和天梯也是指的再生尸骨。男性英雄祖先的不死之灵必须依附在尸骨上，再生也是灵魂的再生，那么，再生尸骨自然就成了天绳和天梯。这也说明，原始人们确实是把天看作男性英雄祖先的再生尸骨的。

（二）"帝"字和"中"字的起源

对天的本原的揭示，有助于揭示"帝"字的起源和"中"字的起源。先来看"帝"字的起源。

1. "帝"字的起源

"帝"字是如何起源的？先来看学界的认识。《说文解字》："帝，谛也，王天下之号也。""帝"字的甲骨文为 、 ，③ 金文为 、 、 等。陈初生先生说："吴大澂、王国维、郭沫若并谓象花蒂之形，为蒂之初文。"④ 清代吴大澂是这么说的："蒂落而成果，即艸之所由生，树叶之所由发。生物之始，与天合德，故帝足以配天。"⑤ 郭沫若说："知帝为蒂之初字，则帝之用为天帝义者，亦生殖崇拜之一例也。"⑥

看来"帝"字起源于花蒂已成定说。果真如此吗？要搞明白"帝"字的起源，先要搞清楚帝的含义。韦政通先生说：天的观念是到西周才出现的，商代崇拜的是帝，它是至上神。人间的王还不能直接祈请于上

---

① 张云：《上古西藏与波斯文明》，中国藏学出版社2016年版，第104页。
② 吕选民等：《现代中医整脊学》，世界图书出版西安有限公司2018年版，第54页。
③ 王大鹏等：《甲骨文常用字集字字典》，上海大学出版社2012年版，第35页。
④ 陈初生：《金文常用字典》，陕西人民出版社2004年版，第9—10页。
⑤ 清华大学国学研究院：《藏家祥文存》，江苏人民出版社2019年版，第408页。
⑥ 郭沫若：《郭沫若全集·考古编·第一卷·甲骨文字研究、殷契余论》，科学出版社2002年版，第54页。

帝，如殷王向上帝祈丰年或祈天气时，必须先请求于故世的先祖。先祖才能直接晋谒上帝，并转达人王的请求。殷王祈求时，必举行祭祀的仪式。但真正享祭的是先祖，而不是上帝。在周代，天同样是至上神。但与商代的"帝""祖"纠缠不同，周代的"天"与"祖"是分离的。①刘青先生也说：甲骨卜辞中所祭的天帝，正是天神与祖先合一的阶段，帝为最初的祖先。②

从帝与天的关系看，天的观念尽管到周代才出现，但这样一个至上神的天不可能突然产生，它应该是继承了商代的至上神帝的观念。而据刘青先生的说法，帝其实就是最初的祖先。这么说来，帝应该和天一样，也是指的男性英雄再生祖先。这一点可再从姜嫄履帝稷生弃的神话中得到证实。上古人们认为人可以从脚而生，比如首陀罗就是从原人的脚里面生出来的。③既然脚能生人，那么脚印也能生人，这是巫术思维的体现。姜嫄践帝的足迹而有孕，这应该是婴儿魂信仰的反映。帝确实应该是指的男性英雄再生祖先的。既然这样，那么，帝字的起源就容易找了。可以认为，帝字是一具尸骨的象形。特别看金文的帝字，头、肋骨、脊柱分明呈现。再看金文的帝字，弯曲的脊柱有所呈现。而所有的帝的甲骨文和金文中，其下方都有一个"八"字，这应该是人体肋骨下端所形成的"八"字形下角的符号化。所有的帝字，整体结构上都是模仿人体的头、肋骨和脊柱（有的还有手）之形的，基本上是人体脊柱下端以上部位的正视图像。

如果把帝视为蒂，把帝视为生殖崇拜，那帝是如何演变为一位至上神的？帝又是如何具有再生能力和护佑子民的功能的？祭天仪式妇女为什么不能参加？中间的曲折实在让人费解。如果要说花蒂与一具尸骨的关系，就可能是因为蒂能年复一年生出花朵和果实，具有再生能力，于是人们便以蒂象征一具具有再生能力的尸骨。并且，蒂字可能也是这样而被创造出来的。

---

① 韦政通：《中国文化概论》，吉林出版集团有限责任公司2008年版，第70—71页。
② 刘青：《甲骨卜辞神话资料整理与研究》，云南人民出版社2008年版，第134页。
③ 陈杰：《再现世界历史·古印度历史沧桑》，山东科学技术出版社2017年版，第89页。

2. 中字的起源

再看中字的起源。中字的甲骨文作￼、￼。① 其金文见图4-1。②

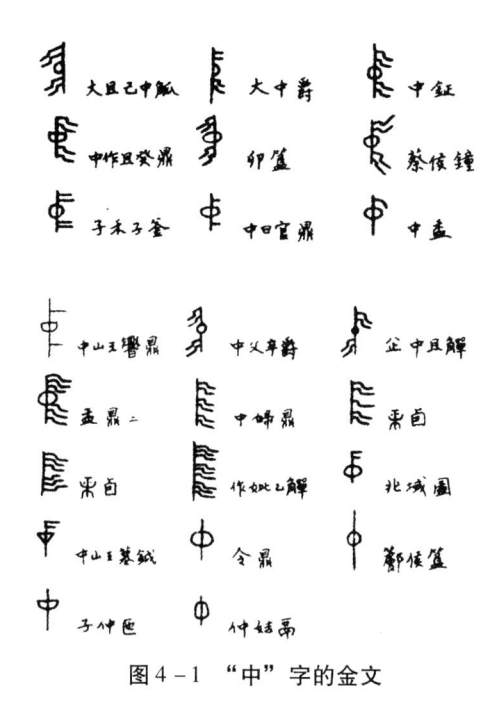

图4-1 "中"字的金文

学界研究中字起源的成果较多，先大致梳理一下。《说文》云："中，内也，从口丨，上下通。￼，古文中，￼，籀文中。"五代南唐徐锴《说文解字系传》云："中，和也。"北宋徐铉校定的《说文解字》云："中，而也。"高亨先生说："中乃射箭中的之中，象矢贯的之形。"③ 罗振玉先生说：《说文解字》中古文作￼，籀文作￼。古金文及卜辞皆作￼，或作￼，旒或在左或在右。旒盖因风而左右偃也，无作￼者，旒不能同时既偃于左又偃于右也。④ 萧兵先生说：￼和￼有可能得到统一的解释：源于神杆。其腰部的O或象征"射鞠"，或表

---

① 王大鹏等：《甲骨文常用字集字字典》，上海大学出版社2012年版，第259页。
② 陈初生：《金文常用字典》，陕西人民出版社2004年版，第49—50页。
③ 高亨：《文字形义概论》，齐鲁书社1981年版，第141页。
④ 朱彦民：《商代社会的文化与观念》，南开大学出版社2014年版，第385页。

示"盛器"。①

关于中字的起源,学界没有取得统一的认识。其实,要想弄明白中字的真正含义,还得从澳大利亚的图腾圣物努尔通札和瓦宁加说起。之前我们对这两件图腾圣物有所描述。努尔通札主要是一根垂直的支柱,但有的是把支柱从上到下、纵列并行地缚上鸟的绒毛。而瓦宁加呢?也是由一根垂直的支柱构成,有时绑着1—3根横杆。当它是一根横杆时,它像一个十字架。有时会在绕着十字交叉点和横杆两端绑一些动物皮制成的细绳,构成一个菱形形状的网。更具体的描述大家可以参看相关章节。

笔者认为,中字的甲骨文和金文的形状就是努尔通札和瓦宁加。特别是努尔通札,其绒毛也是从支柱从上往下纵列排列的。而几乎所有中字的甲骨文和金文,支柱上的飘带都是从上往下纵列排列的。所以,甲骨文和金文中的中字立柱其实是代表人体的脊柱,而中间的 O 或 ▽ 或口形或实心圆点,其实是人体的肋骨的简化形式。

这样,关于中字的一些问题就能解释通了。

《说文》里面提了古文中字,看这个中字的下柄是曲折的。这个曲折曾经引起很多学者的怀疑和讨论。段玉裁注:"此字可疑,岂浅人误以屈中之虫入此欤?"有的学者说是"与屯同意,言通之难",萧兵先生说:"'中'的这种写法只是一种繁变,一种讹变,似无深意。"②其实,除了《说文》提到的古文中字外,下柄曲折的中字其实还有以下字形:、。③那这就不是讹变说可以解释的了。中字的下柄为什么会曲折?因为中字的立柱本身就代表脊柱,而脊柱是呈S形的,所以我们会在更古的文字里看到下柄曲折的中字。

徐铉谓中乃而之意,这也是大家难解的一个问题。那我们从字源的角度来看。甲骨文的而字是、、④ ⑤。《说文》:"而,颊毛也。像

---

① 萧兵:《中庸的文化省察——一个字的思想史》,湖北人民出版社1997年版,第38页。
② 萧兵:《中庸的文化省察——一个字的思想史》,湖北人民出版社1997年版,第5页。
③ 季旭昇:《说文新证》,福建人民出版社2010年版,第59页。
④ 王大鹏等:《甲骨文常用字集字字典》,上海大学出版社2012年版,第43页。
⑤ 陈初生:《金文常用字典》,陕西人民出版社2004年版,第889页。

毛之形。"这个解释可能不准确，而字应该是脊柱加肋骨的形状。上面弯曲的一横应该是脊柱，而下面弯曲的几竖应该是弯曲的肋骨。这样就能把各家的解释基本贯通了。

《说文》讲中字"从口丨，上下通"。段玉裁注："云下上通者，谓中直或引而上或引而下，皆入其内也。"这个段氏可能有点望文生义了。甲骨文里就有的字，很多都带有巫术性质，千万不能直白地去理解。这个"上下通"，实乃是天梯和天绳之谓，即意天神从"中"往返于天界与人间。所以，中字的意思，乃谓死生的枢纽，天人转换的大门，它当然是中心无疑。

二 树崇拜

树崇拜是很普遍的，很多民族都崇拜树，有一些树还具有非常神秘的性质，我们具体来看。

（一）树崇拜的起源

先看看树崇拜有哪些特征。

1. 树是祖先

满族先民相信人类是从柳生出来的，满族有许多关于柳叶生人、柳枝与柳树和人结合而生人的神话。[①] 壮族用木棉、榕树和枫树三种具有代表性的树木作为维系子孙后代血缘关系的纽带，榕树实际上已成为壮族祖源的表征，榕树崇拜成为祖宗崇拜的变异形式。[②] 黔东南苗族称枫树为"道荠"，"道"为树，"荠"为母。雷公山苗族把枫树当生命树加以崇拜。古歌唱道：天地生枫木，枫木生蝴蝶妈妈，蝴蝶妈妈生出姜央，然后才有了苗族，才有了人类。[③] 可以看到，多个民族都视树为祖先，认为树能够生人。这是图腾信仰的特征，据此应该可以认为，树是象征着男性英雄祖先的再生尸骨的。

[①] 阎丽杰：《满族与柳树》，《东北之窗》2019年4月。
[②] 刘一凡：《壮族榕树崇拜及其当代价值》，《广西民族师范学院学报》2020年第37卷第5期。
[③] 毛祥：《苗族社会枫树崇拜文化探源——以雷公山为例》，《凯里学院学报》2017年第35卷第2期。

2. 树具护佑性

在广西壮族地区，每个村头高大茂盛的榕树是村寨的标志，这样的榕树是村寨的保护神，它的兴衰象征着村寨的兴衰，能够驱鬼辟邪，祛病消灾。① 在满族《红罗女》故事中，靺鞨人向柳树有祈求必应。孩子病了，把柳枝插在门旁，就能逢凶化吉。② 苗族把枫树当成树神，它能保护村寨平安和繁殖后代，能够使村寨兴旺发达。当人们牙痛时，采枫树分泌的汁液涂上，牙痛就会缓解。枫树根能够治膝关节疼痛和骨折，具有消炎和解毒的效果。③ 从这些例子可见，树具有护佑性质。

3. 树具有禁忌性

科尔沁蒙古族崇拜尚喜树，当地村民祭祀尚喜树与尚喜神时，妇女不能参加。④ 云南澄江地区的彝族以松树为始祖，每年农历三月三，村中长老率12岁以上的男性祭祀神林中的松树和梨树。⑤ 哈尼族奕车人在村头被称为"普麻俄波"的古丛林中选定一棵古老的锥栗树，在树脚立起一块石头，当作"护寨神"。平时禁止妇女和牲畜进入丛林，不得砍伐。祭祀时，村人必须清洁、虔诚，祭祀后一个月内，主祭必须禁食腥味，不与妻子同房。⑥ 这些材料说明，妇女在树崇拜中被隔离了出去。

4. 树与龙和石具有同一性

在科尔沁蒙古族，中敖日布告嘎查所崇拜的尚喜树是一棵榆树，人们坚信其中住着掌管着雨水和丰收的尚喜神，树下常年供着六块似人形的石头，它们是尚喜神的化身，这种石偶在神树崇拜的多数地区都能见到。⑦ 在科尔沁左翼中旗，村屯附近较高处生长的老龄独棵榆树，他们

---

① 邱璇：《壮族的榕树崇拜》，《广西民族研究》1999年第2期。
② 阎丽杰：《满族与柳树》，《东北之窗》2019年4月。
③ 毛祥：《苗族社会枫树崇拜文化探源——以雷公山为例》，《凯里学院学报》2017年第35卷第2期。
④ 孟真真：《树、神、人——科尔沁蒙古族神树崇拜及祭祀仪式研究》，硕士学位论文，西北民族大学，2015年。
⑤ 杨甫旺：《彝族文化的融合与变迁》，云南人民出版社2017年版，第99页。
⑥ 傅光宇：《傅光宇学术文选》，云南人民出版社2015年版，第283—284页。
⑦ 孟真真：《树、神、人——科尔沁蒙古族神树崇拜及祭祀仪式研究》，硕士学位论文，西北民族大学，2015年。

认为是龙王所在的尚喜树。① 云南红河南岸的哈尼族，有一种原始的不许外寨人参加的祭龙活动，名为祭龙，实为祭祀被视为村寨保护神的神树。② 从材料中可见，石与树和龙具有同一性，可以认为，树是象征男性英雄祖先的再生尸骨的。

5. 树是天梯和人鬼交流的通道

哈尼族认为，树是哈尼族与天神联系的桥梁，树干向上，直指天堂，被认为是联系天界和人界的媒介。③ 彝族在大型的祈福仪式中会用到三棵神树，分别名为"左方尼波木""右方火且平""中间惹格瓦"。有毕摩说，"左方尼波木"是世间和阴间交流的通道，"右方火且平"是人鬼交流的通道，而"中间惹格瓦"是活人与灵魂之间交流的通道。④ 我们已经知道，所谓的连接天界与人间的天梯是指的男性英雄祖先的再生尸骨，这说明树是象征着再生尸骨的。

综合以上树崇拜的特征来看，树应该是男性英雄祖先再生尸骨的象征。前文我们也提到，斯勒语中有神话讲到人的骨骼是用孟加拉榕树创造的；美洲也有把神树称为肉身之树。这些都是树是尸骨的象征的直接证据。那么，树是如何与再生尸骨类同的呢？这通过各民族对生命树的描述可以看出来。

满族的生命树：传说，天地之初，在大地的黄色肚脐上，耸立着一棵大树，树上有八条繁茂的树枝，树干一直穿过三重天，树皮和树节都是银的，树叶闪着金光，果实像大酒杯，树叶像张马皮。从树梢经过树叶流淌着神圣的黄色泡状液体，人们饮过它就得到大福。⑤

彝族的生命树：凉山彝族地区称生命树为"直波"，它是一棵有九层树枝的杉树或柏树，其树根去皮削白，底部削尖。⑥

---

① 赵海山等：《科尔沁左翼中旗志》，内蒙古文化出版社2003年版，第179页。
② 吴凯：《中国社会民俗史》，中国古籍出版社2010年版，第936页。
③ 马莉：《树与人的相依共存——哈尼族的树崇拜》，《今日民族》2013年第8期。
④ 丁木乃等：《凉山彝族生命树崇拜的文化阐释》，《楚雄师范学院学报》2019年第34卷第5期。
⑤ 陈见微：《北方民族的树崇拜》，《中国古籍与文化》1995年第4期。
⑥ 丁木乃等：《凉山彝族生命树崇拜的文化阐释》，《楚雄师范学院学报》2019年第34卷第5期。

纳西族的生命树：东巴经《董述战争》中说，在美利达吉湖中，长出了一棵像头发一样的树。窝冲和恒神培植它，不叫鬼来砍。半夜被鬼砍倒了，第二天早上，恒神用如意药黏在树的伤口上，它开着金花和银花，结着珍珠一样的果子，生着丝绸一样的叶子，树叶有十二叶，枝有十二枝，于是就有阴阳十二月。①

拉祜族的生命树：该族《创世史诗》中讲，很久以前，有一家人生了九个哥哥和一个妹妹，当妹妹为九个哥哥挑完水后已饿死了。她的拐杖长成了一棵参天大树，大树遮盖住了天，地上一片漆黑，后来是拉祜人、哈尼人、汉人一起把树砍倒，人们叫了松鼠去数树枝，共有12枝，因此一年才有12个月。②

哈尼族的生命树：神话《吹大树》中讲，地下长出一棵神奇的大树，遮住了日月，听不到鸟鸣，闻不到花香，分不清四季，更不知何年何月何日。人们在神和小动物的帮助下终于砍倒了大树。人们数了数大树有十二枝，一枝有三十片叶子，总共三百六十片。③

再看三星堆出土的青铜神树。其中一号铜树树根立在三叉支架的圆盘基础上，座上纹饰是缭绕的云气。树干粗壮挺拔，分几节，有四道圆箍插接。树干上有树枝三层，每层三枝，枝丫上有萼托卵形果。两垂一昂，在昂果上各站一钩喙大鸟。最引人注目的是，树干有一巨龙蜿蜒而降。④

以上是几个民族对生命树的描述。我们现在来分析这些生命树，看它们有什么特征。

从树的形态上面来看：它是分层的，比如凉山彝族的"直波"，它有九层树枝；三星堆出土的神树，共有三层；满族的生命树，其树干穿过三重天，也是分层的。

从树的枝数来看：满族的生命树有8条树枝；纳西族的生命树有

---

① 杨福泉：《杨福泉纳西学论集》，民族出版社2009年版，第204页。
② 阿里：《红河民族文艺概览》，云南人民出版社2006年版，第321页。
③ 杨福泉：《杨福泉纳西学论集》，民族出版社2009年版，第208—209页。
④ 林向：《清江深居集——近三十年来考古文物的研究与札记》，巴蜀书社2010年版，第235—236页。

12条树枝,拉祜族的生命树也有 12 条树枝,哈尼族的生命树也是 12 条树枝,三星堆的生命树是 9 条树枝。

从树的颜色看:满族的生命树,树皮和树节都是银的;彝族的生命树树根是白的;纳西族的生命树开着金花和银花。

从根的特征来看:这个只有彝族的"直波"有描述,是根去皮削白,底部削尖。

那么,具备这些特征的物体是什么呢?它就是人的肋骨加脊柱。人体的脊柱由 24 个椎骨、1 个尾骨和 1 个骶骨构成。人的肋骨是分层的,肋骨总数是 24 根,左右两边各 12 根;肋骨是银色的,而脊柱的韧带是黄色的;人体脊柱最下部有块尾骨,它是尖的。这就很明白了,在彝族的"直波"那里,生命树削尖的根指的是脊柱的尖尖的尾骨;生命树的枝指的是人的肋骨,其数量基本上是肋圈加浮肋的数量;而生命树的颜色基本上是银色加黄色,这也是肋骨加脊柱的颜色。整体上,肋圈加脊柱构成的图案就是树形图案▲。这样,我们就明白了,树原来是男性英雄祖先的肋骨与脊柱组合构形的"偶像",树的本原其实就是龙的本原,也是石的本原。那么,各民族神话里的生命树为什么是直插云霄、覆盖寰宇的?这与原始人们把再生尸骨想象成天绳和天梯的道理是一样的。据此看来,在原始人们的观念里,生命树就是天,也就是天绳和天梯,几者具有等价意义。

这样一来,我们就能够理解一些民族所持的有关生命树的观念了。哈萨克族神话《神与灵魂》说:迦萨甘种有生命树,树上茂盛之叶即为培育出之灵魂。每一叶代表一人之灵魂。新生命诞生,即长出一片新叶,有人死,即有一叶枯落。凋谢之叶落下触及他叶,他叶所代表之人便可闻响声,知有人已死矣。人死之后,其灵魂仍存在于其他世界,能保护其子孙后代,随时祐助之;英雄人物及声名显赫人物之灵魂,还能保护全部落。[①] 这则神话比较典型地反映了关于生命树的信仰。男性英雄祖先尸骨再生信仰能够解释它。因为整个族群都是从男性英雄祖先的尸骨再生的,所以生命树是聚集其灵魂之所。树上的叶子就是代表再生

[①] 马昌仪:《中国神话故事》,上海三联书店 2020 年版,第 260 页。

的灵魂的。假如一个新的生命诞生，他必然是某个再生祖先的灵魂的再生，所以生命树上会长出一片代表灵魂的新叶。假如一片树叶枯萎，也就意味着人间之一人的灵魂枯萎，那么人间那人的生命必将陨落。神话中英雄人物能够保护全部落的说法，具有其灵魂可继续在部落成员身上实现再生的意蕴。

正因为生命树具有聚集男性英雄再生祖先的灵魂的能力，所以哈萨克族将生命树作为法器。哈萨克族有神绳和神树枝。巴克瑟（巫师）作法时，用白色羊毛搓成绳子，在顶端系上枣树枝。将绳子从天窗垂直拉到地面，钉进地下。据此认为，绳子象征宇宙树干，枣树枝象征宇宙树枝杈，供神灵栖息。[①] 这里的神绳和神树枝，应该就是分别指的男性英雄祖先的脊柱和肋骨，它确实是微缩版的生命树，也确实是神奇的法器。

原始族群认为其成员全部都是男性英雄祖先的尸骨再生而来的，那么，其再生尸骨确实不愧是一棵生命树。这是一棵伟大而神奇的树，它是族群繁衍生息的动力和源泉，是族群兴旺发达的保证，是族群盛亡兴衰的表征。所以，北欧神话里的生命树，是宇宙之树、时间之树、生命之树，它是充满全世界的。它是图腾，是创造全部生命的神。因而受到人们的崇敬和护卫。[②] 所以，各民族才选取高大茂盛的树木来象征这棵生命之树。

（二）建木的意义

建木一直是学术界感兴趣的话题，也是颇有争议的一个话题。先来看看古籍中对建木的描述。《山海经·海内南经》载："有木，其状如牛，引之有皮，若缨、黄蛇。其叶如罗，其实如栾，其木若蓲，其名曰建木。在窫窳西，弱水上。"《山海经·海内经》载："有木，青叶紫茎，玄华黄实，名曰建木，百仞无枝，上有九欘，下有九枸，其实如麻，其叶如芒。大皞爰过，黄帝所为。"《淮南子·地形篇》云："建木

[①] 李德洙等：《中国民族百科全书》14，哈萨克族、柯尔克孜族、塔吉克族、塔塔尔族卷，世界图书出版西安有限公司2015年版，第192页。

[②] 傅道彬：《歌者的乐园》，东北林业大学出版社1996年版，第122页。

在都广，众帝所自上下。日中无景，呼而无响，盖天地之中也。"

从《淮南子》对建木的描述"众帝所自上下"来看，建木具有天梯的意义，它应该是一棵生命树。可与这一点相印证的是《山海经》中对其形状的描述："其状如牛。"金文的牛字是 Ψ、Ψ。① 从字形看，可以认为这是一副肋骨加脊柱的形状，也就是龙的原型，所以它像"黄蛇"。这样一来，建木就是死生转换的枢纽，当然是在天地之中的。如果《山海经》所言建木是黄帝所为属实，那么，建木乃是黄帝的尸骨的象征，而太昊和"众帝所自上下"中的众帝，是与黄帝同族的男性英雄或首领，他们都是黄帝的再生。这里涉及另一个学术难题，即关于"黄帝四面"的解释问题。关于"黄帝四面"的解释很多，有的说是指神话中黄帝有四张面目；有的说是黄帝统一四面八方；有的说这是指明堂的结构；有的说是指黄帝是太阳神即四方之神；② 等等。笔者认为：黄帝四面是说黄帝可以再生，所以他能以多面目示人。《山海经·大荒西经》云："有人焉三面，是颛顼之子，三面一臂，三面之人不死。"又云："有鱼偏枯，名曰鱼妇。颛顼死即复苏。"显然，颛顼是因可再生而不死的，他的再生子孙当然也是不死的，那三面就是可再生而不死之意。颛顼被认为是黄帝之孙，黄帝当然也是不死的。

古籍中除了建木外，还有槃木。《山海经·大荒北经》云："大荒之中，有山名曰衡天，有先民之山，有槃木千里。"槃木是指枝干盘曲的树，千里是指占地千里。枝干盘曲且占地千里的树，无疑是指生命树而言的。所以，槃木和建木的性质是等同的。

关于建木，学术界有所论及。现举几例加以分析。比如吴泽顺先生的《建木考》认为："建者，键也。建木即键木，是男性生殖器的象征，在古代神话中充当阳明交媾之具。"③ 这应该是把再生误会成了生殖。田合禄等学者认为：建木大概是古人立竿测日影用的插在地上的木杆。所以说"建木在都广……日中无景……盖天地之中也"。④ 笔者认

---

① 陈初生：《金文常用字典》，陕西人民出版社2004年版，第91页。
② 奚亚丽：《帛书〈黄帝四经〉研究》，黑龙江人民出版社2017年版，第34—36页。
③ 吴泽顺：《无学斋文存》，岳麓书社1999年版，第70页。
④ 田合禄：《五运六气天文历法基础知识》，山西科学技术出版社2016年版，第120页。

为，神话里面充满了象征，不能直白地去理解。这里的"天地之中"，实应是生死枢纽之意，也是天界与人间转换的大门之谓，而不是地理中心。"日中无景"呢，只要地理位置在太阳的南北回归线之间，凡笔立之杆都可现"日中无景"的景象。作为生命之树，无论它所处的位置在哪儿，也无论它是什么树，它都处于天地的中心。所以，不用苦苦地去寻找建木，世界上哪里有高百仞的树木？此建木与各民族实有的生命之树不同，它只是后人对一副伟大尸骨所做的想象，实际上是不存在的。

三　地崇拜

土地崇拜几乎和天、木崇拜一样普遍。要搞明白土地崇拜的本质，还是要深入各民族中去，看看土地崇拜有什么特点。

（一）地以石头和树枝等为象征

我们发现，在各民族的观念中，地的象征物比较丰富，主要有石头和树枝等物，具体来看。

1. 石头

壮族的村寨附近普遍建有一种三尺见方的小屋似庙宇，里面供奉着两块直立的石头，称为社公社母；有的则只供奉一块石头，称为社公。壮族人称此类庙宇为土地庙，称社公为土主或地主。[①] 嘉绒藏语称白石为"扎给尔"或"迷阿纳·扎给尔"；操尔龚语即道孚语之戎巴，称白石为"惹不初"；操茶卜语之嘉戎，如大藏、沙亦等部，称白石为"尕比"；这些称谓都是土地神之意。嘉戎诸部对白石的称谓虽因语言各别，但以其为土地神则是同一的。在每户嘉戎藏族的土地之中，都要供三块大白石，白石成塔供于土中，即是土地神，也是祖。[②] 云南省永仁县直苴村公所（彝族）的伙头田内的土地神的标识，就是田埂边的一个不太大的卵形石头，过去每年开秧门前要祭此石。[③] 黎族大部分村寨

[①] 廖明君：《壮族石崇拜文化——壮族自然崇拜文化系列研究之二》，《广西民族研究》1997年第2期。
[②] 邓廷良：《嘉戎族源初探》，《西南民族学院学报》1986年第1期。
[③] 陈永香：《论彝族的土地祭祀》，《民间文化》2000年第11—12期。

都在入口的大树底下设置一个土地公小庙供全村人来祭祀。东方市中沙乡等哈应方言黎族各村落放置一块像人形的小石块；东河镇美孚方言黎族村落放置一块用红绸包裹着的河卵石；保亭杞方言黎族村落放置着"石且"或称为"牛魂石"的石块。各村落土地公偶像不同，但象征意义一致。①

各民族用石头来象征土地神，那土地神应该是指的男性英雄再生祖先。嘉戎藏族供于土中的代表土地神和祖先的白石塔，有嘛呢堆的意蕴。这一点在保亭杞方言黎族村落那里表现得更明显，他们是用"且"形石代表土地神的，这就说明土地神确实应该是指的男性英雄再生祖先。

2. 树枝

云南巍山县母沙科一带的彝族以一根树枝代表"米斯"（地神），敬献鸡血和鸡毛，请求地母保护丰收。云南漾濞彝族的祭地神仪式中，从山上找回一支长有三个叉的松树枝和几片椎梨树叶子代表接到了土地神，然后杀鸡祭祀。富民、武定彝族密且人祭祀"荞地神"时，是用鸡毛蘸血在象征土地神的三岔树枝上。② 云南西双版纳基诺族播种前要举行祭地母仪式。栽上三棵野酸枣树干，并在树干上刻画龙图案，摆上3个竹筒等物。接着杀鸡，将鸡毛、鸡血蘸点在象征土地神的树干和竹筒上。③

以上多个民族用树枝来象征土地神。上文指出，在哈萨克族那里，枣树树枝是象征着男性英雄祖先的肋骨的。基诺族用枣树和竹筒代表地神，并在枣树杆上刻画龙形图案，说明地神与竹神和龙是同一的。这就意味着，地神是指的男性英雄再生祖先而言的。

（二）地具护佑性和禁忌性

壮族祭祀土地时，要用猪血或牛血煮血粥，全村人都要喝一碗，可以保证丰收。把血、血粥连同舅父送的礼物摆到有小孩的媳妇门前供

---

① 王启芬：《黎族土地崇拜的表现形式及其特点》，《海南热带海洋学院学报》2018年第4期。
② 陈永香：《论彝族的土地祭祀》，《民间文化》2000年第11—12期。
③ 文可仁：《中国民间传统文化宝典》，延边人民出版社1999年版，第278页。

祭，可以为小孩"赎魂"，使孩子不会生病。① 苗族崇拜土地，一般逢年过节和家庭遇到不顺之事时要用酒饭鱼肉等祭祀。过去有的人出猎前也要祭祀。② 哈尼族称护寨神为"咪收"，意为大地之主或地母亲，是可敬可亲的保护神。她能保护人畜平安，五谷丰收，驱邪除恶。③ 族人于农历七月间选属猪日进行祭祀，祭祀可用猪、山羊等物，由占卜确定具体选用什么。祭祀时，需把寨神的坐凳拿到祭祀地点，安放在祭桌旁，表示请寨神来参加。每户一位男性参加祭祀，但必须戴帽、赤脚。④ 地的护佑性和禁忌性，说明了男性英雄祖先是在场的。

综合来看，地神应该就是指的男性英雄再生祖先。对地字的字源分析也有助于支撑这个结论。《说文·土部》云："地，元气初分，轻清阳为天，重浊阴为地。万物所陈列也。从土，也声。"那再看土字。《说文》云："土，地之吐生物者也，'二'象地之下、地之中，'丨'物出形也。"甲骨文的土字有 ⚬、⚬、⑤ ⚬、⊥⑥。金文的土有 ⊥、⊥ 等。⑦ 具体来看，甲骨文的土有一块"且"形石插在地上，也有单独是一块"且"形石的，还有地上插一杆的。金文的土有一棵树长在地上的，也有一根杆插在地上的。我们知道，"且"形石是象征再生之祖的；树应该理解为生命树，也是象征再生之祖的；而杆应该理解为澳大利亚土著的圣物"努尔通札"，也是象征再生之祖的。这样的话，所有土字的甲骨文和金文在含义上就都统一了。也就说明了地崇拜的实质是男性英雄再生祖先崇拜。

四 火崇拜

火崇拜很普遍，很多民族都崇拜火。先看看火崇拜具有什么特征。

---

① 廖明君：《壮族石崇拜文化——壮族自然崇拜文化系列研究之二》，《广西民族研究》1997年第2期。
② 钟涛：《中国苗族》全3卷，贵州民族出版社2018年版，第688页。
③ 毛佑全：《哈尼族崇土心态透视》，《玉溪师范学院学报》2004年第7期。
④ 杜希宙等：《中国历代祭礼》，北京图书馆出版社1998年版，第93页。
⑤ 王大鹏等：《甲骨文常用字集字字典》，上海大学出版社2012年版，第190页。
⑥ 陈初生：《金文常用字典》，陕西人民出版社2004年版，第1087页。
⑦ 陈初生：《金文常用字典》，陕西人民出版社2004年版，第1086页。

(一) 火是祖先

古代突厥人把火称作"欧特阿娜",即"火娘娘"或"火母亲"。人们认为火不熄,意味着子孙繁衍、人丁兴旺。①"塔坦达"是鄂伦春族的家族长之谓,由家族中辈分最大、年龄最长的男性担任。鄂伦春语"塔坦"意为"一堆火","达"是首领之意。② 在满族一些萨满神谕中,火神"拖亚恩都里",满语词就是"拖"(火)"额姆"(母亲)的两个词音的混称,译成汉语为"火母神"。③ 在哈尼族,火与祖先同名,火就是祖先,祖先就是火。④ 鄂伦春族在除夕夜的午夜时分,要在马圈点一堆烟火,并捧着桦皮盆唤马绕马圈走几圈,据说这样可以使马匹繁殖兴旺。⑤《太平御览》卷百八十六引《淮南子》道:"黄帝作灶,死为灶神。"《论衡·祭意篇》云:"炎帝为火,死而为灶。"《太平御览》卷五二九引《五经异义》说:"灶神祝融,是老妇。"

以上多个民族都将火视为祖先,鄂伦春族和汉族将火视为男性英雄祖先,这是图腾信仰。鄂伦春族认为火可以使马匹繁殖,这具有再生意义。火应该是象征着男性英雄祖先的再生尸骨的。

(二) 火具护佑性

新疆哈萨克族认为火是驱除一切妖魔的神。摇篮在放婴儿前要用火把晃动以驱邪气,当牲畜发病时要用火熏牲畜圈,给孩子命名时以打火镰打着火时叫出的名字为吉祥。⑥ 西南白、彝、纳西、傈僳、普米及部分汉、拉祜、哈尼、基诺,少数的苗、瑶、壮等民族都有过"火把节"的习俗,以向火祈求国泰民安、人寿年丰、风调雨顺和五谷丰登。⑦ 这

---

① 李德洙等:《中国民族百科全书》14,哈萨克族、柯尔克孜族、塔吉克族、塔塔尔族卷,世界图书出版西安有限公司2015年版,第193页。
② 铁木尔·达瓦买提:《中国少数民族文化大辞典(东北、内蒙古地区卷)》,民族出版社1997年版,第377页。
③ 富育光:《萨满教与神话》,辽宁大学出版社1990年版,第45页。
④ 曹贵雄等:《哈尼族传统宗教文化研究》,民族出版社2014年版,第21页。
⑤ 毛公宁:《中国少数民族风俗志》,民族出版社2006年版,第1774页。
⑥ 《丝绸之路大辞典》编委会:《丝绸之路大辞典》,陕西人民出版社2006年版,第609—610页。
⑦ 张锡禄等:《论白族古老盛典"火把节"》,《大理师专学院》(社会科学版)1985年10月。

说明火具有保护族群的功能。

（三）火具有禁忌性

古代突厥人对火十分敬重，往火中便溺、吐痰、倒污物，用脚践踏火苗，用利器捣火等，甚至连脚踏生火之地和女子脚踩柴草，都是对火的大不敬。[1] 鄂温克人对火非常敬重。认为火是主人是神。每户的"火"主若死掉，则此户有绝根之危。搬家时不准扑灭火种，平时不可乱动火，不能用有刃的铁器弄火，不能用水浇灭火。[2] 鄂伦春人的火母神是神圣不可侵犯的，不许用利器捅火。每当腊月二十三日送火神上天时，各家都在"斜仁柱"原始住屋内点燃篝火，举行敬火神仪式。[3] 元阳县箐口哈尼族村祭火神时，只有村里的男性参加祭祀活动。[4] 以上材料说明存在对火的禁忌，其中包括对妇女的禁忌。

综合以上材料来看，火具有再生性、护佑性和禁忌性，火是象征着男性英雄祖先的再生尸骨的。那火是如何与再生尸骨类同的呢？我们从以下几个方面来解释这个问题。

第一，从火祭的对象来看。鄂温克人祭火神时，把五种颜色的布条分别搭在火架的四周，在火架里用木条搭成数层木框，框上放一个整个羊的包羊油的胸骨肉，然后把木条框燃起，把各种供物投入火中。[5] 元阳县箐口哈尼族村祭火神时，用树枝搭建一个临时的两层祭台，莫批祭司在上下层各摆上水、米等，然后举行祭祀活动。[6] 白族保山与云龙接壤的阿衣寨、阿石寨称火把节为"付哇斗薄"，"斗薄"意为汉语的祖先，整个词意为"六月祭祖"。1983 年大理市下关大关邑村的大火把，足有二十多公尺高，火把中间是棵木料，周围层层捆上柴草，下宽上

---

[1] 李德洙等：《中国民族百科全书》14，哈萨克族、柯尔克孜族、塔吉克族、塔塔尔族卷，世界图书出版西安有限公司 2015 年版，第 193 页。
[2] 涂建军：《天边那绚丽的彩虹：鄂温克族风情》，内蒙古人民出版社 2013 年版，第 192—193 页。
[3] 关小云等：《鄂伦春族萨满文化遗存调查》，民族出版社 2010 年版，第 257—258 页。
[4] 曹贵雄等：《哈尼族传统宗教文化研究》，民族出版社 2014 年版，第 25 页。
[5] 涂建军：《天边那绚丽的彩虹：鄂温克族风情》，内蒙古人民出版社 2014 年版，第 193 页。
[6] 曹贵雄等：《哈尼族传统宗教文化研究》，民族出版社 2014 年版，第 25 页。

窄，如塔形。① 多克多尔山蒙古族的火祭，点燃九堆篝火，参加者分群依次围绕九堆篝火按顺时针方向转绕，形成九个人圈，边祈祷边向火堆投掷奶制品等。②

那么，这些祭台象征着什么？鄂温克族祭火时的数层祭台，哈尼族的两层祭台，应该都是象征着人体的多层肋圈的。白族认为火把节就是祭祖，他们的火把是塔形的，这与多层祭台是一致的。蒙古族火祭时，形成了九个火堆九个人圈，这其实是由肋圈的多层同心圆拆分开来的。所以，各民族与其说是祭火，还不如说是祭再生英雄祖先。其实，在无风状态下，火的形状是▲形，它就是一副肋骨的轮廓。

第二，从火祭中烟的特点来看。东海窝稽部中的一支满族先民女真族人，初雪时祭星在奈呼乌西哈（俗称七女星、昴星座）升上东天时，烧伐倒大木九座，螺号鼓梆齐鸣震天。九个火堆，熊烟像九条通天白柱，俗称"星桥"。火柱起"神树与天通"的作用。③ 羌族认为火（塘）神是天神的使者，每日往返天上人间三趟。羌族古代火葬的核心就是：曾从天国与火俱来，又乘火烟返回天界去。只有神圣的烈火才能使灵魂获得永生。④

满族的星祭，火柱起"神树与天通"的作用。这说明火柱与神树是一致的，也是再生尸骨的象征。羌族认为人可以乘火烟返回天界，火烟在这里就是天梯，也是再生尸骨的象征。烟柱升空后向四周散布开来，形成一棵"大树"的形状，确实比较类似原始人们想象中的生命树。

这样，我们就明白了，原始人们之所以把火当作男性英雄再生祖先，主要原因是烟火的形态与一副肋骨加脊柱的形态非常类似，于是他们认为祖先的灵魂也依附在上面，从而对火产生崇拜。

---

① 张锡禄等：《论白族古老盛典"火把节"》，《大理师专学院》（社会科学版）1985年10月。
② 波·少布：《多克多尔山祭奠仪式研究》，《黑龙江民族丛刊》1987年第2期。
③ 富育光：《萨满教与神话》，辽宁大学出版社1990年版，第102—103页。
④ 上海民间文艺家协会等：《中国民间文化（93/3）——民间口承文化研究》，学林出版社1993年版，第140—142页。

▶▶▶▶▶ 原始崇拜之源

有一个问题需要加以说明。很多民族的火神为女性，这似乎与火象征着男性英雄祖先的再生尸骨的理论不符。按这个理论，火应该是男性才对。其实，女性的火神是后出的。针对火神多为女性形象的问题，杨福泉先生认为：女性火神并不像许多学者所说的那样是母权社会的反映，它的产生与家居生活有密切关系，因为云南不少民族在举行建房升火礼仪时，由妇女点燃火塘或灶里的第一把火，祭献火神的礼仪也多由妇女主持，但在这些民族中，妇女的社会地位并不高，有的甚至很低下。① 杨福泉先生说女性火神是后出的是有道理的。另外，从禁忌的角度看，在火崇拜中，一些民族对妇女都设有专门的禁忌，如不准参加火祭等。但没有发现不准成年男性参加火祭的现象。这就说明，就原始宗教活动而言，妇女是谈不上"母权"的，反而是被隔离的对象。

至此，我们已经揭示了数个自然崇拜物的本质，可以说已经具备了部分神话学的知识。在结束本节之前，可以试着用这些知识去解释一下哈尼族的神话《阿扎》，看看是否解释得通。其神话《阿扎》说：洪荒时世间无火，村有少年名阿扎，其父寻觅火种时被妖怪变成石头，火种是妖怪的眉心灯。阿扎决意寻父并为乡亲们取火。阿母送其竹片刀。长者阿波提一葫芦来，内盛箐沟水，告知其此水可救活父亲。阿扎帮一少女从妖怪那儿取回心，少女即化烟飞走。阿扎从妖怪处取得火种并吞下肚内，厮杀中葫芦水流在其父所化石上，其父化作烟把阿扎带回了家乡。阿扎取出火种给乡亲，自己却闭上了眼睛。人们为了纪念他，就把火叫阿扎。②

在这个神话中，有几个突出的意象：竹、箐、烟、葫芦、石。阿扎的母亲给他除魔的是一把竹刀，阿波的葫芦里的再生之水是箐沟水，阿扎的父亲变的是石，姑娘、父亲都能化为烟。解释如下：竹竿是再生祖先脊柱的象征，当然具有除魔的能力；石也是再生尸骨的象征，所以人也能化为石；烟也是再生尸骨的象征，所以人也能化为烟；至于水呢？

---

① 《云南社会科学》编辑部：《云南社会科学院论文选》，云南民族出版社1999年版，第279—280页。

② 谷德明：《中国少数民族神话选》，西北民族学院研究所1984年版，第359—364页。

我们目前只知道它与葫芦和箐联系在一起。葫芦和竹都是再生尸骨的象征。在神话中，水具有再生能力，似乎也应该和再生尸骨存在联系。但毕竟，我们确实还不明白水到底象征着什么，这是我们下一节要接着讨论的问题。

第二节 自然崇拜——男性英雄祖先再生尸骨的迷局（二）

一 水崇拜

水崇拜是很普遍的，它也与一些重要的信仰联系在一起。

（一）水崇拜的起源

先来看看各民族的水崇拜具有什么特征。

1. 水具有再生性

在哈尼族的神话《阿扎》中，水就具有再生力，它可以救活阿扎的父亲；希腊神话特洛亚特战争中的主要英雄阿基里斯（Achilles），他的母亲为了使他长生不死，曾倒提其脚浸泡于斯堤克斯河水里，从此他刀枪不入，只有母亲手提的地方因没粘上河水而成为他的致命弱点。[1] 在埃及，奥西里斯作为复活之神受到人们的崇拜，他被视为尼罗河的化身，具有周而复始、永生不灭的自然繁殖力。在伊西斯女神的神庙遗址中，一种名为 urnula 的重要的宗教用容器被大量发掘出来，里面装满了尼罗河水，摆放在伊西斯女神的神殿里。有铭名记载："愿奥西里斯赐予你清凉的水。"这指的就是尼罗河水。[2] 荣格提到，基督本人也是通过水而重生的，通过约旦河的洗礼，他从水中再生，从精神上复活了。[3] 壮族神话《生仔》说：创世神布洛陀喷的一口水使姆六甲怀孕生子。[4] 以上材料说明水具有复活力，壮族神话《生仔》应该是婴儿魂信仰的反映。

---

[1] 郭俊红：《天鹅处女型故事》，中国社会出版社2010年版，第188页。
[2] 蔡晴：《古埃及宗教中的水崇拜》，《中国社会科学报》2014年8月20日。
[3] 农冠品：《壮族神话集成》，广西民族出版社2007年版，第720页。
[4] 廖明君：《壮族水崇拜与生殖崇拜》，《民族文学研究》2001年第2期。

2. 水具有护佑性

在青藏玉树各地，藏历新年藏民们争先恐后到河边背"曲嘎"（晨星水）。据说它是星辰洒向人间的甘露，能使庄稼丰收，饭菜飘香，延年益寿。① 嘉绒藏区春节时，在各家门前都要点燃一堆柴火来敬水神，以祈求来年农猎丰收。② 哈尼族的梯田是他们的生命之基，他们在梯田间挖出相互贯通的水沟，认为田间水沟也存在水神，是它护佑农田旱季不旱、雨季不涝和农业丰收。③ 广西壮族自治区龙州县金龙峒一带壮族地区，如果孕妇难产，则要请"密公"作法将"密"入水。据说孕妇喝了密水后，便可转危为安，顺利生产。④ 这些材料说明水对族群具有护佑功能。

3. 水具有禁忌性

哈萨克族认为水是有生命的，绝对禁止任何污染水源的行为，认为这是对神灵的亵渎。⑤ 元阳县新街镇箐口村哈尼族每年农历二月要由一名男性老者和一名中年男子前往水井清井一次，并祭祀水神。元阳县马街镇丫多寨的"开秧门"祭水神的仪式，一律由男性操办，女性不准参加，祭祀人员一般由村中最大家族最年长的男性长老和两位成年男子组成。⑥ 这些材料说明水是神圣的，妇女被隔离了出去。

综合来看，水具有再生性、护助性和禁忌性，可以认为，水是象征着男性英雄祖先的再生尸骨的。那么，水是如何象征着再生尸骨的呢？可以从以下几个方面来探讨这个问题。

第一，水与葫芦、竹紧密联系。在哈尼族的神话《阿扎》中，阿波的再生之水是装在葫芦里的，并且是箐沟水，箐是竹林之谓。绿春县哈尼族每逢过节都前往水井背圣水，必须洗净手脚，必须使用竹筒取水和背水。⑦ 壮族先民认为，人死魂魄不死，如果超度得好，魂魄可顺利

---

① 察仓·尕藏才旦：《西藏本教》，西藏人民出版社2006年版，第48页。
② 李茂等：《嘉绒藏族民俗志》，中央民族大学出版社2011年版，第237页。
③ 张群辉：《哈尼族传统水崇拜及其现代变迁》，《红河学院学报》2018年第16卷第4期。
④ 廖明君：《壮族水崇拜与生殖崇拜》，《民族文学研究》2001年第2期。
⑤ 李德洙等：《中国民族百科全书》14，哈萨克族、柯尔克孜族、塔吉克族、塔塔尔族卷，世界图书出版西安有限公司2015年版，第193页。
⑥ 张群辉：《哈尼族传统水崇拜及其现代变迁》，《红河学院学报》2018年第16卷第4期。
⑦ 张群辉：《哈尼族传统水崇拜及其现代变迁》，《红河学院学报》2018年第16卷第4期。

达到彼世以实现复生。为了实现此目的,人死后孝子要行"请水"仪式:师公率众孝子到河边或井边请水,孝男手捧灵位,身背葫芦,师公念咒画符于水,孝男用葫芦盛满施法之水并带回家。① 我们知道,葫芦和竹子都是祖先骨骼的象征,圣水既然与它们联系在一起,应该也是与尸骨相关的。

第二,水与烟、龙紧密联系。西藏山南扎朗县的农村,藏历初二在雅鲁藏布江边祭水神,祭水时,他们依次向煨桑神烟的火堆里投柏树枝和青稞酒等。② 青藏玉树各地背晨星水时,要插上三根点燃的藏香。③ 嘉绒藏区春节时,在各家门前都要点燃一堆柴火来敬水神。哈尼族祭水,是在每年农历二月二龙抬头日进行的,祭祀人员来到水井边,奉上米酒等祭品,在水神龛插上祭香祭拜水神。④ 可以看到,在藏族,祭水就是祭烟。哈尼族在龙抬头日祭水,也有把水视为龙的意味。由此可见,水应该是与再生尸骨密切相关的。

第三,圣水是金色的。在满族《天宫大战》神话中,当阿布卡赫赫战败逃回天宫时,她昏倒在滚动着金光的太阳河边,九彩神鸟衔来金色的太阳河水给她冲洗伤口,她才很快痊愈。⑤ 日喀则人新年去取"手纹新水"时,山顶太阳露出笑脸的时间要与装满水桶最后一瓢水的时间一致,以取太阳的精气。否则,就不吉利。⑥ 在满族的生命树上,从树梢经过树叶流淌着神圣的黄色泡状液体,人们饮过它就能得到大福。

综合来看,水与再生尸骨密切联系在一起。竹子干主要象征脊柱,葫芦主要象征肋圈,圣水又是金色的。那这个水到底是什么样的水呢?答案应该是:脊髓。新鲜的脊柱是黄色的,满族的生命树上黄色的圣水从树梢流下来,应该就是对脊髓从脊柱顶端流溢的描述。能够与此印证的是纳西族的"久木鲁",它意为生孩子的石头。它是岩洞内一个天然

---

① 廖明君:《壮族水崇拜与生殖崇拜》,《民族文学研究》2001 年第 2 期。
② 魏强:《藏族宗教民俗研究通论》,中央民族大学出版社 2016 年版,第 13 页。
③ 察仓·尕藏才旦:《西藏本教》,西藏人民出版社 2006 年版,第 48 页。
④ 张群辉:《哈尼族传统水崇拜及其现代变迁》,《红河学院学报》2018 年第 16 卷第 4 期。
⑤ 富育光:《萨满教与神话》,辽宁大学出版社 1990 年版,第 241—242 页。
⑥ 察仓·尕藏才旦:《西藏本教》,西藏人民出版社 2006 年版,第 48—49 页。

的钟乳石柱，在其顶部有一个凹坑，里面有不少从洞顶下垂的钟乳石柱滴下的积水。妇女如果用中通的竹竿从里面吸水，则会具备生育能力。① 这个"久木鲁"应该是脊柱的象征，而顶部凹坑内的水应该是指的脊髓，妇女要用竹竿去吸水再次指向了这一点。

这样，我们就明白奥西里斯为什么是尼罗河的化身了，也明白为什么哈尼族会认为田间水沟是水神了。脊柱是 S 形的，它不正是一弯溪水和一条蜿蜒的河流的形状吗？脊柱里有脊髓，正如河流和溪流中有水一样，所以河流和其中的水都会被视为再生祖先而得到崇拜。大河、小溪、井水崇拜应该都是源出于此。另外，人们常用"黄泉"指阴间，估计也是源出于此。

（二）宇宙三界、梯田和桥信仰

对水的本原的揭示，有助于揭示宇宙三界信仰、梯田的起源和桥崇拜的起源，先来看宇宙三界的信仰。

1. 宇宙三界信仰

在原始先民的观念中，宇宙是分为上、中、下三层的，并且这三层代表了不同的国度。在萨满教神话《天神创世·天和地》中，神住的上层叫天上国，魔鬼住的下层叫地下国，人住的叫地上国。赫哲族认为：宇宙分上、中、下三界，上界为天堂，诸神所住；中界即人间，为人类繁殖之地；下界为地狱，为恶魔所住。魔鬼为世间罪人的执罚者，然造物恐其恃威而虐行，故派诸神保护人们，使魔鬼实施其主神的命令。② 可见，宇宙三界应该是原始时代的普遍信仰。那此三界的所居之"民"有何差别呢？通过原始人们水崇拜的观念可以看出来。哈萨克人认为宇宙之初为茫茫大水，腾格里从水中创造世界与生命，水连接着上、中、下三界，天之蔚蓝为水之头，水之尾在下界。在许多民间故事中，用迁居到水的上游象征生、下游象征死。③ 叶尼塞埃文基人的萨满教观念与此是一致的。他们认为，世界由三界组成，位于东方的上界，

---

① 严汝娴等：《永宁纳西族的母系制》，云南人民出版社 1983 年版，第 204—207 页。
② 凌纯声：《松花江下游的赫哲族》全 2 册，民族出版社 2011 年版，第 115—116 页。
③ 李德洙等：《中国民族百科全书》14，哈萨克族、柯尔克孜族、塔吉克族、塔塔尔族卷，世界图书出版西安有限公司 2015 年版，第 193 页。

主要的萨满河恩德吉特即从这里发源。中界——这条河本身。下界——在该河所注的北方。这条河的许多支流是属于每个萨满的河流。上界是天帝和还未出世的人的灵魂——奥米呆的地方，而下游则是死者灵魂的世界。① 这些信仰反映出，上界之民是可再生的，而下界之民则是不可再生的。

这些观念是如何起源的？前文指出，所谓的天，是原始人们主要对男性英雄再生祖先的脊柱和肋圈所做的想象。那么，所谓天的上层，实际上是指的尸骨的上部即肋骨部位，天的下层则是指尸骨的下部。而水崇拜的实质是对男性英雄祖先的脊髓的崇拜，水之头其实也是指的尸骨的上部即肋骨部位，水之尾也是指的尸骨的下部。那为什么神是居住在天的上层即肋骨部位的呢？前文已述，原始人们认为男性英雄主要是从男性英雄再生祖先的肋骨再生出来的，那肋骨自然是人的骨骼中最高贵的部位。而非英雄呢？他们也是男性英雄再生祖先的再生，但是却是从再生尸骨的低部位的骨头生出来的。印度的地位最低的种姓首陀罗就是从原人的脚里生出来的。我国黑河县桑雄地区的阿巴部落就持有这样的观念。他们以仙人身上的骨头来命名和计算亲属关系。在所有的骨名中以"古格"骨系最为高贵，"古格"就是肋骨的意思。"古格"骨系的人能说会道，会办事情。而以低部位的骨头比如脚掌骨命名的骨系则是低贱的，他们在众人面前讲话会发抖。② 既然男性英雄主要是从肋骨而生的，而男性英雄的出生是灵魂再生的结果，那么，他的灵魂也肯定是依附在男性英雄再生祖先的肋骨部位的，在他去世后，灵魂会再度回到肋骨部位。并且，他的灵魂是可继续再生的。自然的，神就居住在天这副骨骼的上层了，天帝和未出世的人的灵魂也就居住在天的上层了。而非男性英雄呢？他们的灵魂是来自男性英雄再生祖先的低部位骨头的，在他们去世后灵魂必须再度回到相应位置。并且，他们的灵魂是不可继续再生的。于是，天的下层也就成了聚集死者的灵魂之所了。

---

① 孟慧英：《尘封的偶像——萨满教观念研究》，北京出版社 2000 年版，第 374 页。
② 中国科学院民族研究所等：《黑河县桑雄地区阿巴部落调查报告》，出版社不详，出版时间为 1964 年，第 158—167 页。

那魔鬼为什么住在下层呢？这就要搞明白魔鬼是怎么来的。在萨满教观念中，魔鬼是恶势力的代表，它是黑暗、邪恶、残暴和祸患等的集中化的形象化身。① 笔者认为，魔鬼是男性英雄再生祖先所再生出的恶的男性英雄的灵魂。这种男性英雄具有强大的力量，但可能因品德不端，族群不会让其实现在成员身上的再生。埃及有一则神话可能是对这种观念的反映。该神话说：太阳神有个女儿玛特，是个正义女神。当人死后到冥界接受良心审判的时候，天平的一端放着死者的心脏，另一端则放着正义女神头上的羽毛。如果心脏比羽毛重，则说明死者生前恶大于善，守候在一旁的怪兽就扑上去把心脏吃掉，死者便永世不得超生。反之，便可获得永生。② 恶的男性英雄的灵魂不管来自男性英雄再生祖先的骨骼的哪个部位，在他去世后，他的灵魂不可继续再生，于是，天的下层也就成了他的灵魂的居所。广西三江侗族自治县车寨村侗族人就认为，善死之人的灵魂是要送往西天的。当地人说西天可能在溶江河源头，祖先的鬼魂应该是住在那里，而溶江河的下游则是没有归入居所的孤魂野鬼出没的危险之地。③

2. 梯田的起源

侗族人崇拜高山塘水，水从高远处流下来，在山坳间有流水或泉眼出水的地方，他们开挖出一级级梯田种植作物。④ 哈尼族人依靠勤劳的双手，开发出一片片壮观的梯田。梯田的耕种需要源源不断的水源，元阳县新街镇爱春村的梯田，就有高山水蜿蜒流到灌溉梯田的入口处，流向村寨下面的百千级梯田。⑤ 事实上，哈尼族世世代代生活于几乎没有一块平地的大山深处，他们的一生都倾注于创造梯田和从事梯田农业生产。⑥ 我们不禁要问，哈尼人为什么要"死守"高山梯田，他们为什么

---

① 富育光：《萨满教与神话》，辽宁大学出版社1990年版，第307页。
② 杨万娟：《蛇鸟天下：远古的地球村》，云南民族出版社2009年版，第82页。
③ 李婉婉：《圣水之灵：侗族仪式用水和水崇拜——以广西三江侗族自治县车寨村为个案研究》，硕士学位论文，广西师范大学，2015年。
④ 李婉婉：《圣水之灵：侗族仪式用水和水崇拜——以广西三江侗族自治县车寨村为个案研究》，硕士学位论文，广西师范大学，2015年。
⑤ 张群辉：《哈尼族传统水崇拜及其现代变迁》，《红河学院学报》2018年第16卷第4期。
⑥ 王清华：《梯田文化论——哈尼族生态农业》，云南大学出版社1999年版，第297页。

不搬迁到平地上去居住？当知道了水崇拜的起源之后，这个问题就能够得到合理的解释。

我们知道，梯田是分层分级的，而梯田间又有高山流水从天而降。设想这样一幅场景，难到我们不熟悉吗？这不就是一个"且"字的字形吗？分层的梯田是肋圈，而高山流水是脊柱。于是我们明白了，梯田原来是象征着哈尼族男性英雄再生祖先的一副尸骨的。这与哈尼人的观念是相符的，他们认为田间水沟存在水神，正是它护佑了农业的丰收。哈尼族老人也传唱："哈尼是粗粗的大树，树根就是大田。"① 现在，我们对哈尼族人为什么选择伴梯田和高山流水而居有了更深的认识，原来那是出于对再生祖先深沉的爱。

3. 桥崇拜的起源

桥崇拜和水崇拜是联系在一起的。侗族人有架桥求子的习俗，一般是3根杉木，取三兜生的杉木中的一兜。同时要拿4根竹条做成2个弓形的门放在桥的两边。桥要架在有人经过、有水流过的地方。在他们的观念里，水具有锁魂的功能，有水的地方必然会有鬼魂出没，鬼魂投胎方可转世为人。② 其实，桥崇拜是非常普遍的。有学者指出：桥作为生殖崇拜的巫物或象征物，普遍存在于民间信仰中。它是生殖崇拜的求育巫物，最典型的体现，就是正月十五的"走桥"活动。各家妇女结队出门，凡有桥梁处是必经之路，此时是求育的大好时机。求育者摸摸桥栏杆或拾块桥砖，就能感染上生育力。走桥不仅能求育，还能求不老，求不病和求长寿。③ 贵州的桥崇拜很浓郁。在高原人们的意识形态中，实在的桥成了虚无缥缈的神，犹如送子观音，为家家户户送来新的生命，让其人丁兴旺，甚至还能沟通阴阳，成为祖先与子孙间联系的纽带。黔东南苗族不仅认为人的灵魂沿着桥梁来到世间，而且神也如此。④

---

① 邹辉：《植物的记忆与象征：一种理解哈尼族文化的视角》，知识产权出版社2013年版，第204页。

② 李婉婉：《圣水之灵：侗族仪式用水和水崇拜——以广西三江侗族自治县车寨村为个案研究》，硕士学位论文，广西师范大学，2015年。

③ 吕洪年：《万物之灵——中国崇拜文化全览》，浙江文艺出版社2018年版，第298、301页。

④ 吴正光等：《贵州的桥》，贵州科技出版社2003年版，第38页。

桥崇拜是如何起源的？从民间信仰来看，桥能够沟通阴阳，能够依附灵魂，神也从桥上而来。这样的桥，它实际上就是天梯。所以桥应该是男性英雄再生祖先的尸骨的象征。桥如何与再生尸骨类同呢？侗族架桥求子必须把桥架在有水的地方，弯弯的桥应该是象征着弧形的肋骨的，这一点从侗族架桥求子时拿竹条做弓形的门就可以看出来。而水是象征脊髓的，所以它能锁魂。当桥和水都呈现出来的时候，就意味着肋骨和脊柱俱全了，它就更加具备再生尸骨的功能，所以桥能够让人长生不老。民间走桥和摸桥求育的习俗，应该是婴儿魂信仰的反映，学界多把桥崇拜视为生殖崇拜，这是可商榷的。

二 山崇拜

山崇拜也是很普遍的，我们来看看各民族所崇拜的山到底是什么？还是从山崇拜的特征入手去分析。

（一）山是祖先

哈萨克族相信山是英雄祖先的躯体，许多族群在其起源传说里说祖先诞生于山或山间岩穴，基马克部相信部落祖先出生于"约克"山，因而称其为"母亲山"。[1] 蒙古人把某些神山看作是本民族的起源之地，是始祖所在的圣地，是祖神的归宿。[2] 在湘西吉首保靖县的苗族圣山——吕洞山，相传是里东苗王在御敌时受伤牺牲，故他的身体化成一座山，永远和族人们在一起。[3] 元阳县白岩子山一带的哈尼族，据说其山神科氏和科侬是两位部落的巾帼英雄。[4]

从以上几个例子可以看出，山是英雄祖先的化身，这是图腾信仰。所以，山是象征着男性英雄祖先的再生尸骨的。

（二）山以石头和树枝等为象征

哈萨克族的山神，是一位白发、白髯、全身素裹的慈祥老人，住在

---

[1] 李德洙等：《中国民族百科全书》14，哈萨克族、柯尔克孜族、塔吉克族、塔塔尔族卷，世界图书出版西安有限公司2015年版，第194页。
[2] 秦世强：《论蒙古族的山神崇拜》，《民族论坛》2015年第7期。
[3] 段晓春：《湘西苗族圣山崇拜研究——以吕洞山圣山为例》，硕士学位论文，吉首大学，2018年。
[4] 曹贵雄等：《哈尼族传统宗教文化研究》，民族出版社2014年版，第8—9页。

白雪皑皑的高山关心着人类子孙的命运。① 宜政村彝族山神庙的祭祀分为两个部分：首先在村外山头上进行。在村子东边陡峭的山头上堆有两个石堆，代表男女山神，按男左女右并排，男山神最明显的特征是石堆中部有一块突出的石块，女山神没有明显的特征。祭祀时，人们带上石块、青松枝和青干栗枝。石块要添在代表山神的石堆上，以让山神越长越壮；青松枝和青干栗枝摆放在山神前面。② 元阳县白岩子山一带的哈尼族祭祀白岩子山神时，用树枝绑扎成高、中、低三层祭台，摆放谷子、大米等。③

在这里，山神的象征物有"且"形石和树枝等物，这说明山是象征着男性英雄再生祖先的尸骨的。哈尼族祭山神时搭建的三层祭台也指向了这一点。至于哈萨克族的山神，是一位全身白的慈祥老人，这应该是一具尸骨的颜色。

（三）山是天梯

哈萨克族古代先民认为高山是进入上界的天梯。④ 藏族的神山，被认为是先祖完成其下界行为的圣地。圣山的山峰是天地的汇合点，天地之间的这一接触和这种联系是西藏人的信条，可以追溯到起源时代。⑤ 蒙古人认为，神山是通天的重要途径，是沟通天与人之间的桥梁。⑥ 昆仑山也被认为是帝的居所，《山海经·海内西经》云："海内昆仑之虚，在西北，帝之下都。昆仑之虚，方八百里，高万仞……面有九门，门有开明兽守之，百神之所在。"

从这些信仰来看，山就是天梯。

（四）山具有护佑性和禁忌性

藏区几乎每一座山都有山神，是部落、村落或个人的保护神。人们

---

① 李德洙等：《中国民族百科全书》14，哈萨克族、柯尔克孜族、塔吉克族、塔塔尔族卷，世界图书出版西安有限公司2015年版，第194页。
② 徐燕晴：《石林彝族撒尼原始宗教》，中国文化出版社2011年版，第6—11页。
③ 曹贵雄等：《哈尼族传统宗教文化研究》，民族出版社2014年版，第8—9页。
④ 李德洙等：《中国民族百科全书》14，哈萨克族、柯尔克孜族、塔吉克族、塔塔尔族卷，世界图书出版西安有限公司2015年版，第194页。
⑤ ［意大利］图齐：《西藏宗教之旅》，耿昇译，中国藏学出版社1999年版，第362—363页。
⑥ 秦世强：《论蒙古族的山神崇拜》，《民族论坛》2015年第7期。

认为，山神能够降下雨雪等自然灾害和疾病，又能为人防盗护财，使人畜免遭时疫伤害。祭山时，只有全村男子参加。[①] 哈尼族认为：如果村中瘟疫疾病不断，则是阳山没有保护好村民，如果发生风灾、水灾、虫灾、兽灾等，则是因为阴山没有保护山村寨。只有阴阳配合，才会风调雨顺、五谷丰登、日进斗金、人畜康泰。元阳县白岩子山一带的哈尼族祭祀白岩子山神，上山参加祭祀的多是40岁以上的男子和老年人。[②] 这些材料说明山具有护佑性和禁忌性，山是具有来自男性英雄的神圣性能的。

从以上几个方面的分析可知，山应该是男性英雄祖先再生尸骨的象征。那山是如何象征着一具尸骨呢？多个民族认为山是族群英雄躯体的化身。其实，山就是一个大大的"凸"字。吕洞山苗族由苗王里东所化的吕洞山（图4-2[③]），就是一个"凸"形。

图4-2　吕洞山

三　鸟崇拜

鸟崇拜也是具有世界普遍性的，先看看它具有什么特征。

[①] 和建华：《滇西北民族文化调查与研究》，云南民族出版社2008年版，第45—49页。
[②] 曹贵雄等：《哈尼族传统宗教文化研究》，民族出版社2014年版，第5—8页。
[③] 图片采自段晓春《湘西苗族圣山崇拜研究——以吕洞山圣山为例》，硕士学位论文，吉首大学，2018年。

(一) 鸟具有再生性

印度的迦楼罗是不死之鸟。按照印度神话，迦楼罗是大神毗湿奴的坐骑，次级神，据说翼展有 336 万米，遮天蔽日，500 年涅槃一次。届时，保护神湿毗奴点燃熊熊烈焰，垂死的迦楼罗投入火中，燃为灰烬，再从灰烬中重生，成为美丽辉煌的金翅大鹏鸟。阿拉伯的巨鸟安卡也是从火中诞生的，它的生命周期约为 1700 年，每年会自焚一次。自焚前，它会唱一首优美的挽歌，用翅膀煽火苗把自己烧为灰烬，然后在灰烬中获得再生。它永远不会死，因此被称为火烈鸟或不死鸟。[①] 这些材料说明，鸟具有再生力。

(二) 鸟能被感而生人

满族有个民间传说：佛库伦从河中出浴登岸时吃了神鹊掷在衣裙上的红果而怀孕，产下一子生而会说话，且很快长大成人，就是满族的始祖爱新觉罗布库里雍顺。[②] 彝族的英雄支格阿龙，传说他的母亲因一只岩鹰滴了一滴血在他母亲的裙子上而怀孕生下了支格阿龙。[③] 佛库伦感鸟而孕，产子很快长大成人，这兼有成年再生礼和婴儿魂信仰的反映。支格阿龙的母亲感鸟而生，这是婴儿魂信仰的反映。

(三) 鸟具有护佑性

满族人认为，鸟能为他们预报吉凶祸福，还能为迷失在密林中的猎人引路，能给猎人报警，因此雅雀成为萨满教地域的保护神。保佑猎人平安，免受灾祸。[④] 云南楚雄、红河等彝族地区认为乌鸦是人类的好朋友，是人的保护神之一。毕摩绘画中有很大一部分是关于灵禽崇拜的，说鸟类曾经给人们恩惠，人类在危难时候得到过他们的帮助。[⑤] 从这些材料来看，鸟具有护佑性。

综合来看，鸟具有再生性和护佑性，鸟也能被感而生人，所以，鸟

[①] 杨万娟：《蛇鸟天下：远古的地球村》，云南民族出版社 2009 年版，第 73—75 页。
[②] 伊恒勤等：《爱新觉罗支派沈阳伊氏历史源流》，东北大学出版社 2009 年版，第 1—2 页。
[③] 龙保贵：《彝族图腾文化研究》，云南民族出版社 2013 年版，第 216 页。
[④] 《读者·乡土人文版》编辑部：《〈读者·乡土人文版〉精选集》7，敦煌文艺出版社 2014 年版，第 217—218 页。
[⑤] 王四代等：《彝族毕摩绘画研究》，云南大学出版社 2017 年版，第 89 页。

应该是象征着男性英雄祖先的再生尸骨的。关键是,鸟何以能够象征一具再生尸骨呢?这个奥秘就在其羽毛上,理由如下。

首先,从各民族的神话来看。

鄂伦春人神话《白依吉善》讲:善良小伙白依吉善火葬了布谷鸟,布谷鸟从火中重生。后来,白依吉善被结拜兄弟伦吉太杀害,布谷鸟用计偷走了白依吉善的尸体。为使他长眠不僵,布谷鸟用自己身上的羽毛为恩人编织斗篷,直到全身羽毛拔光鲜血流尽而死。白依吉善醒来后,斗篷像翅膀一样将它托在空中并飞至伦吉太的婚礼现场。布谷鸟从白依吉善怀中重生帮助白依吉善战胜了伦吉太。① 从这则神话可见,是布谷鸟的羽毛确保了白依吉善的长眠不僵。

萨满教创世神话《天宫大战》具有同样的意蕴,该神话讲:创世神阿布卡赫赫在与恶魔耶鲁里战斗时,她的护身战裙被扯了下来,逃回九层天上昏倒在滚动着金光的太阳河边。太阳河边一棵高大的神树上有一只名叫昆哲勒的九彩神鸟,它扯下自己身上的毛羽,为阿布卡赫赫擦着腰脊上的伤口,用九彩神光编织护腰战裙。阿布卡赫赫身穿九彩神羽战裙,从太阳河水中慢慢苏醒过来。阿布卡赫赫从自己身上献出一块魂骨,由昆哲勒神鸟在太阳河边用彩羽重新为他组织了护腰战裙,他从此真正有了无敌于寰的神威。② 从这则神话来看,阿布卡赫赫的魂骨和彩羽具有等价意义,并且,也正是神鸟身上的羽毛治愈了阿布卡赫赫的伤口和给了他无敌的神威。

《山海经》中的羽民是因有羽而不死的,《海外南经·羽民国》载:"羽民国在其东南,其为人长头,身生羽。一曰在比翼鸟东南,其为人长颊。"《楚辞·远游》云:"仍羽人于丹丘兮,留不死之旧乡。"王逸注云:"人生得道生毛羽。"在埃及神话中,羽也与不死联系在一起。埃及《亡灵书》中《隐秘的拉的颂歌》有对太阳的歌颂:"这永生的主,永远的缔造者,插上高扬的羽毛王冠的主人,他的王冠上金玉闪

---

① 本书编委会:《中华民族故事大系》第15卷,上海文艺出版社1995年版,第789—802页。

② 富育光:《萨满教与神话》,辽宁大学出版社1990年版,第241—242页。

光。头带羽毛的帝王。"① 在埃及神话中，当伊西斯找到奥西里斯的尸体时，她用巫术把他复活了。是如何复活的呢？"她用她的羽毛形成荫凉，用她的翅膀制造气息，她为她的兄弟欢呼，她与兄弟结合，把没有气力的兄弟从迟钝中唤起……"②

其次，从各民族的崇鸟习俗来看。

柯尔克孜族认为鹰是帮助人们获得猎物的神鸟，鹰死后要把鹰皮带羽毛整个剥下来，缝成婴儿衣服，可保护孩子健康成长。哈萨克族在他们的神话中把天鹅视为始祖母神，严禁捕杀，即使天鹅死去，也不食其肉，将皮羽剥下悬挂在毡包里镇邪。天鹅羽翅成为萨满巫师作法时所披的羽衣，以示通神。③ 在左右江、红河水流域的壮族祭师中，有头插羽毛，身穿鸟图衣，"诠释"神人权力者的象征。④ 在达斡尔族的求雨祭中，献给河神的鸡是要连皮带毛剥下然后挂在三角木架上的。⑤ 在墨西哥部族回乔尔人那里，健飞的鸟能看见和听见一切，它们拥有神秘的力量。这力量固着在他们的翅和尾的羽毛上。巫师插戴上这些羽毛，就使他能够看到和听到地上地下发生的一切，能够医治病人，起死回生，从天上祷下太阳，等等。⑥ 从这些材料来看，是鸟的羽毛具有再生力和护佑力。

那么，鸟羽如何与再生尸骨联系在一起的呢？这要看原始人们是如何表现鸟羽的。在云南沧源岩画上，出现了羽人形象（图4-3、图4-4）⑦。汪宁生先生解释说：这是一种双臂画许多短线条，形成一种鸟翼状装饰的人形（故称为鸟形人），这应该是表现人身饰有羽毛或披羽毛做成的一种舞装。仔细观察羽人图上的羽毛形状，它像什么呢？它不就是一个"而"字的甲骨文吗？它不就是一扇带脊柱的肋骨吗？这些鸟羽应该

---

① 杨万娟：《蛇鸟天下：远古的地球村》，云南民族出版社2009年版，第81页。
② [英]加里·J. 肖：《埃及神话》，袁指挥译，民主与建设出版社2018年版，第61页。
③ 乌丙安：《中国民间信仰》，长春出版社2014年版，第61—62页。
④ 李桐：《图说壮族先民太阳及鸟崇拜》，《文山学院学报》2016年第29卷第1期。
⑤ 高占祥：《中国民族节日大全》，知识出版社1993年版，第139—140页。
⑥ [法]列维-布留尔：《原始思维》，丁由译，商务印书馆2011年版，第32页。
⑦ 图10-2、图10-3分别来自汪宁生《云南沧源岩画的发现与研究》，文物出版社1985年版，第71、105页。

是模仿人体的弧形的脊柱和肋骨而刻画的。这样，我们就找到了鸟崇拜的原因所在。因为它的羽毛的构造特别像人的脊柱和肋骨的构造，所以持巫术思维的原始人就把羽毛当作了再生祖先的再生尸骨，于是鸟就成了再生祖先。自然的，鸟也就具有了再生祖先的一切性能。

图 4-3 云南沧源岩画上的羽人形象

图 4-4 沧源岩画上的羽人形象（左 1、2）和开化铜鼓上的羽人形象（左 3）

四 天体崇拜

天体崇拜主要包括太阳崇拜、月亮崇拜和星星崇拜等，其中最主要的是太阳崇拜。

（一）太阳崇拜的起源

先来看看太阳崇拜的特点，其他天体崇拜的起源应该与太阳崇拜的起源具有一致性。

1. 太阳是祖先

《白虎通·五行》载："炎帝者，太阳也。其神祝融。"白族《太阳神的故事》说：相传古时喜洲一带因一恶魔吞食了太阳而导致人们饥寒交迫，阁洞旁一个青年打败了恶魔让它把太阳从肚子里吐了出来，为了感恩这位青年，人们将他奉为"太阳神"虔诚奉祀至今。[①] 城步苗族

---

① 张明曾：《白族的太阳崇拜》，《大理文化》2007 年第 5 期。

的"庆古坛"祭祀活动，是为了祭祀其祖先大王神而举行的原始宗教仪式，其庆古坛的过程也是祭祀太阳神的过程，祭祀分迎、望、送太阳等环节。林河先生指出：城步苗族所敬的是太阳神，但所请的却是其祖先大王神，说明他们已经把太阳崇拜与祖先崇拜融合在一起了。① 哈尼族在其创世神话中，把自己的民族认作是"天神"之子，天神是大自然的代表，而太阳又是天地之灵，哈尼族人始终认为自己便是太阳和大自然的宠儿。② 纳西族有向太阳求子的习俗。镇青山求子会，人们半夜开始爬山路，登上镇青山顶，观看日出，以祈求太阳女神赐子，他们认为观看日出后太阳女神就会赐予福泽。③

以上多个民族视太阳为祖先，这是图腾信仰。纳西族认为观看日出太阳就会赐子，这是婴儿魂信仰的反映。

2. 太阳与神树同一

佤族以前每年都要祭太阳神、月亮神等诸神。但他们认为，祭神时，诸神是听不见的，只有树神才能把诸神请下来，即天宫的诸神要通过树叶、树枝和树干才能下到人间享受祭品。因此，佤族人就把森林中的巨大树木砍伐来做成木鼓，每当诸神听到木鼓声，便纷纷下凡来。在佤族人心中，大木鼓是沟通人与神的纽带。④ 西畴壮族在女子太阳节请太阳神时，濮侬女性在太阳神树前祭祀跪拜，把封印在神树里的太阳神请出来。这反映的是"竜"崇拜，"竜"树的茂盛程度反映了一个村落的繁荣昌盛，云南壮族地区的始祖神布洛陀等都封存在"竜"树里。⑤

从以上两个民族的信仰来看，太阳是被封印在神树里面的，实有的神树是生命树的象征，这说明太阳与生命树是同一的。

3. 太阳以石头和树枝等为象征

壮族崇拜太阳。云南西畴革机屯的壮族祭拜太阳时，在山头一块大

---

① 林河：《林河自选集》，湖南文艺出版社2003年版，第160—164页。
② 刘顺才等：《第五届国际哈尼——阿卡文化学术讨论会论文集：哈尼文、汉文》，云南民族出版社2007年版，第254页。
③ 木里等：《纳西族水文化》，云南科技出版社2010年版，第170—171页。
④ 石裕祖：《民族舞蹈文化传承发展论纲》，云南大学出版社2009年版，第193页。
⑤ 黎海燕：《西畴壮族"女子太阳节"多重信仰观念分析》，《文山学院学报》2018年第31卷第5期。

石上摆上供品，日升时族长带领族人绕着大石头转圈，祈求一年的平安、丰收。① 云南文山壮族祭日时，杀鸡宰猪后将祭品置于树下，放一碗生血，上置一树枝，祭毕，全村成年男子在祭场共吃一餐。② 昆明西山彝族大小勒姐等村，过去每逢农历十一月十九日举行太阳会时，各个彝族村寨的群众都要聚集到本村的山神庙中，举行集体祭祀活动，祭祀的对象是日神，供品上还雕有象征太阳的莲花图案，再用五色纸旗写上"太阳菩萨"几个字。祭者念诵《太阳经》和敬香，祈祷太阳神保佑风调雨顺、五谷丰登。③

我们看到，在壮族的观念中，石头和树枝都能够代表太阳；在彝族的观念中，山神就是太阳。这说明太阳与石头和山是同一的。各族群也把太阳视为保护神，认为太阳能够保佑平安丰收。

4. 太阳具有禁忌性

白族存在对太阳的禁忌，比如产妇出门须戴草帽，忌太阳直射头顶，否则会触犯太阳。还有，在太阳落山时忌讳扫地。④ 苗族《古老话》中告诫子孙：晴天不能骂晴，雨天不能骂雨，对太阳、对月亮、对星星，不能用手指指点点，否则手指会破裂。⑤ 云南文山壮族祭日时，是只有全村成年男子在祭场共餐的。这就说明，男性英雄再生祖先是在场的。

综合来看，太阳具有再生性、护佑性和禁忌性，并且太阳与生命树同一，且以石头和树枝为象征。应该可以认为，太阳是象征着男性英雄再生祖先的尸骨的。那么，太阳是如何象征着再生尸骨的呢？这要看原始人们是如何表现太阳的。

上文提到，西山彝族祭太阳的供品上画的是莲花形；另外，从岩画

---

① 李富强：《人类学视野中的壮族传统文化》，广西人民出版社1999年版，第169页。
② 《壮族百科辞典》编纂委员会：《壮族百科辞典》，广西人民出版社1993年版，第333页。
③ 高占祥：《中国民族节日大全》，知识出版社1993年版，第308—309页。
④ 傅立民等：《中国商业文化大辞典（上下册）》，中国发展出版社1994年版，第1256页。
⑤ 贵州省苗学会：《贵州省苗学会2016年学术年会论文资料集（下）》，出版社不详，2016年，第204页。

上看,太阳符号的表现形式较多,但其主要表现形式之一是圆形出芒。比如西藏日土县恰克桑一号岩画,其中刻画的日形图案就是如此(图4-5)[①]。但也同时还有同心圆、十字形、圆形和出芒等综合表现的形式(图4-6)[②]。

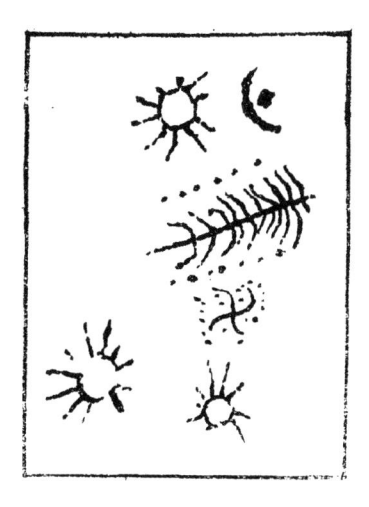

图4-5 恰克桑1号岩画

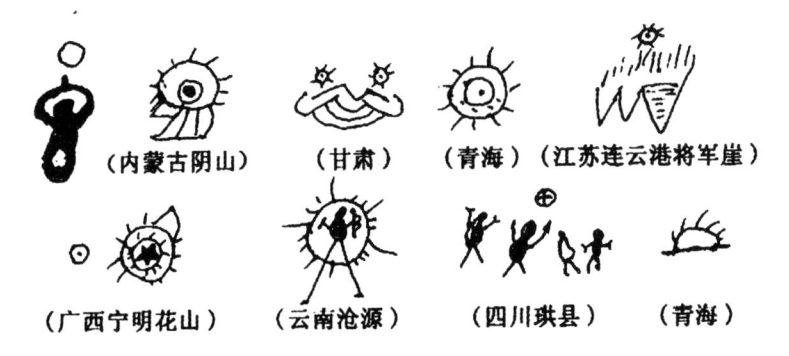

图4-6 我国远古时期各地日崇拜岩画

[①] 图片引自林继富《一幅壮观的太阳崇拜图卷》,《民族艺术》1991年第2期。
[②] 图片引自高福进《太阳崇拜与太阳神话:一种原始文化的世界性透视》,上海人民出版社2002年版,第47页。

这样，那我们就找到原始人们心目中的太阳与一具再生尸骨的内在联系了。从形状上来讲：十字形符号和同心圆符号，我们已经阐明过，它们是象征着一具再生尸骨的。至于出芒的形状，从正面和背面看，人的肋骨是向左、右、左下、右下4个方向发射的，也是一种出芒的形状。这样说来，原始人们应该是把太阳当成了一具再生尸骨，从而视太阳为祖先而加以崇拜，怪不得太阳会被认为是炎帝，也怪不得回乔尔人会认为可以从天上祈祷下太阳。

理解了太阳的本质后，《山海经》中所说的日居扶桑就可以得到合理的解释。《山海经·大荒东经》载："东海之外，甘水之间，有羲和之国。有女子名曰羲和，方浴日于甘渊。羲和者，帝俊之妻，是生十日。"《山海经·大荒东经》又载："大荒之中，有山名曰孽摇頵羝。上有扶木，柱三百里，其叶如芥。有谷曰温源谷。汤谷上有扶木，一曰方至，一曰方出，皆载于乌。"《山海经·海外东经》载："下有汤谷，汤谷上有扶桑，十日所浴，在黑齿北。居水中，有大木，九日居下枝，一日居上枝。"

按照《山海经》所载，太阳是帝俊之妻所生，并且从扶木上升降轮出。如何理解这些观念呢？先搞清楚扶木是什么？柱三百里的扶木肯定是不存在的，所以，它和建木一样，是一棵生命树。那就意味着太阳是居住在生命树上的。生命树是覆盖环宇的，太阳居住在上面是合理的。那居住在生命树上的是什么呢？还记得哈萨克的生命树信仰吗？他们认为：生命树上茂盛之叶是培育出的灵魂，每一叶代表一人之灵魂，新生命诞生，即长出一片新叶，有人死，即有一叶枯落。这就说明，太阳是代表灵魂的。确实，生命树是创造族群成员生命的根源，族群的一切成员都是其灵魂再生的结果。所以，居住在生命树上的应该是灵魂。那扶木这棵生命树上的灵魂来自哪里呢？这就要看扶木是代表谁的再生尸骨的，扶木是谁的再生尸骨，太阳就代表谁的灵魂。那扶木是代表谁的再生尸骨呢？看到《山海经》里说的了吗？太阳是帝俊之妻所生的，这里的生，应该理解为再生。那也就是说，太阳是帝俊再生的结果。所以，此处的太阳是指的帝俊的灵魂。那也就是说，扶木是帝俊的再生尸骨的象征。照此说来，这个十日，应该是帝俊再生出的十个重要的男性英雄的灵魂，他们死后，他们的灵魂重新回到了生命树之上以等待再生。密西西比河边的纳切斯人和佛罗里达的阿帕拉奇人就认为太阳是死去的领袖和勇敢者们的光明的住所。真实的太阳只有一个，而男性英雄的灵魂有多个，那就只有安排它们在天上轮流"值班"了，即所谓的"一日方至，一日方出""九日居下枝，一日居上枝"。

（二）月亮和星星崇拜的起源

再来探讨一下月亮崇拜和星星崇拜。

月亮崇拜有着和太阳崇拜同样的起源，这一点，从佤族人对天体的崇拜可以看出来。佤族认为太阳是生命的源泉，其体内蕴含着神灵"梅"神的灵气，所以它才能制造生命，对太阳的崇拜由此产生。月亮身上也有"梅"神的灵气，所以它也是大神之一。[①] 那梅神是什么呢？佤族人的梅神，是与生产、生活关系密切的第一大神。寨子的兴旺，寨人的吉凶，都由本寨的梅神决定。梅神的房子叫"捏梅"，它极为简单，用三块石头做成，两块竖立着，另一块平放在上面，形成石棚状。[②] 既然梅神的房子是石棚，那就很清楚了，梅神就是指的男性英雄再生祖先而言的。太阳和月亮因蕴含梅神的灵气而被加以崇拜，这说明了太阳崇拜和月亮崇拜都是因男性英雄祖先尸骨再生信仰而产生的，也说明了月亮崇拜和太阳崇拜具有同样的起源。

关于星星崇拜，最为普遍的观念是认为天上的星与地上的人是相匹配的。哈萨克族人认为，地上的每一个人都在天上有一颗象征自己命运的星，星象的变化预兆地上的人的命运的变化。人去世了，他的那颗星也就陨落了。平时若见到流星，有人就会说："愿我的星还在高空。"[③] 哈尼族也有类似的观念。他们认为人与星辰有某种必然的联系。普遍认为天上有多少星辰，地上必有多少人口，一星一人，生

[①] 当代云南佤族简史编辑委员会：《当代云南佤族简史》，云南人民出版社2015年版，第36页。

[②] 赵明生：《佤族石崇拜》，《思想战线》（云南大学人文社会科学学报）1999年第4期。

[③] 李德洙等：《中国民族百科全书》14，哈萨克族、柯尔克孜族、塔吉克族、塔塔尔族卷，世界图书出版西安有限公司2015年版，第193页。

死升陨相依随。人们见流星掠过头顶,就一定要吐一口唾沫,表示忌讳。① 星变人变,星陨人死,这其实是一种普遍的观念。在哈萨克族和哈尼族的观念中,星星是被当作人的灵魂来理解的。如何来理解这些观念呢?如果我们联系生命树来思考,这个问题也能够得到合理的解释。太阳、月亮、星星其实都是栖居在族群的生命树上的灵魂,它是人间之人出生和死亡的原因。那么,灵的变化必然导致人的变化,灵的死亡必然导致人的死亡。从这里,生发出了中国古代复杂的星象学。

(三) 鼓与莲花崇拜

对太阳崇拜的本质的理解,有助于揭示鼓和莲花崇拜的起源,下面分别来看。

1. 鼓崇拜

首先来看鼓崇拜。前文讲到,佤族认为木鼓能够邀请太阳等诸神下凡。与此观念一致的是,苗族认为鼓中藏着其祖先的灵魂。蚩尤战败后,苗族在里东苗王的带领下来到吕洞山,同时,将一直藏在鼓中并一直跟随他们迁徙而飘泊的蚩尤等先祖们的灵魂永远安放在占求占怕。规定以后无论族群的人在哪里,每年都要回到占求占怕来拜谒祖先。② 此外,基诺族以太阳子民自居,祭太阳鼓就是祭太阳神、祖先。木鼓直接是祖先的化身。③ 根据这些信仰,应该可以做出推测:木鼓是男性英雄祖先再生尸骨的象征。

那木鼓何以象征着他们男性英雄再生祖先的尸骨呢?主要有以下几个方面的原因。

第一,从制作木鼓的材料来看。制作木鼓要使用树,并且是特定的树。这当然与神树观念有关。壮族和佤族都认为神被封印在树里,他们用树制成木鼓敲击是为了把神请出来以享祭物。但是这个树不是随便一

---

① 曹贵雄等:《哈尼族传统宗教文化研究》,民族出版社2014年版,第41页。
② 段晓春:《湘西苗族圣山崇拜研究——以吕洞山圣山为例》,硕士学位论文,吉首大学,2018年。
③ 黄泽:《西南民族文化与民俗——民族文化学的新视野》,海南出版社2008年版,第67页。

棵树都行，而是必须是该族视为生命树的树种。比如苗族，最初的鼓为枫木制成。他们认为，只有敲击枫木鼓，才能够唤起祖宗的灵魂。① 前文已经讲到苗族是把枫树当作生命树崇拜的。佤族制作木鼓要使用红毛树或花桃树，其谚语有云："红毛树好制碓窝，花桃树好制木鼓。"② 阿佤山人认为红毛树和花红桃树是树王，在砍伐两种树木制木鼓前，要履行严格的祭祀和砍伐程序。③ 他们还用两种树雕琢成两个赤裸着的男女立在寨门两旁，谓之"阿公阿祖"，世代相传。④ 足见佤族也是视红毛树和花桃树为生命树的。

第二，从鼓面的花纹看。基诺族的太阳木鼓很独特，在鼓面边沿镶嵌有许多象征光芒四射的小木条。⑤ 流行我国中南、西南少数民族地区的铜鼓，鼓面常装饰有各种花纹，其中放射光芒的太阳纹在每一面鼓的鼓面正中都可以见到。⑥ 我们看到，所有的鼓都有一个共同的特征，就是鼓面有放射状的纹理。对于这种纹理，国外学者常称为光体"star"，国内学者常称为"太阳纹"。⑦ 笔者认为，这所谓的"光体""太阳纹"，其实是人体的一副肋骨的象形。

第三，从鼓的形状结构看。佤族将木鼓视为通天的圣物。木鼓以树的根部为尾，梢部为首。长150—220厘米，直径在50—80厘米。云南民族博物馆收藏了西盟、沧源等地的几具木鼓。从这些木鼓的形状看，都是下端直径稍大，上端直径稍小，中间挖有鼓腔。再看鼓腔的构造，杨兆麟先生提供了西盟等地的木鼓的两端横剖面图（图4-7）。⑧ 根据图片可知，这几个地方的木鼓的鼓腔结构，基本上都是一致的。那如此

---

① 段晓春：《湘西苗族圣山崇拜研究——以吕洞山圣山为例》，硕士学位论文，吉首大学，2018年。
② 王敬骝：《王敬骝学术文选》，云南大学出版社2016年版，第132页。
③ 艾兵有：《佤族伦理道德研究》，上海人民出版社2013年版，第189页。
④ 陈荣华：《佤山魂：肖哥长传奇》，民族出版社2003年版，第140页。
⑤ 毛艳等：《西南少数民族民俗概论》，云南大学出版社2012年版，第149页。
⑥ 潘琦：《广西文化符号》，广西民族出版社2018年版，第133—134页。
⑦ 韦丹芳：《老挝克木鼓与相邻地区同类型铜鼓研究》，中国科学技术出版社2014年版，第64页。
⑧ 杨兆麟：《原始物象：村寨的守护和祈愿》，云南人民出版社2012年版，第205—210页。

特异的鼓腔结构是如何起源的呢？我们再来看人体脊椎骨的结构（图4-8）。通过比较发现，二者的结构基本相同，可以认为鼓腔的结构起源于人体的脊椎骨的结构。而这也与生命树的观念能够对应。在生命树中，树干是象征着脊柱的。既然原始人们认为神被封印在树中，且用树干制作木鼓，那么他们就把木鼓制作成了"脊柱"，这样的木鼓才真正具有请神的作用，才真正能够通天。

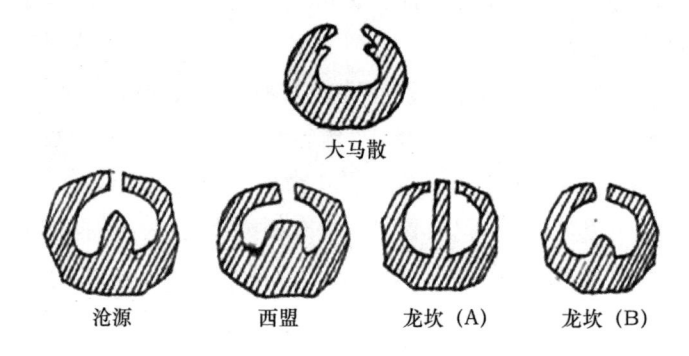

大马散

沧源　　　西盟　　　龙坎（A）　　龙坎（B）

图4-7　西盟等地木鼓的两端横剖面

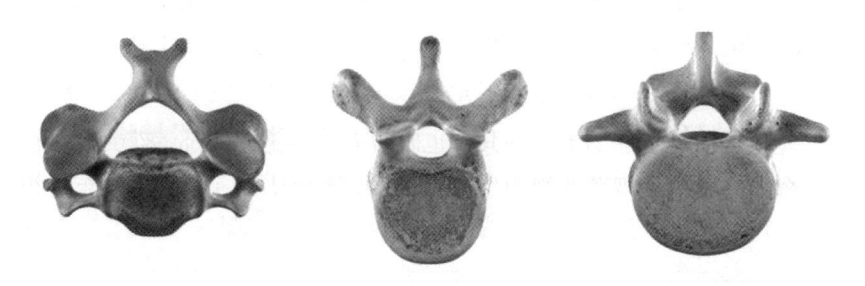

图4-8　颈椎、胸椎、腰椎骨

综上所述，鼓其实是象征着各民族的男性英雄祖先的再生尸骨，所以他们才认为鼓中藏有其男性英雄再生祖先的灵魂，从而对之膜拜有加。可见，鼓崇拜的实质应该是男性英雄再生祖先崇拜。但学界多把鼓崇拜视为生殖崇拜，这是可商榷的。比如，左永平先生认为："木鼓虽为一种通天神器，但实质上乃是佤族生殖崇拜的客观写照。对木鼓的崇拜，既包括有祖先崇拜的因素，但更多的还是母性生殖崇拜的意义和象征。"① 学者段世琳认为:"从外部和内部形态看,木鼓具有明显的母性生殖崇拜特色。"② 学者谭中贵认为:"从木鼓的结构看,确是女性生殖器的再现。"③ 把木鼓视为女性生殖器的写照,那木鼓何以要用神树去制造?为何只有神树所造之鼓才能唤起祖宗的灵魂?

2. 莲花崇拜

再来看莲花崇拜。上文看到,昆明西山彝族是用莲花来象征太阳的。其实,莲花是一个具有世界普遍性的象征。莲花在佛教中具有特别的意义。佛陀的出生即以莲花显示。佛经称"莲经",佛座称"莲台",佛寺称"莲宇",僧居称"莲居"。在佛教中,莲花代表"净土",象征着"自性清静"。④ 在古埃及,莲花象征复活。《埃及亡灵书》中便有许多符咒,能将人转化成莲花,使其重生。希腊神话也提到了莲花。在奥德修斯的故事里,他的一艘船迷航而停靠在一座岛上,岛上居民是俗称"吃莲花的人"。他的水手跟着吃起了莲花,从此沉睡不醒。丁尼生受到启发,写下了《食莲者之歌》。从此莲花有麻醉之效的美名流传下来,成为精神觉醒的象征。⑤

佛教的"自性清静"是一种不生不灭、不垢不净、不增不减的境界。悟了这种境界后,人即成佛,不能悟此境界,即是众生。所以,佛教的莲花也有永生之意。在埃及,莲花是直接象征复活永生的。在古希腊,莲花是精神觉醒的象征。其中也暗含有永生之意。那莲花到底象征着什么呢?学界多把莲花视为生殖崇拜。⑥ 笔者认为,这是男性英雄祖先尸骨再生信仰的反映。昆明西山彝族祭太阳的供品上画的有莲花图案,这个莲花实则是象征着一副再生的尸骨的。它的放射型的形状正是

---

① 左永平:《木鼓回归:佤族文化特质和当代价值研究》,云南大学出版社2008年版,第42页。
② 段世琳:《佤族历史文化探秘》,云南大学出版社2007年版,第200页。
③ 李昆声等:《南方丝绸之路与滇国历史文化》,云南人民出版社2017年版,第600页。
④ 孙霄兵:《人类莲花文明:世界花朵象征符号研究》,中国财富出版社2017年版,第60页。
⑤ [英]萨拉·巴特利特:《符号中的历史》,范明瑛等译,北京联合出版公司2016年版,第39页。
⑥ 参见石中军《莲花与生殖崇拜》,《世界文化》1999年第3期;郭荣梅:《试析莲花文学意象的起源与发生》,《开封大学学报》2007年第21卷第4期。

一副肋骨的放射型的形状。唯其如此，才能解释遍及世界的莲花所具有的复活和永生的意义。

第三节 自然崇拜——男性英雄祖先再生尸骨的迷局（三）

一 蛇崇拜

很多民族都崇拜蛇。但蛇崇拜常与龙崇拜混杂在一起，要揭示蛇崇拜的本质确实存在一定的困难。

（一）蛇崇拜的起源

先来看看蛇崇拜具有什么特征。

1. 蛇是祖先

《说文》云："闽，东南越，蛇种。"会同县侗族普遍信奉地神，地神是蛇神的代称，又称蛇神爷爷或祖宗太公。榕江县的车江，从江县的九洞，龙胜县的部分侗乡，过去还流传有"蛇种"人之说，侗语称之为"笨腊隋"。所谓"笨"者，种也，"腊"者，骨也，"隋"者，蛇也，亦即"蛇种骨"或"蛇根骨"也。[1] 珞巴族崇拜蛇，崩尼部落认为，他们的祖先阿巴达尼同蛇的女首领录德娜结婚，生下尼英金蛇。在博嘎尔部落的传说里，蛇曾帮助过阿巴达尼战胜过仇敌。直到现在，他们还认为这些蛇是自己祖先的亲戚。[2] 视蛇为祖先，这是图腾崇拜。因此可以认为蛇是象征着男性英雄祖先的再生尸骨的。

2. 蛇具有再生力

民间以为，家蛇主一家财运，说家蛇会运米，有了家蛇，米囤的米就会挖不空。江浙一带传说一太公家穷，太公妻正烧汤沐浴，忽窜出一蛇，绕浴桶而转，变成筷子大小，钻入她的口袋。此后，太公家稻谷满屋，开酒坊，生意兴隆。提水冲入酒槽，人仍争购之。不久，太公成了

---

[1] 张民：《试较侗俗与古越俗的渊源关系》，《贵州民族研究》（季刊）1991年第1期。
[2] 李德洙等：《中国民族百科全书》6，藏族、门巴族、珞巴族卷，世界图书出版西安有限公司2015年版，第819页。

财主。① 江浙一带还有"蛇盘米"的说法，以为家蛇能把富家的米运至穷家，或以为守在米囤边的家蛇能使米充溢而出，食用不尽。山西五台山地区视蛇为财神，常在枣糕上塑一小蛇以示"招财进宝"。② 这说明蛇是具有再生力的。

3. 蛇具有护佑性

珞巴族人制作有蛇头、蛇纹状的手镯，认为戴上后，可以护身。③ 埃及人认为蛇特别是眼镜蛇具有强大的力量，把它看作君主的保护神，成为法老王冠上最高权力的徽号。④ 苏南人对蛇的祭祀，称为"请蛮家"或"斋蛮家"。如遇家人害病等特殊情况，富裕人家还请"师人"来家主持祭祀。⑤ 这些材料说明蛇具有护佑性。

4. 蛇具有禁忌性

哈尼族认为蛇是悬崖、江河、龙潭、高山、村寨的神灵。碰到大蛇不予伤害，嘴巴念着："各走各的路。"若蛇进入房屋，认为是神灵特来要祭品，就迅速点燃香火，以酒、茶、食品祭献，并跪拜磕头，直到大蛇离去。⑥ 会同县侗族人，若在蛇神庙及其附近发现有蛇，则认为是蛇神显圣，不得惊打，多焚香化纸，任其自行。⑦ 苏南人对蛇的祭祀很庄严，都由男人操持，女人只能在一边观望。⑧ 这些禁忌的存在，说明蛇是具有男性英雄祖先的神圣性能的。

5. 蛇与树和龙同一

据《南平市志》等史料载：相传古老时期，樟湖坂镇濒临闽江畔有一株千年古榕，树下群蛇汇聚于此，当地百姓以为神，于是建蛇王庙焚香烧纸虔诚礼拜，逐渐形成了一个游蛇灯的传统节日。⑨ 德昂族有祭

---

① 张廷兴等：《民间俗信》，山东教育出版社2016年版，第227页。
② 沈壮志：《图说十二生肖·蛇》，世界图书出版西安公司2007年版，第51页。
③ 李德洙等：《中国民族百科全书》6，藏族、门巴族、珞巴族卷，世界图书出版西安有限公司2015年版，第819页。
④ 杨万娟：《蛇鸟天下：远古的地球村》，云南民族出版社2009年版，第86—87页。
⑤ 吕洪年：《万物之灵：中国崇拜文化全览》，浙江文艺出版社2018年版，第126页。
⑥ 李期博：《红河哈尼族彝族自治州哈尼族辞典》，云南民族出版社2006年版，第367页。
⑦ 张民：《试较侗俗与古越俗的渊源关系》，《贵州民族研究》（季刊）1991年第1期。
⑧ 吕洪年：《万物之灵：中国崇拜文化全览》，浙江文艺出版社2018年版，第126页。
⑨ 朱平安：《武夷山摩崖石刻与武夷文化研究》，厦门大学出版社2008年版，第65页。

蛇神的习俗。祭期一般定于腊月二十。这天全家不干活，要洗一次澡。他们在寨边选一棵较大的树为蛇树，群众每年进行一次素祭，不吃荤，参加的人要身净衣洁。蛇树四周砌有围墙，不让人靠近。祭时，佛爷对着蛇树念经，群众跪拜，寨头打卦，祈求耕畜兴旺。[①] 我们看到，南平樟湖坂镇与蛇和千年古榕树联系在一起，而德昂族直接把蛇视为树。这说明蛇与神树是同一的。

另外，蛇与龙也是同一的。疍民祭祀蛇神的形式之一，是在供奉龙神的庙宇里进行。[②] 这说明蛇就是龙。

综合以上几点来看，蛇应该是象征着男性英雄祖先的再生尸骨的。直接的证据是族群把蛇视为根骨，我们在前文指出这个骨是指的祖先的骨。那蛇如何象征着族群的尸骨呢？在龙崇拜那章我们推测过，蛇是象征着男性英雄再生祖先的脊柱的。这一点也可以从福建的"蛇灯"看出来。在南平樟湖坂镇等地，每年元宵节期间都有游蛇灯活动。蛇灯也称"板凳灯"，由蛇头、蛇身和蛇尾组成。大的乡镇板凳灯长的有0.5—1千米，小的乡村也有七八十板。蛇身每节形如长板凳，每板上扎糊三盏精致的花灯。游灯时，每户要出一男丁，如果没有男丁则要请亲友帮忙。[③] 这些板凳灯是有其特点的，有学者描述道："蛇身即灯板，每段由三盏竹篾扎制、上方敞开的倒梯形的四方斗形灯组成。"[④] 那么，从整体上看，闽人游蛇灯活动中的蛇，它是什么形状的呢？身体由几十上百节"板凳"组成，而板上装的是倒梯形的花灯。这难道不是一条人体的脊柱吗？人的脊柱是分很多节的，它是由很多块脊椎骨组成的。并且，胸椎骨上的棘突的形状是倒梯形的，而胸椎是人体脊柱的主要组成部分。因此，板凳灯是模仿人体的脊柱而制造的，闽人游蛇灯活动游的应该不是蛇，而是其男性英雄祖先的一条脊柱。并且，游蛇灯活动只能男性参加也指向了这一点。

---

① 李德洙等：《中国民族百科全书》15，傣族、佤族、景颇族、布朗族、阿昌族、德昂族、基诺族卷，世界图书出版公司2016年版，第569页。
② 吴水田：《话说疍民文化》，广东经济出版社2013年版，第150页。
③ 来玉英：《多元文化孕育下的武夷礼俗文化》，同济大学出版社2012年版，第6—7页。
④ 王迅：《腾蛇乘雾》，社会科学文献出版社1998年版，第228页。

这样，应该可以说，蛇应该是象征着男性英雄祖先的脊柱的。仔细观察二者的形貌，确实比较相似。人体的脊柱是"S"形，而蛇经常弯曲成"S"形。脊柱上有棘突，而蛇有鳞片。蛇有三角形的头，而脊柱下端的骶骨也是一个大三角形，并且骶骨上还有骶前孔和骶后孔，就好比蛇头上有眼睛。确实，二者几乎是出自同一个模板。

(二) 复归图腾、多头蛇与板凳信仰

对蛇的本质的揭示有助于揭示一些信仰的起源，先来看复归图腾的信仰。

1. 复归图腾信仰

美国西弗吉尼亚州偏僻地区的基督教徒，不顾生死地崇拜毒蛇，甚至还将毒液喝下。其中一个教派把蛇视为神圣不可侵犯的神，认为被毒蛇咬死，就可脱离苦海升入天堂。① 其实，我国蒙古族也有类似的信仰。蒙古族以狼为图腾，但又猎杀狼，死后却以"葬身狼腹"为人生真正的归宿。② 这样的观念也体现在葬俗中，比如藏族，葬时将尸发系于葬台之柱上，由背部剖开，将尸割成小块，抛上天空以饲鹰、鹫雕及鹞。然后用铁杵将尸骨击碎为末，拌以炒面抛饲群鸟，以食净为吉。③ 如何来解释这些观念呢？

笔者认为，这是一种生于图腾、复归图腾的信仰。生于图腾好理解，为什么要复归图腾呢？正如美国弗吉尼亚基督徒所认为的那样，在原始人的信仰中，复归图腾就意味着升入天堂。图腾信仰的本质是男性英雄祖先再生信仰，图腾具有来自男性英雄祖先的无上的性能，一般人是不配具有图腾的。一旦复归图腾，就意味着自己晋升为英雄祖先的行列，从此获得了再生的权利而永远不死。所以，复归图腾表现的是一种愿望、信念、决心、勇气和英雄气概。据斯宾塞和吉伦的调查，在澳大利亚土著中，瓦拉蒙加人会在放置死者骨灰的地方画上图腾的代表图形；马拉人和阿努拉人中，放置死者的木头上会装饰有

---

① 李津军：《奇异的蛇崇拜》，《科学之友》2001年第4期。
② 熊高等：《文化媒介学》，武汉大学出版社2013年版，第91页。
③ 邓廷良：《为了群体的永生——我国西南各民族的丧葬文化》，《社会科学战线》1990年第1期。

图腾图形。① 这应该具有让死者复归图腾的意味。在我国商周时期出土的器物上，有许多人虎相抱的图像。收于日本和法国的两件"虎噬人卣"，其虎头张开，口露利齿，似乎欲将人头含住。而人则赤裸双足踏于虎脚之上，并将双手搭于虎肩。②《吕氏春秋·先识》曰："周鼎著饕餮，有首无身，食人未咽。"似乎怪兽要将人吞食。如果真是这样，那人的表情应该慌张才对。但事实上，正如林巳奈夫所说："虽然处于虎口之中，此人却是一脸平静，并无半点慌张之意。"③ 确实，在图像中，人的手是搭在虎的肩膀上的，人并无恐慌之情，反而有拥虎之意。关于此类母题图像背后的含义，有诸多学者提出了许多种看法。④ 在此不一一介绍。笔者提出新的看法：在图像中，人是情愿自己能够葬身虎腹的，所以商周器物上"人虎相抱"母题所表现的也是生于图腾，复归图腾的信仰。

2. 多头蛇信仰

在中国神话中，伏羲是蛇身人首，女娲是人头蛇身，烛龙是人面蛇身，共工也是蛇身。最有意思的是相柳，他是九首蛇身。《山海经·海外北经》载："相柳者，九首人面，蛇身而青。"在印度，毗湿奴是婆罗门教三大神之一，主宰维持、保护。毗湿奴有四臂，全身为蓝色，常常靠在一条多头蛇身上。⑤ 在希腊神话中，蛇怪许德拉是有九个头的。⑥ 蛇或其他动物有多个头如何解释呢？闻一多说：《山海经》等书里凡讲到左右有首，或前后有首，或一身二首的生物时，实有雌雄交配状态之曲解或误解。⑦ 以我们现在所拥有的知识来判断，闻一多先生的说法是可商榷的。应该可以这样解释：因为蛇是象征着再生的尸骨的，既然男

---

① [法] E. 涂尔干：《宗教生活的初级形式》，林宗锦等译，中央民族大学出版社1999年版，第120页。
② 杨琼琦：《"虎噬人"纹饰初探》，《美术大观》2013年第8期。
③ [日] 林巳奈夫：《神与兽的纹样学：中国古代诸神》，常耀华等译，生活·读书·新知三联书店2009年版，第153页。
④ 可参看练春海《"虎噬人"母题研究》，《形象史学研究》2015年第2期。
⑤ 陈杰：《再现世界历史·古印度历史沧桑》，山东科学技术出版社2017年版，第31页。
⑥ [德] 古斯塔夫·施瓦布：《希腊神话》，曹乃云译，译林出版社2017年版，第94页。
⑦ 闻一多：《闻一多神话与诗》，吉林人民出版社2012年版，第11页。

性英雄祖先能够通过一具尸骨反复再生，难道它不是就具有多个生命吗？有多个生命不就意味着有多个头吗？《山海经》和神话中的多头动物可能都应该作如是理解。

3. 板凳信仰

闽人的蛇灯叫板凳灯。其实板凳也是象征着男性英雄再生祖先的尸骨的，具体来说是象征着脊椎的。前文讲到，哈尼族祭祀地神时，需要将寨神的坐凳拿到祭祀地点，表示请寨神来参加。其实这条凳子并不是因为它是寨神的坐凳而代表寨神，而是坐凳本身就代表了寨神。闽人的板凳灯说明了这一点。另外，西非加纳的阿散蒂人的凳子崇拜也说明了这一点。他们将已故的祖先当作神明崇拜并供奉着，还经常举行祭祖仪式。在仪式中，被顶礼膜拜的并不是祖先的塑像或画像，而是祖先曾经坐过的凳子。阿散蒂人认为凳子与祖先的灵魂有非常密切的联系，所供奉的每张凳子都代表家族的一位先辈。在阿散蒂人的世界里，凳子成为一切权力的象征。19世纪时，英国军队曾经入侵加纳。经过数十年抗争后，阿散蒂人失败了，英军俘虏了国王。但国王的凳子被阿散蒂人藏了起来，他们以此号召军队和民众一次又一次地发动反抗英军的斗争。[1]

阿散蒂人认为凳子与祖先的灵魂有密切关系，且把凳子视作家族的先辈，这无疑证明了凳子就是一具再生尸骨的象征。从这里我们发现了凳子的起源，或许凳子就是依据男性英雄再生祖先的脊柱而创造制作出来的。

二　牛崇拜

先看看牛崇拜具有什么特征。

（一）牛是祖先

佤族崇牛之风浓郁。在其创世神话中，人和动物都是母牛的后代。佤族在水牛的帮助下找到繁衍生息的地方，佤族的语言也是向牛学来的，他们认为自己的祖先受到了牛的保护。[2] 波斯人认为最早的树和最

---

[1] 王勇等：《中国世界图腾文化》，时事出版社2007年版，第219—220页。
[2] 杨宝康：《边地文化随笔》，云南大学出版社2015年版，第71页。

早的牛是人类的祖先，母牛是神物，母牛的尿是圣水。① 亚述人认为公牛是人类的男性造物主或祖先。② 这些材料反映出牛崇拜是图腾崇拜。特别是亚述人的观念，反映出了公牛与男性之间的关系。

（二）牛与龙、石、天一体

苗族的银饰纹样中有一种叫"牛龙"的动物，有的"牛龙"整体造型似鱼，牛首龙身；有的造型牛首狮身狮尾，旁边配有鱼纹。表现出牛龙既能下水又能上天的神勇本领。③ 布依族崇拜牛。每年正月初一早晨，各家各户都到寨神庙前"牵莫"，"莫"是布依语牛魂之意。在寨神庙前点香焚纸，把几块石头牵来拴在牛圈里，意为把牛魂牵来拴好，免得它跑回天上去，也示六畜兴旺。④ 埃及人把母牛看作是天的象征。⑤ 可以看到，牛与龙、石和天是同一的。

综合来看，可以认为牛是男性英雄祖先再生尸骨的象征。那牛是如何与再生尸骨类同的呢？牛崇拜的秘密在牛头上。佤族更崇拜牛头骨。西盟佤族剽牛后要把牛头骨在室内或室外摆设陈列，作为财富的象征只是一个方面，更主要的是对牛头骨的崇拜，牛头骨标志着拥有与天、神、祖先交感联系的次数。通神求好的次数越多，就越能得到天、神、祖先的护佑。他们的牛角桩把两丫削尖削滑，刻上牛的眼睛、鼻孔，而且还刻意强调两角之间额头上的旋。⑥ 沧源央改村佤族制作的牛头桩（图4-9）⑦ 能够揭示牛崇拜的奥秘。从图片看，这是一个"丫"形的牛头桩，在两丫交汇处，刻画有旋状纹，再往下，就是一个粗壮的树干。这个"丫"形的桩象征什么呢？我们来看，在人体骨骼中，由胸骨和锁骨构成的形状正是一个"丫"字形。而在锁骨下面，是一圈圈

---

① 戴伟等：《乌江流域非物质文化遗产研究》，重庆出版社2008年版，第386页。
② 李祥石等：《贺兰山与北山岩画》，宁夏人民出版社1993年版，第271页。
③ 满芊何：《苗族服饰中的"牛"文化》，《南京艺术学院学报》（美术与设计版）2009年第2期。
④ 贵州省民间文学集成办公室等：《贵州布依族民间故事选》，中国民间文艺出版社1989年版，第29—30页。
⑤ 戴伟等：《乌江流域非物质文化遗产研究》，重庆出版社2008年版，第386页。
⑥ 杨兆麟：《原始物象：村寨的守护和祈愿》，云南人民出版社2012年版，第47页。
⑦ 图片采自杨兆麟《原始物象：村寨的守护和祈愿》，云南人民出版社2012年版，第48页。

的肋骨。锁骨往下，就是人体的脊柱。于是我们明白了"丫"形桩的象征意义，它的取象是人体的骨骼。它象征着人体的锁骨、肋圈和脊柱的组合形状。而这个组合形状正是龙的原型。现在我们清楚为什么苗族会有被称为"牛龙"的动物了，至于波斯人称为圣水的牛尿，按此逻辑应该理解为脊髓。

图4-9 沧源央改村佤族的牛头桩

三 龟崇拜

龟是中国古代四灵之一，先看看龟崇拜有什么特点。

（一）龟能长寿

《史记·龟策列传》云："龟千岁乃满尺二寸。"《论衡·状留篇》曰："龟三百岁大如钱，游华叶上；三千岁则青边有距。"李冗《独异志》载："汉有黄安，不知何许人也，常坐一龟，畏日光。龟每二千年一出头，安坐见龟五出头矣。"按此说法，龟至少能活一万年，这种长寿带有永生的性质。

（二）龟是祖先

《国语·周语下》载："我姬氏出自天鼋。"据考证，被尊称为中华民族始祖的黄帝族，在中华民族发展史上发生过重大影响的鲧氏族及东夷的许多氏族部落，均以龟为自己所崇拜的图腾；尊奉为本氏族的祖先及保护神，认为全氏族都是龟的传人。① 从甲骨文中的有关祭祀的描写可得知，至晚在殷商时代，龟已经被看作沟通神与人的重要媒介。这时龟崇拜所体现的重要内涵之一便是祖灵崇拜。在现存的卜辞中，用于祖先祭祀之卜辞的数量，超过其他任何一类卜辞。所谓"卜三龟"的制度证明古人把神龟当作祖灵的象征。② 祖尼人称乌龟为逝去的亲人，认为乌龟是死者的化身。③

（三）龟具护佑性

《史记·龟策列传》云："取龟置室西北隅悬之，以入深山大林中，不惑。"又云："有神龟在江南嘉林中。嘉林者，兽无虎狼，鸟无鸱枭，草无毒螫，野火不及，斧斤不至，是为嘉林。龟在其中，常巢于芳莲之上。"《楚辞·远游》曰："召玄武而奔属。"王逸注曰："呼太阴神使承卫也。"龟还能佑人致富。《史记·龟策列传》云："能得名龟者，财物归之，家必大富之千万……近世江上人有得名龟，畜置之，家因大富。"赫哲族把龟制成木偶放在口袋里，出猎时取出祭祀。④

我们看到，原始族群把龟视为图腾，龟具有永生的性质，并且是氏族的祖先，也是保护神，还能通神。龟应该是象征着男性英雄再生祖先的尸骨的。那么，这种象征的联系点在哪儿呢？这得看人们认为龟能通神主要体现在什么地方。

笔者认为，答案就在龟卜上。龟卜是人们选取合适的龟甲，加工后对其进行烧烤，直至出现裂纹，然后根据裂纹去领会神的旨意，进而判断吉凶祸福。根据金景芳先生的研究：据确实材料，商代占卜时，龟甲兽骨并用，但龟被特别重视。周以后，卜专用龟。后期的卜，已经不仅仅是认为龟有灵而问于龟，更重要的是认为祖先有灵而问于祖先。卜龟不过是因为祖先的意志不能直接告语，想借龟的显兆以传达而已。⑤ 金

---

① 吕洪年：《万物之灵：中国崇拜文化全览》，浙江文艺出版社2018年版，第163页。
② 李朝辉：《国际汉语教学视角的文化阐释》，中央民族大学出版社2017年版，第189页。
③ ［英］弗雷泽：《金枝》，徐育新等译，新世界出版社2006年版，第481页。
④ 宋兆麟等：《中国原始社会史》，文物出版社1983年版，第465页。
⑤ 金景芳：《古史论集》，齐鲁书社1981年版，第192页。

先生的论述非常有道理。那么，龟卜的实质是请祖先决断。

那龟卜是用什么卜？龟卜所用的主要材料就是龟甲，其中主要是腹甲，有时也用背甲。① 既然主要是用龟甲卜，那就意味着古人认为龟甲是象征着祖先的。这样看来，龟崇拜的秘密在其龟甲上。仔细观察乌龟龟甲发现，其腹甲上面有"末"字形符号。而背甲上，其椎盾纵向排列，类似人体一条脊柱。其肋盾分列椎盾两边，肋盾的连接线与椎盾十字相连。龟的背腹甲的纹路结构，与人体的脊柱与肋骨的结构类似。原始人们可能把龟甲的纹路看作再生祖先的骨骼，鱼国玉龟的内部结构图（图4-10）② 也反映了这一点。从图中可见，玉龟的内部结构就是人体的胸骨（脊柱）加肋骨的结构，这反映出原始人们确实把龟甲当成了男性英雄祖先的再生尸骨。在女娲补天神话中也体现了这一点。且说女娲补好天后，女娲担心天还会塌下来。这时有一大龟游来，献出了自己的腿。女娲过意不去，将自己的衣服扯下来送与它，从此龟游水不用腿而用鳍了。③ 衣服在这里应该只是一个象征，它象征着女娲的骨骼。

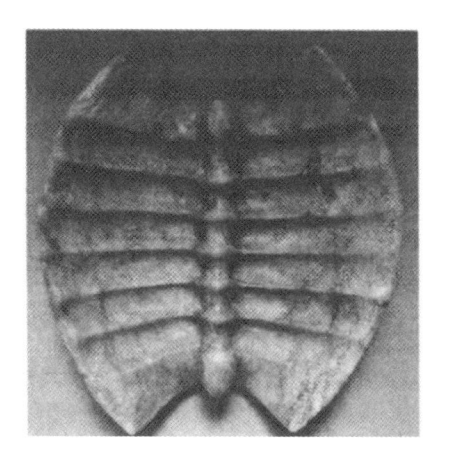

图4-10 鱼国玉龟的内部结构

---

① 贾凤翥等:《〈经〉与经说》，吉林文史出版社2011年版，第99页。
② 图片采自刘昇《失落的华夏文明：鱼国古玉的启示》，光明日报出版社2017年版，第113页。
③ 木兵:《天脊上的神话王国》，北岳文艺出版社2015年版，第22页。

正是因为龟甲与一副再生尸骨的类同，所以人们才将龟推上了祖先的神位，视龟为祖先的化身，从而进一步卜龟以求祖先决疑。从这里我们发现了占卜的起源。占卜就是向再生祖先求助以决疑，比如彝族的占卜，若骨面纹路呈"十"字形，则主大吉。① 十字是象征再生祖先尸骨的符号。而最初用于占卜的物体，应该要么是再生祖先的尸骨，要么是图腾物体。

四 蛙崇拜

很多民族都崇拜蛙。在壮族人们心目中，青蛙是神圣的动物，被称为蛙神，是天上天神之子，是天神派往人间的使者。其能量至大无比。天神派它到人间，掌握吉凶之事，保佑人们平安，五谷丰登。② 滦平县乡村及其他一些地区流传着一个传说：一姑娘在河边劳作时感青蛙而怀孕，其后代遍布该地区。③ 在彝族的民间故事里，蛙具有脱皮变幻和死而复生的本领，是机智灵巧、不畏强暴、伸张正义的形象。彝族视蛙为灵物，民间禁忌打蛙和吃蛙肉，若犯忌会遭来暴雨，受蛙诅咒而遇凶险。④ 据学者研究：根据考古发掘、历史文献以及民俗学和人类学调查资料来看，我国壮族、黎族、土族、纳西族、佤族等众多民族的传统宗教信仰和风俗习惯中，都保留着蛙崇拜的遗风。在有关蛙的神话中，流传着许多关于蛙与本民族息息相关的神话传说，其中有些是和蛙有关的开天辟地、人类和万物起源的创世神话，还有些是蛙为祖先恩人和蛙、人成亲等传说故事。⑤

从以上材料来看，蛙是祖先，蛙能够死而复生，妇女能够感蛙而怀孕，蛙具有护佑性。这些信仰，都反映出蛙是男性英雄祖先再生尸骨的象征。那蛙是如何象征着再生尸骨的呢？其实这是因为蛙的躯干像一个

---

① 陈牛史日等：《凉山毕摩》，浙江人民出版社2007年版，第189页。
② 杨宗亮：《壮族文化史》，云南民族出版社2014年版，第109—110页。
③ 杜江：《承德历史考古研究》，辽宁民族出版社1995年版，第166页。
④ 杨甫旺：《彝族文化的融合与变迁》，云南人民出版社2017年版，第123页。
⑤ 金星华：《民族文化理论与实践：首届中国民族文化论坛文集》，民族出版社2004年版，第302—304页。

"A"字，也就是一副肋骨的整体轮廓。理由如下。

第一，人们更崇拜金线蛙。对青蛙的崇拜在闽北地区十分流行。在传说中，青蛙是善神，被奉为青蛙神的是一种特别的金线蛙。民间认为，它的出现会给人们带来好运。南平城内的青蛙神也被视为城市的保护神。[①] 萧春雷先生也指出：在闽浙赣等地区，曾经流行过蛙图腾崇拜。人们视蛙为神，尤奉金线蛙，到处建庙祭祀，相传蛙神的降临总是带来吉祥。[②] 壮族人多称青蛙为"蚂拐"，并将其视为丰饶庄稼、繁衍后代、兴旺牲畜的吉祥的象征。"蚂拐节"是壮族十分重要的节日，活动持续一月有余。从大年初一开始，大家就敲锣打鼓成群结队去找冬眠的青蛙。据说，最先找到青蛙的那个人就是雷王的女婿"蚂拐郎"，他将成为该年蚂拐的首领。首领燃放烟炮向雷王报告祭蚂拐的喜讯。人们把这只青蛙接回村，放入花轿中。初一至月底，白天孩子们抬着蚂拐游村逐户祈福送喜，晚上则把它抬到蚂拐亭下，唱着蚂拐歌，跳着蚂拐舞，为蚂拐守灵。活动持续到第25天的时候，人们选择一个吉时，把花轿抬到蚂拐下葬的地方，打开去年埋葬蚂拐的宝棺。观其骨头的颜色，如果呈金黄色，便预示今年风调雨顺的好兆头，全村人齐鼓狂欢；如果蛙骨呈灰色或黑色，则表示该年的年景不好，人们就烧香祈拜。随后，便举行新"埋蚂拐"仪式，所有人围着篝火唱歌跳舞，送蚂拐的灵魂上天。[③]

我们看到，在闽浙赣地区，人们确实更崇拜金线蛙。什么是金线蛙？它是"蛙中背有金线色者"。[④] 有学者解释说，"金线蛙——身体茶绿，背中间有黄绿色的中线，或者是深绿色的中线，是最常见的蛙，多在水田中捕食害虫，冬天在土里冬眠"。[⑤] 那为什么人们更崇拜金线蛙呢？那是因为金线蛙背中间的金线，实际上象征着人体的呈黄色的脊

[①] 潘红等：《福建区域人群概览：汉英对照》，福建人民出版社2019年版，第34页。
[②] 萧春雷：《文化生灵》，百花文艺出版社2001年版，第142页。
[③] 张淼：《浅析壮族蛙图腾——蛙图腾在壮族文化中的地位和作用》，《乐府新声》（《沈阳音乐学院学报》）2012年第4期。
[④] 许浚：《东医宝鉴》，山西科学技术出版社2014年版，第496页。
[⑤] 麻淑云：《戏苑掇卉》，中国戏剧出版社2002年版，第208页。

柱。如果说一般蛙的躯干是且字的A形,那么,金线蛙的躯干就是且字的A形。既有肋骨又有脊柱,金线蛙当然更能象征着再生祖先的尸骨。壮族的"蚂拐节",人们在观看往年埋葬的蚂拐的时候,为什么以其骨呈金黄色为吉?因为这里的金黄色也是指的人体脊柱的金黄色。如果其骨呈金黄色,则意味着再生祖先降临保佑,当然是吉的。

第二,蛙与鼓紧密联系。一些民族把蛙铸在铜鼓上。他们把青蛙视为鼓精并以蛙名鼓。云南傣族称铜鼓为"虾蟆鼓";佤族称铜鼓为"蛙鼓";缅甸人称为"巴济",也是"蛙鼓"的意思;泰国人则把铜鼓称为"金线蛙鼓"。在壮族有一条不成文的规定,要过蚂拐节一定要用铜鼓,没有铜鼓就过不了壮族蚂拐节。[①] 在黎族,青蛙被视为一种吉祥物。解放前黎族各地十分重视铜锣,尤其是铸有青蛙形象的铜锣更为珍贵,是财富与身份的象征,因此被视为"锣精"。蛙锣还是一种十分重要的法器,一面蛙锣可交换八头甚至十几头牛。在美孚方言地区,人们还常在储水的大水缸身上塑有青蛙图雕。[②] 在赫哲族,当萨满巫师在做巫术活动时,也多请蛙神,往往把蛙的形象画在神鼓皮面上以示蛙神神灵。[③]

我们看到,蛙与鼓紧密联系在一起。一些民族在鼓上铸(绘)上青蛙形象,鼓被称为蛙鼓,蛙被称为鼓精。特别是在壮族,没有铜鼓就过不了蚂拐节。在黎族,铸有青蛙的铜鼓更为珍贵。在赫哲族,萨满在鼓上绘上蛙纹以请神。那么,为什么要在鼓上铸(绘)上蛙?为什么有蛙的鼓更珍贵些?为什么壮族无铜鼓不过蚂拐节?这得从鼓和蛙的象征意义着手去理解。我们知道,鼓是象征着脊柱的。而蛙则象征着肋骨。如果把鼓和蛙结合起来,就是一个"A"字。肋骨加脊柱是更完整的人体骨骼,也就是龙的原型,也是生命树的原型。从这个角度来讲,二者确实就显得不可分离了。有蛙的鼓当然也就更珍贵了。从本质上说,在鼓上铸(绘)蛙与金线蛙是等同的,鼓就代表着蛙背中间的

---

① 廖明君:《蚂拐节》,光明日报出版社2014年版,第9页。
② 吉明江:《东方·黎族文化瑰宝》,海南出版社2013年版,第378页。
③ 鄂崇荣:《试论中国少数民族中的蛙崇拜》,《青海社会科学》2004年第5期。

金线。另外，黎族的水缸上塑有青蛙图雕，这说明水缸是起源于人的脊柱的，而缸中的水则是脊髓。

很多学者把蛙崇拜视为生殖崇拜。比如学者杨甫旺说："蛙象征着绵延不断的女性生殖力和不朽的生命力。"[1] 学者普学旺也认为蛙崇拜的实质是对其旺盛生殖力的崇拜，是女性生殖力的象征。[2] 如果蛙崇拜是生殖崇拜，那如何解释人们更崇拜金线蛙的事实呢？又如何解释壮族无鼓不过蚂拐节的事实呢？如果蛙是生殖崇拜，那么任何蛙都应该受到一样的崇拜。蛙也没有必要一定要和鼓联系在一起，它可以单独被崇拜。

五　鱼崇拜

很多民族都崇拜鱼。水族人认为鱼是祖先的影子。直到现在，水族都把鱼作为祭祖、待客、送礼的珍品。在丧葬活动中，一定要以鱼作为主祭品，此时吃鱼是为了得到祖先的庇佑。[3] 在哈尼族的创世神话中，鱼开天辟地，创造了人类并让人类再生，鱼化身谷物种子。据李子贤先生的统计，在我国西南少数民族中，有苗、彝、白、傣、侗、纳西、布朗等民族的创世神话中出现了鱼。[4] 在西藏，人死了以后采用鸟葬或水葬的方式，因为他们认为鱼和鸟是祖先的灵魂所托。[5] 在古代的故事中，鱼龙可以相互转化，鱼是龙的另外一种形态，龙在困境中常常变化为鱼的形态。[6] 民间有鲤鱼跳龙门的故事。《太平广记》卷四百六十六《水族三》载："龙门山，在河东界，禹凿山断门一里余，黄河自中流下，两岸不通车马，每暮春之际，有黄鲤鱼逆流而上，得者便化为龙。

---

[1] 杨甫旺：《彝族文化的融合与变迁》，云南人民出版社2017年版，第126页。
[2] 普学旺：《中国黑白崇拜文化：生殖崇拜文化的深层结构探索》，云南人民出版社2011年版，第54页。
[3] 潘陶洁等：《水族刺绣》，东华大学出版社2016年版，第96页。
[4] 李子贤：《探寻一个尚未崩溃的神话王国——中国西南少数民族神话研究》，云南人民出版社1991年版，第213—215页。
[5] [日]家森幸男：《长寿饮食世界探寻记》，陈希玉译，上海古籍出版社2006年版，第9页。
[6] 郭坤峰：《杏坛鸿影：幸福耕耘者》，东南大学出版社2018年版，第37页。

▶▶▶▶▶ 原始崇拜之源

又林登云：龙门在下，每岁季春有黄鲤鱼自海及诸川争来赴之。一岁中，登龙门者不过七十二，初登龙门，即云雨随之，天火自后烧其尾，乃化为龙矣。"

　　鱼崇拜的本质是什么？通过以上材料来看，鱼具有再生能力，被视为族群的祖先，是族群的保护神，鱼是祖先的灵魂所托，特别从鱼与龙的关系看，鱼龙能够互化，这说明鱼跟龙一样，二者有着相同的原型。所以，鱼仍然是一副再生尸骨的象征。那么，鱼如何象征着一副再生尸骨呢？这得从鱼崇拜的特点来研究。鱼崇拜的显著特点在于一个字：双。比如，西安半坡出土的"鱼纹彩陶盆"，在红色陶盘的内壁或腹外，用黑色线条勾勒出形态各异的鱼儿，栩栩如生。它们大多绘制在盆形器外壁的中上腹部。盆形器上的图案均规整有序，颇为固定，器物四周一般绘有两条鱼，头尾相接，头右尾左。有时两条鱼纹间的空白处填充一条小鱼或其他花纹。① 水族的图腾都是"双鱼托葫芦"造型，其著名的墓葬石刻也是双鱼托葫芦石雕造型。② 舟山人把鱼作为多子的象征，甚至作为生育神来崇拜。男女青年订婚，先由男方送两条怀子的大黄鱼到女方家，女方回礼时仍然要把这两条鱼送回来。③ 在宿州的鱼俗中，有"双鱼富贵"图和"双鱼戏珠"图。"双鱼富贵"图以两条鲤鱼与盛开的牡丹花组合，寓意勃勃生机。"双鱼戏珠"图是用两条鱼、宝珠和浪花组合。"珠"是财富的象征，浪花比喻财源滚滚、生意兴隆。④ 可见原始人们普遍持有"鱼要成双"这个观念，这观念如何而来呢？

　　我们来看图4-11，⑤ 图中左起第一幅图是东汉的铜洗，第二幅图是北宋的双鱼金饰，第三幅图是人体的一副肋骨。通过对比，发现三者极其相似。在左起第一幅图中，中间带有"田""日"字等符号的隔条

---

① 刘世军：《基础图案》，西南交通大学出版社2017年版，第6页。
② 潘陶洁等：《水族刺绣》，东华大学出版社2016年版，第96页。
③ 王志艳：《华夏文明纵览》，黑龙江人民出版社2006年版，第122页。
④ 唐爱华等：《宿州方言》，合肥工业大学出版社2017年版，第142页。
⑤ 左起第一、二张图片引自陶思炎《中国鱼文化》，东南大学出版社2008年版，第66、69页。

相当于人体的胸骨或脊柱。在左起第二幅图中,就是由两条鱼拼接起来的人体的肋骨图。一条鱼与人体的半副肋骨较为相似,由两条鱼拼接的图形就几乎与人体的肋骨无二致了。又加之鱼身上有整齐的鱼鳞,好比肋骨分层的肋圈。所以原始人们极易把鱼与一副再生的肋骨等同起来。鱼自然具有了这副肋骨的性能。有的小说中说双鱼玉佩能够复制出事物的镜像,是进入异世界的入口。① 现在,我们知道这个说法是怎么来的了。

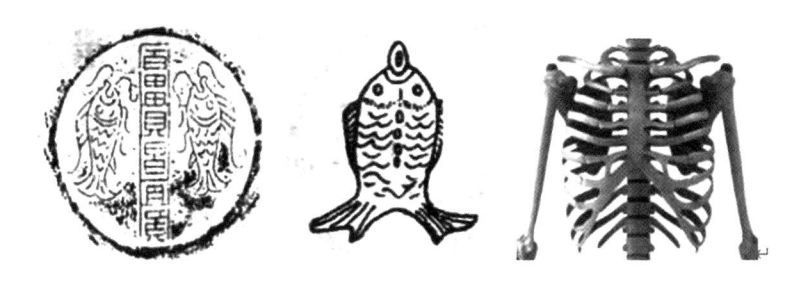

图4-11 东汉铜洗(左1)、北宋双鱼金饰(左2)和人体骨骼(左3)

这就很清楚了,鱼崇拜是对一具再生尸骨的崇拜,本质上还是属于男性英雄再生祖先崇拜。但学术界多认为鱼崇拜是生殖崇拜,这是值得商榷的。比如闻一多先生《说鱼》中说:"为什么用鱼来象征配偶呢?这除了它的繁殖功能,似乎没有更好的解释。"② 赵国华先生也说:鱼怎么成了女性生殖器的象征?讲穿了,似乎十分简单。从表象来看,因为鱼的轮廓,更准确地说是双鱼的轮廓,与女阴的轮廓相似;从内涵上来说,鱼腹多子,繁殖力极强。③ 认为鱼是生殖崇拜,是无法对鱼具有再生力、鱼为祖先灵魂所托、鱼为保护神、鱼龙能够互化等现象做出解释的。

对鱼崇拜的本质的揭示,有利于我们弄清楚船崇拜的起源。在舟山

---

① 宝树:《时间之墟》,长江文艺出版社2013年版,第262页。
② 傅杰:《二十世纪中国文史考据文录》,云南人民出版社2002年版,第512页。
③ 赵国华:《生殖崇拜文化论》,中国社会科学出版社1990年版,第168页。

渔民的观念中，渔船就是一条大鱼。① 他们称呼船为"木龙"，即木头造的龙。② 福建武夷山的哨壁石隙间插着许多木板，上面搁着一丈多的木船，被称为"仙船"和"悬棺"等。有人认为这是仙人登天留下的"仙槎"。宋代一首仙诗云："此船何事架岩限，不逐桴槎八月来，莫是飞仙无所用，乘风有路到蓬莱。"1978 年，福建省博物馆对武夷山的船棺进行了考察，取下一具完整的船棺，发现棺内有完整的男性骸骨一具，距今三千四五百年，年代相当于商朝。③ 这些材料反映出，鱼、龙、舟是同一的，船葬也说明船具有再生能力。

六 蛛、蚕、鹿崇拜

再简要讨论一下蛛、蚕、鹿崇拜。

（一）蜘蛛崇拜

蜘蛛崇拜恐怕以湘黔桂边界的侗家人为甚。"萨岁"是侗族最高的母神，她的真身是一只大蜘蛛"萨巴隋娥"，"萨"是外祖母的意思。侗族歌谣传唱侗族的祖先是由蜘蛛卵而出的。④ 侗族人视不结网的金斑大蜘蛛为始祖女神萨天巴的化身，见到含丝下垂的蜘蛛，则当作大吉大利的兆头。三江县程阳寨人在婴儿第一次参与"祀萨"（祭祖）盛典时，巫师一边唱颂本民族史诗古歌，一边取出用枫叶诱集的一只只红、白、黄色的小蜘蛛，装进布袋系于婴儿的心口，说是萨天巴赐给他（她）的灵魂，保佑孩子茁壮成长，聪明伶俐。⑤ 侗族人常把蜘蛛的现象织进工艺品中，以随身佩戴。他们认为蜘蛛之网具有保护人的灵魂不受邪魔鬼侵扰的功能。当青少年患病时，认为可能是失魂，必请女巫师或老年有威信的妇女施法招魂。女巫用竹棍悬挂病者魂符，祭祀神灵，并念咒语引导红蜘蛛爬入"魂符"（红布袋）中，表示魂已招来，再将"魂符"挂在病者胸前，直到病愈。这种观念其实暗示了蜘蛛即祖先灵

---

① 王志艳：《华夏文明纵览》，黑龙江人民出版社 2006 年版，第 153 页。
② 田兆元：《民族民间文化论坛》第 5 辑，上海社会科学院出版社 2016 年版，第 61 页。
③ 秦牧：《自然之美》，江苏凤凰文艺出版社 2017 年版，第 76—77 页。
④ 要文瑾：《湖南通道侗锦·粟田梅》，海天出版社 2017 年版，第 17 页。
⑤ 巫瑞书：《南方民俗与楚文化——楚文化掠影》，岳麓社 1997 年版，第 116 页。

魂的象征意义。①

在希腊神话中，人与蜘蛛是能够互化的。吕底亚少女阿拉克涅精通纺织技艺，她想向教会人类织布技艺的雅典娜比试一番。比赛中，雅典娜编织的图案体现了神的绝对权威，而阿拉克涅编织的图案则体现了人神平等的思想。雅典娜气愤之下将阿拉克涅编织的图案撕得粉碎，这令阿拉克涅含羞自尽。事后，雅典娜追悔不已，用魔力使阿拉克涅起死回生。但为了惩罚她的狂妄，将她变成了一只硕大无比的蜘蛛，在一张巨大的蜘蛛网不停地织布。②

就此打住，不用再举更多的例子了。蜘蛛崇拜的本质是什么？在侗族人的观念中，是萨天巴给了婴儿灵魂，而萨天巴的灵魂就是蜘蛛。蜘蛛是侗族最高母神的真身，它是青少年所具有的灵魂。在希腊神话中，人与蜘蛛能够互化。这些观念，是男性英雄祖先尸骨再生信仰和图腾信仰的反映。所以，蜘蛛是象征着一副再生尸骨的。

那蜘蛛是如何象征着一副再生尸骨的呢？这从叶舒宪先生所提供的一副"二龙戏蛛"图可以看出来。叶先生于 2007 年在河南禹州考察时，在禹州市文物库房院内看到一口宋代的黄釉缸（图 4 - 12），上面画着一幅巨大的二龙戏珠图案，但处在二龙之间的是一只巨大的蜘蛛。③ 对这幅"二龙戏蛛"图，可以做如下分析：第一，"二龙戏珠"的含义我们在龙崇拜那一章早已揭示，中间的珠其实是象征着一副再生尸骨的，而此图中蜘蛛代替了珠，所以，蜘蛛也是象征着一副再生尸骨的。第二，从图中蜘蛛的形态可以看到，整个蜘蛛的形态其实就是一幅人体胸骨加肋骨的图案。原始人们显然把蜘蛛当作了再生祖先的一具骨骼，以为蜘蛛是再生祖先的化身，于是对蜘蛛膜拜有加。

由此，我们也就能对另一问题做出合理的解释。叶舒宪先生在《二龙戏珠原型小考》一文中提到，在二龙戏珠图案中，中间的珠有珍珠、玉珠、夜明珠、火球、太阳、寿桃、蜘蛛、玉璧、兽面等诸多变化

---

① 马本立：《湘西文化大辞典》，岳麓书社 2000 年版，第 355 页。
② 王青：《图说古希腊神话》，山东人民出版社 2014 年版，第 105 页。
③ 叶舒宪：《二龙戏珠原型小考》，《民族艺术》2012 年第 2 期。

图 4-12　宋代黄釉缸上的"二龙戏蛛"

形式。如何解释这些变化形式的关联性呢？叶先生做了有益的探索，他认为：解答这个疑问，不宜就事论事，见木不见林，需要充分利用多重证据，并从先民的和民间的神话思维之类比联想入手，把握大致的神话变形转换规则。① 笔者认为，所有这些变化形式都是统一于一具再生尸骨的，这些变化形式都是一具再生尸骨的象征。

（二）蚕崇拜与鹿崇拜

接下来讨论蚕崇拜和鹿崇拜。这两种崇拜的本质是什么？鉴于原始人们崇拜的自然对象实在太多，我们就不展开去讨论了。关于蚕崇拜，只用一句话就能揭示它的本质。《管子·水地》云："龙生于水，被五色而游，故神。欲小则化为蚕蠋，欲大则藏于天下。欲尚则凌乎云气，欲下则入乎深泉。变化无日，上下无时，谓之神。"可见，蚕是龙的变化形式，蚕崇拜的本质是对一具再生尸骨的脊柱的崇拜。关于鹿崇拜，只要用两张图片就能揭示它的本质（图 4-13）②。从图片中可见，原始人们在表现鹿时，刻意夸张强调了鹿角，并把鹿角刻画成了人体的脊柱加肋骨的形象。所以，鹿崇拜的本质还是对一副再生尸骨的肋骨和脊柱的崇拜。

---

① 叶舒宪：《二龙戏珠原型小考》，《民族艺术》2012 年第 2 期。
② 图片采自盖山林《巴丹吉林沙漠岩画》，北京图书馆出版社 1997 年版，第 257、261 页。

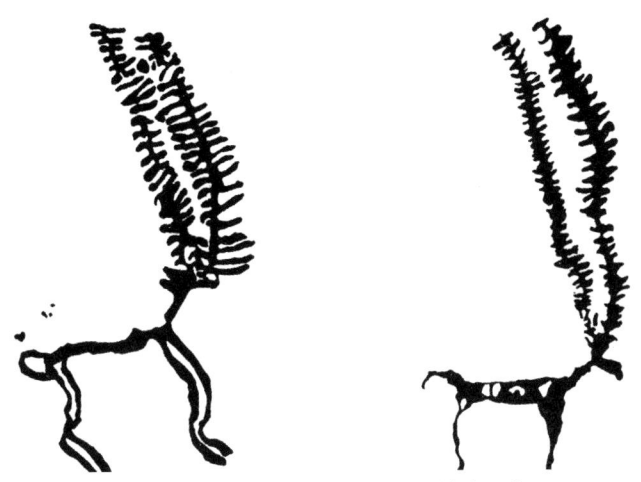

图 4-13 巴丹吉林沙漠岩画中的鹿形象

七 卵崇拜

卵崇拜主要体现在神话中。这是一枚神奇的卵，它能够生出万物。卵生神话实在太多，此处只简要举例分类加以说明。

卵能生人。比如有感卵而生的，《史记·殷本纪》载："殷契，母曰简狄，有娀氏之女，为帝喾次妃……三人行浴，见玄鸟坠其卵，简狄取而吞之，因孕生契。"还有卵直接孵化出人的，侗族神话《龟婆孵蛋》说：上古时，世上无人。有四个龟婆孵了四个蛋，其中三个坏了，只剩下一个好蛋，孵出一个男孩叫松恩。龟婆不甘心，又去孵了四个蛋，又只剩一个好蛋，孵出一个姑娘叫松桑。从此世上有了人类。[1] 排蛮族认为，人类是起源于太阳的，即太阳生卵孵化了男女出来。[2]

高山族神话《人生蛋》说：从前有两夫妇，年纪大了还没孩子。因为特别想生孩子，就照别人的说法在家里供奉一个送子神位天天祈祷。果然不到半年，老妇人怀孕了。到十个月的时候，孩子生出来了，但是生的却是一个圆圆的蛋。[3]

---

[1] 姚宝瑄：《中国各民族神话·土家族 毛南族 侗族 瑶族》，书海出版社 2014 年版，第 101 页。
[2] 熊得山：《中国社会史论》，吉林出版集团股份有限责任公司 2016 年版，第 33 页。
[3] 陈国强：《高山族神话传说》，福建人民出版社 1980 年版，第 40 页。

卵能生雷、龙、人祖和动物。贵州从江苗族的源流传说：一对鹅在天空自由飞翔，时上时下，不愿分离。母鹅在岩石中缝中生下12个蛋，孵出了雷、龙、大花蛇等各种不同的动物。① 在哈尼族的传说中，宇宙洪荒时代结束时，草地上突然出现一个蛋，经鹌鹑鸟孵化，变出了哈尼族的祖先。② 壮族史诗《布洛陀》第三章《石蛋歌》讲道：宇宙之初的黄、白、黑三股气体凝结成一个坚硬的石蛋。石蛋里有三个蛋黄，千万年后变成雷王、龙王和布布洛陀三兄弟。河南省桐柏县传说，九重天的最高处住着三黑、三黄、三白九条龙，这九条龙轮流盘卧九千年把盘古从龙蛋里孵了出来。③

卵能生神和鬼。纳西族神话讲：善神依格窝格变出滴白露，化作白蛋，孵出白鸡恩余恩曼，它生下九对白蛋，孵出天神、地神、开天九兄弟、辟地七姐妹。依古丁那变出滴黑露，化作黑蛋，孵出黑鸡负金安南，它生下九对黑蛋，孵出九种恶魔。④

卵能生万物。彝族创世神话《查姆》说：盘古生了一个蛋，蛋里有世界万物。会走会动的在里头，万物的种子在里头，天地在里头，月亮太阳在里头，星宿在里面，晨露在里头，树林在里头，世上人种在里头。⑤ 印度尼西亚苏门答腊南部雷让族神话说：世界尚未成形之时，有九只禽鸟前来，生了九个卵，每个卵都是由九个部分组成的。卵裂开后，从第一部分中出现了大地和所有民族。第二部分成为天。第三部分产生了日、月、星辰。第四部分为空气。第五部分为海与河流。第六、第七部分为拉雅、伊斯坎迭之始祖。第八部分为砂与石。第九部分为草木及鱼之始祖。⑥

我们看到，这一枚卵确实是一枚神奇的卵。它有两个特征。

---

① 《中国少数民族社会历史调查资料丛刊》修订编辑委员会：《苗族社会历史调查·2》，民族出版社2009年版，第44页。
② 王清华：《梯田文化论：哈尼族生态农业》，云南人民出版社2010年版，第235页。
③ 张振犁：《中原神话通鉴》，河南大学出版社2016年版，第53页。
④ 马光复：《中华神话精粹》，社会科学文献出版社1995年版，第5页。
⑤ 焦云宏：《云南旅游文学知识》，重庆大学出版社2017年版，第129页。
⑥ 马昌仪：《中国神话学文论选萃（上下编）》，中国广播电视出版社1994年版，第547页。

第一，它能生万物。人、神、鬼、盘古、龙、雷、蛇、天、地、太阳、月亮、星辰、草木、海、河、沙、石、鱼……一切的一切，都是由它所生。

第二，万物能生它。龙能生它，鸟能生它，人能生它，龟能生它，太阳能生它……

这枚卵能生万物，而万物也能生它。那这到底是一枚什么样的卵？神话给了我们启示。苯教文献《斯巴佐普》载：很早以前，有一位叫南喀东丹却松的国王，拥有五种本原物质。从五种本原物质中产生出一个发亮的卵和一个黑色的卵，发亮的卵是一头牦牛的形状，黑色的卵是锥形的。从两枚卵中，产生出了火、托塞神、箭神、斯巴桑波奔赤、雨、露、海洋，等等。①朝鲜大驾洛神话说：后汉光武帝建武十八年壬寅三月，洛东江下流金海附近龟旨峰传来异声，向九迁族人预示天命，不久自天垂下一紫绳，绳上有红色包巾，包一盒子，打开盒子一看，竟是耀眼的六个金卵；第二天，卵化为六童子，九迁人乃拥戴此六人建国，为大驾洛国。②

这两则神话透露了如下信息：卵的形状有牦牛状和锥形状，卵是系在天绳上的。这些信息足以让我们揭示这枚神奇之卵的原型。先看牦牛状。还记得《山海经》中对建木的描述吗？《山海经》谓"其状如牛"。后面我们也揭示了佤族的牛头桩的原型，和建木一样，它们的原型都是人体脊柱和肋骨的组合。再看锥形状。这其实就是一个▲字，它的原型也是人的脊柱和肋骨的组合。最后看天绳。天绳主要是脊柱的象征。那么，朝鲜大驾洛神话中系在脊柱上的卵是什么呢？只能是人体的一副肋骨。人体的肋骨是卵形的吗？如果我们从人体侧面看，这副肋骨就是一枚实实在在的卵。于是我们知道了这枚卵为什么能生万物和万物为什么能够生它，这是男性英雄祖先尸骨再生信仰和图腾信仰的反映。

---

① 谢启晃等：《藏族传统文化辞典》，甘肃人民出版社1993年版，第439—440页。
② 马昌仪：《中国神话学文论选萃（上下编）》，中国广播电视出版社1994年版，第549页。

八 自然崇拜的起源

我们用一章的篇幅讨论了原始人们对天、树、地、火、水、井、河、山、鸟、太阳、月亮、星星、蛇、牛、龟、蛙、鱼、蜘蛛、蚕、鹿、卵等自然物体的崇拜。之前我们还讨论了竹崇拜、虎崇拜、石崇拜、葫芦崇拜、雷崇拜和闪电崇拜等。这些自然崇拜是具有典型性的，并且自然崇拜也具有其内在规律性和统一性。所以，揭示了这些典型的自然崇拜的起源，也就揭示了整个自然崇拜的起源。那自然崇拜是如何起源的呢？尽管我们对这个问题已经有了答案，但还是先来看看学术界对这个问题的认识。

一是恐惧论。德谟克利特认为：人类之所以崇拜神，只是对自然现象的恐惧。卢克莱修认为：神产生于原始人对自然力的畏惧，对梦境的不解和困惑，神是人的虚构。[①] 张赫名先生说："在遥远的古代，囿于各方面条件的限制，人类对于那些一时还无法深入认识或解释的自然物和自然现象抱有依赖、恐惧或敬畏的心理，自然崇拜便由此而产生。"[②] 林惠祥先生在谈到自然崇拜时说："人类感觉他的周围有种种势力（powers）为他所不能制驭，对之很为害怕，于是设法和他们修好，甚且希望获得其帮助。"[③]

二是万物有灵论。爱德华·泰勒认为：灵物是人就其自身所拥有的灵魂的最初概念模拟出来的，原始人用这种观点来解释自然现象，所以得出自然是有灵性的，整个自然界都居住着并且充满着灵物，是灵物使之活跃繁荣的。[④] 费尔巴哈认为：自然之有变化，尤其是那些最能激起人的依赖感的现象之有变化，乃是人之所以觉得自然是一个有人性的、有主意的实体而虔诚地加以崇拜的主要原因。如果太阳老是待在天顶，它是不会在人们心中燃起宗教热情的火焰。只有当太阳

---

① 启良：《神论：从万物有灵到上帝之死》，花城出版社2001年版，第1页。
② 张赫名：《古代埃及的王权演变与丧葬习俗》，方志出版社2016年版，第26页。
③ 林惠祥：《文化人类学》，商务印书馆2017年版，第285页。
④ [英] 泰勒：《原始文化：神话、哲学、宗教、语言、艺术和习俗发展之研究》，连树声译，广西师范大学出版社2005年版，第551—552页。

从人眼中消失，把黑夜的恐怖加到人的头上，然后又再在天上出现，人这才向它跪下，对于它的出乎意料的归来感到喜悦，为这喜悦所征服。①

这是学术界对自然崇拜的起源所持的主流观点，特别是第二种观点，更是主流中的主流。先来看恐惧论。原始人们真的对自然感到恐惧吗？拿最可怕的动物来说。哈尼族认为，真正的老虎非但不吃人，而且是保护人类的。②列维-布留尔指出：要彻底理解土人的思维，就应当记住，据他们的解释，鳄鱼和短吻鳄本性上是不伤人的。人根本用不着害怕它们。③并且，原始人们除了崇拜可怕的动物，还崇拜对人类不具任何威胁的自然物，比如水和鸟。那这又如何解释呢？这是恐惧论所解释不了的。

再看万物有灵论。从我们对自然崇拜的论证过程看，人们之所以崇拜自然物体，是因为原始人们把自然物体当成了男性英雄再生祖先，也可以认为他们把自然物体当成了男性英雄再生祖先的灵魂所依附之体。但是这个"灵"是特指男性英雄再生祖先的。这和泰勒所说的灵不同，泰勒所说的"灵"是普遍性的人所共有的灵。费尔巴哈认为人们所依赖的自然对象的变化导致人们对该自然对象产生崇拜，用这个理论解释太阳崇拜，确实是可行的。但如何解释石头崇拜呢？人们既不依赖石头，石头也基本无变化，但人们却对其顶礼膜拜。所以，万物有灵论也不能对自然崇拜做出合理的解释。

从我们的论证可以看到：人们崇拜的并不是自然物体，所有对自然物体的崇拜都是因对一具再生尸骨的崇拜而派生出来的。原始人们各取自然物体的某些特征，将其与一具再生尸骨的相应特征等同起来，从而认为该自然物体具有再先祖先的性能，视其为再生祖先而加以崇拜。所以，从起源上来说，没有所谓的自然崇拜，一切自然崇拜都是对男性英雄祖先的再生尸骨的崇拜，也就是对男性英雄再生祖先

---

① ［德］费尔巴哈：《宗教的本质》，王太庆译，商务印书馆2017年版，第29页。
② 李期博：《红河哈尼族彝族自治州哈尼族辞典》，云南民族出版社2006年版，第366页。
③ ［法］列维-布留尔：《原始思维》，丁由译，商务印书馆2011年版，第420—421页。

的崇拜，自然崇拜不过是男性英雄祖先的再生尸骨给我们设的一个迷局。这一点在一些民族的白石崇拜上体现得特别明显。纳西族的白石崇拜现象有很多，如祭山、祭水、祭风、祭祖、祭神等其他祭祀活动都竖石以祭。① 在羌族那里，白石也是一切神灵的象征，"最初羌人是以白石象征天神，后来又以白石象征一切神灵"。② 白石是一具再生尸骨的象征，这也证明了所有的崇拜都是起源于对一具再生尸骨的崇拜。

所谓自然崇拜，其实就是图腾崇拜。但是此前，学界多认为自然崇拜与图腾崇拜是有着本质区别的。比如廖明君先生认为："图腾崇拜的本质是人与人之间的关系，而自然崇拜的本质是人与自然的关系，故二者有着本质的区别。"③ 又如邓宏烈先生认为："图腾崇拜是在自然崇拜的基础上发展起来的。"④ 这些观点都显然认为自然崇拜与图腾崇拜在实质上是相异的。但这些认识是值得商榷的。在讨论自然崇拜的过程中，我们揭示了一具再生尸骨和自然物体之间的类同关系，正是这种类同关系才让原始人把自然物体"误会"成了男性英雄再生祖先而加以崇拜，而这也正是图腾崇拜的主要起源方式，所以，自然崇拜就是图腾崇拜，二者本质同一。

在我们所讨论的自然物体中，有一些是学术界称为灵物的物体，比如石头、树枝、树叶和羽毛等，可见灵物崇拜在实质上也是男性英雄祖先的再生尸骨崇拜。我们也讨论了一些人工物体崇拜，比如桥、鼓、梯田、船和板凳崇拜等。这些人工物体之所以被崇拜，也是因为它们与男性英雄祖先再生尸骨的类同性。所以，这些人工物体崇拜也都是属于男性英雄祖先再生尸骨崇拜，并且，这些物体也都可能是从一具男性英雄祖先的再生尸骨而发源的。

那么，族群将自然物或人工物当作其男性英雄再生祖先的尸骨的意

---

① 周源：《试论纳西族白石崇拜》，《云南师范大学学报》2001年第33卷第3期。
② 吕大吉等：《中国原始宗教资料丛编：纳西族卷 羌族卷 独龙族卷 傈僳族卷 怒族卷》，上海人民出版社1992年版，第447页。
③ 廖明君：《壮族自然崇拜文化》，广西人民出版社2004年版，第13页。
④ 邓宏烈：《羌族宗教文化研究》，巴蜀书社2013年版，第98页。

义何在呢？当然是为了获得护佑。但是，也有别的更为深刻的原因，这就是下一节要探讨的问题。

第四节 "因蒂丘马"仪式与图腾命名

至此，我们已经解释了图腾的两种含义，即图腾具有亲属和保护神的含义，还有一种含义即图腾为族群标志的含义没有讨论。在本书开篇的时候，我们假设图腾的亲属含义是核心，图腾的标志含义是因其而产生的。那这种假设对不对呢？本节主要对这个问题进行探讨。

一 "因蒂丘马"仪式

为了探究氏族以图腾物体命名的原因，我们必须先探讨学术界热烈讨论的一个话题，即所谓的"因蒂丘马"（Intichiuma）仪式。笔者认为这二者是联系在一起的。"因蒂丘马"仪式分为两个阶段，学术界多把第一阶段称为繁殖阶段，把第二阶段称为图腾圣餐阶段。[①] 这类仪式的形式是多样的，我们从中选取几个典型的例子，尝试去分析和发现这种仪式的主要特征。

威彻蒂毛虫氏族的"因蒂丘马"仪式的第一阶段是这样的：

在一个由首领选好的日子里，图腾群体的成员聚集在一个主要的营地里。其他图腾群体的成员远远避开，他们是被禁止参加的。但属于同一胞族而不属于同一图腾的会被邀请作为旁观者参加。集合后，他们开始出发。但他们全身赤裸，不带任何装饰物。他们的步伐和态度显示出这是一个极为重要的仪式。在整个的仪式过程中，都必须保持斋戒。

他们来到一处有大石英岩的地方，这块岩石代表处于成年期的威彻蒂毛虫，在这块岩石的周围有许多圆圆的小石块。阿拉顿雅首领用唯一一个从营地带来的叫阿普玛拉的木制小食槽敲打着这块岩石。同时首领唱着圣歌，目的是催促这种动物产卵。他还拿着一些代表毛虫卵的石块

[①] 何星亮：《图腾文化与人类诸文化的起源》，中国文联出版公司1991年版，第80页。

▶▶▶▶▶ 原始崇拜之源

敲打石英岩，并用其中一块小石头敲打每个参加仪式的人的胃部。随后，他们来到一个稍微低些的地方，这里有一块在阿里切林格的神话中人们曾经举行过仪式的岩石。这块石头代表威彻蒂毛虫。阿拉顿雅首领用木制的小石槽敲打这块石头。众人也学他的样子用他们在路上折下来的桉树枝敲打着这块石头。同时也一边唱圣歌，以示再一次催促毛虫产卵。

最后，他们来到方圆一英里左右的近十个地方，在一些被认为或表示具有威彻蒂毛虫的外貌或处于其某种生长期的石头上重复着那些相同的仪式。①

伊尔皮尔拉氏族的"因蒂丘马"仪式的第一阶段是这样的：

伊尔皮尔拉意指一种天赐的食物吗哪。在举行仪式的日子里，人们聚集在一个矗立着一块大石头的地方。这块石头上面还有一块与之相似的石头，有一些小石头放在第二块石头周边，这些石头代表一块块吗哪。阿拉顿雅首领将这些石头底部的土挖去，使于阿里切林格时期埋在这里的丘林噶露出来，这个丘林噶代表吗哪的精华。随后，阿拉顿雅首领爬到最高的那块石头上，用丘林噶擦它，然后用周围的那些小石块擦它。最后，他用树枝扫去积聚在表面的灰尘，每次参加仪式的人就像他那样轮流做一次。②

阿兰达部落袋鼠图腾的"因蒂丘马"仪式的第一阶段如下：

首先，派人去仪式地点察看有无妇女和儿童及别的图腾的人。然后，仪式参加者向山脚下走去，主持者把藏在地里的一大块砂石挖出来，这块砂石是神话中的袋鼠的尾巴。首领用手擦拭石头，并把他举得高高的以便让大家看得见，石头被看过后就被埋在原地。大家沿着山冈走到水池边面对圣石坐下。首领和一人爬上山坡，山坡上有两块被描绘为雄袋鼠和雌袋鼠的石头。他们开始擦拭这两块石头并把它们搬下山来。大家开始给石头着色，在它们上面交替画上红色和白色的竖线条，

---

① ［法］E. 涂尔干：《宗教生活的初级形式》，林宗锦等译，中央民族大学出版社1999年版，第362—363页。

② ［法］E. 涂尔干：《宗教生活的初级形式》，林宗锦等译，中央民族大学出版社1999年版，第364页。

分别表示袋鼠的红毛和骨骼。随后,几个青年人刺破血管让血流在圣石上面。其余人在下面念着迫使袋鼠繁殖的咒语。①

阿拉巴纳部落的雨图腾的"因蒂丘马"仪式如下:

在举行仪式时,图腾首领戴上由动物的毛编织成的特殊帽子,帽子上插满了白色的羽毛,羽毛下垂遮盖至肩膀和胸前。腰上也系着由羽毛编织成的腰带,腰带上垂下几束隼羽毛,脊椎两边各插一根羽毛。手中拿着投矛器。

首领围坐在众人前面。他的两边各坐一人,大家一边高唱图腾歌谣,一边有节奏地敲击着地面。随后,首领匍匐前进,或前或后抛出或摇晃着投矛器。走了一段距离后,稍抬身体作飞跃状,凝视天空,模仿"人—云"形状,传说他们能飞向天空造成雨云。之后,他突然坐下,仪式结束。②

以上是四个典型的繁殖仪式。繁殖仪式的目的是什么?这在学术界是存在争议的。一些学者认为其目的是图腾物体的繁殖。比如,海通说:因蒂丘马仪式处处表现出繁殖图腾的目的,在蛇图腾群体中,为了蛇的繁殖,而在雨图腾群体中,则是为了雨的降临。③但是也有学者提出异议,比如,托卡列夫认为繁殖仪式具有狩猎法术的成分,其起源与图腾崇拜无直接关系。④何星亮先生认为:其真正目的在于加快图腾群体的人口繁衍。因为在原始人看来,人和图腾可以互相转化,图腾动物生下一兽崽,图腾群体便有一婴儿出世。所以,图腾物越多,则意味着图腾群体的人丁越兴旺。⑤

其实,要搞清楚繁殖仪式的目的,必须从繁殖仪式的特征入手去把握,通过对繁殖仪式的分析,我们得出繁殖仪式的几个特征。

第一,隔离性。这主要是对妇女和儿童的隔离。斯宾塞和纪伦

---

① [苏] C. A. 托卡列夫等:《澳大利亚和大洋洲各族人民》,李毅夫等译,生活·读书·新知三联书店1980年版,第282—283页。
② [苏] Д. E. 海通:《图腾崇拜》,何星亮译,上海文艺出版社1993年版,第65—66页。
③ [苏] Д. E. 海通:《图腾崇拜》,何星亮译,上海文艺出版社1993年版,第65页。
④ [苏] C. A. 托卡列夫:《图腾崇拜》,何星亮译,《民族译丛》1992年第4期。
⑤ 何星亮:《图腾文化与人类诸文化的起源》,中国文联出版公司1991年版,第80页。

说，阿兰达部落的一切因蒂丘马仪式是只有成年男子才能参加的。这种隔离性证明了有来自图腾群体人祖的无上的精神、品质和力量的存在。仪式只能由首领主持也说明了这一点，因为首领身上也具有这种性能。

第二，传递性。这指的是无上的精神、品质和力量的传递。在威彻蒂毛虫氏族的繁殖仪式中，首领用名叫阿普玛拉的小食槽敲打代表成年威彻蒂毛虫的石块。这食槽是唯一从营地带来的，显然有着其用意。我们可以把这食槽称之为图腾圣物，它可能是象征着祖先的再生尸骨的。所以，敲打石块的目的正是要把来自人祖的无上的精神、品质和力量传递到成年的威彻蒂毛虫身上。用小石块敲打参加者的胃部有着同样的目的，因为胃部是肋骨所在之处。在伊尔皮尔拉氏族的繁殖仪式中，首领是用图腾圣物丘林噶擦拭代表食物吗哪的石块，这也是为了把丘林噶上面的性能传递给吗哪。在阿兰达袋鼠图腾的繁殖仪式中，首领用手擦拭神话中的袋鼠的尾巴以获得无上的精神、品质和力量，然后通过用手擦拭代表雄袋鼠和雌袋鼠的石块把这种性能传导到袋鼠身上，继而通过袋鼠的骨骼和毛发去使这种性能得到再生。在阿拉巴纳部落的雨图腾的繁殖仪式中，首领全身的主要是白色的羽毛装饰，这其实是象征着再生祖先的一副尸骨的。这个装饰与尸骨特别是肋骨的外形非常相似。这说明首领的意图是要把再生人祖的性能传导到自己身上。然后通过模仿降雨的过程而实现把这种性能传导到雨上面。

图腾繁殖仪式是多种多样的，但据笔者目力所及，所有的图腾繁殖仪式都存在这种无上的精神、品质和力量的传递。这种传递的模式的完整链条可以概括为：再生人祖→图腾圣物→图腾首领或成员→图腾物体。当然，这是最完整的性能传导模式，一共有4个环节。但不同的部落和氏族有着不同的图腾繁殖仪式，依据其图腾繁殖仪式的复杂和完整程度的不同，其性能的传导模式环节也不完全一样，有的可能有3个环节，而有的可能只有两个环节。但无论多么简单的图腾繁殖仪式，都应该是存在这种性能的传递的。

比如虱子图腾的繁殖仪式很简单，是用沙子擦拭虱树然后把沙子洒向四方。① 这里的虬树可以理解为是出生树，而沙子可能是代表虬子。即使如此简单的仪式也是为了实现性能的传递。这种性能传递模式我们可以概括为：图腾圣物→图腾物体。澳大利亚中部的白鹦鹉图腾的繁殖仪式也很简单。由图腾首领手执白鹦鹉的画像模仿白鹦鹉的叫声。② 在这个仪式中，无上的精神、品质和力量是由首领通过执图腾物体的画像而实现传导的。这种性能传导模式可以概括为：图腾首领→图腾物体。

图腾繁殖仪式随其复杂程度的不同而具有不同的特点，但"隔离性"和"传递性"的特点，应该是所有图腾繁殖仪式都具有的。可以推测，所谓的图腾繁殖仪式，其目的其实并不是繁殖图腾，而主要是把再生人祖的无上的精神、品质和力量传递到图腾物体上面。那图腾群体为什么要把再生人祖的性能传导到图腾物体上面呢？我们从"因蒂丘马"仪式的第二阶段可以找到这个问题的答案。

威彻蒂毛虫氏族的"因蒂丘马"仪式的第二阶段是这样的：

毛虫到了成虫期以后，本族人和外族人都要尽量多去捕捉毛虫。他们把捕捉的毛虫烧熟直到它们变脆变硬，然后保存在木制的叫皮特基的罐子里。当毛虫开始减少时，阿拉顿雅首领就要所有的人带上存储的毛虫来到男人的营地里。外族人把存储的毛虫放在图腾群体的人面前。阿拉顿雅首领从一个罐子里取出毛虫用石块磨碎，然后他吃一点磨碎的粉末，其他参加仪式的人也都吃一点粉末，剩下粉末交给外族人。从这时起，外族人就可以自由处置这些粉末了。从这时起，图腾群体的男人和妇女也就能吃毛虫了，但不能多吃或不吃，否则会失去举行"因蒂丘马"仪式的权力。③

袋鼠氏族的"因蒂丘马"仪式的第二阶段是这样的：

第一阶段的仪式完成后，大家擦着红赭石回到营地。年轻人外出猎杀袋鼠交给长老。长老把猎物带到男子的营地，长老们会吃少许的袋鼠

---

① ［法］E. 涂尔干：《宗教生活的初级形式》，林宗锦等译，中央民族大学出版社1999年版，第365页。
② ［苏］Д. E. 海通：《图腾崇拜》，何星亮译，上海文艺出版社1993年版，第67页。
③ ［法］E. 涂尔干：《宗教生活的初级形式》，林宗锦等译，中央民族大学出版社1999年版，第370页。

肉，用袋鼠油擦拭参加仪式的人们的身体，并把袋鼠肉分给所有的参加者。图腾群体的成员们用袋鼠的图腾画来装饰自己，晚上唱着歌颂祖先袋鼠的功绩的歌。第二天，年轻人再次去打猎，并重复着第一天的仪式。整个仪式到此就结束了。①

第二阶段的图腾圣餐仪式也是多种多样的，我们只举这两个比较完整的例子加以说明。综观所有的图腾圣餐仪式，它有以下一些特点，我们来逐一进行分析。

第一，更为严格的禁忌性。第一阶段的仪式结束后，宗教气氛更加严肃。人们更加没有勇气去接触图腾物体。阿兰达人之前可以少量食用自己的图腾物体，但第一阶段仪式结束后，这种权力被取消，人们绝对严格禁止食用图腾物体。② 除了威彻蒂毛虫氏族外，还有很多部落，其第二阶段的礼仪一旦结束，这种特殊禁忌就会被取消。③

为什么此时的禁忌更加严格呢？因为通过第一阶段的仪式，图腾物体的神圣性更强了。也就是说，此时图腾物体上面依附了更加强大的来自人祖的精神、品质和力量。所以，有必要对图腾物体采取更加严格的禁忌，以防止这种性能被破坏。这也说明了我们对第一阶段仪式的解释是合理的。那为什么第二阶段仪式结束后，这种更为严格的禁忌又被取消了呢？因为一旦图腾群体成员通过图腾圣餐仪式获得了图腾物体身上的性能，那么，图腾群体就与图腾同一了，就没有必要再施予严格禁忌。

第二，性能的传递性。在第二阶段的仪式中，人们通过食用图腾物体而获得其身上的精神、品质和力量。威彻蒂毛虫氏族通过有节制地食用毛虫粉末来实现这个目的，而袋鼠氏族通过有节制地食用袋鼠肉和用袋鼠图画装饰自己来实现这个目的。这一点在讲图腾圣餐时我们已经有

---

① ［苏］C. A. 托卡列夫等：《澳大利亚和大洋洲各族人民》，李毅夫等译，生活·读书·新知三联书店1980年版，第283页。

② ［法］E. 涂尔干：《宗教生活的初级形式》，林宗锦等译，中央民族大学出版社1999年版，第369页。

③ ［法］E. 涂尔干：《宗教生活的初级形式》，林宗锦等译，中央民族大学出版社1999年版，第371页。

所揭示。

第三，对图腾物体的所有权。在威彻蒂毛虫氏族的第二阶段仪式中，是氏族首领和参加仪式的图腾群体成员吃食毛虫粉末后，就获得对该图腾物体的所有权。此后，外氏族的人也才获得对毛虫粉末的自由处置权。这说明了图腾群体是具有对本氏族的图腾物体的所有权的，这在澳大利亚是普遍现象。在澳大利亚很多部落的"因蒂丘马"仪式的第二阶段中，首领都必须吃下部分图腾物体，否则就会失去有效举行这种仪式的能力。① 托卡列夫指出，图腾氏族和图腾的首领就是图腾物体的主人，它集中表现在仪式中图腾首领把图腾物体按礼节分给所有参加的人。甚至，在开蒂什部落和翁马切拉部落中，在任何时候，没有得到该图腾氏族的首领的许可，决不能用它的图腾物体作为食物。比如，鸸鹋图腾的人走到草籽图腾的地区采集了草籽后，就对他们的首领说："我在你们的地方采集了草籽。"草籽图腾的人说："好吧，拿去吃吧。"如果鸸鹋图腾的人没有取得允许就吃，就会生大病甚至可能死掉。②

那么，图腾圣餐仪式后，图腾群体为什么会认为自己对图腾物体拥有所有权呢？现在我们很容易回答这个问题。因为图腾物体上面依附有图腾群体的再生人祖的无上的精神、品质和力量，再生人祖是图腾群体的再生人祖，其性能当然只为本图腾群体服务，也可以并且只可以被本图腾群体所利用。图腾群体成员通过一年一度的图腾仪式，③ 再一次使再生人祖的性能附着于图腾物体之上，使这种性能得到强化，从而进一步实现对图腾物体的控制，成为图腾物体的真正的主人。为什么要一年一度举行这种仪式？从澳大利亚土著不时擦拭丘林噶来看，他们认为圣物上的神圣性能是会衰减的，所以，图腾物体上面的来自再生人祖的圣性也是会衰减的，故而需要定时传导。

---

① ［法］E. 涂尔干：《宗教生活的初级形式》，林宗锦等译，中央民族大学出版社1999年版，第371页。
② ［苏］C. A. 托卡列夫等：《澳大利亚和大洋洲各族人民》，李毅夫等译，生活·读书·新知三联书店1980年版，第284—285页。
③ 该仪式是一年一度的，可参看［苏］C. A. 托卡列夫等《澳大利亚和大洋洲各族人民》，李毅夫等译，生活·读书·新知三联书店1980年版，第284页。

现在，我们可以对"因蒂丘马"仪式的本质来做一个分析。

首先，它的性质是什么？是图腾仪式还是仅为狩猎巫术？它应该并不像托卡列夫所认为的那样只是狩猎巫术，而应该是图腾仪式，因为它的目的与狩猎没有直接关系，而是与图腾物体的本质即来自男性英雄祖先的神圣性能相关。

其次，它的目的是什么？我们已经明白，它的目的其实并不是繁殖图腾物体，而是把图腾群体再生人祖的性能传导到图腾物体身上，通过同化而实现对图腾物体的占有。在"因蒂丘马"仪式的第一阶段中，它的主要特征是再生人祖性能的传递，与其称它为繁殖仪式，不如称之为传递仪式。在"因蒂丘马"仪式的第二阶段中，它的主要特征是同化，即图腾群体成员通过食用图腾物体而实现二者的同一。那么，我们可称之为同化仪式。

必须注意的是，"因蒂丘马"仪式的第一阶段和第二阶段即传递仪式和同化仪式是辩证统一的。"传递"是"同化"的基础，而"同化"是"传递"的目的。但不管是"传递"还是"同化"，都是为了实现最终的目的：对图腾物体的占有。

曾经，学术界一些观点把"因蒂丘马"仪式的第一阶段的目的解释为繁殖图腾物体。这样，就引出了图腾崇拜中的一对矛盾：图腾物体是禁止杀食的，那为什么又要繁殖图腾物体呢？一些学者的图腾崇拜起源理论正是基于对这对矛盾解释的。比如，斯宾塞认为，部落通过仪式促进图腾物体繁殖，除了自己可以吃食部分外，还是为了保证食用其他图腾群体的图腾物体。由此必然产生各图腾群体间图腾物体的交换。弗雷泽认为，因为食物的缺乏才产生图腾群体。图腾群体的职能是通过巫术繁殖图腾物体。拒食本图腾物体的图腾群体有权食用其他种类的动植物。[①]

这种理论遭到了很多学者的强烈批评。比如海通就认为，这种部落都根据主要食物和自然力划分为若干群体的社会组织是不存在的。[②] 托

---

① [苏] Д.Е. 海通：《图腾崇拜》，何星亮译，上海文艺出版社1993年版，第190—191页。
② [苏] Д.Е. 海通：《图腾崇拜》，何星亮译，上海文艺出版社1993年版，第196页。

卡列夫批评弗雷泽的巫术合作制是"十分荒谬的理论",他认为解开图腾崇拜问题的钥匙不在于客体,而在于主体,即不在于图腾物体,而在于氏族本身。[①] 他们的批评是有道理的。因为与事实不符,弗雷泽后来也放弃了自己的这种理论。既然这种图腾崇拜起源的理论是站不住脚的,那么,自然的,为其他图腾群体而繁殖图腾的理论也是不能成立的。

那么,"因蒂丘马"仪式的第一阶段仪式,是不是像何星亮先生所说的那样是为了图腾群体的繁衍呢?这也是可进一步考量的。因为这个解释也不能把"因蒂丘马"仪式的两个阶段统合起来。既然第一阶段是为了繁殖图腾群体成员,那么,第二阶段为什么又要杀害图腾群体成员呢?这是令人费解的。

按照我们的解释,这对矛盾是不存在的。因为"因蒂丘马"仪式的第一阶段不是为了繁殖图腾物体,那自然也就不存在繁殖和禁食的对立了。相反,平时的禁食与仪式上的吃食不仅不是对立的,反而是统一的。正是因为图腾物体上依附有祖先的性能,所以是被禁食的。但图腾物体上面的这种祖先性能是会衰减的,如果长期不通过仪式去促使祖先的性能依附在图腾物体上面,那么图腾群体将失去对图腾物体的占有权。所以,必须定期举行仪式去传递祖先性能和食用图腾物体而实现与图腾物体的同一,从而最终实现对图腾物体的占有。

至此,我们对"因蒂丘马"仪式提出了自己的解释,但问题还远远没有得到最终的解决,必须继续追问,图腾群体为什么要实现对图腾物体的占有?这种占有的意义何在?只有对这个问题做出合理的解释,我们对"因蒂丘马"仪式的解释才能得到有力的支撑。要解释这个问题,必须对另外一个问题展开讨论,那就是有关副图腾或亚图腾的问题。在澳大利亚,很多氏族都存在亚图腾。比如澳大利亚格罗基蒂胞族中的一些氏族的副图腾的基本情况如下。

薯蓣氏族的副图腾有:平原火鸡、土著猫、枭、达意姆—达意姆猫头鹰、马利鸡、罗斯拉鹦鹉、橄榄色小鹟。

[①] [苏] C. A. 托卡列夫:《图腾崇拜》,何星亮译,《民族译丛》1992 年第 4 期。

贻贝氏族的副图腾有：灰鸸鹋、埃比克猪、枸橘、白鹦、林中狐狸、马利蜥蜴、臭龟、飞鼠、环状尾负鼠、青铜色翅膀的鸽子、威汝格拉。

太阳氏族的副图腾有：袋鼠、月亮、鼠袋鼠、黑喜鹊和白喜鹊、负鼠、恩格特隼、桉树毛虫、金合欢树毛虫、金星。

热风氏族的副图腾有：灰头鹰隼、地毯蛇、吸烟鹦鹉、鳞片鹦鹉、木拉康隼、迪考穆尔蛇、颈圈鹦鹉、米尔恩戴蛇、云纹背蜥蜴。①

在澳大利亚，这是一种普遍现象。托卡列夫说：每个氏族认为，除了自己的基本图腾之外，自己还同一系列补充图腾或亚图腾有联系。这些亚图腾被看作是从属于基本图腾的。亚图腾的数量可以是无限的，有时简直像把整个世界在各个群体之间瓜分了。人们认为在图腾本身之间有一定的秘密联系。② 这样说来，图腾物体还与许多亚图腾物体有秘密联系。那这些亚图腾又是如何与主图腾联系起来的呢？

其实，正如图腾物体是因与男性英雄祖先的再生尸骨相关而产生的，亚图腾应该也是因为与图腾物体相关而产生的。它的产生也遵循弗雷泽所说的"接触律"和"相似律"。涂尔干指出：人们把似乎与作为氏族图腾的物体的最相似的事物列入同一氏族，比如，把月亮和黑鹰放在一起，相反，太阳、空气、风和白鹦放在一起，或者还有，把所有作为图腾动物的食物的东西，以及与图腾动物关系最密切的动物都和它归在一起。③ 下面的这两个例子能够说明这一点。斯图尔特在写给哈威特的信中说，他问班迪克部落的人：水牛（这种动物，土人原先是不知道的）属于哪个划分？停了一下得到回答说：它吃草，它是布尔特维里奥（茶树）。④ 袋鼠图腾在举行"因蒂丘马"仪式时，他们把袋鼠的粪用一些袋鼠非常爱吃的草包起来。并由于这个原因，这种草就属于袋

---

① ［法］E. 涂尔干：《宗教生活的初级形式》，林宗锦等译，中央民族大学出版社 1999 年版，第 152—153 页。
② ［苏］C. A. 托卡列夫等：《澳大利亚和大洋洲各族人民》，李毅夫等译，生活·读书·新知三联书店 1980 年版，第 292 页。
③ ［法］E. 涂尔干：《宗教生活的初级形式》，林宗锦等译，中央民族大学出版社 1999 年版，第 156 页。
④ ［苏］C. A. 托卡列夫等：《澳大利亚和大洋洲各族人民》，李毅夫等译，生活·读书·新知三联书店 1980 年版，第 292 页。

鼠氏族的图腾范围了。

因此，可以认为，族群之所以认为对亚图腾具有所有权，也是和认为对图腾物体具有所有权的原因是一样的，即亚图腾上依附有图腾群体的人祖的无上的精神、品质和力量。这样一来，亚图腾理所应当是属于图腾群体的。现在，我们明白图腾群体为什么要通过仪式去占有图腾物体了。因为图腾群体一旦取得了对图腾物体的所有权，就取得了对与之相关的一系列的亚图腾的所有权。那么，图腾群体占有一系列亚图腾的意义何在？

这种意义可以从两个方面阐述。首先，人物同一，同类不伤。比如，在沃乔巴卢克人中，每个胞族都有为它所专有的树木。而为了猎获格罗基蒂胞族的一种动物，人们只能使用以其他胞族的树木制成的武器，反之亦然，否则猎人肯定不能命中。[1] 约莱部落认为，袋鼠氏族的成员不会淹死，因为所有的河流都是属于他们的亚图腾。[2] 其次，人物同一，物听人话。在澳大利亚，巫师行法只能使用属于他的胞族的东西，因为其他东西与他无关，他不能使其他东西顺从他。当人们埋葬一个马尔拉胞族的瓦克尔布拉人时，应该用属于马尔拉胞族的某种树的木头造成的木台放置尸体，盖尸体的树枝也应同样。如果死者是邦博级别的，就应当使用邦博的树。[3]

这样看来，图腾群体对事物的占有是与他们的生产和生活密切相关的，甚至可以说直接决定了他们的巫术的效力。而巫术对原始人的意义如何呢？可以毫不夸张的说，巫术决定着他们的生存和发展。列维－布留尔所指出的原始互渗思维，其实质就是巫术思维，这种思维支配着原始人的生活。现在我们明白了原始人为什么要取得对事物的所有权了，因为这对他们具有十分重大的意义，这是他们生存生活的基础。

---

[1] [法] E. 涂尔干：《宗教生活的初级形式》，林宗锦等译，中央民族大学出版社1999年版，第160页。
[2] [苏] C. A. 托卡列夫等：《澳大利亚和大洋洲各族人民》，李毅夫等译，生活·读书·新知三联书店1980年版，第293页。
[3] [法] E. 涂尔干：《宗教生活的初级形式》，林宗锦等译，中央民族大学出版社1999年版，第159页。

对原始人的人物同一性,一些学者持有不同的看法。比如,德国学者卡西尔认为,原始人并不是不能把握事物的区别,但是他们的自然和生命概念区别被一种强烈的情感淹没了。他们深信,基本的和不可磨灭的生命一体化串联了众多的生命形式。在这一生命系列中,原始人并不认为自己是独特的和高于其他生命形式的,在这个体系里,人与动物、植物和无生物处于同等级的序列中。正是这种对生命统一性的坚定信仰掩盖了人与物的差别。① 笔者不赞成卡西尔的"生命一体化"理论。我们看到,人与物的同一,主要是人通过类同的方式使物具有来自男性英雄再生祖先的性能而实现的,人并不是和所有的物同一,而只是和图腾物体同一。对某个特定的图腾群体而言,并不是所有的物体都是图腾。并且,在澳大利亚的土著中,人与物也绝不是处在同等序列中而无差别。从"因蒂丘马"仪式可以看到,人不过是通过再生祖先的性能实现与物的同一从而实现对物的占有。从本质上说,其实际目的是让祖先之力去实现对物的控制,人与物的关系是控制与被控制的关系。所以,在澳大利亚土著那儿,人与物的同一性只是形式上的,同一性是为差异性服务的。

二 图腾命名

现在,可以来探讨图腾命名了。

在澳大利亚,每个氏族都用图腾物体命名。托卡列夫指出:澳大利亚的每个部落都分为或曾经分为10—30个不等的氏族,或所谓图腾集团。每个氏族都用某种动物或植物或无生物的名称来称呼。例如,在狄耶里部落中有毡蛇、渡鸟、青蛙、家鼠、蝙蝠、甲虫、地鼠、青虫、狼犬、雨等氏族,集团所用以作为名称的物象,就是集团的图腾。② 倍松也指出了这一点,他说:澳洲的土人部落,区分为许多部族,每一部族内的人民都有一共通的姓氏,这姓氏大概是一件物品或一种动物的名

---

① [德]卡西尔:《人论》,甘阳译,西苑出版社2003年版,第135—136页。
② [苏]C.A.托卡列夫等:《澳大利亚和大洋洲各族人民》,李毅夫等译,生活·读书·新知三联书店1980年版,第273页。

称,这一群体中的人民都相信和它们有亲属的关系,这便是这些部族的图腾。①

图腾群体和成员以图腾物体命名是一个事实,我们没有必要引更多的材料去证明它。氏族是高度强调集体性的组织,个人几乎湮灭在整体中,个人命名原则应该是依据氏族组织命名原则而定的。那么,氏族为什么要以图腾物体命名呢?

在有些学者看来,这个问题涉及图腾崇拜的起源问题,因为他们正是从这个角度入手去解决图腾崇拜的起源的。比如,弗洛伊德就说:应该把图腾崇拜起源问题的重心放置在原始民族如何和为什么会把动物、植物及无生命的物体的名称用在自己或部落身上?② 学术界把从氏族命名角度去解决图腾崇拜起源的观点叫名目论或唯名论。现简要列举几种观点如下:比如,麦克思·缪勒认为,图腾最开始时是一种种族的标记,然后转变成为种族的名称,接着变为种族祖先的名称,最后才演变为种族所崇拜的东西的名称。朱丽斯·皮克勒认为,氏族命名是由于原始书写所产生的结果,当原始民族习惯于某一动物的命名后,自然对它产生了一种亲近的念头。赫巴特·斯本塞认为,由于某些人的特别的个性,使同伴们以某种动物的名称称呼他,这种称呼经过不断转变,逐渐成为后人对祖先的一种尊称。朗格认为,人们是在睡醒后突然想起某一种动物的名称而给氏族加以命名的,后来的族民只是对此做了许多猜测和解释,所以许多与此有关联的事物也就渐渐地积聚而形成图腾结构了。③

名目论遭受了一些学者的强烈批驳。岑家梧批评说这些观点是明显地以思维决定存在,颠倒因果。④ 海通也批驳道:似乎没有任何证据来证明作为区别群体所必须的族徽或标志早于图腾崇拜而存在,它像图腾崇拜起源于名称一样,同样是没有根据的,这种名目论的变体,颠倒了

---

① [法]倍松:《图腾主义》,胡愈之译,上海文艺出版社1990年版,第13页。
② [奥]弗洛伊德:《图腾与禁忌》,文良文化译,中央编译出版社2005年版,第119页。
③ [奥]弗洛伊德:《图腾与禁忌》,文良文化译,中央编译出版社2005年版,第119—121页。
④ 岑家梧:《图腾艺术史》,学林出版社1986年版,第2页。

名称产生的实际过程。①确实，名目论是因果倒置的。并且，还有极为重要的一点，就是名目论无法真正解释图腾物体的神圣性。按这种观点，图腾的神圣性是因名称而获得，这让人难以接受。

此外，一些从社会的角度解释图腾崇拜起源的观点也涉及氏族命名问题。哈敦认为，原始部落常以某种动物或植物为生，或者以此与其他部落交换及从事贸易。于是，一个部落就自然地被其他部落以该动物的名称来称呼了。②岑家梧则认为：因为地域的固定，狩猎范围乃专门化而形成猎取一定动物的生产集团，生产集团与动物名称相连接，即产生图腾的名称。但各地区固有动物都有一定数量，久之，狩猎的对象物日渐贫乏，各生产集团间不得不依赖禁止杀害的"太布"（Taboo，禁忌）以保存猎取对象物的繁殖。同时为换取他种食料之故，又须团结周围的生产集团进行猎获物的交换。③

这种社会学的理论也遭到了一些学者的批驳。比如，何星亮先生认为，在图腾观念发生的旧石器时代中期不可能存在交换，因为交换是发生在畜牧业出现之后的。再者，有些图腾物体比如蚂蚁和树木等是不可能用于交换的。还有，这种理论不能解释图腾物体与图腾群体的亲缘关系。④何星亮先生的批驳是有力的。除此之外，这种理论也是与事实不符的。在澳大利亚，并没有形成专门猎取一定动物的生产集团，某一部落的人们通常是杂食性的。托卡列夫指出：澳大利亚的动物种类很少，数量也不多，所以土著居民在肉食方面没有多大的选择。因此，他们捕捉和使用他们周围的一切生物，有体积庞大的有袋动物和澳洲鸵鸟的鸸鹋，一直到肉虫和壳虫。⑤

名目论者因果倒置，社会论者与事实不符，自然，他们提出的氏族命名理论是有待考量的。那么，氏族到底是为什么要以图腾物体来命名

---

① [苏] Д. E. 海通：《图腾崇拜》，何星亮译，上海文艺出版社1993年版，第172页。
② [奥] 弗洛伊德：《图腾与禁忌》，文良文化译，中央编译出版社2005年版，第123页。
③ 岑家梧：《图腾艺术史》，学林出版社1986年版，第145页。
④ 何星亮：《图腾文化与人类诸文化的起源》，中国文联出版公司1991年版，第173页。
⑤ [苏] C. A. 托卡列夫等：《澳大利亚和大洋洲各族人民》，李毅夫等译，生活·读书·新知三联书店1980年版，第130—131页。

呢？何星亮先生认为：图腾名称是由图腾观念衍生的，先有图腾观念，然后才有图腾名称。① 笔者比较赞成这种观点。但何星亮先生又认为图腾名称是为了区分群体。他说，随着社会的发展，各群体之间由于交往频繁而难以分辨，于是人们通过图腾名称来识别群体，也防止群体成员流向他群，而这也是图腾名称的生命力强于其他图腾文化特征的原因。② 笔者不完全赞成这种观点。笔者认为，氏族以图腾物体命名确实是图腾信仰中的一个重要因素，但氏族的图腾名称之所以具有强大的生命力，其实有着更深刻的原因。

这个原因就与"因蒂丘马"仪式紧密联系。从我们对"因蒂丘马"仪式的探讨可知，族群与图腾和亚图腾具有一致性，图腾和亚图腾与族群成员之间存在千丝万缕的联系，正是这些联系使得族群以图腾命名变成了内在需要。可以从以下几个方面来分析。

第一，从族群内部来说。如果族群不明确自己的图腾，那么，它将无法行驶自己对图腾和亚图腾的权力。族群要通过一年一度的"因蒂丘马"仪式去把男性英雄祖先的神圣性能传递到图腾物体上面，以增强图腾的神圣性能，并通过仪式去实现图腾与族群成员的同一。这一仪式的前提就是族群要与图腾对应，图腾和族群通过这一仪式使族群更为紧密地联系在一起。只有明确了族群的图腾，族群成员才知道哪些事物是自己的同类，哪些事物不是自己的同类，也才知道该如何去使用物体。比如，哪些东西可以吃？哪些不可以吃？丧葬该使用哪些物体？狩猎又该使用何种材料做的武器？巫师该如何使用物体？在不明确图腾的情况下，生产生活将陷入困境。这样一来，图腾就容易成为族群的名字或标志。

第二，从族群外部来说。如果各族群不明确自己的图腾，那么，族群的图腾和亚图腾将得不到宣示，这有碍族群间的交流。比如，某个族群不知道邻近族群的图腾，那么，他可能误食对方的图腾物体，从而导

---

① 何星亮：《图腾文化与人类诸文化的起源》，中国文联出版公司1991年版，第64页。
② 何星亮：《图腾文化与人类诸文化的起源》，中国文联出版公司1991年版，第272—273页。

致对自身的不利和对对方族群的不敬。他也不知道哪些亚图腾是属于对方族群的，在行驶巫术时可能会不知如何选择事物。所有这些，都会对自身行为构成障碍，会对族群间的交流产生不便。

总之，在原始人的观念中，各族群都与一定的事物相联系，和这些事物存在共同性，这些共同性决定了他们的行为方式。此时，每个族群都是一个系统，对这个系统的明确是系统内部良性运行和系统间交流的基础，而明确图腾又是明确每个系统的基础。这个时候，族群以图腾命名就显得具有必要性了。

第五章

神话——男性英雄再生祖先的舞蹈

第一节 盘古神话与女娲神话

创世神话、洪水神话和射日神话是三类重要的神话，它们的起源一直扑朔迷离。本章我们将探讨这三类神话，以期对其起源和本质提出合理的看法。

一 盘古神话

作为创世神话的典型代表，盘古型创世神话在世界各民族中都有分布。我们相信所有盘古类型的创世神话都有着同样的起源，只要研究清楚了盘古神话的起源，也就研究清楚了这一类型的神话的起源。

（一）盘古型神话的分布

《太平御览》卷二引三国吴人徐整的《三五历纪》云："天地混沌如鸡子，盘古生其中。万八千岁，天地开辟，阳清为天，阴浊为地。盘古在其中，一日九变。神于天，圣于地。天日高一丈，地日厚一丈，盘古日长一丈。如此万八千岁，天数极高，地数极深，盘古极长。后乃有三皇。数起于一、立于三、成于五、盛于七、处于九，故天去地九万里。"

梁代任昉《述异记》卷上载："昔盘古氏之死也，头为四岳，目为日月，脂膏为江海，毛发为草木。秦汉间俗说：盘古氏头为东岳，腹为中岳，左臂为南岳，右臂为北岳，足为西岳。先儒说：盘古氏泣为江河，气为风，声为雷，目瞳为电。古说：盘古氏喜为晴，怒为阴。吴楚间说：盘古氏夫妻，阴阳之始也。今南海有盘古氏墓，亘三百余里，俗云后人追葬盘古之魂也。桂林有盘古祠，今人祝祀。南海中有盘古国，今人皆以盘古为姓。昉按：盘古氏，天地万物之祖也，然则生物始于盘古。"

除以上主要典籍记载的盘古神话外，盘古神话还广泛分布在我国各民族中。比如，毛南族盘古神话《盘兄和古妹》讲道：盘和古本是两兄妹，他俩种葫芦，把葫芦种得很大。后来发大洪水，他俩就躲进葫芦里得以逃生。但洪水退后，世界只剩他们俩了。土地爷劝他们俩结婚，但兄妹羞于结婚，后来两人因从山上滚下石磨相合而成婚。婚后，他们用泥捏成人仔，让乌鸦衔去撒在四方，从此世上有了人烟。[①] 据马卉欣先生考察，在我国彝族、白族、傈僳族、仡佬族、布依族、侗族、毛南族、壮族、苗族、瑶族、畲族、土家族、满族、朝鲜族、赫哲族、鄂温克族、鄂伦春族中都存在盘古神话。马先生考察发现我国存在七个口承盘古神话留传区：东北、华北、西北、中原、南方吴越地区、西南少数民族地区、湘桂粤少数民族聚居区等，足见盘古神话在我国分布之广，影响之大。[②]

不仅在我国如此，盘古型创世神话在世界范围内都有着广泛分布，略举几例如下。

北欧流传着这样的神话：相传最早的时候没有天、没有地、没有海洋、没有空气，一切都是黑暗，只有冷和热可以区分。冷热相接，产生了水汽和云雾，就出现了巨人伊密尔。与伊密尔同时诞生的还有一头奶牛，它以冰为食，喷出牛奶供伊密尔食用。奶牛吃出了埋在冰里的神的祖先蒲利。伊密尔的身体衍生出很多子女，但他们却善恶不辨，互不相容。于是蒲利的孙子奥丁杀死了伊密尔，而伊密尔的鲜血将他的子女淹死了。成为众神之王的奥丁用伊密尔的身体造出了世界。头变成了天，肉变成了地，血汗变成了海洋，头发变成了树木百草。四个矮人在东、南、西、北四个方向扛住天，奥丁取火球布满天空造出了太阳、月亮和

---

① 谷德明：《中国少数民族神话》，中国民间文艺出版社1987年版，第153—158页。
② 马卉欣：《盘古之神》，上海文艺出版社1993年版，第34页。

星星。①

巴比伦的神话《创世纪》讲道：当混沌未开时，上无天，下无地，万物的命运也没有决定，只有漆黑的混沌和一片汪洋。海洋中有一只水怪名叫阿普苏，在深渊中有一只狮身龙首的女怪，名叫提亚华斯，他们终日在水中兴风作浪。不久，提亚华斯生下男女二神，他们住在天上，男女二神又生出诸多神灵。在天上的诸神和海洋的怪物因为互相生厌和争夺领地而发生了战争。天空诸神拥立马杜克为王，马杜克率兵攻打水中神怪。一番厮杀后，马杜克杀死了提亚华斯。斩杀巨龙后，马杜克将她的遗体分为两半，以一半造成诸天的覆盖，其余一半造成大地，进而创造日月星辰、生物和人类。②

(二) 学界对盘古神话起源的研究

学术界关于盘古神话的研究成果较多，我们的主要目的是揭示盘古神话的起源，对盘古神话的相关研究成果做简要介绍是必要的。关于盘古神话的地域起源，大概有三类观点。

第一类观点认为：盘古神话起源于南方。比如，茅盾认为："始创天地的盘古的神话，本发生于南方，经过了中部文人的采用修改而成中华民族的神话。"③袁珂先生认为：三国时徐整做《三五历记》，吸收了南方少数民族中"盘瓠"或"盘古"传说，加以古代经典中的哲理成分和自己的想象，创造了一个开天辟地的盘古，填补了鸿蒙时代的这一段空白，成为中华民族共同的老祖宗。④

第二类观点认为：盘古神话是从外部流传过来的。比如，吕思勉先生认为：《三五历记》等之说，盖皆象教东来之后，杂彼外道之说而成。《述异记》首数语，即《五运历年纪》之说，秦汉间俗说亦同。此说疑不出秦汉间，任氏误也。至其所谓先儒说、古说、吴楚间说者，则

---

① 杨义成：《不可不知的德国史》，华中科技大学出版社2018年版，第14—15页。
② 丰华瞻：《世界神话传说选》，外国文学出版社1982年版，第34—39页。
③ 玄珠：《中国神话研究ABC》（上），ABC丛书社1929年版，第80页。
④ 袁珂：《中国神话传说》，北京联会出版公司2015年版，第56页。

皆各自为说，与上诸说不同。① 何新先生认为：中国古代神话中关于盘古创造宇宙万物的故事，既绝非如夏曾佑所说，源自《后汉书》所记盘瓠故事；亦非如杨宽、吕思勉等所说，演变自中国神话中的"烛龙"故事。其原型实是来自古印度创世神话中的梵摩神创生宇宙的故事。②

第三类观点认为：盘古神话起源于中原地区。马卉欣先生讲道：从旧石器晚期到新石器早期的资料及人类发展史证明，盘古神话发生在中原东西走向的桐柏山南北两侧，经部落联合和民族迁徙传遍神农部落又传到南北方各地。③ 张振犁先生认为：盘古开辟神话最早产生于北方，是合情合理的。中州盘古的完整神话体系的形成反映了中原远古文化风貌。它与南方苗、瑶族的盘瓠种族起源神话不是一个系统。④

关于盘古神话起源地的研究成果还有很多，但大体上可归属于这三类说法。我们不禁要问，盘古神话的起源地到底在哪儿？其实，要搞清楚这个问题，首先必须搞清楚另外一个问题，即盘古神话的内容是如何起源的？这是第一位的问题。只有弄明白了盘古神话的实质，才能够对其起源地做出正确的判断。

对盘古神话内容上的起源，有学者做了一些探究。贾长宽先生指出：盘古神话宇宙卵的内涵，从伏羲发明太极图的传说，到《易经》和《淮南子》中的太极阴阳五行宇宙观，是盘古神话产生的文化根源之一。太极图的形状，正是一个"宇宙卵"；五行相生相克所体现的是一种圆形的、动态反映事物关系的思维方式；垂死化身的思想根源是可追溯到先秦时期的天人合一观念。⑤ 徐华龙先生认为：盘古神话包藏着人们对远古社会形成和人类自身发展的一种追忆。所谓"阳清为天，阴浊为地"，是指人们在直立之前所看到的景物。但当人直立以后，就

---

① 马昌仪：《中国神话学百年文论选：全2册》，陕西师范大学出版总社有限公司2018年版，第252页。

② 何新：《诸神的起源》第1卷"华夏上古日神与母神崇拜"，中国民主法制出版社2008年版，第225页。

③ 马卉欣：《盘古之神》，上海文艺出版社1993年版，第77页。

④ 张振犁：《中原古典神话流变论考》，上海文艺出版社1991年版，第28、39页。

⑤ 贾长宽：《多元一体的中华民族：听历史老师讲民族团结教育》，民族出版社2010年版，第6—9页。

会产生"天日高一丈、地日厚一丈,盘古日长一丈"的感觉。人类从爬行到直立经历了漫长的岁月,所以盘古活到1.8万岁的时候,天地才被分割开来。所以,盘古使天地的分开,是人类从爬行到直立过程的记忆。盘古其实是一位女性。因为变化是另类的生育方式,如果盘古不是一位女性大神,则很难想象从其身上会演化出人间所有的事物。①

(三) 盘古的真身

可以看到,学者对盘古神话在内容上的起源的认识也是很不一致的。要弄清楚盘古神话在内容上的起源,必须先研究清楚盘古的本质,我们先试着从字源的角度切入去分析。

先看盘字。从字源上看,盘的甲骨文是 。《说文解字》卷六上:"槃,承槃也,从木,般声。"祝家君《汉字谱》释槃:"槃是中空木板片,象形。"盘是一个中空木板片的造型。中空木在人类社会初期广泛用于各种器具。②另据陈英杰先生讲,在青铜器物上,"般(槃)"省写为"攴"。③攴是何意?《说文解字》卷三下:"攴,小击也。""攴"的甲骨文是" 、 ",而这与"父"的甲骨文类似,"父"的甲骨文是" 、 "。王本兴先生指出:"攴"字字形结构几乎与卜文"父"字相同,且手持物之位置均在下部末端,只是所持之物长短不同。起初确实有将"攴"释为父的。④"父"与"攴"都是手持一物。所持之物是什么呢?《说文解字》卷三下云:"父,矩也,家长率教者,从又,举杖。"意即举杖教训儿子,这显然是后出的。郭沫若先生解释道:"父乃斧之初字,石器时代,男子持石斧以事操作,故孳乳为父母之父。"⑤郭沫若先生此说甚为有理。故可知"父"与"攴"之甲骨文所持之物乃为斧。

这样,盘字就有两层意思:一是中空的木板;二是手持斧头之人。

---

① 徐华龙:《中国文学民俗史》,上海交通大学出版社2017年版,第4、8页。
② 祝家君:《汉字谱》,岳麓书社2014年版,第106页。
③ 教育部人文社会科学重点研究基地华东师范大学中国文字研究与应用中心等:《中国文字研究》第19辑,上海书店出版社2014年版,第26页。
④ 王本兴:《甲骨文字辨异》,辽宁美术出版社2011年版,第104—105页。
⑤ 郭沫若:《甲骨文字研究》,科学出版社1962年版,第136页。

那这二者之间有什么关系呢？

先看第一层意思。中空的木板一般是容器。我们知道，澳大利亚的图腾圣物丘林噶有木条状的，弗雷泽称它为氏族的"精神力量的蓄库"，意即它是氏族的力量之源。而作为容器的木板呢？正有"蓄库"之意。《山海经·大荒北经》云："大荒之中，有山名曰衡天，有先民之山，有榘木千里。"榘木是生命树，意同建木。看来，榘字确实具有图腾圣物丘林噶的含义，它应该是象征着男性英雄再生祖先的尸骨的。

再看第二层意思，手持斧头的人，并且这个人是现在的"父"的来源，即意具有祖先之意。那再看盘古的形象。在一些盘古神话中，盘古手持的也是斧头，并且许多民族视盘古为祖先。那么，二者的一致性说明：盘古的形象其实就是甲骨文中"父"与"攴"的形象，盘古与"父""攴"具有一样的来源。

现在，我们要弄明白的是，"父"的甲骨文中持斧头的人指的是谁？这个人能够演变为"父亲"之意，应该属于祖先的范畴。那是指的血缘祖先吗？显然不是的。甲骨文是商周时期的甲骨文字，早在距今9000—7000年的新石器时代早期河南舞阳贾湖遗址中就发现有甲骨文字。[①]甲骨文如此古老，当时的人们应该没有血缘之父的概念。因为《诗经》中有"天命玄鸟、降而生商"的图腾神话，这就说明，在商朝时人们对祖先的认知还停留在图腾祖先阶段。所以，甲骨文中的"父"中的持斧之人不是血缘祖先。而这个具有人的形象的祖先显然也不是图腾祖先。那么，这个祖先只能是在氏族社会阶段就已经产生的男性英雄再生祖先，这一点也能与榘木是男性英雄再生祖先的尸骨的象征意义相契合。

再来看"古"字。《说文解字》卷三上云："古，故也，从十、口，识前言者也。"《说文》这个解释应该不是最古的。古字如何解释呢？受中字造字的启发，口应该代表肋圈，十代表男性英雄再生祖先。所以肋骨生人曰古，古其实指的是男性英雄祖先尸骨再生信仰时代。另外，我国古代有太古、远古、中古之说。何谓太古？上古时期并没有太字，

[①] 李祥石：《岩画与文字》，宁夏人民出版社2017年版，第39页。

只有大字,在古代"太"同"大"。《广雅·释诂一》:"太,大也。"段玉裁《说文解字注·水部》云:"后世凡言大而以为形容未尽,则作太。"那我们来看"大"字,"大"的甲骨文为"🧍",金文为"🧍",其诸多形体,都像一个顶天立地的巨人。唐译先生认为:"大"的本义即人,"大"字在甲骨文中,充分体现了殷商时期的主要思想——以人为大。① 实则不然,因甲骨文于殷商之前很久就产生了。"大"字在甲骨文中的顶天立地的人的形象,其实正是男性英雄再生祖先的形象,也就是盘古的巨人形象。所以,所谓太古,正是盘古之意。所谓太古时代,就是盘古时代。

这样说来,太古和盘古所指相同,二者都是指的男性英雄祖先尸骨再生信仰时代。从这里我们也可以看出,盘古并不是指的一个人,而是指的一个时代。在诸多神话中盘古是一位巨人,他不过是尸骨再生信仰时代的男性英雄再生祖先集体的个体化。盘古的巨人形象,与原始人们对男性英雄祖先的再生尸骨的想象如生命树和天等是一致的。

这样,从盘字和古字的字源上,我们推论出了盘古的真身。下面,我们再从盘古崇拜的内容入手去分析看看,看盘古是否符合男性英雄再生祖先的特征。

首先,在许多地方和民族中,盘古具有"造人"的能力,很多民族把盘古视作祖先。傈僳族称盘古为"盘古爷爷",在该族的神话中,盘古是种南瓜和葫芦生子女。② 在土家族中,有老翁认为"人皇就是盘古,人类祖先嘛"。③ 在河南桐柏,流传着盘古爷和盘古奶婚配后生子的故事。但盘古奶生的是肉包,盘古爷用竹棍叉戳肉包,肉包里就蹦出了九十九个妮儿。④ 河南南阳流传的盘古爷和盘古奶的传说中,盘古与玉皇大帝的三女儿滚磨成亲,捏泥娃造人。⑤ 在广西来宾等地,人们为

---

① 唐译:《图解说文解字》,企业管理出版社2014年版,第228页。
② 马卉欣:《盘古之神》,上海文艺出版社出版1993年版,第40页。
③ 马卉欣:《盘古之神》,上海文艺出版社出版1993年版,第55页。
④ 马卉欣:《盘古之神》,上海文艺出版社出版1993年版,第129页。
⑤ 殷德杰:《老南阳:全两册》,河南人民出版社2019年版,第235页。

了求子求财等，也会在每年的初一或十五到盘古庙上香。①

关于盘古造人的神话还有很多，此处不再一一引征。现在要问，盘古为何具有造人的能力？在傈僳族的神话中，盘古是种葫芦生子。葫芦是再生尸骨的象征。所以，所谓种葫芦生子，应该是一个象征表达，即盘古通过尸骨再生之意。而肉包生人和捏泥娃造人，应该是婴儿魂信仰的反映。人们之所以向盘古求子，也应该是盘古具有再生力的原因。

其次，从盘古手执的工具来看。在许多地方流传的盘古神话中，盘古是手执巨斧开辟天地的。比如，明代周游在《开辟衍绎》中说盘古"左手执凿，右手执斧，或用斧劈，或以凿开"。在河南桐柏流传的盘古神话中，盘古也是手执巨斧。② 在布依族的盘古神话中，盘古也是手执斧头把天地辟为两半。③ 盘古为何要手持巨斧呢？我们必须搞清楚斧头的意义何在。

在原始社会，石斧是非常珍贵的，并不是每个人都能配置。在乐都柳湾墓地马家窑文化马厂类型的男性墓葬中，82座男性墓中只有42座随葬石斧，71座女性墓葬中，随葬石斧者仅有8座。这说明石斧多随葬在男性墓葬中，且是少数人所拥有的器具。④ 在澳洲东南部，人们习惯把死人的财产、武器和工具作为随葬品。维多利亚人把死者的饰物、武器、财产都随死者葬入坟墓，只留下他的石斧。这是宝贵的东西，不能这么牺牲掉，必须由死者的亲属来继承。⑤ 这说明了两点：一是在原始社会随葬品多是死者生前的用具；二是石斧确实宝贵而具有寻常的价值。

正是因为石斧所具有的特征价值，所以其慢慢成为权力的象征。我国新石器时代的权杖大多是斧钺之形。⑥ 另外，"王"字是由"斧"字

---

① 覃乃昌：《开天辟地：这里是盘古故乡》，广西人民出版社2009年版，第39页。
② 马卉欣：《盘古之神》，上海文艺出版社出版1993年版，第91—92页。
③ 马卉欣：《盘古之神》，上海文艺出版社出版1993年版，第42页。
④ 柳春诚：《青海出土斧形器具研究》，《青海民族大学学报》（社会科学版）2017年第3期。
⑤ [英]詹·乔·弗雷泽：《永生的信仰和对死者的崇拜》，李新萍等译，中国文联出版公司1992年版，第110页。
⑥ 金仑等：《字海探源》，语文出版社2012年版，第346页。

演变而来的。甲骨文和金文的"王"字，就极像一把斧头的形状。可见谁取得了对斧的所有权，谁就拥有了权力。① 郭沫若释"父"乃"斧"之初字，这说明在原始社会"斧"本就是男性的生产和斗争工具。盘古手执巨斧，这说明盘古是男性英雄的形象。

最后，从盘古与龙的关系和它的诞生来看。《事物纪原》卷一引《帝王五运历年记》曰："盘古之君，龙首蛇身。"青县盘古祠中，盘古头顶有两个龙角，身披22片龙鳞。② 在巴比伦神话《创世纪》中，其"盘古"提亚华斯本来就是深渊中的龙。这些材料说明，盘古与龙是同一的，盘古就是龙。盘古神话开篇讲，天地混沌如鸡子，盘古生其中，可见盘古是生于一枚鸡蛋中的。河南省桐柏县传说，盘古是被九条龙从龙蛋里孵化出来的。在土族的创世古歌《混沌周末》中，盘古是从石卵而生的。③ 在印度神话中，创世神拍拉甲拍底是生于一枚金蛋的。④ 我们已经指出，这个卵是指的男性英雄再生祖先的一副卵形的肋骨。所以，从这两方面来看，盘古本身既是男性英雄祖先的再生，同时又是男性英雄再生祖先。

上面，我们已经从多个角度探讨了盘古神话，多方的证据都指出：盘古实际上就是尸骨再生信仰时代男性英雄再生祖先集体的个体化。这说明，盘古神话是产生于旧石器时代晚期的。考古学上的证据利于支撑这个观点。在云南省文山壮族苗族自治州畴阳河畔一处转弯处的石壁上，发现了两个巨人图像。黄懿陆先生认为：盘古开天辟地的载体在远古云南或者说在远古南方就有，载体就是云南文山州的大王岩画。⑤ 据黄懿陆先生判断，大王岩画出现于8000年前。⑥

（四）盘古神话的内涵

论证了盘古的"真身"之后，就比较容易解释盘古神话的内容了。

---

① 陈政：《字源谈趣：详说800个常用汉字之由来》，新世界出版社2006年版，第225页。
② 王庆安：《中国文化溯源及盘古与龙的追问》，《沧州文史研究》2008年第1期。
③ 中国少数民族文学学会：《神话新探》，贵州人民出版社1986年版，第563页。
④ 玄珠：《中国神话研究ABC》（上），ABC丛书社1929年版，第81页。
⑤ 黄懿陆：《云南两万年》，云南人民出版社2012年版，第151页。
⑥ 黄懿陆：《中华民族起源》，云南人民出版社2017年版，第150页。

先来看盘古神话的第一部分：开天辟地。开天辟地这词，是用来形容伟大人物的伟大壮举的。在原始群体看来，尸骨再生信仰阶段的男性英雄祖先是无比伟大的。但这还不足以解释神话盘古开天辟地的确切意义。世界多个民族的盘古型神话中指出天地之初是一种混沌状态，这个"混沌"到底所指为何呢？

世界各地区、各民族的创世神话中都对这种混沌状态有所描述。古巴比伦神话说道：当混沌未开，乾坤未奠的时候，上无天，下无地；万物的命运也还没有决定。那时候只有漆黑的一团混沌和一片汪洋。① 希伯来神话描述说：上帝创造天地的时候，地上还没有树木和蔬菜；因为主上帝还没有往地上降雨，土地也没有人耕作，只有雾气从地面上升，滋润大地。② 澳洲神话描述：在混沌未开时，世界上一片寂静，完全黑暗。在山脉的赤裸裸的脊骨上，既没有植物，也没有活的或动的东西。③ 印度创世神话描述道：创世之时，什么也没有，没有太阳，没有月亮，也没有其他星辰。只有那烟波浩渺、无边无际的水。④

中国的神话中也存在对这种混沌状态的描述。《淮南子·精神训》云："古未有天地之时，惟象无形，窈窈冥冥，芒芠漠闵，澒濛鸿洞，莫知其门。"《盘王大歌》描述道：前时世间无日月，阴阳乌暗雾渐深。出手空坐凡天下，不无耕种无人间。⑤ 彝族的开辟神话描述道：远古的时候，天地都是黑的，七天不黑，七天不亮，分不出上中下，也分不出东南西北，宇宙间混沌一片。⑥ 苗族古歌描述道：回顾古太初，悠悠时辰卯，草还没有长，菜还没出苗；天还没有生，地还没有造。⑦ 浙江东阳地区盘古神话描述：很早很早以前，没天，没地，没日，也没夜，天下就像个硕大硕大的大鸡子。⑧ 成都地区盘古神话描述道：混沌初开，

---

① 丰华瞻：《世界神话传说选》，外国文学出版社1982年版，第34页。
② 丰华瞻：《世界神话传说选》，外国文学出版社1982年版，第70页。
③ 丰华瞻：《世界神话传说选》，外国文学出版社1982年版，第221页。
④ 朱蓓蓓：《中外神话故事》，海南出版社2002年版，第12页。
⑤ 马卉欣：《盘古之神》，上海文艺出版社1993年版，第94页。
⑥ 谷德明：《中国少数民族神话》，中国民间文艺出版社1987年版，第290页。
⑦ 马卉欣：《盘古之神》，上海文艺出版社1993年版，第101页。
⑧ 马卉欣：《盘古之神》，上海文艺出版社1993年版，第108页。

天地连成一片，没有区分。万物都在朦胧中。没有河流山川、日月星辰，自然没有空间了。① 鄂西北流传的盘古神话讲道：盘古出世时，天和地还黏合在一起，混沌、寂寞、凄凉。盘古往左走，左边是蒙蒙大雾；往右走，右边也是蒙蒙大雾；向前向后，全是蒙蒙大雾。②

以上只是中外部分神话中对"混沌"状态的描述，但通过这些描述已经可以窥见"混沌"状态之概貌。可以说，"混沌"状态是世界各民族都曾经经历过的一种状态。应该说，在远古社会，具有世界普遍性的"果"一定具有世界普遍性的"因"，否则，这个"果"将不能得到圆满解释。"混沌"状态的"因"是什么？对"混沌"状态的分析或许有利于对这个问题的解答。从以上神话中对"混沌"状态的描述来看，其具有两个特点。

一是"无"和"暗"，无是指无天、地、日、月、星辰和万物，无上下左右和方位。暗即昏暗，雾气沉沉，令人瞧不见听不清。

二是"连"，这个指天地已经产生，但彼时的天地，仍然是黏合在一起的状态，连成一片，没有区分。

首先来解释第一个特点。如何理解"暗"与"无"呢？在神话中，到处充满了象征，不能用词语的现有意义去解释。关于"无"，人类产生时不可能无日月星辰，所以这个"无"肯定是另有所指。这个"无"可以理解为因"暗"而"无"。所以，"暗"和"无"是存在因果关系的，因为黑暗和雾气所以才看不清，所以才"无"。澳洲和我国彝族的神话中也指出了这一点，正是黑暗才导致分不清楚万物，所以万物就不存在。那重点来理解"暗"，"暗"指黑暗、雾气弥漫的状态。因为"暗"，所以会区分不清楚。所以，"暗"是指一种区分不清的状态。在人类社会初期，何种情况下会导致人类对万物区分不清呢？有一种可能的情况是：万物没有区分，语言和文字还没有产生，人们不知道万物为何物，也不知道用什么语言和文字指称万物，则万物就是彼此不分模糊不清的，也就是处于"混沌"状态的。那么，盘古开天辟地，也就意

---

① 马卉欣：《盘古之神》，上海文艺出版社1993年版，第109页。
② 马卉欣：《盘古之神》，上海文艺出版社1993年版，第112页。

味着天和地等语言和文字是因盘古而创造的，或者说是盘古创造了天和地等语言和文字。正是因万物需要被区分而产生的语言和文字，所以人们才从"混沌"状态中解放出来。从此，万物都具有确切含义，万物皆有名称，天是天、地上地、物是物、人是人，万物也就清楚分明地"产生"了。

那么，从汉字的起源入手去分析无疑是一个值得一试的角度。天地二字是如何起源的？天和地实质上指的是什么？这些问题我们已经在自然崇拜的章节里面论证过了。天字是由人字演化而来的，而这个人就是指的男性英雄再生祖先。所以天字是因盘古而生的，因盘古的无比伟大，人们就把他视为天，故天字由此产生。这就是"开天"的原初意义。而地崇拜呢？地从土，土即指的是男性英雄再生祖先，地实质上也是指的男性英雄再生祖先。这也就是"辟地"的原初意义。至于日月星辰和山川河流等，我们也都已经指出它们在起源上确实都是象征着男性英雄再生祖先的。

从以上分析可知，天字和地字以及日月星辰等都是源出于男性英雄再生祖先的。从这个意义上讲，说盘古开天辟地一点也不为过。也正因为天和地都是盘古的象征，天字和地字因盘古而生，所以盘古自然是神于天、圣于地的。在徐整整理的盘古神话的后面讲到数字的起源，说数"起于一、立于三、成于五、盛于七、处于九"。这里给人的感觉有点奇怪，前段讲盘古开天辟地，这段却讲数的起源，二者在内容上似乎是脱节的。但如果我们从天字和地字等文字的产生角度去理解盘古神话的前段内容，则二段内容显然合乎一体了。

世界各民族都不可能天生就有语言和文字，语言和文字都有自己产生的过程。所以，世界各民族在语言和文字产生之前都存在"混沌"状态。也正是语言和文字的产生，才把人们从万物不清的模糊的混沌状态中解放出来，使得万物彼此清楚分明。学界认为："自源文字作为世界最早的文字类型，都是象形文字。"[①] 通过我们对"盘""攴""父""大""天""地""土"等字的分析得知，与男性英雄再生祖先相关的

---

① 范爱贤：《汉语诗性研究与转型期文艺学建设反思》，齐鲁书社2017年版，第18页。

各种形象无疑是汉字"临摹"的重要素材来源,汉字可能就是因其而发源的,这充分说明了男性英雄再生祖先对原始人类的重要性。

再来解释第二个特点。尽管天地已经产生,但天地仍然是相连的。这如何理解呢?其实这很容易解释,我们曾经多次提到过天梯,古人认为天地相连相通,这种连通正是通过天梯实现的。这其实是男性英雄祖先尸骨再生信仰的反映,男性英雄祖先就是通过再生尸骨这部天梯而实现往返于天界与人间的。当然,所谓的往返于天界与人间,用我们今天的眼光来看其实就是死亡。但原始人们不这么看,在他们眼中没有永远的死,只有永远的生。只要为善,死之后接着的就是再生。从前文我们引征的多个神话可以看到,上古英雄人物通过天梯上下是常有的事。这就是天地产生后仍然相连的含义。还是引两则传说以兹说明。

苗族民间故事《天上人间》讲道:老人们传说,最初的时候,天上人间有梯相连,人们要上天去耍就上天去耍,方便得很。可是后来,长梯断了,天上人间就没有通路了,人们就再也不能上天去耍了。[①] 台湾高山族传说:相传,古时人间与天上是有路相通的。天宫非常美好,人们争相前往,把个安静的天宫闹得像个圩市。天上的人很厌烦这些不懂道理的游客,于是不再听下面的人的呼唤声而伸手去接那把木耙梯,人间与天宫的道路就这样断了。又说:天上的粮食很多很多,地上的人常上天去买粮食。通天的道路就在东方的天空下,那里有一条很长的云梯,地上的人是攀着长长的云梯上天的。有个孕妇攀云梯的时候气喘了,咳嗽了一声,将云梯震断了。所以地上的人再也找不到上天的路,再也无法与穿着白衣白袍的天上人往来了。[②]

在高山族的传说中,天梯是木耙梯,而天上的人是穿白衣白袍的。木耙是人体肋骨状的,而白衣白袍应该是指一具白色尸骨。这些材料又说明了天梯应该是一具再生尸骨。而天地正是凭借这具再生尸骨相连的。值得一提的是,我们从这里发现了木耙的起源,木耙可能是仿肋骨的栅栏状而被制造出来的。其实这种"连",不仅体现在天地上,还体

---

① 燕宝:《苗族民间故事选》,上海文艺出版社1981年版,第89页。
② 陈炜萍等:《台湾高山族传说与风情》,福建人民出版社1984年版,第23—26页。

原始崇拜之源

现在再生尸骨和图腾物间，也体现在图腾物与图腾物之间。因为丰富的图腾物都是因一具再生尸骨而派生的，它们上面都具有再生祖先的性能，它们之间也是混沌不清的。

现在，我们解释了盘古神话的"开天辟地"部分，接下来继续解释盘古神话的尸体化身部分。尸体化生神话在中西略有不同，在中国是盘古死后尸体化生万物，而西方多是创世神被杀死后尸体化生万物，造成二者相异是有原因的。这些观念又如何解释呢？

先看尸化万物。我们已经明确：盘古是尸骨再生信仰时代男性英雄再生祖先集体的个体化。既然这样，那么盘古的尸体能够化生万物就是顺理成章的了，它其实就是图腾信仰的反映。图腾是因与男性英雄再生祖先的尸骨类同或接触而产生的，自然物象因之具有再生尸骨的性能从而与再生尸骨变得同一。那这不就说明了万物都是由男性英雄祖先的尸骨化生而来的吗？盘古神话的尸体化身中，万物都是盘古的尸体各部分器官所化。其实这正是图腾产生原因的概括表达，我们苦苦探究的图腾信仰的起源原来也隐藏在盘古神话中。明白了这层意思之后，我们只要能够解释图腾物体对单个族群具有丰富多样性就可以了。因为在许多民族中，都存在盘古尸体化生为万物的神话。那么，这个万物是相对于单个民族而言。只有说明了单个民族的图腾物体具有丰富多样性，才能够解释盘古尸体化生万物的多样性。而这一点，其实我们在上一章已经阐述的族群的亚图腾能够对之加以说明。对于族群来说，亚图腾是比较丰富的，它们都依附有来自男性英雄再生祖先的神圣性能。并且，随着联系交流的需要，由多个族群联合构成的民族逐渐形成。多个族群的图腾和亚图腾是异常丰富的，自然的，单一民族的"盘古"就能够尸化万物了。

再看中西"盘古"尸化万物的不同之处。我们知道，盘古其实就是龙。在西方的创世神话中，创世神多是被屠杀的命运，而这与西方的屠龙习俗是一致的。比如在北欧神话中，众神之王奥丁杀死了巨人伊密尔，并用伊密尔的身体造成了一个世界。在巴比伦神话中，马杜克杀死了提亚华斯，并用她的尸体创造世界。西方的神为什么要杀死创世的巨人，因为它们都是恶龙。伊密尔再生出的是善恶不分的后代，而提亚华斯是兴风作浪的水怪。那这些恶龙为什么能够创世？这个问题其实可以换个问法：那些恶龙为什么能够具有图腾？这两个问题其实是同一个问题。答案是：恶龙的恶主要体现在对待外部氏族上，对族群内部它们主要是善的，这种恶主要体现在族群间的抢夺掠杀上，这一点我们在龙崇拜那章已经讲过。那么，只要男性英雄对内是善的，就能够赋予族群成员力量，就能保护族群成员，它就能够且需要再生，就能产生图腾。

在指出了盘古的真身和说明了盘古神话的起源后，是时候对有关问题做出回答了。

首先是关于盘古神话的地域起源问题：盘古神话是源于西方吗？它是起源于中原或南方吗？应该都不是的。答案应该是：它是各民族独立生发出来的。正是因为男性英雄尸骨再生信仰的普遍性，导致了图腾信仰的普遍性，继而导致了创世神话中"开天辟地"和"尸体化生万物"的普遍性。我们发现，世界各民族在发展演讲的过程中，确实具有其一般规律性。正是这种规律性导致了创世神话的一致性。也正是这种一致性，导致了人们认为创世神话具有传播性。我们不能仅仅根据盘古神话流传的深度、广度和信度等就去确定它的起源地。尽管世界各民族在盘古神话的形成上具有规律性，但其演化进程却是快慢不一的，其细节也可能具有差异性。只有从根本上揭示盘古的真身，只有真正揭示盘古神话的形成原因，才能真正弄清楚盘古神话的地域起源。

其次是关于盘古神话内容的起源问题。贾成宽先生认为卵形的太极图是盘古神话的宇宙卵的起源，但太极图是如何起源的？其实太极图也是起源于男性英雄祖先的再生尸骨的，太极图与二龙戏珠图具有同样的本质和意义，只是太极图更为抽象。贾先生又认为垂死化身思想可追溯到先秦时的天人合一思想，但天人合一思想又是如何起源的呢？它其实也是起源于图腾信仰的。徐华龙先生认为盘古神话是对人类行走方式的追忆，这是可商榷的。他也认为盘古是女性，因为唯其如此才会从盘古身上演化出世间万物。应该说，图腾信仰才是盘古演化出万物的真正原因，所以，盘古是男性而不是女性。

二 女娲神话

讨论了盘古创世之后，我们接着来看女娲创世。女娲创世突出表现在补天神话中，这是一个流传极广的神话。

《淮南子·览冥训》载："往古之时，四极废，九州裂，天不兼复，地不周载，火滥焱而不灭，水浩洋而不息，猛兽食颛民，鸷鸟攫老弱。于是，女娲炼五色石以补苍天，断鳌足以立四极，杀黑龙以济冀州，积芦灰以止淫水。苍天补，四极正；淫水涸，冀州平；狡虫死，颛民生，背方州，抱圆天，和春阳夏，杀秋约冬，枕方寝绳。阴阳之所壅沈不通者，窍理之；逆气戾物，伤民厚积者，绝止之。当此之时，卧倨倨，兴眄眄，一以自以为马，一自以为牛，其行蹎蹎，其视瞑瞑，侗然皆得其和，莫知所由生。浮游不知所求，魍魉不知所往。当此之时，禽兽蝮蛇，无不匿其爪牙，藏其螫毒，无有攫噬之心。考其功烈，上际九天，下契黄垆，名声被后世，光晖重万物，乘雷车，服驾应龙，骖青虬，援绝瑞，席萝图，黄云络，前白螭，后奔蛇，浮游消摇，道鬼神，登九天，朝帝于灵门，密穆休于太祖之下，然而不彰其功，不扬其声，隐真人之道，以从天地之固然。何则？道德上通，而智故消灭也。"

女娲为何补天？也有一个神话。王充《论衡·谈天篇》云："儒书言：共工与颛顼争为天子不胜，怒而触不周之山，使天柱折，地维绝。女娲销炼五色石以补苍天，断鳌足以立四极。天不足西北，故日月移焉；地不足东南，故百川注焉。"

女娲补天的神话，在学术界引发了不小的争议。

对这个神话，王充在《论衡·谈天篇》里面提出了一系列的疑问，比如，共工有撞山的神力，他能把撑天的柱子和系地的绳子弄断，天下肯定没有敌手，又何来怒撞不周山呢？天怎么会有撑它的柱子而被折断呢？石怎么能补天？五岳都不能成为顶天的柱子，不周山是高达于天吗？鳌的腿能补天吗？如果鳌的腿能补天，女娲怎么杀得死它？女娲是人，不及天高，她攀登什么去补天？因此，王充得出结论："以天道人事论之，殆虚言也。"

针对女娲以石补天，东晋学者张湛注《列子》时在《汤问第五》

里解释说:"阴阳失度,三辰盈缩,是使天地之阙,不必形体亏残也。女娲,神人,故能练五常之精以调和阴阳,使晷度顺序,不必以器质相补也。"张湛认为女娲补的天是阴阳之天,而补天就是调和阴阳,使晷度有序。学者刘宗迪也认为天乃历法之天,他说:"女娲补天神话与天文历法的关系是毋庸置疑的。我们既已揭明女娲的原型为秋天的龙星,则女娲补天的真实含义就必须求诸龙星纪时制度。"①

有的学者将其理解为自然灾害。比如袁珂先生认为:"女娲补天神话,看似情景纷繁,五花八门,而其中心内容,实际上只是一个洪水为灾、女娲用种种方法诛妖除怪,堙塞洪水的故事。女娲可说是神话中最早一个治理洪水的英雄。"②地质研究员王若柏认为:女娲补天的神话可能源于一次规模巨大的陨石雨撞击灾难。③何新认为:"女娲神,实际在上古传说中是一位火山之神。炼石补天的故事,原型应是火山喷发冲天,流出的熔岩之流,以及凝固后形成的'五色岩'。"④孙玉红等学者提出:第一,女娲补天神话的内核可能是华夏先民烧盖瓦房,防漏雨水,反映了女娲发明瓦的故事。第二,女娲炼石补天,是女娲懂得了用石头烧制石灰,去修补所住的洞顶或大房屋的顶部。第三,女娲"积卢灰以止淫水",是很重要的抗洪救灾功绩。芦苇能够用来盖房顶,塑造陶器、瓦片也离不开芦苇。⑤

有的学者将其视为拯救氏族的寓言。刘毓庆先生说:所谓补天,乃是平息灾难、拯救氏族灭亡的寓言。辛弃疾词云:"袖里珍奇光五彩,他年可补天西北。"就是以"补天"象征平息民族灾难的。《红楼梦》中"补天"的典故更明确地表达了挽救衰亡的意义。这并非辛弃疾、

---

① 刘宗迪:《失落的天书:〈山海经〉与古代华夏世界观》,商务印书馆2016年版,第238页。
② 袁珂:《中国神话通论》,四川人民出版社2019年版,第83页。
③ 中国科协学会学术部:《重大灾害链的演变过程、预测方法及对策》,中国科学技术出版社2009年版,第126页。
④ 何新:《诸神的起源·第一卷,华夏上古日神与母神崇拜》,中国民主法制出版社2008年版,第87—88页。
⑤ 孙玉红等:《中华文明起源初探:伏羲文化》,光明日报出版社2012年版,第240—242页。

曹雪芹之流的别出心裁，实是神话自具的文化意义在历史中的传递。神话之所以要让女娲"补天"，最根本的原因还在于女娲的生殖功能。[①]

以上只简略引了几种对女娲补天神话的解读，但已经足可见学术界对在这个神话上的认识分歧了。确实，用今天的眼光来看，这个神话在内容上有很多不合逻辑的地方，汉代的王充已经给出了很多疑问，这些疑问应该也是今天我们的疑问，如果这些疑问得不到解答，那么，女娲补天的神话的本质就不能得到揭示。

如何来解释这个神话呢？还是必须从神话的内容入手。之前，我们已经解释了一些神话，发现神话中是充满了象征的。如果不用象征意义去解释神话，神话就不能得到正确的解释。这个女娲补天的神话更是充满了象征，是不能通过字面意思去理解的。现在，我们已经基本掌握了神话的象征语言，已经基本具备了解释神话的能力。那我们就用这些象征语言来解释这个神话。

"四极废，九州裂"，"天柱折、地维绝"，这指什么？天之四极也就是天柱，而天柱也就是指天绳，地维也是天绳之意，而天绳也就是天梯。我们已经知道，天梯是代表男性英雄祖先的一具再生尸骨的。那么，四极废、天柱折、地维绝应该理解为再生危机，就是这具再生尸骨的再生能力不足了。"天不兼复，地不周载"表达了同样的意思。天和地都是男性英雄再生祖先的象征，从前面我们讲生命树的时候已知，灵魂通过天梯上下即是死生之谓，再生灵魂在天的上层，人在中间，而不可再生的魔鬼在地下。于是，"天不兼复，地不周载"即意男性英雄祖先的再生尸骨的再生力已经衰弱。

那么，这副尸骨的再生力为何会减弱？根据神话，那是共工怒撞不周山而导致的后果。撞击不周山为何会有这样的后果？因为山是象征男性英雄祖先的再生尸骨的。所以，不周山应该是颛顼氏族的生命之山，类似昆仑山和苗族的吕洞山，它与生命树的性质是一样的。《山海经·大荒西经》云："西北海之外，大荒之隅，有山而不合，名曰不周，有两黄兽守之。"昆仑山也是有神兽驻守的。共工怒撞不周山，应该是指

[①] 刘毓庆：《神话与历史论稿》，商务印书馆2017年版，第129页。

第五章 神话——男性英雄再生祖先的舞蹈

的破坏不周山。这就好比白人偷走澳大利亚土著的丘林噶,也好比今天的挖祖坟,其实出的是阴狠的招数。当这座生命之山被破坏之后,颛顼氏族的再生之灵就无处安身,这对氏族来说无疑是灾难,面临灭种的危机。具体来说,生命之山被破坏的后果是什么样的呢?

我们知道,图腾是起源于一具再生尸骨的,如果这具尸骨的再生力被破坏,那么,原来的本氏族的图腾将不再是图腾。不再是图腾就意味着物体上面不再依附有男性英雄祖先的力量,此时该物就不再是属于氏族的。这一点可从图腾信仰看出来。我国哈尼族崇拜虎,他们认为真正的老虎不吃人,反而是保护人类的。澳大利亚土著相信,袋鼠氏族的成员是不会被淹死的,因为所有的河流都属于他们的亚图腾。那么,当物不再属于氏族时,就是很危险的,后果是物不再保护氏族而是危害氏族。这种后果也体现在女娲补天神话中:"火滥焱而不灭,水浩洋而不息,猛兽食颛民,鸷鸟攫老弱。"火、水、猛兽、鸷鸟不应该被理解为自然之物,他们应该被理解为图腾。在氏族的生命之山没有被破坏之前,它们是图腾。但生命之山被破坏之后,他们是为害氏族成员的凶残的物。

面对如此境地,女娲挺身而出,她的当务之急是要恢复生命之山的再生力,也就是恢复氏族男性英雄祖先的再生尸骨的再生力,以让氏族得到繁衍,以让图腾信仰得到恢复。于是她采取了如下四项措施:"炼五色石以补苍天,断鳌足以立四极,杀黑龙以济冀州,积芦灰以止淫水。"我们分别来看。

第一项措施是"炼五色石以补苍天"。五色石是什么?石是象征再生尸骨的,这一点我们已经知道。还记得黄金天绳和白银天梯吗?脊柱上有黄韧带,尸骨是彩色的。据《红楼梦》开篇神话,女娲于大荒山无稽崖炼制了三万六千五百零一块石头,单剩一块未用于补天。这一块石头后来化身成了贾宝玉。这也反映出补天石是象征着再生尸骨的。那什么叫炼五色石呢?女娲炼石是为了恢复氏族男性英雄祖先再生尸骨的再生力,那么所谓炼石,其实就是让尸骨再生出更多的人来。我们来看看女娲的这个再生过程和结果。

第一,宋代李昉等编纂的《太平御览》卷第七十八引《风俗通义》

· 271 ·

云:"俗说天地开辟,未有人民,女娲抟黄土作人,剧务,力不暇供,乃引绳于絚泥中,举以为人。"《楚辞·天问》云:"女娲有体,孰制匠之。"王逸注:"传言女娲人头蛇身,一日七十化。"

第二,《山海经·大荒西经》云:"有神十人,名曰女娲之肠,化为神,处栗广之野,横道而处。"

第三,《红楼梦》开篇神话中,女娲炼制了三万六千五百零一块石头。据流传在长冶县的传说,女娲在天台山用了4年时间才把这三万六千五百零一块石头炼制出来。①

我们看到,为了再生出更多的人来繁衍氏族,女娲确实是鞠躬尽瘁,死而后已。用黄土造人忙不过来时,就用绳子甩出人来。所谓一日七十化,就是一天内造出七十个人来。最后的结果是花4年时间造出了三万六千五百零一块石头,其实也就是造了三万六千五百零一个人。现在我们不禁要问?这些人女娲是怎么造出来的呢?显然,是通过一具再生尸骨造出来的。所谓抟黄土造人,其实就相当于澳大利亚土著的婴儿魂信仰,黄土之人就是再生尸骨上面的婴儿魂,妇女能感这些婴儿魂而生。为什么是黄土?因为脊柱呈黄色,土在这里是图腾之谓,实质指的是再生尸骨。女娲之肠化为十神,也正是尸骨再生信仰的反映,这与盘古尸体化身如出一辙。正是因为所造之石是再生尸骨的再生,所以这些石头才具有再生力,其中一块才能化成贾宝玉。那这具再生尸骨是谁的尸骨?当然就是女娲本人的尸骨。在长冶县的传说中,女娲是在天台山炼石的。这实际上说明了天台山就是女娲的化身,她是女娲凸形肋骨的象征。史料可以印证,《长冶县志》载:"天台山,相传即女娲炼石补天处,名望儿台……上并建有娲皇庙,祷嗣多应。"② 天台山名望儿台。这反映出两层意思:一是这座山确实具有送子能力;二是人们求的是儿而不是女。这其实都是男性英雄祖先尸骨再生信仰的反映。木兵先生在书中提到了关于望儿台由来的四种传说,其实以上所论应该才是望儿台的真正来源。这同时也说明,颛顼氏族的生命之山由不周山转移到

---

① 木兵:《天脊上的神话王国》,北岳文艺出版社2015年版,第22页。
② 木兵:《天脊上的神话王国》,北岳文艺出版社2015年版,第20页。

第五章　神话——男性英雄再生祖先的舞蹈

了天台山。从此,氏族的后代都是由于这座根骨之山而得以繁衍发展的。

那难道女娲有能够控制自己尸骨的再生力吗?当然不是的。这一切都只是氏族后人的想象。在氏族后人的眼中,女娲是不死的,她时刻在保护着氏族。氏族后人把氏族的人口繁衍和发展归功于女娲的再生力和护佑。在男性英雄祖先尸骨再生信仰时代,这是理所当然的观念。从澳大利亚成年再生礼和婴儿魂信仰我们知道,整个氏族都是一具尸骨的再生,那么氏族的人丁兴旺和发展必然要归功于这具再生尸骨,而氏族的人丁稀薄和衰落也会归咎于这具再生尸骨,由此产生了对这具再生尸骨的各种想象,这应该就是神话的起源。看到神话中对女娲的歌颂了吗?"考其功烈,上际九天,下契黄垆,名声被后世,光晖重万物。"

第二项措施是"断鳌足以立四极"。鳌是什么?高诱注云:"大龟。"此处之鳌应该理解为图腾,龟为何是图腾我们之前已经揭示。所谓"断鳌足以立四极",当然是氏族后人的想象。对于尸骨再生信仰时代的人来说,天本来就是有天柱即天梯的,那么祖先尸骨的再生力的衰弱必然导致天的崩塌,所以也必须想方设法把天顶起来。那用什么去支撑天呢?必须满足两个条件:一是必须是氏族的图腾,这样才会听从氏族的安排;二是它必须能够支撑天。鳌满足这两个条件,它即是图腾;它的足也确实是象征着天柱的。西汉刘向《说苑·辨物》云:"灵龟文五色,似玉似金,背阴向阴,上隆象天,下平法地。"既然龟的背腹具天地之象,那么,它的足本来就是立于天地间的天柱。这样一来,龟被安排去断其足以立天之四极也就可以理解了。

第三项措施是"杀黑龙以济冀州"。黑龙是什么?高诱注云:"水精也,力牧、太稽杀之,以止雨也。"说黑龙是水精还不足以揭示黑龙的本质。在纳西族东巴教中,有两棵神树。一棵是生命树,叫"含英包达子"。另一棵是死亡树,叫"次西达孜"。生命树在神地,维系着人类的生命,如果它长不大,创物神、人类远祖的子女就不能成长。东巴经中又说,这棵树上的树叶代表人的生命。死亡树在地狱,人死后来到地狱,有两个鬼便将人驱赶到树上,把人钉死在这棵树上。这两棵树一棵象征生命,另一棵象征死亡,是完全对立的。当水怪次西纳补和地

· 273 ·

原始崇拜之源

狱巾的大肚饿鬼压制着生命树时,生命树不能生长。后来是长翅白螺神镇压了次西纳补,生命树才得以生长。①

如何理解这两棵树呢?相同点是:他们都象征着尸骨;不同点是:生命树是象征着善的男性英雄祖先的再生尸骨,而死亡树则是象征恶的祖先的不可再生尸骨。尸骨都有聚魂能力,但恶灵是不能再生的。在澳大利亚土著的成年礼中,再生是需要通过礼仪才能实现的。恶灵的再生对氏族无益反而有害,所以氏族不会让他再生。

那么,这两棵树为什么是互相对立的呢?

纳西族的《神路图》描绘的内容是:人死后其亡灵要想从地狱中经过百般磨难转世为神,需要在东巴祭司的引导下,来到神界和33层天上,这是一条漫漫长路。② 纳西人死后,出殡时由抬棺人顺地狱至天堂之序从《神路图》上抬过,以象征死者之亡魂从地狱经人间至天堂的过程。东巴在丧葬仪式上铺开《神路图》,咏诵有关地狱、人间、神地的经书,为死者超度亡灵,帮助死者转生于人间和神地。③ 这说明在纳西族的观念中,人死后亡灵行经的路线是由地狱到天堂。而在古埃及人的信仰中,人死后也要到冥界接受良心的审判,天平的一端放着死者的心脏,另一端放着正义女神头上的羽毛。如果心脏比羽毛重,则恶大于善,怪兽上来把心脏吃掉,永世不得超生。反之则可永生。这说明了人死后亡灵首先得去地狱接受良心审判是一种普遍的信仰。一旦审判通过,则可再生,否则便不能再生。当氏族人丁稀薄的时候,人们会认为是再生之灵减少。而再生之灵减少的原因,是因为不能再生的地狱之鬼将可再生之灵杀死了。这样,那些可再生之灵就无法到达神界和天堂,生命树上的可再生之灵减少,氏族自然人丁稀薄。所以当地狱鬼压制生命树时,生命树不能成长。而当地狱鬼被压制时,生命树就能生长。

这样的话,我们就能理解什么是黑龙了。龙是男性英雄祖先的一具可再生尸骨,那么,黑龙就是一具恶的男性英雄的不可再生尸骨。其实

---

① 杨福泉:《杨福泉纳西学论集》,民族出版社2009年版,第197—206页。
② 杨鸿荣:《东巴画田野调查及艺术教学研究》,云南大学出版社2018年版,第122页。
③ 杨鸿荣:《东巴画田野调查及艺术教学研究》,云南大学出版社2018年版,第142页。

它就相当于纳西族的死亡树，它上面聚集了不可再生之鬼，鬼会杀死可再生之灵。那么，当颛顼氏族人丁稀薄时，女娲要不要杀死黑龙呢？答案是肯定的。

第四项措施是"积芦灰以止淫水"。高诱注云："芦，苇也，生于水，故积聚其灰以止淫水。平地出水为淫水。"在这里，芦苇应该理解为图腾，水已经是为害氏族之物。芦苇为什么可以止淫水？按高诱的说法，因为芦灰和水是同类性质之物，故可以相克。这一项由于资料的缺乏，我们很难做出进一步的解释。不过这不影响对整个神话的阐释，因为这只是其中一项措施。

以上四项措施，都不可能由女娲去完成，应该都是女娲的后人把这些措施想象成是女娲之灵所为。在男性英雄祖先尸骨再生信仰时代，这些措施应该是人们认为在拯救氏族人丁稀薄衰落时所必须采取的常规措施，特别是炼五色石和杀黑龙，应该是彼时人们的普遍信仰。有关传说也说明了这一点，木兵先生提到："如何解释女娲补天，说法不一。长治当地也有一个说法，认为是原始人面对这突兀而来的灭顶之灾，所采取的补救方式。"[①] 正因为这是常规操作，所以后人才将这些措施想象为女娲之灵为了拯救氏族所为。说这些措施是女娲之灵所为，可从神话的描述中窥见，"乘雷车，服驾应龙，骖青虬，援绝瑞，席萝图，黄云络，前白螭，后奔蛇，浮游逍遥，道鬼神，登九天，朝帝于灵门，密穆休于太祖之下，然而不彰其功，不扬其声，隐真人之道，以从天地之固然。何则？道德上通，而智故消灭也"。这段话的大意是：女娲乘着雷车，中间驾着应龙，两边配着青虬，持着瑞玉，铺着萝图，缠络着黄云，前有白螭开道，后有奔蛇护卫，逍遥自在，由鬼神引导，登上了九天，在灵门朝拜天帝，在大道的祖先旁边平静地休息。虽然如此，但不表彰她的功德，不显扬她的名声，隐藏起真人的道术，来随从天地的自然规律而行动。[②] 这段话明显指出女娲身处上界，默默地完成了护佑氏

[①] 木兵：《天脊上的神话王国》，北岳文艺出版社2015年版，第27页。
[②] （汉）刘安等：《淮南子译注》，陈广忠译注，吉林文史出版社1990年版，第292—293页。

族繁衍发展的丰功伟业。

正是因为女娲之灵采取了这些措施,所以氏族才得以安定兴旺。这种兴旺也体现在了神话之中。在神话中,补天之后的安定和兴旺用了很多语句去表达。这里只重点解释两点:一是"一自以为马,一自以为牛,其行蹎蹎,其视瞑瞑";二是"禽兽蝮蛇,无不匿其爪牙,藏其螫毒,无有攫噬之心"。这两点的大意是:人有时以为自己是马,有时以为自己是牛,行动安详缓慢,看东西似明未明。而毒虫猛兽都藏起了爪牙,没有了捕杀吞食的欲望。前后对比之下我们发现:天要崩塌时,毒蛇猛兽争相吃人,但补天之后,他们竟然对氏族成员失去捕杀的欲望了。在我们今天的人看来,这是一种匪夷所思的转变。但在原始人们看来,这却是理所当然的。这是一种图腾信仰从崩塌到重建的转变过程,这说明图腾信仰得到了恢复。此时,人能够把自己当成牛马,就好比澳大利亚土著把自己当成袋鼠一样,[1] 人与物间再次具有了亲缘关系,又进入了物我不分的状态,所以看东西也是模糊而似明未明的。也正因为这种亲缘关系,猛兽也不再祸害氏族成员,收起了攫取之心。而图腾信仰是如何得到恢复的呢?无它,只是因为天得以修补,即氏族男性英雄祖先的尸骨的再生力得到了恢复。

至此,东汉王充所提之疑问,应该已经基本上得到了合理的解释。王充说女娲补天的神话是虚言,看来有点武断了。屈原的疑问"女娲有体,孰制匠之?"可以这样来回答:在原始人们看来,女娲是其所在族群的再生英雄祖先,在族群走向衰落时,是女娲之灵的强大的再生力和护佑力才使氏族重新繁衍发展。这个神话如实地反映了原始人们的信仰和观念,只是需要找到解释的门径。所以,女娲所补之天,并不是张湛等学者所说的历法之天。女娲补天的原因,也应该不是袁珂等学者所说的自然灾害。女娲补天的神话也应该不是孙玉红等学者所说的是女娲烧瓦补屋顶之漏的反映。刘毓庆先生根据神话的自有意义的传递,认为补天是拯救氏族灭亡的寓言,这合乎我们的解释。但他认为神话让女娲

---

[1] 澳大利亚袋鼠氏族的人把自己也称为一只袋鼠。参见 [法] E. 涂尔干《宗教生活的初级形式》,林宗锦等译,中央民族大学出版社 1999 年版,第 142 页。

补天是因为女娲的生殖功能，这应该是把再生误会成了生殖。

至此，我们解释了女娲补天的神话。但还有一个问题是必须面对的。那就是女娲的性别问题。一直以来，学术界绝大多数人都认为女娲是女性，直到清代赵翼方始质疑。赵翼《陔余丛考》卷十九《女娲或以为妇人》云："司马贞《三皇本纪》：女娲氏亦风姓，有神圣之德，代宓牺立，号曰女希氏。是女娲，古帝王之圣者，古无文字，但以音呼，后人因音而傅以字，适得此'女娲'二字，初非以其为妇人而加此号也。"《风俗通》云："女娲祷祀神祇，为女婚姻置行媒自此始。《路史》因之，误女娲佐太昊，祷于神祇，而为女妇，正姓氏，职婚姻，是曰神媒。则女娲亦但系创置婚姻媒妁之人，而非女身也。"不得不说，赵翼的质疑是有道理的。笔者认为，女娲是氏族的可再生的英雄祖先，那他就应该是男性。

那么后世为什么会认为女娲是女性呢？至少到目前为止，我们可以给出两种解释。第一种解释就是赵翼所说的原因。第二种解释是因为女娲具有再生能力，她能生人。当尸骨再生信仰趋于消失的时候，后人无法理解他的再生能力。在后人的观念中，只有女性才能生人，那么把女娲当成女性也就是顺理成章的事。笔者个人认为，这也是其他女性神产生的原因。完全有理由认为，女性神其实是比男性神晚出的。至于女性神具体是什么时候出现，我们在下文讲射日神话的时候会进行讨论。其实，后世把男性英雄再生祖先当成女性，还与下一节所要讨论的洪水神话有关。

第二节 洪水神话和射日神话

一 洪水神话

和女娲补天神话紧密相连的，是洪水神话。对女娲补天神话的理解，有助于揭示洪水神话的起源。洪水神话是具有世界普遍性的，但其起源仍然是一个谜。确实，洪水神话太复杂太难解了。我们还是先来看看洪水神话的内容，由于洪水神话实在太多，此处只略引几则加以分析。

▶▶▶▶▶▶ 原始崇拜之源

桂西地区流传：雷公捣蛋不给下雨，草木尽枯。人们请会法术的张宝强迫雷公下雨，果然不几天就下雨了。雷公恼张宝为难他，与张宝斗法，被张宝罩于鸡罩中。群众闻讯后说要把雷公杀来吃，张宝听从了群众的意见。在去买配料前，张宝叮嘱儿女伏羲和女娲兄妹说：在家里千万不要让雷公喝茶水和清水。张宝走后，雷公施计从兄妹俩那儿喝到了猪潲水而得以逃脱。在逃走前，从口里拔出一颗牙要兄妹种下，叮嘱有日洪水来时就钻进里面去。不久，雷公恼张宝为难他，就普降大雨淹没一切。伏羲兄妹钻进葫芦中，飘到了天上。雷公问地上的人全死了吗？兄妹说除了张宝跟在后面，地上的人和动物全部死光了。雷公大怒之下把张宝打败，洪水随着退下来。后来，太白金星对雷公说：你杀死所有人，以后有谁给你烧香？雷公也觉得不妥。太白金星叫伏羲女娲兄妹成婚以再造人类。伏羲不同意，说除非能够把割成节的竹再接起来，这对仙人来说当然是小菜一碟。兄妹结婚后，生下一磨刀石。二人一怒之下将磨刀石打碎后从山上扔下来，跌在河里的，变成鱼虾；跌在山上的，变成鸟兽；跌到村里的，变成百姓；跌到城里的，变成官。从此，天下又有人和动物了。①

水族民间故事《兄妹种瓜》云：从前有两兄妹以种地为生，一年地里长出一个大葫芦瓜，他们把葫芦藏了起来。过了一年，大洪水发了，兄妹俩躲进大葫芦里，随着葫芦漂泊。一个月后，洪水退了，但天下的人已经死光，只剩下兄妹两人。哥哥坚持要和妹妹结婚，但妹妹觉得不合礼俗不同意。在竹子的诱导下，兄妹完婚。婚后兄妹生下一块石磨，神仙授意把孩子割成几十块，爬上高山去，一块扔一个地方。后来那些肉块，就变成了天下的人。②

息县传说：伏羲和女娲是一对亲兄妹。一日在砍柴回家的路上，在河边碰到树上飘下一老汉对二人说：不久将天塌地陷，所有人将被淹死。二人吓哭了，忙问避难之法。老汉说：你们二人从明天起每天各带

---

① 农冠品：《壮族神话集成》，广西民族出版社 2007 年版，第 318—319 页。
② 中央民族学院少数民族语言研究所第五研究室：《壮侗语族语言文学资料集》，四川民族出版社 1983 年版，第 284—285 页。

第五章　神话——男性英雄再生祖先的舞蹈

一个馍来放在小河边，一天也不能少，带够一百个馍的那天，就到这里等，我会来救你们。兄妹依话而行。百日后早早来到河边。这时，河里飘来一只乌龟，转眼间变成了老汉。老汉叫兄妹闭上眼睛，等兄妹睁开眼睛时，发现身处乌龟肚内。良久，伏羲和女娲从乌龟肚里出来，发现大地像洪水淹过一样，什么都没有了，只剩下他们兄妹俩。老汉劝二人成婚，但二人觉得兄妹成婚可耻，就跪下对天说道：天若许我兄妹成婚，空中的两块烟雾就合在一起；若不许，烟雾就散开。谁知话音刚落，烟雾就合在一起了。二人成婚。[①]

由于类似的洪水神话实在太多，故只略引此三则。洪水神话是在世界范围内分布的，其类型不一，但有其模式。关于类型，日本学者百田弥荣子说：中国的洪水神话可分为宝舟型、兄妹神婚型、青年仙女型三大类型，其中宝舟型的洪水神话流传广但事例少，仅15例。[②] 其实，兄妹神婚型和青年仙女型神话是一个类型的神话，这一点后文会指出。但宝舟型的确是另一个类型的神话。这里只研究兄妹神婚型神话，因为它是与本章的主旨相关的。关于宝舟型的神话，此处暂且不谈。关于模式。学者刘惠萍在其著作《伏羲神话传说与信仰研究》中指出：洪水兄妹婚神话的模式中，各民族神话所描写的多半是洪水后幸存的兄妹（或姐弟）结为夫妇繁衍人类的经过。[③] 闻一多先生研究了25则洪水故事后总结说："其中心母题总是洪水来时，只兄妹（或姊弟）二人得救，后结为夫妇，遂为人类的始祖。"[④]

那么，洪水神话为什么会呈现出这样的模式？这是我们要解释的中心问题。但为了解释这个问题，我们必须对以下问题做出解释：第一，为什么会发洪水？第二，洪水的本质是什么？它是自然灾害吗？如果不是，那么它象征什么？第三，在洪水神话中，为什么多是两兄妹幸存？

[①] 张振犁：《中原神话通鉴》，河南大学出版社2016年版，第352—353页。
[②] ［日］百田弥荣子：《中国神话的构造》，胡婉如译，上海文艺出版社2017年版，第113—114页。
[③] 刘惠萍：《伏羲神话传说与信仰研究》，陕西师范大学出版总社有限公司2018年版，第93页。
[④] 闻一多：《闻一多神话与诗》，吉林人民出版社2012年版，第9页。

在族群几乎灭绝的情况下两兄弟又是如何繁衍人类的？第四，救助两兄妹的为什么是葫芦和龟等物？第五，两兄妹的成婚为什么必须满足一定的条件？第六，两兄妹所生的为什么是石磨等怪物？而石磨等物的碎片为什么会变成人和物？只有对以上问题全部做出合理的解答，才可算揭示了洪水神话的本质和起源。

首先来看第一个问题：为什么会发洪水？从桂西流传的神话看，是雷公为了报复为难他的张宝，并且群众还因雷公不下雨想把他杀掉。彝族《洪水朝天的故事中》讲：古时候，天上住着恩梯古兹家，地上的人年年要向恩梯古兹纳税。一年，恩梯古兹派一头黑牛使者到地上来收税，但使者跑遍了所有的人家都收不到税，地上的人说恩梯古兹收的税太多了，大家都穷，交不起。后来，使者黑牛在角斗中被地上的牛所杀。天神恩梯古兹决定放九个湖的水下来淹没世界。① 在彝族《洪水淹天》神话中，天神认为"独眼睛"时代的人心不好，儿子认不出爹，所以让天大旱，把这代人晒死，重新换了一代人。第二代人是"直眼人"时代，天神认为这代人不管父母，不认亲友，所以发洪水把这代人也淹死了。天神留下好心人阿普笃慕兄妹，让他们躲在葫芦里躲过洪水，兄妹婚配，成为横眼人。② 在纳西族的神话中，从忍利恩兄弟姐妹间相互交媾，以及耕田耕到了神的领地，米利董神愤怒降下洪水以示惩罚。③

从以上材料我们看到，原始人们认为洪水是神所发动的，发洪水的核心原因其实是人神矛盾，也就是人与男性英雄再生祖先间的矛盾。桂西流传的神话中，张宝为难雷公，群众因雷公不下雨想要杀死雷公，体现的是人神矛盾；彝族《洪水朝天的故事》中，地下的人们不纳税给天神，其实说的就是祭祀不够，体现的也是人神矛盾；在彝族《洪水淹天》神话中，天神认为人不管父母，体现的也是人神矛盾，因为所谓神本来就是再生祖先。在纳西族神话中，天神因兄妹乱伦和侵犯了他的领地而发洪水，体现的还是人神矛盾。在这里，我们看到了原始人们

---

① 李德君等：《彝族民间故事选》，上海文艺出版社1981年版，第16—20页。
② 张建华等：《彝族文化大观》，云南民族出版社2013年版，第317—318页。
③ 李德洙等：《中国民族百科全书》13，白族、傈僳族、纳西族、怒族、独龙族，世界图书出版西安有限公司2015年版，第464页。

对神的矛盾态度：一方面，神的约束太多，祭祀的负担太重，人们想摆脱神的控制；另一方面，又害怕神的报复。在他们看来，正是因为人们为难神，不尊重神，不祭祀神，所以神才发下洪水以更换人种。

再来看第二组问题。洪水是自然灾害吗？如果不是，那么它象征着什么？如果洪水是自然灾害，那我们不禁要问：第一，洪水真的能把除兄妹外的所有的人都淹死吗？第二，为什么在洪水中多是兄妹二人得以幸存下来？如果我们把洪水视为自然灾害，对这两个问题是很难回答的。从洪水的后果来看，多数洪水神话中反映的景象是人类灭绝。所以，洪水在这里应该不是自然灾害，它应该是一个象征，它象征着氏族所面临的灭绝性质的灾难。那它具体是象征什么呢？最主要的是战争。因为战争与洪水有着诸多相似之处：第一，两者都是毁灭性质的；第二，两者都来得快，去得也快。两者的一致性是它们间象征和被象征的基础。

再来看第三组问题，在洪水神话中，为什么多是两兄妹幸存？在族群几乎灭绝的情况下两兄弟又是如何繁衍人类的？这个问题确实很难回答。如果我们按常规思维去理解，是无论如何也解不开这个谜的。这个问题难就难在：兄妹在这里也是一个象征，它不是指的真正的兄妹。那么，兄妹象征什么呢？我们来看，在上面所引的几则神话中，于洪水中幸存的既有兄妹，又有伏羲和女娲。可见伏羲和女娲与兄妹具有等价意义。那么，女娲象征什么？在女娲补天神话中，我们已经指出，采取补天措施的是女娲的再生之灵而不是女娲本人。那么，在洪水神话中的女娲，我们同样应该理解为是女娲的再生之灵，而洪水神话中的兄妹也应该做这样的理解。这样，洪水神话中为什么多是两兄妹幸存的问题就能得到合理的解释了。

当族群面临战争等灭顶之灾时，即使族群的绝大多数人死去或哪怕全部死去，这个族群的再生之灵也是不会死的，除非这个族群的再生之灵遭到毁灭。但一般情况下，族群的再生之灵的象征物要么是山，例如颛顼部族的不周山；要么是树，比如前文所举的象征各族群兴衰的实有的生命树；要么是藏在图腾中心的图腾圣物；或是其他图腾物。它是不轻易示人的。在澳大利亚土著中，图腾中心是族群最高的机密，连本族群的妇女都不知道有图腾中心的存在，外族群的人就更加不清楚了。所以在战争等灭绝性的灾难中，本氏族的再生之灵一般不会遭到破坏。这样，"兄妹"就会在灾难中幸存下来。正是在这个意义上，洪水神话中的青年仙女结婚型和兄妹神婚型是一个类型，因为兄妹神婚型中的兄妹其实也都是仙人——再生之灵。

那么，在氏族几乎灭绝的情况下，这个再生之灵如何再生出氏族的后代呢？我们已经多次提到，原始人们认为族群是从一具尸骨再生出来的。从阿兰达部落的婴儿魂信仰可知，婴儿的图腾取决于妇女感到自己受孕时附近的图腾中心的图腾。[①] 换句话说，图腾中心能够自己独立产生出该图腾（氏族）的后代。澳大利亚确实就有这样的实例。阮西湖先生指出：氏族还有生命力强的特点，即使父系氏族中所有男人都死亡，或母系氏族中所有女人都死亡，也不意味着他们氏族命运已经注定，因为氏族还可以依靠图腾的力量与一位妇女接触，她的孩子就成为这个图腾的后裔。如阿兰达的莱查尔德氏族就是这样，它曾经一度"暂时的消失"，不久之后，在莱查尔德地域出现了一个小孩，这个小孩使已暂时消失的氏族复活。由于这个小孩属男性，在他成年以后，他就接管了氏族的神圣遗址。[②] 可见，在男性英雄祖先尸骨再生信仰时代，族群是很难被灭绝的，因为它可以通过族群的图腾圣物或图腾而再生出后代。

所以，在洪水神话中的伏羲女娲、兄妹，都是指的族群的男性英雄祖先的再生之灵。盘古兄妹也出现在洪水神话中，这说明盘古兄妹也是男性英雄祖先的再生之灵。我们之前已经揭示了盘古的真身，指出盘古实质上是尸骨再生信仰时代男性英雄再生祖先集体的个体化。此二处可以互证。正是因为这样，所以才只有他们能够在洪水中幸免于难。那问题来了，既然这样，那么在洪水中幸存的似乎更应该是单个氏族的再生之灵，就像女娲所在的氏族就单靠女娲的再生力而得以繁衍兴盛。事实上，这种洪水神话确实是存在的，比如闻一多先生在《伏羲考》中提

---

① ［苏］Д. Е. 海通：《图腾崇拜》，何星亮译，上海文艺出版社1993年版，第58页。
② 阮西湖：《澳大利亚民族志》，青海人民出版社1987年版，第29页。

第五章 神话——男性英雄再生祖先的舞蹈

到49则神话中就有几则是只有一位男性或一位女性从洪水中逃生的。但是这种类型的神话却比较少,更多的是兄妹或姐弟得救型的。原因何在呢?

这就不得不提到在古代普遍存在的两合组织。哈威特说:可以确定,通常所有的澳大利亚部落都划分为两个半边,这两个半边之间彼此互通婚姻,而在每一个半边内部则禁止通婚。① 在我国纳西族,也往往是两个母系氏族"尔"一起通婚一起迁徙。② 可见在原始时代,两个外婚氏族是紧密相连的,它们同命运共呼吸。当灾难来临时,两个氏族本就是一体,所以它们会共同面对灾难和承担后果。那么,这也就解释了为什么在洪水神话中多是兄妹幸存了。兄妹在这里分别指的是两个外婚氏族的再生之灵,由于两个外婚氏族间的通婚关系,所以他们就好比是兄妹关系。洪水神话中幸存的男女间的关系,是由两个外婚氏族间的关系决定的。从闻一多先生研究的49则洪水神话来看,洪水中幸存的男女除了兄妹和姐弟关系外,还有儿女、弟妹、男孩女孩等。这些关系,整体上都可以视作同胞关系,应该都是对两个外婚氏族间关系的反映。这样,我们就明白了,在洪水神话中,伏羲与女娲应该都是代表两个外婚氏族的男性英雄再生祖先的再生之灵的,伏羲和女娲是两个外婚氏族。在古籍中,多处记载了伏羲和女娲的关系。比如,《路史》卷十一《禅通纪》注引《风俗通》曰:"女娲,伏羲之妹。"又说:"卢仝云:'女娲本是伏羲妇。'"现在我们知道为什么文献中会对伏羲和女娲的关系有不同的描述了,因为兄妹和夫妇都只是象征性的说法,反映的是他们间的外婚氏族关系。在汉代画中常见的伏羲、女娲人首蛇身交尾图像,亦应做此理解。

再来看第四个问题。救助两兄妹的为什么是葫芦和龟等物?从闻一多先生提供的49则材料可以看到:洪水神话中的救助工具主要是葫芦、与葫芦同类的瓜、木鼓、舟、木箱、桶,等等。根据我们现在拥有的知

---

① [苏] C. A. 托卡列夫等:《澳大利亚和大洋洲各族人民》,李毅夫等译,生活·读书·新知三联书店1980年版,第196页。

② 严汝闲等:《永宁纳西族的母系制》,云南人民出版社1983年版,第31—32页。

识，这个问题已经很好解释了。葫芦、木鼓和舟都是象征族群男性英雄祖先的再生尸骨的。伏羲和女娲既然是两个再生之灵，那他们也必然是再生尸骨的再生。而他们的再生之灵也是依附在他们的男性英雄祖先的再生尸骨上的，也就是依附在葫芦、木鼓和舟等再生尸骨的象征物上的。那这不就意味着伏羲和女娲是依靠葫芦和木鼓等而得救吗？乌龟也是图腾，它当然也能够"救"兄妹于洪水中。至于和葫芦同类的瓜、木箱和桶等物，它们都是中空的物体，和葫芦和木鼓类似，也应该都是再生尸骨的象征。这告诉我们，西方著名洪水故事中的诺亚方舟是不存在的，诺亚方舟只是一具再生尸骨的象征。

这里还有一个问题需要解释。神话中兄妹所得的葫芦是神赐予的，但兄妹是因为自己的善行获赐。比如桂西地区流传的神话中，伏羲、女娲因给了雷水喝获得雷赐予的葫芦；在息县的传说中，伏羲、女娲因给老汉带够了一百个馍而获得龟的救助。为什么只有行善才能获得葫芦？澳大利亚土著的图腾圣物丘林噶上就有着无上的精神和品质，这本身就说明了在成年再生仪式中，族群只选择同时具备才武和品德的男性英雄祖先去实现他的再生。只有这样，氏族才能持续稳定的发展，才能维护整个族群的利益。

再来看第五个问题。两兄妹的成婚为什么必须满足一定的条件？我们来看：在桂西地区流传的神话中，伏羲、女娲结婚的条件是除非割成节的竹子能够再接起来；在水族民间故事《兄妹种瓜》中，是竹子撮合了兄妹的婚姻；在息县的传说中，老汉撮合伏羲与女娲结婚，但二人提的条件是除非烟能相合。在毛南族《盘兄和古妹》的神话中，在土地爷的建议下，兄妹需要从山上滚磨相合才能成婚。对这个问题的解释如下。

竹子和烟是男性英雄祖先的再生尸骨的象征。而石磨呢？据苗族创世神话《阳雀造日月》载，阳雀打了九个石盘制成了九个太阳，又打了八个石盘制成了八个月亮。[①] 所以，石盘与太阳和月亮的象征意义一样，也是象征男性英雄祖先的再生尸骨的，这从它表面的肋圈纹就可知

---

① 姚宝瑄：《中国各民族神话·布依族 仡佬族 苗族》，书海出版社2014年版，第257页。

道。综上所述，兄妹提出的结婚的条件是：断竹相接，烟要能合，石磨相合。这其实是说两个氏族的男性英雄祖先的再生尸骨必须相合才能结婚。水族《兄妹种瓜》中兄妹在竹子的诱导下结婚，息县的传说中老汉（乌龟）劝婚，《盘兄和古妹》的神话中是土地爷劝婚。这其实也反映出同样的意味。因为竹子、老汉（乌龟）、土地爷其实都象征着男性英雄祖先的再生尸骨的。而事实上，这样的观念确实也存在于一些民族中。比如卓仓藏人缔结婚姻的原则是："家族骨系应尽可能处于同一等级，居巴（指遗传——引者注）应尽可能完美，双方家庭的守护神不能相克。"[1] 这里所说的骨系和家庭守护神应该都是指的男性英雄祖先的再生尸骨而言的，意即再生尸骨要相合才能缔结婚姻。这涉及外婚制的起源，涉及的篇幅很大，本书不详细展开。

再来看第六个问题。两兄妹所生的为什么是石磨等怪物？而石磨等物的碎片为什么会变成人和物？当我们揭示了兄妹的象征意义之后，这些问题的答案其实已经昭然若揭。我们来看，在桂西流传的神话中，伏羲和女娲生下的是石磨，并且将石磨打碎后碎块变成人和物；在水族民间故事《兄妹种瓜》中，兄妹生下的也是石磨，也是石磨碎块变成人；在毛难族《盘兄古妹》神话中，兄妹俩是捏泥形人仔，让乌鸦衔去撒在四方成人。除此之外，在闻一多先生提供的神话中，还有生下肉块割开发现十二童男童女，生下怪胎割弃变人，生子如鸡卵切碎变人，生瓜儿切碎变人，生肉团割碎变人，生血盆玉女分之为三十六姓，等等。这如何解释呢？

石磨、瓜、鸡卵、肉团等物其实都是一具再生尸骨的象征。兄妹既然是氏族的男性英雄祖先的再生之灵，那么，他们肯定会再生出石磨、瓜、鸡卵等再生尸骨的象征物，而石磨、瓜、鸡卵等再生尸骨的象征物肯定又会再生出很多人来。在兄妹型洪水神话中，绝大多数都存在将兄妹所生之物切碎后抛撒向四方然后碎片变成人的描述，这其实就是男性英雄祖先尸骨再生信仰的反映。由一具再生尸骨再生出许多人来，难道人不就是由一具再生尸骨分割而来的吗？这与盘古尸化万物如出一辙。

---

[1] 刘世哲：《〈民族研究〉人类学民族学文存》，云南人民出版社2016年版，第68页。

而所谓的捏泥人造人，其实也就是婴儿魂信仰，也是男性英雄祖先尸骨再生信仰的表现形式。兄妹捏的泥形人仔由乌鸦衔去撒向四方而成人，也是由一具再生尸骨再生出许多人的意思。

至此，我们解释了兄妹型洪水神话。可以简单来做一个总结：兄妹型洪水神话所反映的是：原始族群因灭绝性灾难（多是战争）而衰亡后凭借男性英雄祖先的再生之灵的力量而重新繁衍发展的过程。因为几乎任何原始族群都会有其盛衰的经历，所以兄妹型洪水神话具有世界普遍性。

现在，我们来看看学术界此前对洪水神话的认识。陈建宪先生认为："自从人类诞生于这个星球以来，不知道有多少人丧生于洪水之中。那些在灾难中侥幸逃生的人，将洪水事件代代传讲，形成了一种独特的集体记忆，这就是洪水神话。"[1] 学者刘惠萍认为："兄妹（或姐弟）的血缘婚姻往往是这类神话传说的一个中心母题。"[2] 美国学者史蒂斯·汤普森认为，在具有世界普遍性的洪水神话中，近亲结婚产下畸形儿就是其中的一个母题。[3] 宋兆麟先生认为："在洪水中利用葫芦为救生工具是相当普遍的现象，葫芦是人类远古生存、救生的重要工具。"[4] 现在可对这些观点稍作评论。

陈建宪先生把洪水视为自然灾害，这是可进一步商榷的。洪水应该是族群面临的灭绝性灾难的象征，如果把洪水视为自然灾害，是无法对这类神话做出合理解释的。学者刘惠萍将洪水神话中的兄妹婚视为血缘婚，或许恰恰相反，这可能是氏族外婚的反映。史蒂斯·汤普森把兄妹所生的怪物视为近亲结婚所生的畸形儿，那这个畸形儿如何会被割碎后而变成人呢？所谓的畸形儿应该只是一具再生尸骨的象征。宋兆麟先生认为洪水神话中的葫芦是实有之物，这也难对葫芦普遍出现在洪水神话

---

[1] 叶舒宪等：《中国神话学研究前沿》，陕西师范大学出版总社有限公司2018年版，第156页。

[2] 刘惠萍：《伏羲神话传说与信仰研究》，陕西师范大学出版总社有限公司2018年版，第93页。

[3] 陈理：《中央民族大学本科生优秀论文集》，中央民族大学出版社2008年版，第71页。

[4] 马昌仪：《中国神话学百年文论选》全2册，陕西师范大学出版总社有限公司2018年版，第730页。

中做出合理的解释，葫芦应该也只是一具再生尸骨的象征。

二 射日神话

射日神话是具有世界普遍性的，我国很多民族都有射日神话，现举几例以引出我们的讨论。

《淮南子·本经训》载："逮至尧之时，十日并出。焦禾稼，杀草木，而民无所食。猰貐、凿齿、九婴、大风、封豨、修蛇，皆为民害。尧乃使羿诛凿齿于畴华之野，杀九婴于凶水之上，缴大风于青丘之泽，上射十日而下杀猰貐，断修蛇于洞庭，擒封豨于桑林。万民皆喜，置尧以为天子。"

苗族《十二个太阳和十二个月亮》云：地上的仙人造了十二个太阳和十二个月亮后，把它们抛向天空。天上的仙人妮柏把太阳和月亮安放好，但忘记交代它们出来的顺序，所以它们就一起出来了，像火一样的太阳把凡间的河水也晒干了，草木也烧死了，庄稼也长不起来，害得人们找不到吃的，也找不到穿的。凡间有位老人，为了帮助人们解除痛苦，决定用箭去射太阳。他爬到一棵又高又大的树上，拉弓连续射了11箭，射下11个太阳。又朝月亮射了11箭，射下11个月亮。剩下的一个太阳和月亮害怕就躲了起来。在公鸡的呼唤下，才把这个太阳和月亮请出来。[①]

高山族《射太阳》载：很久以前，有两个太阳兄弟轮流东升西落。大阳哥哥非常厉害，大地上的各种动物被它晒得萎缩、干枯，甚至死亡；太阳弟弟不那么炽热和烤人，地面的动物不会被照得萎靡不振和死亡。大家都怕太阳哥哥，听到它要来了，都拼命逃走躲藏，有的动物没来得及躲藏，就会被太阳哥哥烧死。就这样，布农人和鸟兽一块受苦，大地上的动物不多了，山上的树枯死了，青草也枯死了。有一家布农夫妻，有一男一女两个孩子。他们在野外劳作时，把两个孩子安置在遮阳的小棚子里后就去找吃的了。突然，太阳哥哥来了，夫妻赶紧返回，发现小棚子已经倒塌了，两孩子已经变成了蜥蜴。夫妻看到太阳杀死了两

---

① 杨村等：《乡土剑河》，贵州人民出版社2008年版，第238—239页。

个孩子，决定去找太阳报仇……①

各民族的射日神话较多，在此不可能一一引述。射日神话有两个特点：一是分布较广，二是有其结构模式。刘炳强先生指出：射日神话在我国流布最广，就民族而言，主要存在于汉、满、蒙古、藏、独龙及哈尼等20多个民族中；就地区而言，则集中于除西北外的大陆所有区域和台湾省。其结构基本上是相同的，具有同一模式，即十日（月）并出→生灵涂炭→神（人）射日（月）→剩一日（月）→公鸡叫请→一日（月）出。② 同一结构模式的神话分布如此广泛，射日神话必定有着同样的起源，具有普遍性质的果必然有着具有普遍性质的因。

在解释射日神话之前，先来看看学术界是如何认识射日神话的。由于持同类观点的学者较多，故每类观点只择要列举。

有的学者持自然说。朱天顺先生认为：这一神话可能是追忆祖先带领族人转移的功德而产生的。可能是有一个祖先把原来在炎热地区的族众带到东方凉爽的地方，后人在回忆昔日炎热之苦时，形容当时太阳照射的炎热强度而产生了十日并出的神话。而把率领人们转移到凉爽地方生活之功，转化为射落九日之功。③ 刘炳强先生认为：十日并出是曾经有过的一种自然现象，射日神话反映出人们对自然现象的一种想象，在干旱和炎热的情况下，人们想象出天上有许多太阳，从而造成炎热。④

有的学者持历法说。何新先生认为：过去人们仅仅把它看作一种幻想性的神话，但在这个神话的深层结构中，实际上隐藏着一个深刻的文化隐义——历法的变革。⑤ 陈江风先生发展了这种观点，他认为：因夏代太康严重的政治失误，东夷借机再度崛起而夺了夏王朝的权，随即革除了西部民族的十月历，用东部民族所信奉的十二月历取而代之。这种

---

① 《中国少数民族语言简志丛书》编委会：《中国少数民族语言简志丛书·第4卷》，民族出版社2008年版，第795—796页。
② 程健君等：《神话 神话》，河南大学出版社2011年版，第245、248页。
③ 朱天顺：《中国古代宗教初探》，上海人民出版社1982年版，第11页。
④ 程健君等：《神话 神话》，河南大学出版社2011年版，第254、262页。
⑤ 何新：《诸神的起源·第一卷，华夏上古日神与母神崇拜》，中国民主法制出版社2008年版，第209页。

文化征服过程，反映在神话中，就以后羿射十日的形式表现出来。①

有的学者持统一说。李伯玄先生认为："又如羿射日的故事……这表示当时有十个团以日为图腾者，羿曾灭其九。"② 而孙作云先生认为："羿射九日即灭九夷。"③ 但陈建宪先生否定了这种说法，他认为射日神话在我国很多民族都有，少数民族兼并过其他民族的很少，为何也会有射日神话呢？④

关于射日神话起源的观点还有一些，在此不一一列举。学界在这个问题上的分歧很大。笔者认为，要解释清楚射日神话，必须要回答清楚以下几组问题。第一，日、月是什么？为什么要射日？第二，为什么能够射日？日为什么能够被射下？第三，为什么要留一日（月）？为什么要让公鸡把日请出来？公鸡为什么能够把日请出来？

先来看第一组问题。日、月是什么？为什么要射日？关于日、月，我们已经指出，二者都是象征着男性英雄再生祖先的，神话中的日、月应该这样去理解。关于射日的原因，很多民族的射日神话都有所交代。从我们所引述的三则神话来看，主要原因有两点：一是太阳把动植物晒死；二是太阳把人晒死。这也基本上是绝大多数的射日神话中所描述的原因。学者陈连山《射日神话的分析与理论验证》一文所列举的16例台湾布农族的射日神话，其射日的原因绝大多数都与这两点有关。⑤

先来看第一点：晒死动植物。如何理解这一点呢？这不是一种自然现象。原因有两点：第一，在一些民族的射日神话中，不仅有多日并出，而且还有多月并出。在瑶族的《射月亮》神话中，是只有一个月亮，就把人快晒死了，把禾苗晒得枯焦焦。⑥ 月亮是晒不死动植物和人的。第二，云贵高原和我国高纬度地区夏天的温度并不高，那为什么也

---

① 程健君等：《神话 神话》，河南大学出版社2011年版，第241页。
② 李玄伯：《中国古代社会新研》，开明书店1948年版，第208页。
③ 孙作云：《孙作云文集·第3卷，中国古代神话传说研究（上、下）》，河南大学出版社2003年版，第257页。
④ 乔忠延：《帝尧传》，北岳文艺出版社2017年版，第38页。
⑤ 程健君等：《神话 神话》，河南大学出版社2011年版，第216—233页。
⑥ 姚宝瑄：《中国各民族神话·土家族 毛南族 侗族 瑶族》，书海出版社2014年版，第195页。

有射日神话？这就说明神话中所谓的晒死动植物不是指的自然现象。笔者认为，所谓日月晒死动植物，这只是一个象征的说法，是不能根据字面意思去理解的。它象征着什么呢？两个字：杀害。在把日、月视为男性英雄再生祖先的情况下，男性英雄再生祖先的"杀害"与"晒死"是等价的。

再看第二点。晒死人类。这在很多射日神话中都有所体现，但在射日神话中晒死的人多是小孩。陈连山先生分析了16例布农族的射日神话后指出：布农族对于二日并出造成灾难的叙述主要是晒死了孩子。除了两例以外的其他异文都如此叙述。①如何理解晒死人类这一现象呢？这也是一个象征，不是真指人类被晒死，它的象征意义也还是一样的，即杀害。

也就是说，在射日神话中，是因为男性英雄再生祖先杀害了人和物，所以人们才要射日以报仇。那么，我们要问，男性英雄再生祖先是如何杀害人和物的呢？他不是保护人的吗？这个问题不难解答，答案也是两个字：祭祀。

关于对太阳的祭祀，高福进先生有专门的研究，他在《太阳崇拜与太阳神话——一种原始文化的世界性透视》一书中研究了世界各地的太阳祭祀，指出世界各地对太阳的祭祀有物祭和人祭两种。物祭主要有农作物、马、骡、驴、牛、羊、猪、狗、家禽、野禽等。而人祭呢？在世界上很多民族中都存在杀人祭的习俗。南美洲有用美丽的少女祭祀。在我国和日本的神话中，以女人作牺牲也是常见的事。②看来，用物和人祭祀太阳在古代是一种非常普遍的现象，这应该是一个事实，不必举更多的例子去证明。

那为什么要对太阳祭祀呢？佤族有猎人头的习俗，佤族神话《司里冈》载：如果佤族砍头，神就不让洪水涨，如果不砍头，神就五年涨一次洪水。雷州有人祭的习俗，他们把人类难得的珍贵的第一个孩

---

①　程健君等：《神话 神话》，河南大学出版社2011年版，第228页。
②　高福进：《太阳崇拜与太阳神话：一种原始文化的世界性透视》，上海人民出版社2002年版，第184—189页。

第五章 神话——男性英雄再生祖先的舞蹈

子，献给自己尊敬的生育女神，以迎得她的欢心，她才会赐予祭祀者更多的儿子。① 在布农族《太阳与布农族》神话中，被射中的太阳变成巨人召集布农人训话："因为你们不敬神，所以才过得艰辛。我要教导你们祭祀天神和四方神灵。我将变成月亮，从月圆到下一个月圆是一个月，每月的祭祀都不同。遵守禁忌，诚心祭祀，你们的生活会变好。"在布农族另一个射日神话中，太阳对人说："你儿子死，是自己照顾不周。你们能够舒服地生活，靠的是我的庇护。可你们从不举行感恩的祭祀。你们应该常常祭拜我，就不会枉死了。"在布农族的射日神话中，类似这样的只有祭祀了太阳才会保佑人们的描述还有多个。②

可见，在原始人们看来，祭祀是获得美好生活的必要条件，如果不祭祀则会有灾难，所以人们被迫向神献祭。而祭品既有物又有人，那么，向太阳献祭不正是太阳晒死人和物的同义表达吗？在很多射日神话中，晒死的多是小孩，而事实上原始人们主要是拿小孩向太阳献祭的。在西班牙的记述中，印加人用小孩来祭祀山神，祈求水和丰收。③ 穆伊斯卡崇拜太阳和月亮等，他们用小孩作牺牲祭祀太阳以求免除旱灾。④ 墨西哥阿兹台克人盛行以人代神作献祭的风俗，在一个叫托克斯卡特尔的节日，每年要献祭一个扮作特兹卡特里波卡（众神之神）的年轻人，祭司把年轻人杀死并取出心脏捧着祭祀太阳。⑤

为什么拿小孩向太阳献祭呢？澳大利亚土著不时拿红赭石擦拭丘林噶，为的是激活丘林噶上面的神圣性能。假如献祭是由此发展而来的，那么，献祭应该是为了激活和永保葆神的力量。这样的话，原始社会人们拿小孩向太阳献祭，应该是为了让太阳永远年轻。学者王涵指出：太阳王国墨西哥的阿兹特克人就曾将活人剁碎牲奉太阳，就是为了使太阳

---

① 张应斌：《雷州雷神之谜：广东古越人文化寻踪》，暨南大学出版社2015年版，第108页。
② 程健君等：《神话 神话》，河南大学出版社2011年版，第220、223页。
③ 盛琳：《拿起来就放不下的60个历史文化之谜》，企业管理出版社2008年版，第196页。
④ ［苏］斯米林：《世界通史》第4卷，北京编译社译，生活·读书·新知三联书店1962年版，第82页。
⑤ ［英］弗雷泽：《金枝》，徐育新等译，新世界出版社2006年版，第553—554页。

· 291 ·

始祖生命永存。①

这里还涉及另外一个神话《精卫填海》的解释。《山海经·北山经》载:"发鸠之山,其上多柘木,有鸟焉,其状如乌,文首,白喙,赤足,名曰'精卫',其名自詨。是炎帝之少女,名曰女娃。女娃游于东海,溺而不返,故为精卫,常衔西山之木石,以堙于东海。"学界对这个神话的认识是不一的。矛盾认为:"精卫与刑天,属于同型的神话,都是描写象征那百折不回的毅力和意志的。这是属于道德意识的鸟兽的神话。"②袁珂先生认为:这一神话表现了遭受自然灾害的原始人类征服自然的渴望,它带着母权制氏族社会的痕迹。女娲和女娃,也像是一人的分化,女娃填海的工作和女娲补天神话中"积芦灰以止淫水"的工作也很相似。③可以看到,玄珠和袁珂先生都是从人与自然的斗争的角度去解释这则神话的。

但我们的解释完全不同。要解释这则神话,就要首先搞明白女娃是如何溺亡的。民间传说:精卫是太阳神炎帝的女儿,炎帝很忙,每天要指挥太阳升起和落下。一天,精卫看到龙王的儿子在欺负小孩,就抱打不平。龙王的儿子在陆地上打不过精卫,就逃回了海里。过些天,精卫到海里游泳,龙王的儿子兴风作浪,把她淹死了。④我们看到,在传说中,龙欺负小孩,精卫也是被龙害死的。这只是象征的说法,实则是指龙需要小孩献祭而害死小孩,这反映的仍然是人神矛盾。更具体地来说,我们可以这样推测:精卫是炎帝用来向太阳献祭的人牲,太阳其实就是龙。可能大家会问:炎帝会拿自己的女儿向太阳献祭吗?原因有两点:第一,炎帝本来就是再生的太阳神,他的再生祖先也应该是太阳神,所以他向太阳献祭是理所当然的。第二,古代有拿自己的儿子代替自己献祭的习俗。弗雷泽提到:古代传说和现代习俗都表明,以前可能有一个每年杀死一个神王或专司祭祀的王的风俗。这种风俗在某些地区

---

① 高福进:《太阳崇拜与太阳神话:一种原始文化的世界性透视》,上海人民出版社2002年版,第188—189页。
② 玄珠:《中国神话研究 ABC》(下),ABC 丛书社 1929 年版,第 57 页。
③ 袁珂:《中国神话史》,北京联合出版公司 2015 年版,第 26—27 页。
④ 木兵:《天脊上的神话王国》,北岳文艺出版社 2015 年版,第 93—95 页。

第五章 神话——男性英雄再生祖先的舞蹈

又有所变化,即王的儿子可以代替父亲而死。里提尔西斯的故事大概就是变化后的风俗的遗迹。① 所以,精卫填海的神话也应该是起源于人神矛盾,反映的是人们对男性英雄再生祖先"吃人"行为的恨。它可能不是对人类征服自然的愿望的反映。另外,袁珂先生把女娃和女娲并论,认为二者实为一人分化而来,这是可商榷的。前文我们揭示了女娲补天神话的内涵,指出女娲是族群的男性英雄再生祖先,而女娃则只是献给男性英雄再生祖先的祭品,这二者是截然不同的。

通过以上的论述,我们看到,原始人们拿小孩和动植物给太阳献祭是常态。那么,随着族群的发展,男性英雄再生祖先肯定会越来越多,于是,在神话中就出现了多个太阳和月亮。这些男性英雄再生祖先都是需要献祭的,自然的,人们的负担开始增大,就会出现彝族《洪水朝天的故事中》所说的天神恩梯古兹家的使者收不到税的情况。于是,随着再生祖先的逐渐增多,人神矛盾就逐渐被激化了,所以人们需要射日。

但这只是射日神话大量出现的原因之一,这说明了人们有射日的内在需要。可射日不仅需要内在动力,还需要巨大的勇气。这种勇气来自哪里呢?这就关乎射日神话的背景。在男性英雄祖先尸骨再生信仰坚定的时代,原始人们是几乎没有勇气去射日的。射日神话之所以普遍出现,其实还有一个背景:男性英雄祖先尸骨再生信仰的式微。随着时代的发展,人们的思维水平越来越发达,尸骨再生信仰逐渐衰落,人们不再那么坚定地相信人会出于男性英雄再生祖先的尸骨,所以他们才敢于将日射下。这一点我们可以从射日英雄的出生窥见。

支格阿龙是彝族的射日英雄,他的出生很坎坷。他妈妈在屋檐下织布时,一只岩鹰滴下一滴血在她的裙子上,于是怀孕生下了支格阿龙。支格阿龙生下来时,一年不吃妈妈的奶,两年不和妈妈睡在一起,三年不听妈妈的话。妈妈想:这一定是个怪物,于是把他扔到山沟里去了。② 羿是射日英雄,他的出世同样不顺利。《太平御览》卷第三百五

---

① [英]弗雷泽:《金枝》,耿丽编译,重庆出版社2017年版,第233页。
② 陶阳等:《中国神话》(全三册),商务印书馆2008年版,第675页。

· 293 ·

十引《括地图》曰:"羿年五岁,父母与入山,其母处之大树下,待蝉鸣,还欲取之。群蝉俱鸣,遂捐去。羿为山间所养。"可见羿是被弃山间的。古希腊神话中意图射日的英雄赫拉克勒斯,是宙斯与阿尔克墨涅的私生子。他的母亲生下他后,不敢将孩子留在皇宫中,于是把他放入一个铺满稻草的篮子里,遗弃在一块田野上。①

射日英雄为何被遗弃?我们可以通过后稷被弃的例子来分析,它们都属于英雄被弃的神话。《史记·周本纪》载:"周后稷,名弃。其母有邰氏女,曰姜原。姜原为帝喾元妃。姜原出野,见巨人迹,心忻然说,欲践之,践之而身动如孕者。居期而生子,以为不祥,弃之隘巷,马牛过者皆辟不践;徙置之林中,适会山林多人,迁之;而弃渠中冰上,飞鸟以其翼覆荐之。姜原以为神,遂收养长之。初欲弃之,因名曰弃。"

既然多个民族都出现了弃子英雄神话,那么,它们肯定有着共同的具有普遍性质的原因。对弃子英雄神话的起源,学术界有多种多样的说法。根据萧兵先生的研究,大致有贱弃说、遗腹说、速孕说、早产说、晚生说、易生说、难产说、怪胎说、卵生说、不哭说、假死说、阴谋说、避乱说、轻男说、杀长说、宜弟说、犯禁说、触忌说、不宁说、图腾考验说。②但笔者认为:弃子英雄神话应该是男性英雄祖先尸骨再生信仰式微的反映。从我们之前所引的大量实例看出,在男性英雄祖先尸骨再生信仰时代,许多英雄都具有生而能言、长有才武的特征,它们都是从再生尸骨或图腾物而再生出来的,其实它们都是男性英雄再生祖先的再生。这说明,在那个时代,人们是普遍信仰再生的,且也是以再生为荣的。但是在弃子英雄神话中,人们的观念发生了转变。支格阿龙的母亲以感老鹰而孕为怪,于是抛弃支格阿龙;后稷的母亲以履巨人迹而孕为不祥,于是三弃三收;羿的母亲对待羿欲收又弃。这反映出人们的男性英雄祖先尸骨再生信仰不再坚定,他们对人能够从尸骨再生抱有怀

---

① [德]古斯塔夫·施瓦布:《希腊神话》,名家编译委员会编译,天地出版社2018年版,第153页。
② 萧兵:《中国文化的精英——太阳英雄神话比较研究》,上海文艺出版社1989年版,第217—248页。

疑的态度，这就说明尸骨再生信仰趋于衰亡了。正是因为人们开始怀疑男性英雄再生祖先的存在，所以射日英雄才敢于将日即男性英雄再生祖先之灵射下。

以上解释了射日神话的起源。可以简单做一个总结，它基于两点：一是人神矛盾；二是尸骨再生信仰的式微。只有这两个条件同时具备，射日神话才会大量而普遍地出现在各民族中。解释了为什么射日的问题后，我们接着来解释第二组问题，为什么能够射日？日为什么能够被射下？日能够被弓箭射下，在现代人的观念中，这是不可能的。那么，原始人们又是如何将日射下的呢？要回答这个问题，就必须看神话中的英雄是如何射日的。

在侗族射日神话《捉雷公引起的故事》中，姜良、姜妹是顺着上天梯爬到树尖上去射太阳的。上天梯是树名，即马桑树。在传说中马桑树高可比天，所以叫上天梯。① 布依族的射日歌谣《射太阳》载：得迪拿牛角弓箭，急忙爬上桑树顶，爬到太阳脚底下，爬上云雾中坐下，射了一回射二回。② 土家族神话《日月分工》对射日有比较详细的描述。青年卵玉开始是用桃木箭、柳木箭射日，但都相差几千丈。他又爬上八面山再射，但还是相差三千丈。有位仙人指点他："八面山顶有一棵马桑树，它是天上的神仙上天下地的通道。只要爬上这棵树，射落太阳就不成问题了。"卵玉爬上这棵马桑树，探头向叶片外边一看，发现太阳就在近旁。他拉起弓，射下了10个太阳。③ 在毛南族的神话《格射日月》中，格是爬上了九千九百九十九丈高的巴英山顶，才把喷火焰的九条乌龙（日）和九只妖熊（月）射下。④ 在壮族射日神话《特康射太阳》中，特康是爬上高高的巴泽山而把太阳射下的。⑤ 在苗族民间故

---

① 杨通山等：《侗族民间故事选》，上海文艺出版社1982年版，第15—16页。
② 安顺市西秀区民族事务局等：《黔中布依族歌谣选：布依文、汉文》，贵州民族出版社2015年版，第20页。
③ 高明强：《创世的神话和传说》，生活·读书·新知三联书店上海分店1988年版，第125—127页。
④ 姚宝瑄：《中国各民族神话·土家族 毛南族 侗族 瑶族》，书海出版社2014年版，第60页。
⑤ 姚宝瑄：《中国各民族神话·仫佬族 壮族 京族》，书海出版社2014年版，第126页。

事《公鸡叫太阳》中，青年挪亚是爬在高高的东山顶上将太阳和月亮射下的。①

从以上例子我们看到，英雄多是爬上大树或高山去完成射日行为的。事实上，在射日神话中，英雄射日的地方很多是高山和大树。日本学者百田弥荣子手上有一百五十多张关于射日神话的卡片，他研究发现：在射日神话中，英雄多是在高山上和树上射下太阳的。高山有日月山、巴音山、月亮山、怒忧山、巴泽山、香炉山等十几座。树主要是马桑树，也有大榕树、大杉树、日月树、大楠竹子等十几种。当然，有的神话完全不涉及大山和大树。②

那么，这是不是说英雄是真的在山上和树上把日月射下来的呢？百田弥荣子不认为射日的场所传递着祖先的智慧，他说山越高射日的命中率也越高。③不得不说，百田弥荣子的说法是有点草率的。英雄不可能是真正爬上山和树去射日的，山的高度和树的高度较大地与太阳的高度相比，简直是可以忽略不计的，爬山和树对他射日没有任何帮助，即使山和树再高，他也不可能真正把太阳射下。

那如何理解英雄在山上和树上射下太阳呢？这里的山和树，应该理解为生命山和生命树。侗族射日神话《捉雷公引起的故事》中的马树桑树叫上天梯，传说其高可比天；土家族神话《日月分工》中的马桑树，是神仙上天下地的通道。这都说明了马桑树是男性英雄祖先的一具再生尸骨的象征，它确实是生命树。就我们已经论述过的，生命山包括昆仑山、不周山、天台山、吕洞山等；生命树则包括建木、檠木、若木、蒙古族的尚喜树、满族的柳树、壮族的榕树、苗族的枫树等。可见生命山或生命树应该是原始族群的"标配"，唯其如此，族群才能繁衍发展。这也解释了射日神话中射日之地高山和大树的丰富性。那英雄是如何射下太阳的呢？

---

① 文山州文化局等：《苗族民间故事》，云南人民出版社1988年版，第272页。
② ［日］百田弥荣子：《中国神话的构造》，胡婉如译，上海文艺出版社2017年版，第105—106页。
③ ［日］百田弥荣子：《中国神话的构造》，胡婉如译，上海文艺出版社2017年版，第106页。

第五章 神话——男性英雄再生祖先的舞蹈

我们知道,生命山和生命树都是象征着族群的男性英雄再生祖先的再生尸骨的。整个族群也是从其生命山、生命树那儿再生繁衍发展出来的。而太阳呢?也是象征着男性英雄再生祖先的。在论述太阳崇拜的时候,我们讲道,有些民族将山神视为太阳神,有些民族认为太阳神被封印在神树中。其实,我们已经指出,从起源上讲,所谓的山神、树神、太阳神等诸神都是指的男性英雄再生祖先,它们同出一源,多面一体。那么,如果族群想要"杀死"再生祖先,它们只需要破坏生命山或生命树等男性英雄祖先再生尸骨的象征物即可,就像共工破坏女娲所在氏族的生命山不周山一样。这样的话,我们就知道射日英雄为什么要爬上高山和大树去射日了。神话中的爬山和爬树,并不是为了更靠近太阳而易于将太阳射下,而是为了破坏生命山和生命树。

在原始族群的生命树的概念中,树上的叶子可以代表再生的灵魂,那么,树叶也可以代表太阳。在《山海经》的神话中,十个太阳就是居住在生命树上轮流值日的。在土家族的射日神话《日月分工》中,卵玉不是一爬上生命树马桑树,就发现太阳在近旁吗?这样说来,破坏生命树确实能够杀死太阳。关于破坏了生命树就杀死了太阳的最好的例子,来自北欧巴尔德尔的神话。巴尔德尔是伟大的神奥丁的儿子,人们常常把他当作太阳。在神话中,任何东西都不能对巴尔德尔造成伤害,但只有一样东西例外,那就是槲寄生,巴尔德尔也确实被霍德尔投来的槲寄生一击而穿胸致命。在欧洲,槲寄生是神圣的万能的灵丹妙药,好些地方规定不能按一般办法采集槲寄生,因为那样会破坏它的力量。采集槲寄生的方式一般有:用石头投掷砸下,用箭射下。譬如瑞士阿尔高州的农民就用箭射下橡树上的槲寄生,并用左手接住;瑞典民间也认为具有神效的槲寄生必须从树上射下或用石头碰下;19 世纪上半叶的威尔士人也用箭射下树上的槲寄生。[①]

槲寄生为什么具有这样的能力呢?因为槲寄生是寄生在生命树上的。在欧洲的很多地方,人们都认为橡树上的槲寄生是特别神圣的,凡

---

① [英]弗雷泽:《金枝》,徐育新等译,新世界出版社 2006 年版,第 571、613—620、656 页。

橡树上长出来的东西都是上天所赐。① 所以橡树是被他们当作生命树来看待的。那么，我们可以这样认为：槲寄生其实就是太阳神，就是巴尔德尔本身，所以破坏了槲寄生就杀死了巴尔德尔，也只有破坏槲寄生才能杀死巴尔德尔。换句话说，巴尔德尔只能被槲寄生杀死。从欧洲流行的用箭射下槲寄生的习俗看，原始人们确实曾从生命树上将太阳射下来。所以，射日神话中的射日，其实就是指的破坏男性英雄再生祖先的象征物。因为后世已经不太清楚山、树、日、月的象征意义，所以，原始人们的破坏生命山和生命树以杀死太阳神和月亮神的行为，在神话中被理解成为爬上山和树以射太阳和月亮。

以上解释了第二组问题。下面解释第三组问题，为什么要留一日（月）？为什么要让公鸡把日请出来？公鸡为什么能够把日请出来？

这些问题现在很容易解释。因为日月是男性英雄再生祖先，人类还需要他们的护佑，所以必须留一日（月）。这种矛盾的情感态度，也体现在神话中。在陈连山先生《射日神话的分析与理论验证》一文所提到的布农族的多个射日神话中，就有几例是英雄射下太阳后表现出后悔情绪的。这也反映出尸骨再生信仰式微阶段的人神关系的特点，人对神是爱恨交加，既需要他，又拒斥他，人神间是若即若离、藕断丝连的关系。

那公鸡为什么能够把日请出来呢？其实，在射日神话中，有多例是动物受惊的叫声使太阳重新出现的。② 这与公鸡叫请太阳是一致的。那么，动物的惊叫为什么能够使太阳重现呢？陈连山先生认为：这些野兽是献给神灵的祭品，受伤的野兽的叫声对日月的吸引力十分巨大，所以太阳听到叫声就会出现。③ 陈连山先生的认识可能是有待商榷的。笔者认为，这类动物其实都是图腾。公鸡的本质也是图腾，与鸟一样，公鸡也是男性英雄祖先再生尸骨的象征。而太阳也是图腾，也是男性英雄祖先再生尸骨的象征。既然公鸡与太阳具有同一性，那么公鸡当然能够请

---

① ［英］弗雷泽：《金枝》，徐育新等译，新世界出版社2006年版，第613—615页。
② 程健君等：《神话 神话》，河南大学出版社2011年版，第231页。
③ 程健君等：《神话 神话》，河南大学出版社2011年版，第230—231页。

出太阳来。其实，在原始人看来，太阳既然是男性英雄再生祖先，那么，通过任何男性英雄再生祖先尸骨的象征物都能够请出太阳。比如，日本学者佐山融吉等《生蕃传说集》收录的一则神话说：古时候没有日月，人们摸黑上山，与一头小鹿相撞，鹿大叫，结果出现了太阳。而小鹿额毛的旋涡，就是当年与人相撞的结果。① 从这则神话可以看出来，小鹿额毛的旋涡是象征着太阳的，但这个旋涡的终极象征是男性英雄再生祖先的肋圈。还记得我们在探讨牛崇拜时所讨论的佤族的牛头桩吗？当时我们指出：这个丫形桩是象征着男性英雄再生祖先的锁骨、肋骨和脊柱的组合构形的，而在这个丫形桩两丫交汇处，就刻画得有旋涡状纹，这个旋涡状纹是象征人体的肋圈的。同理，小鹿额毛上的旋涡其实也是象征着再生祖先的肋圈的。正是在这个意义上，小鹿成了图腾，换一句话说，小鹿就是男性英雄再生祖先的灵魂所附之体。那么，与小鹿碰撞当然就能够把男性英雄再生祖先即太阳碰撞出来了。

以上，我们解释了有关射日神话的三组问题，揭示了射日神话的本质和起源。这里还有两个相关的问题可以简单论及。第一个是关于女性神是如何产生的问题，第二是关于巫师是如何产生的问题。

先来看第一个问题。女性神的产生，这一点我们可以从神话中看出端倪。《淮南子·览冥训》载："羿请不死之药于西王母，姮娥窃以奔月。怅然有丧，无以续之。"袁珂先生在研究这个神话的时候问了两个问题并给出了答案。问题是：羿本是天神下凡却为何还要向西王母请不死药？嫦娥何以要背离其夫而窃药奔月？袁珂先生认为：羿射日而得罪天神，所以被贬下凡，故而难逃死亡的结局。而嫦娥之所以窃药奔月，是因为家庭矛盾所致。②

袁珂先生根据神话自身的内容谈了对这则神话的理解。现在，我们可以根据已有的知识对这则神话谈谈自己的看法。其实，这则神话的产生有着更为宏大的时代背景。羿本是天神下凡但却要请不死之药，这正是男性英雄祖先尸骨再生信仰式微的反映，反映出当时人们对尸骨再生

---

① 程健君等：《神话 神话》，河南大学出版社2011年版，第222页。
② 袁珂：《中国神话通论》，四川人民出版社2019年版，第246页。

信仰的怀疑和矛盾态度,这种矛盾态度亦可从后稷之母对他三弃三收的行为中反映出来。羿是天神下凡,这肯定了他神的一面;但羿又不是不死的,这又肯定了他人的一面。这说明此时的男性英雄再生祖先,是亦神亦人的,已经不再是完全的神格了。

嫦娥为何窃不死药而奔月呢?解释这个问题的关键在于一个"窃"字。这个"窃"字,反映出不死药原本是属于羿的。所谓不死药,其实就是可再生之谓。那么,也就是说,再生不死原来是男性英雄的专利,从嫦娥窃药开始,这种专利开始被女性享有了。据袁珂先生考证,羿从西王母处所请之不死药本来是够两个人服用的,但神话中却被嫦娥一个人全服用了。从《淮南子·览冥训》中所载的"无以续之"来看,羿是无法再从西王母处得到不死之药的,这就说明羿从此不能再生不死了。所以,嫦娥窃药奔月的神话,实则反映的是男性英雄祖先尸骨再生信仰式微和再生能力从男性转移到女性的过程。至于为什么会发生这种转变,当然是由于人们的认识水平的提高,人们认为人不可能生于男性的尸骨,而只能生于女性,于是女性自然取代男性成了再生母神,而母神也正是随着男性英雄祖先尸骨再生信仰的式微而产生的。

再来看第二个问题。巫师是如何产生的呢?笔者认为巫师也是随着男性英雄祖先尸骨再生信仰的式微而产生的。尸骨再生信仰趋向衰亡时,男性英雄祖先的再生能力也趋向消失。此时,被再生出的男性英雄处于尴尬的境地,他的再生力和通神的能力可能时有时无,具有半神半人的性质。这样,他们就变成了巫师。据奥古拉尼可夫的说法,"最初的巫师用弓箭射落了两端的太阳,于是天空留下了中间的太阳而恢复了平静。"[①] 可见巫师是从射日英雄演化而来的。

至此,我们对射日神话和相关的问题提出了自己的看法。以此看来,射日神话应该不是自然现象的反映,应该不是历法变革的表现,也应该不是民族兼并的体现。

---

① 萧兵:《中国文化的精英——太阳英雄神话比较研究》,上海文艺出版社1989年版,第515页。

三 神话的起源

我们用一章的篇幅解释了创世神话、洪水神话和射日神话,之前,我们也解释了部分神话,比如哈尼族的神话《阿扎》,鄂伦春人神话《白依吉善》,萨满创世神话《天宫大战》,等等。现在,可以从一般的角度来探讨一下神话是如何起源的。

先来看看学术界对这个问题的认识。马克思《政治经济学批判·导言》说:"任何神话都是用想象或借助想象以征服自然力,支配自然力,把自然力加以形象化。"[①] 我国学者如神话学家袁珂先生,从人与自然的斗争的角度去解释神话。另外,西方有些学者认为神话是起源于自然力的。比如,缪勒说:"而我则相信,它们(指神话——引者注)的原初概念总是太阳。"[②] 普林尼也说:"我们应该相信太阳是整个世界的生命和灵魂;不仅如此,他还是自然的主宰……无论是看到的还是听到的,他都是最优秀最非凡的。因而在我看来,荷马(知识界的王子)的见解,不过是对他的赞颂罢了。"[③] 显然,在这些学者看来,神话是与自然力密切相关的,甚至是源于自然力的。

那神话到底是如何起源的呢?

从神话的内容来看。就我们已经所解释的神话而言,在创世神话、洪水神话、射日神话等神话中,所谓的神其实是指的男性英雄再生祖先。而所谓的"自然"神,灵物上所依附的神灵,以及人工崇拜物上所依附的神灵,也都是指的男性英雄再生祖先。这个再生祖先因为可以依据一具再生尸骨而反复复活,所以它的灵被认为是永远不死的。也因为这个再生祖先把神圣性能即灵魂贯注在族群后代身上,所以,它能够护佑族群。因为图腾信仰,这个再生祖先可以创造万物,成为世界的主

[①] 中共中央马克思恩格斯列宁斯大林著作编译局:《马克思恩格斯选集》(第 2 卷),人民出版社 1972 年版,第 113 页。

[②] [德]麦克斯·缪勒:《比较神话学》,金泽译,上海文艺出版社 1989 年版,第 139 页。

[③] 高福进:《太阳崇拜与太阳神话:一种原始文化的世界性透视》,上海人民出版社 2002 年版,第 10 页。

宰。既然所有的神灵都是指的男性英雄再生祖先，那么，就应该可以说，神话是起源于男性英雄祖先尸骨再生信仰的。当然，如果再往前推导，在男性英雄祖先尸骨再生信仰之前，也存在男性英雄祖先尸骨信仰。甚至在男性英雄祖先尸骨信仰之前，也存在男性英雄崇拜，因为尸骨上面的神圣性能也是来自男性英雄本身的。如果此时也存在神话，那么，神话就应该是起源于男性英雄崇拜的。而男性英雄祖先尸骨再生信仰的本质也是男性英雄崇拜。那应该就可以说，神话是起源于男性英雄崇拜的。

这样的话，神话可能并不像德国先哲所说的那样，是把自然力加以形象化并力求支配它。神话中的自然物，多应该被理解为图腾，它是人的自然化而不是自然的人化。神话可能也不像缪勒和普林尼所说的那样只是对太阳的崇拜。因为，神话中的太阳不过是尸骨再生信仰时代男性英雄祖先的一具再生尸骨的象征。

参考文献

白玉芳：《生命·生命》，上海社会科学院出版社2015年版。
岑家梧：《图腾艺术史》，学林出版社1986年版。
陈初生：《金文常用字典》，陕西人民出版社2004年版。
陈秋祥等：《中国文化源》，百家出版社1991年版。
恩格斯：《家庭、私有制和国家的起源》，中共中央马克思恩格斯列宁斯大林著作编译局编译，人民出版社2018年版。
富育光：《萨满教与神话》，辽宁大学出版社1990年版。
盖山林：《世界岩画的文化阐释》，北京图书馆出版社2001年版。
高福进：《太阳崇拜与太阳神话：一种原始文化的世界性透视》，上海人民出版社2002年版。
郭廉夫等：《中国纹样辞典》，天津教育出版社1998年版。
何新：《诸神的起源》，生活·读书·新知三联书店1986年版。
何星亮：《图腾文化与人类诸文化的起源》，中国文联出版公司1991年版。
何星亮：《图腾与中国文化》，江苏人民出版社2008年版。
贺吉德等：《贺兰山贺兰口岩画》，宁夏人民出版社2017年版。
黄永健：《中华龙文化与华夏文明传承创新嘉峪关论坛论文集》，甘肃文化出版社2013年版。
吉成名：《中国崇龙习俗研究》，天津古籍出版社2001年版。
李季：《欧洲雕刻纹样》，北京希望电子出版社2015年版。
马卉欣：《盘古之神》，上海文艺出版社1993年版。
孟慧英：《尘封的偶像——萨满教观念研究》，北京出版社2000年版。
孟慧英：《当代中国宗教研究精选丛书·原始宗教与萨满教传》，民族出版社 2007 年版。

木兵：《天脊上的神话王国》，北岳文艺出版社 2015 年版。

庞进：《龙起东方：庞进龙文世纪新作》，重庆出版社 2001 年版。

庞进：《中国龙文化》，重庆出版社 2007 年版。

阮西湖：《澳大利亚民族志》，青海人民出版社 1987 年版。

汪宁生：《云南沧源岩画的发现与研究》，文物出版社 1985 年版。

王大鹏等：《甲骨文常用字集字字典》，上海大学出版社 2012 年版。

闻一多：《大家国学·闻一多》，天津人民出版社 2008 年版。

闻一多：《闻一多全集 3·神话编·诗经编（上）》，湖南人民出版社 1993 年版。

乌丙安：《神秘的萨满世界——中国原始文化根基》，三联书店上海分店 1989 年版。

严汝闲等：《永宁纳西族的母系制》，云南人民出版社 1983 年版。

杨福泉：《活着的象形文字与东巴文化》，云南教育出版社 2017 年版。

杨福泉：《杨福泉纳西学论集》，民族出版社 2009 年版。

杨万娟：《蛇鸟天下：远古的地球村》，云南民族出版社 2009 年版。

袁珂：《中国神话通论》，四川人民出版社 2019 年版。

张旭：《高贵的象征：纹章制度》，长春出版社 2016 年版。

赵国华：《生殖崇拜文化论》，中国社会科学出版社 1996 年版。

［奥］弗洛伊德：《图腾与禁忌》，文良文化译，中央编译出版社 2005 年版。

［德］费尔巴哈：《宗教的本质》，王太庆译，商务印书馆 2017 年版。

［法］E. 涂尔干：《宗教生活的初级形式》，林宗锦等译，中央民族大学出版社 1999 年版。

［法］爱弥尔·涂尔干：《宗教生活的基本形式》，渠敬东等译，商务印书馆 2011 年版。

［法］倍松：《图腾主义》，胡愈之译，上海文艺出版社 1990 年版。

［法］列维－斯特劳斯：《图腾制度》，渠敬东译，商务印书馆 2017 年版。

［法］列维－布留尔：《原始思维》，丁由译，商务印书馆 2011 年版。

［法］列维-斯特劳斯：《野性的思维》，李幼蒸译，商务印书馆1987年版。

［法］沙利·安什林：《宗教的起源》，杨永等译，生活·读书·新知三联书店1964年版。

［韩］张泰范等：《神秘的白石——羌族符号崇拜的意义》，《剑南文学》（经典教苑）2013年第10期。

［美］摩尔根：《古代社会》，杨东莼等译，中央编译出版社2007年版。

［日］百田弥荣子：《中国神话的构造》，胡婉如译，上海文艺出版社2017年版。

［日］水木茂：《妖怪大全》，王维幸译，南海出版公司2017年版。

［瑞士］C. G. 荣格：《梦的分析》（下），董建中等译，长春出版社2014年版。

［苏］C. A. 托卡列夫：《图腾崇拜》，何星亮译，《民族译丛》1992年第4期。

［苏］C. A. 托卡列夫等：《澳大利亚和大洋洲各族人民》，李毅夫等译，生活·读书·新知三联书店1980年版。

［苏］Д. E. 海通：《图腾崇拜》，何星亮译，上海文艺出版社1993年版。

［苏］托卡列夫：《世界宗教简史：注释插图版》，魏庆征译，中央编译出版社2011年版。

［英］弗雷泽：《金枝》，徐育新等译，新世界出版社2006年版。

［英］马林诺夫斯基：《巫术科学宗教与神话》，李安宅译，中国民间文艺出版社1986年版。

［英］泰勒：《原始文化：神话、哲学、宗教、语言、艺术和习俗发展之研究》，连树声译，广西师范大学出版社2005年版。

［英］詹·乔·弗雷泽：《永生的信仰和对死者的崇拜》，李新萍等译，中国文联出版公司1992年版。

丁木乃等：《凉山彝族生命树崇拜的文化阐释》，《楚雄师范学院学报》2019年第34卷第5期。

董旭：《海南黎族的"石崇拜"》，《海南大学学报》（社会科学版）1993 年第 3 期。

何星亮：《从哈、柯、汉亲属称谓看最古老的亲属制》，《民族研究》1982 年第 5 期。

何星亮：《石神与石崇拜》，《西藏民族学院学报》（社会科学版）1992 年第 3 期。

吉成名：《释二龙戏珠》，《东南文化》2003 年第 5 期。

郎樱：《东西方屠龙故事比较研究》，《新疆大学学报》（哲学社会科学版）1995 年第 23 卷第 3 期。

李建中：《羌族的白石神话与白石信仰》，《神话研究集刊》2019 年第 1 期。

林继富：《藏族白石崇拜探微》，《西藏研究》1990 年第 1 期。

刘锡诚：《石头生人：石头——母体的象征》，《民间文学论坛》1994 年第 1 期。

杨福泉：《纳西族木石崇拜文化论》，《思想战线》1989 年第 3 期。

叶舒宪：《二龙戏珠原型小考》，《民族艺术》2012 年第 2 期。

赵明生：《佤族石崇拜》，《思想战线》（云南大学人文社会科学学报）1999 年第 4 期。

段晓春：《湘西苗族圣山崇拜研究——以吕洞山圣山为例》，硕士学位论文，吉首大学，2018 年。

王已龙：《特定符号在藏文化语境中的表达研究——以"龙"（"鲁"与"珠"）为例》，博士学位论文，西南民族大学，2020 年。

张锡禄等：《论白族古老盛典"火把节"》，《大理师专学院》（社会科学版）1985 年 10 月。